Key Point Quicklearn Bible

요점속독성경

부록 ▶ 성경 연구 자료

박 도 준 지음

개혁주의출판사

Key Point Quicklearn Bible

by

Park Do Joon Rev.

The Reformed Publishing House

Seoul Korea

머 리 말

본서는 이렇게 쓰였습니다

저자는 주야로 성경을 읽고 연구하는 데 목숨을 걸었습니다. 직접 목회 대신 일선 목회자들과 성경 독자들에게 도움을 주는 파트너가 되고자 하는 사명감 때문입니다. 본서는 그동안 성경을 많이 탐독하며 연구하는 가운데 이룩한 것들 중 하나인 바, 성경 66 권 각 권의 내용을 개괄적으로 요약함으로써 그 핵심 내용을 쉽게 얼른 파악케 하는 「**개관**」을 비롯하여 성경의 「**내용 분해**」를 통해 그 장절(章節) 순서대로 일정한 단락마다 그 내용의 핵심이 되는 **大·小 제목(주제)**과 이 제목에 딸린 **대지(大旨)·소지**를 세분화함으로써 성경 내용의 요점들을 전반적으로 정리해 놓았습니다(한글 개역성경 및 개역개정판을 위주로 사용하되 국내외의 여러 성경들을 참고함 : 참고 성경▶4쪽 끝 참조).

이 저작의 목적은 이것이 목회자들에게는 설교나 성경 강해의 제목(주제)을 포착하여 결정하는 데 참고가 되고 파트너 구실을 조금이라도 할 수 있도록 이바지하기 위함입니다. 뿐만 아니라 성경을 이미 여러 번 읽은 이들에게는 이 「**내용 분해**」들만 훑어보아도 영화의 필름 작용처럼 성경 내용을 단시간에 그 「**요점**」들을 뇌리에 얼른 떠오르게 하고 파악케 하는 데 촉매 작용도 할 것으로 믿습니다. 아직 성경에 익숙하지 못한 성경 독자들에게는 성경을 읽을 때 본서의 「**개관**」은 물론 「**내용 분해**」들을 파트너로 삼아 성경 본문과 대조하면서 읽으면 내용을 파악하는 데 도움이 될 것입니다.

본서는 일반 성경의 전체 분량(1,331+423=1,754 쪽)에 비해 1/4(434쪽 -

「부록」 제외) 정도일 뿐만 아니라 내용이 제목 형태로 구성되어 시원스런 여백이 많기에 실제적으로 일반 성경의 1/5 정도(20 %)의 분량에 불과하므로 읽는 소요 시간이 아주 짧으면서도 성경의 주요(主要) 내용들을 많이 독파(讀破), 흡수할 수 있으리라 사료됩니다.

본서 맨 뒤의 **「부록」**은 성경 연구에 유용(有用)한 참고 자료가 되는 여러 가지를 덤으로 수록해 놓았습니다. 아무쪼록 본서가 성경을 연구하여 전달하는 목회자들에게나 성경을 애독하는 일반 신자들에게나 조금이라도 나름대로 도움이 되는 도우미 또는 파트너 역할을 한다면 성경 연구에 몰두하다가 쓰러지기까지 한 노력의 보람을 삼고자 합니다.

특별히 본서가 세상에 태어나도록 역사하신 하나님께 감사를 드리며 영광을 돌립니다. 그리고 40 년이 가까운 오랜 세월 동안 기독교 문서 출판 사역을 위해 헌신함으로써 한국기독교출판협회로부터 이 분야의 특별 공로상(제 1 호)을 수상하신 본 출판사 대표 최석진 장로님께서 그간의 경험과 노하우를 활용하여 본서 출판을 위해 손수 교정·편집·표지 디자인 등의 작업에 세심한 솜씨를 발휘해 주신 노고와 또한 함께 호흡을 맞추어 사역하시는 염성철 부장님의 수고에 대해서도 이 지면을 빌어 심심한 사의를 표하는 바입니다.

2013년 2월 20일

저자 **박도준**

참고한 성경

개역 · 개역개정 · 새즈문 · 바른성경 · 표준 새번역 · 현대인의 성경 · 쉬운성경 · 우리말 성경 · 한글 킹제임스 · 킹제임스한글완역판 · 공동번역 · 가톨릭 · KJV · NKJV · NIV · ASV · NASB · RSV · NRSV · GNT · NLT · YLT · LXX(헬) · 日字譯本 · 日語譯本 · BHS(히) · UBS 4(헬) · 30 개본 기타 번역본.

구약 전서 차례

신약 전서 차례

창세기

※ 앞의 머리말("본서는 이렇게 쓰였습니다")을 먼저 꼭 읽기를 바랍니다.

¤ 개관

천지 만물과 인간의 창조와 하나님과 인간과의 언약, 타락, 징계, 은혜 언약, 아브라함과 언약의 후손의 스토리로 이루어지고 있으며, 하나님께서는 아브라함을 선택하시어 그와 언약 관계를 맺으시며, 그 목적하심은 아브라함과 언약의 자손을 통해 전 인류를 구원하시려는 것이다.

¤ 내용 분해

제 1 부 : 태초의 역사 / 1:1-11:32

1. 창조 / 1:1-2:25

1) 세상 만물의 창조와 하나님의 안식/ 1:1-2:3

(1) 창조의 시작 / 1:1-2

① 태초에 하나님이 천지(天地)를 창조(創造)하심(창 2:4) / 1:1

② 땅의 상태(창 2:5-6) / 1:2a(a는 상반절, b는 하반절)

a) 혼돈(混沌)함(창 2:5a) / 1:2a

b) 공허(空虛)함(창 2:5b) / 1:2a

c) 흑암(黑暗)이 깊음 위에 있음(창 2:6) / 1:2a

③ 하나님의 영은 수면 위에 운행하심(창 2:7-창조의 구상) / 1:2b

(2) 창조의 내용/1:3-2:3

① 첫째 날 - 빛 / 1:3-5

a) 빛의 창조 / 1:3

b) 하나님이 보시기에 좋았더라 / 1:4a

c) 빛과 어두움으로 낮과 밤의 구분 / 1:4b-5a

d) 저녁이 되고 아침이 되니 둘째 날 / 1:5b

② 둘째 날 - 궁창(穹蒼) / 1:6-8

a) 물 가운데의 궁창을 물과 뭍으로 나누게 하심 / 1:6

b) 궁창 아래의 물과 궁창 위의 물로 구분 / 1:7

c) 궁창을 하늘이라 부르심 / 1:8a

d) 저녁이 되고 아침이 되니 둘째 날 / 1:8b

③ 셋째 날 - 땅과 바다의 구분과 식물 / 1:9-13

a) 천하의 물이 한 곳으로 모이고 뭍이 드러나라 하심 / 1:9

b) 땅과 바다의 구분 / 1:10a

c) 하나님이 보시기에 좋았더라 / 1:10b

d) 각기 종류별 풀과 씨 맺는 채소와 씨 가진 열매 맺는 나무 / 1:11-12a

e) 하나님이 보시기에 좋았더라 / 1:12b

f) 저녁이 되고 아침이 되니 셋째 날 / 1:13

④ 넷째 날 - 해와 달과 별 / 1:14-19

a) 낮과 밤을 나누어 징조와 계절과 날과 해를 이루게 하심 / 1:14

b) 하늘의 궁창에 있는 광명체(光明体)들이 땅을 비추게 하심 / 1:15

c) 낮을 주관하는 큰 광명체와 밤을 주관하는 작은 광명체와 별들 / 1:16-18a

d) 하나님이 보시기에 좋았더라 / 1:18b

e) 저녁이 되고 아침이 되니 넷째 날 / 1:19

⑤ 다섯째 날 - 조류(鳥類)와 어류(魚類) / 1:20-23

a) 조류와 어류의 종류대로 창조 / 1:20-21a

b) 하나님이 보시기에 좋았더라 / 1:21b

c) 하나님이 그들에게 복을 주심 / 1:22

d) 저녁이 되고 아침이 되니 다섯째 날 / 1:23

⑥ 여섯째 날 - 동물과 사람 / 1:24-31

a) 종류별 가축과 기는 것과 땅의 짐승 / 1:24-25a

b) 하나님이 보시기에 좋았더라 / 1:25b

c) 하나님의 형상과 모양으로 사람의 창조와 만물 주관의 위임을 계획하심 / 1:26

d) 남자와 여자를 창조 / 1:27

e) 하나님이 사람에게 복을 주심과 만물 주관의 위임 / 1:28

f) 사람이 먹을 양식을 주심(씨 맺는 채소와 씨 가진 열매 맺는 나무) / 1:29

g) 동물이 먹을 양식을 주심(푸른 풀) / 1:30

h) 하나님이 보시기에 심히 좋았더라 / 1:31a

i) 저녁이 되고 아침이 되니 여섯째 날 / 1:31b

⑦ 일곱째 날 - 하나님의 안식 / 2:1-3

a) 천지와 만물이 다 이루어짐 / 2:1

b) 일곱째 날에 창조의 마침과 안식 / 2:2

c) 일곱째 날을 복되게 하시고 거룩하게 하심 / 2:3

2) 천지 만물의 창조된 내력(인간을 중심으로)/2:4-25

(1) 하늘과 땅의 창조의 내력/2:4-6

① 하늘과 땅을 만드심(창 1:1) / 2:4

② 땅에 비를 내리지 않으심(창 1:2a - 혼돈) / 2:5a

③ 땅을 갈 사람이 없었으므로(창 1:2b - 공허) / 2:5b

a) 들에는 초목이 아직 없음 / 2:5b

b) 밭에는 채소가 나지 않음 / 2:5b

④ 안개만 땅에서 올라와 온 지면을 적심(창 1:2b - 흑암이 깊음 위에 있음) / 2:6

*창조의 구상(構想) - 하나님의 영은 수면 위에 운행하심(창 1:2b) / 2:7-25

(2) 아담의 창조/2:7

① 땅의 흙으로 사람을 지으심 / 2:7a

② 생기를 그 코에 불어넣으심 / 2:7b

③ 사람이 생령(生靈)이 됨 / 2:7b

(3) 에덴의 동산/2:8-14

① 에덴에 동산을 창설 / 2:8a

② 지으신 사람을 에덴에 두심 / 2:8b

③ 나무를 나게 하심 / 2:9

a) 보기에 아름답고 먹기에 좋은 나무 / 2:9a

b) 나무 중 동산 가운데의 생명나무 / 2:9b

c) 나무 중 동산 가운데의 선악을 알게 하는 나무 / 2:9b

④ 에덴에서부터 흐르는 강의 네 근원 / 2:10-14

a) 첫째 강 - 비손 / 2:10-12

b) 둘째 강 - 기혼 / 2:13

c) 셋째 강 - 힛데겔(티그리스) / 2:14a

d) 넷째 강 - 유브라데(유프라테스) / 2:14b

(4) 에덴 동산에 대한 위임/2:15-17

① 경작하며 지키게 하심 / 2:15

② 동산 각종 나무의 열매를 임의로 먹게 하심 / 2:16

③ 선악을 알게 하는 나무에 대한 죽음의 경고 / 2:17

(5) 아담의 배필을 지으실 것을 계획하심/2:18

① 사람이 혼자 사는 것이 좋지 않음을 말씀하심 / 2:18a

② 남자를 위하여 돕는 배필을 지으심을 계획 / 2:18b

(6) 아담이 동물의 이름을 지음/2:19-20a

① 흙으로 지으신 각종 들짐승과 공중의 각종 새 / 2:19a

② 그것들을 하나님께서 아담에게로 이끌고 가심 / 2:19b

③ 각 생물의 이름을 부르는 것이 곧 그의 이름이 됨 / 2:20a

(7) 아담의 배필인 여자의 창조 / 2:20b-22a

① 아담에게 돕는 배필이 없으므로 / 2:20b

② 아담을 깊이 잠들게 하심 / 2:21a

③ 그 갈빗대 하나를 취하고 살로 대신 채우심 / 2:21b

④ 그 갈빗대로 여자를 만드심 / 2:22a

(8) 최초의 가정/2:22b-25

① 하나님께서 여자를 아담에게로 이끌어 오심 / 2:22b

② 아담의 기쁨 / 2:23

a) 내 뼈 중의 뼈요 살 중의 살 / 2:23a

b) 남자에게서 취하였은즉 여자라 부름 / 2:23b

③ 아내와의 연합 / 2:24-25

a) 남자가 부모를 떠남 / 2:24a

b) 아내와 연합 / 2:24b

c) 둘이 한 몸을 이룸 / 2:24b

d) 두 사람이 벌거벗었으나 부끄러워하지 않음 / 2:25

2. 불순종과 순종 / 3:1-5:32

1) 인간의 불순종과 심판/3:1-24

(1) 사탄의 대리자인 뱀의 유혹과 타락/3:1-7

① 하나님이 지으신 들짐승 중에 가장 간교한 뱀 / 3:1a

② 뱀과 여자와의 대화 / 3:1b-6a

a) 뱀 → 여자 / 3:1

b) 여자 → 뱀 / 3:2-3

c) 뱀 → 여자 / 3:4-5

d) 여자가 나무를 보고 열매를 따먹음 / 3:6a

③ 여자와 함께 있는 남편 / 3:6b-9

a) 여자가 주므로 남자가 먹음 / 3:6a

b) 그들의 눈이 밝아짐 / 3:7

a. 자기들이 벗은 줄을 알게 됨 / 3:7a

b. 무화과나무 잎을 엮어 치마로 삼음 / 3:7b

c) 여호와 하나님과 여자와 남자 / 3:8

a. 동산에 거니시는 여호와 하나님의 소리를 들음 / 3:8a

b. 아담과 그의 아내가 여호와의 낯을 피함 / 3:8b

(2) 여호와 하나님과의 대화/3:9-13

① 여호와 하나님과 아담과의 대화 / 3:9-12

② 여호와 하나님과 여자와의 대화 / 3:13

③ 여호와 하나님의 뱀에 대한 선포 - 모든 짐승보다 저주를 받을 것임 / 3:14

(3) 말씀의 불순종으로 타락(墮落)함에 대한 심판과 긍휼/3:15-21

① 뱀에 대한 심판 / 3:15

② 여자에 대한 심판 / 3:16

③ 남자(아담)에 대한 심판 / 3:17-19

④ 산 자의 어미(하와 / 3:20

⑤ 하나님의 긍휼(가죽옷) / 3:21

(4) 아담과 하와를 에덴 동산에서 추방/3:22-24

① 사람의 영생에 대한 여호와 하나님의 우려 / 3:22

a) 선악을 아는 일에 우리 중 하나같이 되었음 / 3:22a

b) 그의 손을 들어 생명나무 열매를 따먹음 / 3:22b

c) 영생함에 대한 우려(실제로는 영원한 형벌에 들어감) / 3:22b

② 에덴 동산에서 아담과 하와를 추방하여 그의 근원이 된 땅을 갈게 하심 / 3:23

③ 에덴 동산의 폐쇄 / 3:24

a) 에덴 동산의 동쪽에 그룹들과 두루 도는 불 칼을 두심 / 3:24a

b) 생명나무의 길을 지키게 하심 / 3:24b

2) 타락 후의 상태 : 아담의 후손들/4:1-5:32

(1) 가인과 아벨의 제사/4:1-15

(2) 가인의 불경건한 후손들/4:16-24

(3) 셋의 경건한 후손들/4:25-5:32

3. 홍수/6:1-9:29

1) 홍수의 원인/6:1-5
2) 홍수 심판/6:6-22
(1) 불경건한 자의 멸망/6:6-7
(2) 경건한 자의 구원/6:8-22
3) 홍수의 과정/7:1-8:19
4) 홍수의 결과/8:20-9:17
(1) 하나님을 경배하는 노아/8:20-22
(2) 하나님의 언약/9:1-17
5) 노아의 세 아들에 대한 예언/9:18-29

4. 노아의 후손과 바벨탑/10:1-11:32

1) 야벳의 아들들/10:1-5
2) 함의 아들들/10:6-20
3) 셈의 아들들/10:21-32
4) 바벨탑/11:1-9
5) 셈의 후손 및 아브람의 가족/11:10-32

제 2 부 : 족장들의 역사/12:1-50:26

1. 아브라함의 생애/12:1-25:18

1) 아브라함의 소명(부르심)/12:1-3
2) 가나안 땅에 대한 약속/12:4-20
3) 언약을 위한 분리/13:1-14:24
(1) 아브라함과 롯의 분가/13:1-18
(2) 아브라함이 롯을 구출함/14:1-24
4) 언약의 체결/15:1-16:16
(1) 후손에 대한 약속/15:1-22
(2) 후손에 대한 육신적인 계획/16:1-16
5) 언약의 특징 : 할례 및 개명/17:1-27
6) 언약에 대한 시험/18:1-20:18

4. 요셉의 생애/37:1-50:26

1) 야곱 가족의 부패/37:1-38:30

(1) 요셉의 꿈과 형제들의 시기로 인한 죄/37:1-36

(2) 유다의 잘못과 다말의 옳음/38:1-30

2) 요셉의 시련과 영광/39:1-41:57

(1) 요셉의 시련과 형통/39:1-23

(2) 애굽의 두 관원과 요셉의 꿈 해석/40:1-23

(3) 바로의 꿈과 요셉의 해석/41:1-36

(4) 애굽의 총리가 된 요셉/41:37-57

3) 야곱 가족의 구원/42:1-50:26

(1) 형제들의 첫 번째 애굽 방문/42:1-38

(2) 형제들의 두 번째 애굽 방문/43:1-45:28

(3) 야곱 가족의 애굽 정착/46:1-47:26

(4) 12 아들을 향한 야곱의 축복/47:27-49:32

(5) 야곱의 죽음/49:33-50:14

(6) 요셉의 죽음/50:15-26

출 애 굽 기

¤ 개관

창 15:13-16에서 예언된 약속의 성취로서 언약의 첫 중보자인 모세의 임명과 사역을 말씀하시고, 선민 이스라엘이 가족 단위를 벗어나 신정(神政) 국가 백성으로서 가나안 곧 구원으로 인도하시는 분이 "스스로 있는 자" 하나님이심을 친히 모세와 아론을 통해서 말씀하고 계신다.

¤ 내용 분해

제 1 부 : 선택 받은 이스라엘의 해방/1:1-18:27

1. 압제 받는 이스라엘/1:1-7:13

1) 이스라엘의 고통/1:1-22
2) 궁중의 모세와 미디안 땅의 모세/2:1-22
3) 이스라엘의 부르짖음/2:23-25
4) 모세의 소명/3:1-10
5) 모세의 거절과 하나님의 권면/3:11-4:17
6) 소명에 대한 모세의 순종/4:18-26
7) 모세와 아론과 이스라엘 자손/4:27-31
8) 바로와 모세의 일차 대면/5:1-7:7

(1) 모세를 거절하는 바로와 이스라엘 자손/5:1-23

① 모세를 거절하는 바로 / 5:1-9
② 간역자(看役者 ▶ 개정, 백성의 감독)들의 이스라엘 자손 박해 / 5:10-14
③ 이스라엘의 패장(牌將 ▶ 개정, 기록원)들의 하소연과 바로의 거절/ 5:15-21
④ 모세의 회의(懷疑) / 5:22-23

(2) 하나님의 거듭된 권면/6:1-7:7

① 하나님의 언약 / 6:1-8
② 이스라엘 자손과 애굽 왕 바로 / 6:9-13
③ 모세와 아론의 가계 / 6:14-25
④ 여호와의 명령을 받은 아론과 모세 / 6:26-27
⑤ 입이 둔 한 자 모세 / 6:28-29
⑥ 바로의 신같이 된 모세와 대언자 아론 / 7:1-7

9) 바로와 모세의 이차 대면/7:8-13

(1) 여호와의 명령을 받은 모세와 아론/7:8-9

(2) 여호와의 명하신 대로 행함/7:10-13

2. 애굽에 임한 10가지 재앙/7:14-11:10

1) 제 1 재앙 : 피/7:14-25
2) 제 2 재앙 : 개구리/8:1-15
3) 제 3 재앙 : 이/8:16-19
4) 제 4 재앙 : 파리/8:20-32
5) 제 5 재앙 : 가축 전염병(심한 악질 ▸ 개정, 심한 돌림병)/9:1-7
6) 제 6 재앙 : 독종(毒腫 ▸ 개정, 악성 종기)/9:8-12

※ 온역(瘟疫 ▸ 개정, 돌림병)으로는 치지 않으심은 바로와 애굽의 백성이 세상에서 끊어지지 않게 하여 이들로 하여금 여호와의 이름이 온 천하에 전파되게 하려 하심/9:13-16

7) 제 7 재앙 : 뇌성(雷聲 ▸ 개정, 우렛소리)과 우박(雨雹)과 불/9:17-35
8) 제 8 재앙 : 메뚜기/10:1-20
9) 제 9 재앙 : 흑암(黑暗)/10:21-29
10) 제 10 재앙 : 장자(長子)의 죽음/11:1-10

3. 유월절 어린 양의 피와 애굽 탈출/12:1-15:21

1) 여호와의 유월절(유월절 규례)/12:1-20
2) 유월절에 참여함(어린 양을 유월절 양으로 잡음)/12:21-28
3) 유월절로 통한 구원(애굽의 장자와 가축의 처음 난 것을 치심)/12:29-36
4) 유월절로 인한 해방(라암셋에서 출애굽)/12:37-51
5) 유월절 결과로 생긴 구별(초태생은 거룩히 구별)/13:1-16
6) 하나님의 인도하심(여호와의 권능의 손)/13:17-14:2
7) 바로의 추격(바로의 마음이 강퍅하게 되어서)/14:3-9
8) 이스라엘의 불신앙(애굽 사람을 섬기는 것이 더 낫다)/14:10-12
9) 홍해의 기적(여호와의 행하시는 구원을 보라)/14:13-31
10) 이스라엘의 찬양(여호와의 다스리심이 영원 무궁하시도다)/15:1-21

4. 광야에서의 은총/15:22-18:27

1) 갈증으로부터 해갈(쓴 물 〈마라〉에서 단물로)/15:22-27
2) 굶주림으로부터 포식(메추라기와 만나)/16:1-36
3) 재차 갈증으로부터 해갈(맛사 또는 므리바의 반석의 물)/17:1-7

4) 전쟁으로부터 승리(아말렉과 그 백성과의 전투의 승리)/17:8-16
5) 과중하고 번폐스런 소송과 재판으로부터 - 조직적 묘책(천부장 · 백부장 · 오십부장을 세움)/18:1-27

제 2 부 : 시내 산 언약/19:1-40:38

1. 언약의 계시/19:1-31:18

1) 시내 산의 이스라엘 자손/19:1-25
(1) 언약을 맺은 장소(시내 산)/19:1-2
(2) 언약의 목적(제사장 나라와 거룩한 백성/19:3-6
(3) 언약에 대한 이스라엘의 응답(여호와의 명령 순종)/19:7-8
(4) 성결을 준비하는 이스라엘(옷을 빨고 삼 일을 기다림)/19:9-25

2) 언약의 계시 / 20:1-26
(1) 십계명/20:1-17
(2) 이스라엘의 두려움에 대한 모세의 답변/20:18-21
(3) 참된 제사를 요구하시는 하나님/20:22-26

3) 백성들이 지켜야 할 율례(律例)들/21:1-23:33
(1) 남종과 여종에 대한 자세/21:1-11
(2) 사형에 해당하는 죄/21:12-25
(3) 소유주 책임에 관한 규례/21:26-36
(4) 배상법에 관한 규례/22:1-15
(5) 인간관계에 대한 법/22:16-30
(6) 재판의 공의의 공정성/23:1-9
(7) 안식년(7 년)과 안식일(7일)/23:10-13
(8) 3대 절기(유월절 · 맥추절 · 수장절)을 지켜라/23:14-19
(9) 여호와 사자의 목소리 청종과 가나안 정복 후에 대한 규례 / 23:20-33

4) 언약에 대한 공식적인 체결/24:1-18
(1) 여호와의 말씀에 대하여 세우신 언약의 피/24:1-11
(2) 이스라엘 백성을 가르칠 율법과 계명을 친히 기록한 돌판/24:12-18

5) 성막의 건립(建立)/25:1-27:21

(1) 성막을 위한 예물/25:1-7
(2) 성막의 목적/25:8-9
(3) 증거궤(언약궤=법궤)/25:10-22
(4) 진설병(陳設餠)을 놓는 상(床)/25:23-30
(5) 등대(燈臺▶개정, 등잔대)와 기구들/25:31-40
(6) 앙장(仰帳▶ 개정, 휘장)과 갈고리/26:1-14
(7) 널판과 받침/26:15-30
(8) 지성소▶(至聖所)와 성소(聖所) 사이의 장(帳▶개정, 휘장)/26:31-35
(9) 성막문(聖幕門)의 장(帳▶개정, 휘장)/26:36-37
(10) 번제단/27:1-8
(11) 성막의 뜰/27:9-19
(12) 등불 관리(회막 안 증거궤 앞 휘장 밖)/27:20-21

6) 제사장의 위임식과 위임식 제사의 규례/28:1-29:46

(1) 제사장 직분을 위한 옷(에봇, 흉패, 겉옷, 반포 속옷, 띠, 관)/28:1-5
(2) 에봇/28:6-14
(3) 흉패(胸牌)/28:15-29
(4) 우림과 둠밈 / 28:30
(5) 에봇 받침 겉옷/28:31-35
(6) 거룩한 패(아론의 이마)/28:36-38
(7) 반포(세마포) 속옷과 띠와 관(冠)/28:39-43
(8) 제사장의 위임/29:1-9
(9) 위임식의 제사에 대한 규례/29:10-37
(10) 매일 드려야 할 번제/29:38-46

7) 성막의 제도/30:1-31:18

(1) 분향할 단(壇▶개정, 제단)/30:1-10
(2) 생명의 속전(贖錢)/30:11-16
(3) 놋 물두멍/30:17-21
(4) 거룩한 관유(灌油▶향기름)/30:22-33
(5) 거룩한 향/30:34-38
(6) 하나님의 영에 충만한 일꾼들/31:1-11
(7) 안식일을 지키라(영원한 표징)/31:12-17

(8) 하나님이 친히 쓰신 증거판 둘/31:18

2. 언약을 파괴한 이스라엘과 모세의 중재 기도/32:1-33:23

1) 금 송아지를 만든 이스라엘/32:1-10

(1) 이스라엘 백성과 아론/32:1-6

(2) 하나님의 진노/32:7-10

2) 모세의 중재/32:11-33

(1) 이스라엘을 위한 모세의 중보 기도/32:11-14

(2) 모세의 진노(두 돌판을 깨뜨린 모세)/32:15-24

(3) 죽임을 당한 이스라엘 3,000명(레위 자손의 헌신)/32:25-29

(4) 이스라엘을 위한 모세의 속죄/32:30-33

3) 하나님의 임재/33:1-23

(1) 여호와 하나님께서 동행 거절/33:1-11

(2) 하나님의 임재를 위한 모세의 기도/33:12-23

3. 언약에 순종하는 모세와 이스라엘/34:1-40:38

1) 언약을 새롭게 하심/34:1-35

(1) 새로 만든 돌판/34:1-9

(2) 하나님의 언약/34:10

(3) 가나안 우상에 대한 경고/34:11-17

(4) 이스라엘의 삼대 절기(三大節期)/34:18-26

※무교절(유월절), 칠칠절(맥추절=초실절), 수장절(장막절=초막절)

(5) 두 돌판을 가지고 내려온 모세/34:27-35

2) 성막 건립에 대한 이스라엘의 순종/35:1-36:7

(1) 안식일의 규례/35:1-3

(2) 성막을 위한 예물/35:4-9

(3) 성막의 재료들/35:10-19

(4) 예물을 드리는 이스라엘 백성들/35:20-29

(5) 하나님의 영에 충만한 일꾼들/35:30-36:1

(6) 풍족한 예물/36:2-7

3) 이스라엘 백성의 성막 건립/36:8-40:33

(1) 앙장(仰帳▸ 개정, 휘장)과 놋 갈고리/36:8-19
(2) 널판과 받침/36:20-34
(3) 지성소(至聖所)와 성소(聖所) 사이의 장(帳▸개정, 휘장), 네 기둥과 갈고리, 장막문(帳幕門) 장(帳 ▸개정, 휘장)과 기둥과 갈고리/36:35-38
(4) 언약궤와 채, 그룹 둘/37:1-9
(5) 진설병(陳設餠)을 놓는 상(床)과 기구들/37:10-16
(6) 등대(燈臺▸개정, 등잔대)와 기구들/37:17-24
(7) 분향할 단(壇▸ 개정, 제단), 채, 거룩한 관유(灌油)/37:25-29
(8) 번제단(燔祭壇)/38:1-7
(9) 놋 물두멍/38:8
(10) 성전 뜰(세마포 포장, 놋 기둥, 은 갈고리, 놋 말뚝)/38:9-20
(11) 재료들에 대한 물목과 비용/38:21-31
(12) 제사장의 복장(여호와께서 모세에게 명하신 대로 지음)/39:1-43
(13) 성막과 모든 기구에 관유(灌油)를 발라 거룩하게 함/40:1-11
(14) 제사장 직분자에게 기름을 부어 거룩하게 함/40:12-16
(15) 성막을 세움/40:17-33

4) 성막에 임한 여호와의 영광/40:34-38

(1) 여호와의 영광이 성막에 충만/40:34-35
(2) 여호와의 구름과 불로 발행(發行▸개정, 행진)함/40:36-38

레 위 기

¤ 개관

출애굽은 하나님께서 모세에게 명하신 대로 성막을 건립하는 것으로 끝을 맺고 있다. 그러면 어떻게 백성들이 이 성막을 사용할 것인가? 레위기의 내용은 이 질문에 대한 답변과 결론이다. 이것은 성막을 세워 놓고(출 40:17) 시내 산을 떠나기 전까지의 기간인(민 1:1) 한 달(30 일) 동안의 기록이다.

레위기는 holiness 곧 거룩이다. 레위기에서는 영적 성결은 육체적 성결 곧 희생 제사로 상징화되어 있다. 가나안으로 들어가기 전에 출애굽기를 통해 구원 받은 백성들이 하나님의 백성의 신분으로서 어떻게 하나님께 예배 드리며 삶을 살아야 하는가를 보여 준다. 피 흘림이 있어야만이, 대속을 받을 수 있다는 원리는 신약의 예수 그리스도의 십자가상에서 물과 피를 흘림의 산 제사를 보여 준다.

¤ 내용 분해

제 1 부 : 하나님께 나아가는 길(희생 제사와 성결법)/ 1:1-17:16

1. 제사법/1:1-7:38

1) 하나님과 가까이 있을 때/1:1-3:17

(1) 번제와 예물/1:1-17

(2) 소제와 예물/2:1-16

(3) 화목제와 예물/3:1-17

2) 하나님과 멀어져 있을 때/4:1-6:7

(1) 속죄제와 예물/4:1-5:13

(2) 속건제와 예물/5:14-6:7

3) 각 제사의 규례/6:8-7:38

(1) 번제를 드리는 규례/6:8-13

(2) 소제를 드리는 규례/6:14-18

(3) 위임제를 드리는 규례(소제)/6: 19-23

(4) 속죄제를 드리는 규례/6:24-30

(5) 속건제를 드리는 규례/7:1-10

(6) 화목제를 드리는 규례(감사제, 서원제, 자원제)/7:11-36

(7) 여섯 가지 제사의 규례/7:37-38

2. 제사장의 성결법과 위임식/8:1-10:20

1) 제사장의 성결 예식/8:1-36

(1) 하나님께서 성결 예식을 명하심/8:1-5
(2) 제사장들을 물로 씻음/8:6
(3) 제사장의 의관(衣冠)/8:7-9
(4) 관유(灌油)를 부음/8:10-13
(5) 속죄제의 수송아지/8:14-17
(6) 번제(燔祭)의 숫양/8:18-21
(7) 위임식(委任式)의 숫양/8:22-29
(8) 관유와 단 위의 피로 거룩하게 함/8:30
(9) 위임식의 칠 일 간 회막 안에 머무르게 함/8:31-36
2) 제사장의 직무/9:1-24
(1) 제사장을 위한 번제/9:1-14
(2) 백성을 위한 번제/9:15-21
(3) 여호와께서 번제를 받으심/9:22-24
3) 제사장 아론의 아들들/10:1-20
(1) 나답과 아비후의 불순종으로 인한 죽음(여호와의 명령하시지 아니한 불분향)/10:1-11
(2) 엘르아살과 이다말의 순종/10:12-15
(3) 모세의 노함에 대한 아론의 변명(6:30)/10:16-20

3. 정결법/11:1-15:33

1) 정결한 짐승과 부정한 짐승/11:1-47
(1) 짐승 중 먹을 만한 생물과 먹지 못할 생물/11:1-8
(2) 물에 있는 생물 중 먹을 것과 먹지 못할 것/11:9-12
(3) 새 중에 먹지 못할 것/11:13-19
(4) 먹을 수 있는 곤충과 먹을 수 없는 곤충/11:20-23
(5) 부정한 생물의 주검/11:24-28
(6) 땅에 기는 것 중의 부정한 것/11:29-38
(7) 먹을 만한 짐승의 주검/11:39-40
(8) 땅에 기는 것을 먹는 것이 가증함/11:41-43
(9) 내가 거룩하니 너희도 거룩하라/11:44-45
(10) 모든 생물에 대한 규례(먹을 생물과 먹지 못할 생물의 분별) / 11:46-47

2) 출산과 관련되는 율법/12:1-8

(1) 남자아이의 출산에 대한 여인의 정결/12:1-4
(2) 여자아이의 출산에 대한 여인의 정결/12:5
(3) 아들이나 딸을 출산한 여인에 대한 제사의 규례/12:6-8

3) 문둥병(개정, 나병)에 관한 규례/13:1-14:57(이하 사전대로 '나병', '나병자'로 통일)

(1) 나병에 대한 증상과 단정하는 규례/13:1-59
(2) 나병의 정결하게 되는 날의 규례/14:1-20
(3) 가난한 나병자의 결례(개정, 정결 의식)에 힘이 부족한 자의 규례/14:21-32
(4) 나병 환부에 대한 규례/14:33-57

4) 유출병에 관한 규례/15:1-33

(1) 남자의 유출병/15:1-15
(2) 설정한 자의 규례/15:16-18
(3) 여자의 유출병/15:19-30
(4) 유출병에 관한 규례의 목적/15:31-33

4. 속죄 제사를 드리는 대속죄일 제도에 관한 규례/16:1-17:16

1) 속죄일에 관한 규례/16:1-34

(1) 대제사장의 준비/ 16:1-5
(2) 아론과 권속을 위한 속죄제(贖罪祭)와 아사셀/16:6-10
(3) 제사장을 위한 속죄제와 향연(香煙)/16:11-14
(4) 증거궤 위의 속죄소(贖罪所)를 위한 속죄제/16:15-19
(5) 이스라엘 자손을 위한 속죄제와 아사셀/16:20-28
(6) 속죄일 규례의 목적/16:29-34

2) 회막문에서의 화목제에 관한 규례/17:1-9

(1) 여호와께 예물로 드리지 아니하는 자/17:1-4
(2) 여호와께 향기로운 냄새가 되게 함 /17:5-9

3) 피에 관한 규례/17:10-16

(1) 생명의 근원이 되는 피/17:10-14

(2) 죽은 것을 먹은 자에 대하여/17:15-16

제 2 부 : 하나님과 교제하는 길(성화) / 18:1-27:34

1. 백성의 성화(聖化)에 관한 법/18:1-20:27

1) 성범죄에 관하여/18:1-30

(1) 애굽 땅의 풍속과 가나안 땅의 풍속 및 규례와 여호와의 법도와 규례/18:1-5

(2) 골육지친(骨肉之親▸개정, 자기의 살붙이)의 하체를 범하지 말 것/18:6-18

(3) 여자가 월경일 때와 타인의 아내와는 성 관계를 하지 말 것/18:19-20

(4) 자녀를 우상 몰렉에게 주어 불로 통과하지 말 것 / 18:21

(5) 남색하지 말 것. 남자나 여자나 짐승과 교합하지 말 것/18:22-23

(6) 가나안의 가증한 풍속을 따르지 말 것/18:24-30

2) 사회 질서에 관하여/19:1-37

(1) 너희는 거룩하라 나 여호와가 거룩함이니라/19:1-4

(2) 화목제 희생은 제삼 일째 되는 날에는 먹지 말 것/19:5-8

(3) 곡물과 포도 열매를 가난한 사람과 타국인을 위하여 땅에 버려둘 것/19:9-10

(4) 이웃 사랑하기를 네 몸(개정, 자신)과 같이 할 것/19:11-18

(5) 세상의 모든 일에 여호와의 법도와 규례를 지킬 것/19:12-37

3) 가증스런 범죄에 관하여/20:1-27

(1) 몰렉 숭배자에 대한 형벌/20: 1-5

(2) 박수(개정, 박수무당) 추종자에 대한 형벌/ 20:6-8

※ '박수무당'은 오역이다. '박수'는 남자 무당인데 '박수무당'이라 하면 '남자 무당 무당'으로 겹치는 말이 되기 때문이다. 사전에도 이런 숙어는 없다(따라서 개역의 '박수' 그대로가 옳음).

(3) 부모를 저주하는 자에 대한 형벌/20:9

(4) 성범죄를 저지르는 자에 대한 형벌/20:10-21

(5) 백성의 성화에 대한 율법의 목적/20:22-27

2. 제사장의 성화에 관한 법/21:1-22:23

1) 제사장에게 금지된 일들/21:1-15

2) 제사장 직무 수행을 할 수 없는 자들/21:16-24

3) 성물(聖物)의 관리 규제/22:1-16

4) 희생 제물로 부적합한 것/22:17-30

5) 제사장에 관한 규례의 목적/22:1-22:23

3. 절기(節期)에 관한 율법 규례/23:1-24:23

1) 여러 절기에 관한 규례/23:1-44

(1) **안식일**(安息日)/23:1-3

(2) **유월절**(逾越節)/23:4-5

(3) **무교절**(無酵節) / 23:6-8

(4) **초실절**(初實節) / 23:9-14

(5) **오순절**(五旬節) / 23:15-22

(6) **나팔절**/23:23-25

(7) **속죄일**(贖罪日)/23:26-32

(8) **초막절**(草幕節)/23:33-36

(9) **여호와의 절기(영원한 규례)**/23:37-44

∵ **이스라엘의 삼대 절기**(三大節期)/출 23:14-17; 34:21-34; 레 23장; 신 16장

① 유월절(무교절 : 유월절이라 하는 무교절, 유월절 다음날부터 7일 동안 누룩 없는 빵을 구워 먹으며 지키는 절기 / 눅 22:1)

② 맥추절(오순절 = 초실절 = 칠칠절)

③ 수장절(초막절 = 장막절)

2) 순결한 기름과 진설병(陳設餠)/24:1-9

3) 신성 모독죄에 대한 형벌/24:10-23

4. 가나안 땅에서 지켜야 할 율법/25:1-26:46

1) 안식년과 희년/25:1-55

(1) **안식년**(安息年)/25:1-7

(2) **희년**(禧年)/25:8-55

2) 순종(順從)과 불순종(不順從)의 결과/26:1-46

(1) 순종에 대한 결과/26:1-13

① 순종의 기초 / 26:1-2

② 순종의 축복 / 26:3-13

(2) 불순종에 대한 결과/26:14-46

① 불순종에 대한 형벌 / 26:14-39

② 용서의 약속(죄악의 형벌을 달게 받으면) / 26:40-46

5. 서원의 관한 율법/27:1-34

1) 서원의 여러 대상들/ 27:1-25

2) 서원에서 제외되는 것들/27:26-33

3) 모세에게 명령하신 계명(誡命)/27:34

민 수 기

¤ 개관

민수기(民數記)는 시내 산에서 약속의 땅으로 행진하기 위하여 이스라엘 백성을 군대 조직으로 편성하라는 하나님의 명령으로 시작된다. 민수기에는 두 차례의 인구 조사 상황이 기록되어 있다. 1 차 인구 조사(1장)는 광야 행군의 효율성과 예상되는 각종 전투의 군대 조직과 편성을 위한 기초 작업이었고, 2 차 인구 조사(26장)는 가나안 땅 정복의 수행과 땅 분배를 위한 준비 작업이었다.

가나안 정복이라는 거대한 사역을 앞둔 이스라엘은 보다 효율적인 기동력을 발휘하기 위하여 다시금 조직되었고 재정비되었다. 그들은 광야 40 년 동안의 삶을 통해 훈련 받고 연단 받아 마침내 가나안에 들어가게 되었다. 여기서 우리는 언제나 신령한 가나안 복지 곧 하나님의 나라에 들어가기에 조금도 부족함이 없는 준비가 있어야 함을 민수기를 통해서 깨달아야겠다.

¤ 내용 분해

제 1 부 : 약속의 땅을 얻기 위한 이스라엘의 준비/1:1-10:10

1. 이스라엘 민족의 조직/1:1-4:49

1) 첫 번째 인구 조사(남자의 숫자를 그들의 가족과 종족을 따라)/1:1-54
2) 12 지파의 진(陣▸개정, 진영)과 진행 순서/2:1-34
3) 레위 지파의 인구 조사와 직무/3:1-4:49

2. 이스라엘 민족의 성결/5:1-10:10

1) 부정한 것으로부터 분리/5:1-31
 (1) 문둥병(개정, 나병)에 대한 규례/5:1-4
 (2) 범죄에 대한 배상/5:5-10
 (3) 부정한 여인의 구별/5:11-31
2) 나실인의 서원/6:1-27
3) 열두 지파가 성막에 바친 예물들/7:1-89
4) 레위 지파의 성결과 직무 위임/8:1-26
5) 첫 유월절을 지킴/9:1-14
6) 여호와의 인도하심/9:15-10:10
 (1) 구름 기둥의 인도/9:15-23
 (2) 은 나팔의 인도/10:1-10

제 2 부 : 약속의 땅을 얻지 못하게 된 구세대/10:11-25:18

1. 가데스 바네아로의 행진 / 10:11-12:16

1) 시내 산 출발/10:11-36
2) 백성의 불평/11:1-9
3) 모세의 불평/11:10-15
4) 모세의 불평을 들으신 하나님/11:16-30
5) 모세에 대한 미리암과 아론의 불평/12:1-16

2. 가데스 바네아에서 가나안 정탐/13:1-19:22

1) 가나안 정탐과 보고/13:1-33
2) 백성의 원망과 하나님의 심판/14:1-45
3) 제사 규례를 재검토함/15:1-41
(1) 소제와 속죄제의 규례/15:1-31
(2) 안식일 범한 자에 대한 죽음/15:32-36
(3) 옷단의 술에 관한 규례/15:37-41
4) 고라와 다단과 아비람과 온의 반역과 하나님의 심판/16:1-40
5) 모세와 아론에 대한 백성의 반역과 하나님의 심판/16:41-50
6) 제사장의 직무/17:1-19:22
(1) 아론의 제사장 직임(職任)의 정당성(지팡이에서 꽃이 피어서 살구 열매가 열림)/17:1-13
(2) 제사장의 몫(회막에서 일한 보수)/18:1-32
(3) 정결식(淨潔式)을 위한 잿물/19:1-22

3. 모압으로의 행진/20:1-25:18

1) 미리암의 죽음/20:1
2) 모세와 아론의 불순종/20:2-13
(1) 이스라엘 백성의 범죄 / 20:2-6
(2) 하나님의 명령(반석에 명령)/20:7-8
(3) 모세와 아론의 불신(여호와의 거룩함을 나타내지 아니함)/20:9-13
3) 에돔의 진로 방해/20:14-21
4) 아론의 죽음(아들 엘르아살의 대제사장 승계)/20:22-29
5) 가나안 남방인들을 정복함/21:1-3
6) 이스라엘 백성의 원망/21:4-9
(1) 백성의 원망과 불평/21:4-5
(2) 하나님의 불뱀 심판/21:6
(3) 장대 위의 놋뱀/21:7-9
7) 모압 도착/21:10-20
8) 첫 정복 : 시혼과 옥/21:21-35
9) 발락이 발람을 초청함/22:1-40

10) 발람이 이스라엘을 축복함/22:41-24:25
11) 모압인들과 더불어 범죄한 이스라엘/25:1-18
(1) 이스라엘이 모압 여자들과 음행/25:1-3
(2) 염병을 멈추게 한 비느하스(2만 4천 명의 죽음)/25:4-13
(3) 음행으로 죽임을 당한 시므리와 고스비/25:14-15
(4) 미디안 정벌을 명하심(고스비 사건이 원인)/25:16-18

제 3 부 : 약속의 땅을 얻기 위한 신세대의 준비/26:1-36:13

1. 이스라엘 민족의 재조직/26:1-27:23

1) 두 번째 인구 조사(모세와 아론의 아들 엘르아살이 계수)/26:1-51
2) 땅의 분배 방법/26:52-56
3) 땅의 분배 시의 예외들/26:57-27:11
(1) 레위인들/26:57-62
(2) 모세와 아론이 시내 광야에서 계수한 구세대(광야에서 죽음)/26:63-65
(3) 슬로브핫의 딸들에 대한 기업(基業)/27:1-11
4) 모세의 후계자로 여호수아가 지명됨/27:12-23

2. 제사와 서원(誓願)에 관한 규례들/28:1-30:16

1) 희생 제물에 관한 규례들/28:1-15
(1) 상번제(常燔祭)/28:1-8
(2) 매 안식일의 번제(燔祭)/28:9-10
(3) 매(每) 월삭(月朔▸개정, 초하루)의 번제/28:11-15
2) 연례 절기(節期))에 관한 규례(規例)/28:16-29:40
(1) 유월절(逾越節)/28:16
(2) 무교절(無酵節)/28:17-25
(3) 칠칠절(七七節)/28:26-31
(4) 나팔절(節)/29:1-6
(5) 속죄일(贖罪日)/29:7-11
(6) 초막절(草幕節)/29:12-40

3) 서원(誓願)에 관한 규례/30:1-16

3. 이스라엘의 정복과 땅의 분배/31:1-36:13

1) 미디안 정복/31:1-54
2) 요단 동편 땅의 분배(르우벤과 갓 자손과 요셉의 아들 므낫세 반(半) 지파)/32:1-42
3) 이스라엘의 광야 여정 요약/33:1-49
(1) 애굽에서 시내 광야까지/33:1-15
(2) 시내 광야에서 가데스 바네아까지/33:16-17
(3) 광야 생활/33:18-36
(4) 가데스 바네아에서 모압 평지/33:37-49
4) 요단 서편 땅의 분배(아홉 지파와 므낫세 반(半) 지파)/33:50-34:29
5) 특별히 마련된 성읍들/35:1-34
(1) 레위인의 성읍들/35:1-8
(2) 도피성들/35:9-34
6) 상속에 관한 특수한 문제들(슬로브핫의 딸들에 대하여)/36:1-13

신명기

¤ 개관

신명기(申命記)는 하나님께서만 인간을 구원하시고 언약을 세우시고 통치하신다는 것을, 모세가 이스라엘 백성들이 가나안 복지에 입성하기 전에 모압 광야에서 진을 치고 있을 때 그들에게 전파한 3 편의 설교로 구성되어 있다.

모세가 그렇게 행한 것은 그는 가나안에 들어가지 못하지만 과거 홍해 사건 등을 체험하지 못한 신세대 백성들에게 하나님께서 그들을 구원하시고 인도하신다는 강한 확신을 심어 주려는 데 목적이 있으며, 40 년 동안 광야를 방황했던 이스라엘 백성들은 하나님의 언약을 충실히 지킴으로 축복을 받았던 때와 하나님의 율법을 떠남으로 하나님의 심판을 받던 때에 하나님의 언약이 갱신(更新)으로 여전히 성취되고 있음을 말해 주고 있다.

¤ 내용 분해

제 1 부 : 모세의 첫 번째 설교(역사적 회상)/1:1-4:43

1. 율법 설명의 시작/1:1-5

1) 모세가 이스라엘 무리에게 선포한 말씀/1:1-2
2) 제사십년 십일월 그달 초일(개정, 마흔째 해 열한째 달 그달 첫째 날)/1:3-5

2. 모세의 첫 번째 설교(광야 생활 40년)/1:6-4:43

1) 시내 산에서 가데스까지/1:6-18
2) 가데스 바네아에서/1:19-46
3) 가데스에서 모압으로/2:1-23
4) 요단 동편 정복/2:24-3:20
(1) 시혼과 옥의 땅 정복/2:24-3:11
(2) 땅의 분배/3:12-20
5) 모세의 간구와 권면/3:21-29
6) 모압에서의 이스라엘/4:1-43
(1) 여호와 경배의 지시/4:1-40
(2) 도피성들/4:41-43

제 2 부 : 모세의 두 번째 설교(하나님의 율법)/4:44-26:19

1. 기본적인 계명들/4:44-11:32

1) 하나님의 언약 : 십계명/4:44-5:33
2) 율법 교육을 명함/6:1-25
3) 가나안 정복 명령/7:1-26
4) 여호와를 기억할 것을 명함/8:1-20
5) 이스라엘 백성의 자만심을 경계함/9:1-10:11
6) 축복과 저주에 관계되는 명령/10:12-11:32

2. 예배(禮拜)와 거룩한 생활에 대한 규례(規例)들/12:1-26:19

1) 의식법(儀式法)/12:1-16:17

(1) 성소/12:1-28
(2) 우상/12:29-13:18
(3) 음식/14:1-21
(4) 십일조/14:22-29
(5) 면제(免除)의 규례(規例)/15:1-11
(6) 히브리 종의 자유/15:12-18
(7) 첫 소산(所産)/15:19-23
(8) 절기들/16:1-17

2) 지도자들에 관한 법/16:18-20:20

(1) 재판장/16:18-17:13
(2) 왕/17:14-20
(3) 제사장과 레위 지파/18:1-22
(4) 도피성/19:1-14
(5) 증언/19:15-21
(6) 전쟁/20:1-20

3) 사회법/21:1-26:19

(1) 미결 살인 사건의 속죄/21:1-9
(2) 포로 된 여인/21:10-14
(3) 장자 상속권/21:15-17
(4) 불효자/21:18-23
(5) 형제애/22:1-4
(6) 혼합 금지/22:5-12
(7) 결혼과 성 문제/22:13-30
(8) 총회 참여권/23:1-23
(9) 약자의 보호/23:24-25:19
(10) 십일조/26:1-15
(11) 여호와 백성의 언약/26:16-19

제 3 부 : 모세의 세 번째 설교(축복과 저주)/27:1-34:12

1. 가나안 입성을 위한 교훈(가나안 땅에서 지켜야 할 규례들)/27:1-28:68

1) 제단을 세울 것/27:1-8
2) 율법을 지킬 것/27:9-10
3) 에발 산에서 선포된 저주/27:11-26
4) 축복과 저주/28:1-68

2. 모세의 세 번째 설교(모압 평지에서 맺은 언약)/29:1-30:20

1) 언약의 구속력/29:1-9
2) 언약 참여자/29:10-15
3) 경고(복과 저주)/29:16-30:10
4) 언약의 특성(생명과 사망과 복과 저주)/30:11-20

3. 모세의 마지막 당부의 말씀/31:1-33:29

1) 모세의 율법 위임/31:1-18
2) 모세의 노래/31:19-22
3) 여호수아와 모세/31:23-30
4) 모세의 고별사/32:1-52
5) 모세의 이스라엘 12 지파에 대한 축복/33:1-29

4. 여호수아에게 안수와 모세의 죽음/34:1-12

1) 여리고 맞은편 비스가 산 꼭대기/34:1-8

(1) 너는 건너가지 못하리라/34:1-4
(2) 벧브올 맞은편 모압 땅에 모세의 장사(葬事)/34:5-8

2) 여호수아에게 안수/34:9-12

(1) 모세와 눈의 아들 여호수아/34:9
(2) 모세와 같은 선지자/34:10-12

여호수아

¤ 개관

모세를 이어 이스라엘 지도자가 된 여호수아가 가나안을 점령하고 그 땅을 이스라엘 12 지파에게 분할하기까지의 기록이다. 이스라엘은 40 년 동안 광야에서 방황했기에 가나안 정복 과정에서 병력이나 군수 물자, 그리고 지형적인 우선권도 없었다. 다만 그들에게는 40 년 동안의 훈련으로 하나님의 명령을 따를 때에만 승리가 확실하다는 전(全) 공동체적인 확신이 있을 뿐이었다. 그들은 하나님을 의지하는 믿음으로 약속의 땅을 취하였다

¤ 내용 분해

제 1 부 : 가나안 정복 / 1:1-12:24

1. 이스라엘의 정복 준비 / 1:1-5:15

1) 모세를 계승한 여호수아 / 1:1-18

(1) 하나님으로부터 위임 언약을 받음/1:1-9
(2) 이스라엘을 향한 여호수아의 명령/1:10-15
(3) 여호수아의 권위를 인정하는 이스라엘/1:16-18

2) 가나안 정탐(偵探)을 명령하는 여호수아/2:1-24

(1) 싯딤에서 여리고/2:1
(2) 기생 라합과 여리고 왕/2:2-7
(3) 두 정탐꾼과 라합/2:8-24

3) 요단 강을 건너는 이스라엘 자손 / 3:1-5:1

(1) 여호와의 언약궤와 성결/3:1-13
(2) 요단 강의 물이 끊어짐/3:14-17
(3) 요단 강에서 취한 열두 돌/4:1-24
(4) 요단 서편의 가나안 왕들/5:1

4) 여호수아가 이스라엘을 영적으로 무장시킴 / 5:2-12

(1) 할례(割禮)를 시행함/5:2-9
(2) 유월절 의식을 준행함/5:10-11
(3) 만나가 중단되고 땅의 소산을 식물로 삼음/5:12

5) 여호와의 군대 장관이 출현함/5:13-15

(1) 여호수아와 여호와의 군대 장관/5:13-14
(2) 네가 선 곳은 거룩하니라/5:15

2. 이스라엘의 가나안 정복/6:1-12:24

1) 중부(中部) 가나안 정복/6:1-8:35

(1) 여리고 성 전투의 대승/6:1-27
(2) 아이 성 전투의 패배/7:1-26
(3) 아이 성 전투의 승리/8:1-29
(4) 모세의 명령과 여호수아의 율법 낭독/8:30-35

2) 남부(南部) 가나안 정복/9:1-10:43

(1) 기브온 거민(居民▸개정, 주민)들과의 언약(言約 : 조약)/9:1-27
① 요단 서편 가나안 족속의 이스라엘에 대한 전투 준비 / 9:1-2
② 기브온 주민들의 속임수 / 9:3-15
③ 이스라엘의 종이 된 기브온 족속 / 9:16-27

(2) 아모리 연합군을 격파함/10:1-43
① 가나안의 열 왕의 연합군 / 10:1-5
② 아모리 다섯 왕의 죽음 / 10:6-15
③ 막게다 굴의 다섯 왕 / 10:16-28
④ 여호와께서 이스라엘을 위해 싸우심 / 10:29-43

3) 북부 가나안 정복/11:1-15

(1) 하솔 왕 야빈/11:1-9
(2) 여호와의 명령 및 모세의 명령과 여호수아의 행함/11:10-15

4) 정복 사업에 대한 결산/11:16-12:24

(1) 여호와의 섭리와 경륜/11:16-20

(2) 여호수아의 승리로 인한 가나안 정복/11:21-23
(3) 모세가 요단 동편의 땅을 두 지파 반(半)에게 기업으로 줌/12:1-6
(4) 멸망시킨 가나안의 31 명의 왕/12:7-24

제 2 부 : 가나안 정착/13:1-24:33

1. 요단 동편 땅에 대한 분배/13:1-33

1) 이스라엘 자손에게 정복되지 않은 땅(아홉 지파와 므낫세 반 지파에 대한 서편 지역)/13:1-7

2) 두 지파와 므낫세 반(半) 지파의 지정학적 경계와 레위 지파/13:8-14

(1) 므낫세 반(半) 지파와 르우벤과 갓 지파/13:8-13
(2) 레위 지파/13:14

3) 요단 강 동편의 지파 경계/13:15-33

(1) 르우벤 지파/13:15-23
(2) 갓 지파/13:24-28
(3) 므낫세 반 지파/13:29-33

2. 요단 서편 지경의 정착/14:1-19:51

1) 길갈에서 행한 땅의 분배/14:1-17:18

(1) 각 지파의 땅 분배 방법/14:1-5
(2) 유다 지파/14:6-15:63
(3) 요셉 지파/16:1-17:18

2) 실로에서 행한 땅의 분할/18:1-19:51

(1) 실로에 회막을 세움/18:1
(2) 땅 분할의 새로운 방법/18:2-10
(3) 베냐민 지파/18:11-28
(4) 시므온 지파/19:1-9
(5) 스불론 지파/19:10-16
(6) 잇사갈 지파/19:17-23
(7) 아셀 지파/19:24-31

(8) 납달리 지파/19:32-39
(9) 단 지파/19:40-48
(10) 여호수아의 기업/19:49-50
(11) 실로의 회막문 여호와 앞에서 제비 뽑아 나눈 기업/19:51

3. 레위 지파의 성읍/20:1-21:45

1) 여섯 도피성/20:1-9

2) 레위 지파의 성읍 택정(擇定)/21:1-42

(1) 각 성읍에 배치된 레위 지파의 자손/21:1-7
(2) 그핫 자손/21:8-26
(3) 게르손 자손/21:27-33
(4) 므라리 자손/21:34-42

3) 여호와의 언약과 안식/21:43-45

(1) 여호와의 언약/21:43
(2) 여호와의 안식/21:44
(3) 여호와 말씀의 선하심/21:45

4. 약속의 땅에서 지켜야 할 언약과 충성 / 22:1-24:33

1) 증거의 제단/22:1-34

(1) 요단 동편의 지파를 권고하는 여호수아/22:1-9
(2) 제단을 쌓음/22:10
(3) 제단으로 인한 오해와 분쟁/22:11-20
(4) 해명과 분쟁의 해결/22:21-29
(5) 여호와께서 하나님이 되시는 증거/22:30-34

2) 오직 순종으로만 오는 축복/23:1-24:28

(1) 모세의 율법책에 기록된 것/23:1-16
(2) 여호수아의 고별 메시지/24:1-28

3) 여호수아와 엘르아살의 죽음/24:29-33

(1) 여호수아의 죽음/24:29-31
(2) 엘르아살의 죽음과 대제사장 비느하스/24:32-33

사사기(師士記)

¤ 개관

사사기는 여호수아의 죽음으로부터 사무엘 시대에 이르는 하나님 백성의 종교적, 사회적 형편을 알려 주는 가교 역할을 하고 있다. 이 책이 기록된 목적은 당시 부패와 혼란에 빠진 이스라엘인들에게 하나님께 대한 불순종은 필연적으로 심판을 가져오며 회개는 구원을 가져다 준다는 것을 알리는 것이다. 또한, 의로운 지도자가 지속적으로 나라를 이끌어 갈 필요성이 있다는 사실을 제시함으로써 다윗에 의해 확립된 왕권을 이론적으로 뒷받침하고 있다.

사사기는 이스라엘 백성의 타락, 하나님의 심판, 회개 그리고 구원의 역사가 반복적으로 등장한다. 이는 인간의 악한 죄성과 더불어 택한 자를 결단코 버리지 않으시는 하나님의 신실하심을 말해 주는 것이다 하나님은 어려울 때마다 그 시대에 필요한 사람을 예비하시고 세우신다. 이것이 사사기의 주제이다.

¤ 내용 분해

제 1 부 : 이스라엘의 자손과 가나안의 족속 / 1:1-3:6

1. 가나안 족속의 완전 축출(逐出)에 실패한 이스라엘 / 1:1-36

1) 유다 지파와 가나안 사람 / 1:1-7

(1) 유다 지파와 시므온 지파/1:1-4

(2) 아도니 베섹의 죽음/1:5-7

2) 유다 지파의 경계/1:8-20

(1) 유다 자손의 예루살렘과 헤브론 정복/1:8-10

(2) 갈렙의 아우 그나스의 아들 옷니엘과 갈렙의 딸/1:11-15

(3) 겐 사람 모세의 장인 후손/1:16

(4) 유다와 함께하신 여호와/1:17-20

3) 베냐민 지파의 경계/1:21
4) 요셉 지파의 경계/1:22-29
5) 스불론 지파의 경계/1:30
6) 아셀 지파의 경계/1: 31-32
7) 납달리 지파의 경계/1:33
8) 단 지파의 경계/1:34-36

2. 여호와의 사자의 언약과 여호와의 뜻/2:1-3:6

1) 여호와의 사자를 청종(聽從)하지 않는 이스라엘/2:1-5
2) 여호와와 여호수아를 알지 못하는 세대/2:6-10
3) 이스라엘의 악행과 여호와의 진노/2:11-15
4) 가나안 족속으로 시험하시는 여호와/2:16-23
5) 가나안 전쟁을 알지 못한 세대에 대한 시험/3:1-6

제 2 부 : 사사 시대와 이스라엘의 구원/3:7-16:31

1. 남부(南部) 전투 / 3:7-31

1) 갈렙의 아우 그나스의 아들 옷니엘/3:7-11
2) 베냐민 사람 게라의 아들 에훗/3:12-30
3) 아낫의 아들 삼갈/3:31

2. 북부(北部) 전투 : 드보라와 바락/4:1-5:31

1) 랍비돗의 아내 선지자 드보라와 아비노암의 아들 바락/4:1-11

(1) 하솔에 도읍한 가나안 왕 야빈과 군대 장관 시스라/4:1-3
(2) 드보라의 종려나무 아래의 재판/4:4-5
(3) 드보라가 바락을 납달리 게데스로 부름/4:6-11

2) 가나안 왕 야빈의 군대 장관 시스라와 이스라엘 자손/4:12-24

(1) 모세의 장인 호밥의 자손 중 겐 사람 헤겔/4:11
(2) 아비노암의 아들 바락과 시스라의 온 군대/4:12-16
(3) 겐 사람 헤벨의 아내 야엘과 시스라의 죽음/4:17-22
(4) 이스라엘 자손의 손과 가나안 야빈의 죽음/4:23-24

3) 드보라와 바락의 노래/5:1-31

(1) 드보라와 아비노암의 아들 바락의 노래/5:1-31a

(2) 그 땅이 40 년 동안 태평(泰平▶개정, 평온)함/5:31b

3. 중부(中部) 전투/6:1-10:5

1) 아비에셀 요아스의 아들 기드온/6:1-8:32

(1) 미디안의 손과 이스라엘 자손/6:1-10

① 이스라엘 자손의 악행 / 6:1-6

② 이스라엘 자손과 한 선지자 / 6:7-10

(2) 여호와의 사자가 나타남/6:11-24

① 기드온의 의문과 여호와의 구원 / 6:11-18

② 여호와 살롬(여호와는 평강) / 6:19-24

(3) 여룹바알인 기드온/6:25-40

① 바알의 제단과 아세라 상의 파괴 / 6:25-27

② 여룹바알로 불려진 기드온 / 6:28-32

③ 여호와의 신(神▶개정, 영)이 기드온에게 강림(降臨▶개정, 임) / 6:33-35

④ 양털 한 뭉치와 이슬의 두 번 시험 / 6:36-40

(4) 기드온과 300 명의 용사/7:1-8:32

① 2만 2천 명과 남은 자 1만 명 / 7:1-3

② 무릎을 꿇고 물을 핥는 자와 마시는 자 / 7:4-6

③ 무릎을 꿇고 물을 핥는 자 300 명의 선택 / 7:7-8

④ 기드온과 부하 부라 / 7:9-14

⑤ 3 대(隊)로 나눈 300 명과 쫓기는 미디안 사람의 군대 / 7:15-23

⑥ 미디안의 두 방백 오렙과 스엡을 죽임 / 7:24-25

⑦ 에브라임 사람들 / 8:1-3

⑧ 숙곳 사람들과 브누엘 사람들 / 8:4-17

⑨ 세바와 살문나를 죽임 / 8:18-21

⑩ 기드온의 에봇과 기드온 집안의 올무 / 8:21-28

⑪ 요아스의 아들 여룹바알 기드온의 죽음 / 8:29-32

2) 아비멜렉/8:33-9:57

(1) 기드온 사후(死後)의 혼란/8:33-35

(2) 여룹바알의 아들 아비멜렉의 속임수/9:1-6

(3) 여룹바알의 말(末)째(개정, 막내) 아들 요담의 비유/9:7-21

(4) 세겜의 멸망/9:22-49

① 하나님께서 아비멜렉과 세겜 사람들에게 악(惡)한 신(神▶개정, 영)을 보내심 / 9:22-25

② 에벳의 아들 가알과 세겜의 멸망 / 9:26-49

(5) 아비멜렉의 죽음/9:50-57

① 데베스의 한 여인과 아비멜렉의 죽음 / 9:50-55

② 여룹바알의 아들 요담의 저주 / 9:56-57

3) 돌라/10:1-2

(1) 잇사갈 사람 도도의 손자 부아의 아들 돌라/10:1

(2) 이스라엘의 사사 23 년/10:2

4) 야일/10:3-5

(1) 길르앗 사람 야일/10:3a

(2) 이스라엘의 사사 22 년/10:3b-5

4. 동부(東部) 전투 : 입다/10:6-12:7

1) 이스라엘의 죄/10:6-18

2) 구원 : 입다/11:1-12:7

(1) 길르앗 사람 큰 용사 입다의 사명/11:1-11

(2) 입다의 사사직 수행/11:12-28

(3) 입다의 서원/11:29-40

① 여호와의 영(靈)이 입다에게 임함 / 11:29-31

② 여호와께서 암몬 자손을 그의 손에 넘겨주심 / 11:32-33

③ 입다의 딸이 제일 먼저 마중 나옴 / 11:34-35

④ 나의 처녀로 죽음을 인하여 애곡하겠나이다 / 11:36-38

⑤ 딸이 남자를 알지 못하고 죽으니라 / 11:39-49

※ 창 22장; 레 7:8; 27:1-8; 민 6:1-8; 신 23:21-23; 시 66:31; 고전 7:34-40

(4) 길르앗과 에브라임의 동족(同族) 상잔(相殘)/12:1-7

5. 두 번째 북부(北部) 전투/12:8-15

1) 베들레헴 입산/12:8-10

2) 스불론 사람 엘론/12:11-12

3) 비라돈 사람 힐렐의 아들 압돈/12:13-15

6. 서부(西部) 전투 : 삼손/13:1-16:31

1) 삼손의 수태 예언과 그 출생/13:1-25

2) 죄악 된 삼손의 결혼/14:1-20

3) 삼손의 사사직 수행/15:1-20

4) 삼손의 정욕의 결과/16:1-31

(1) 삼손과 기생/16:1-3

(2) 삼손과 들릴라/16:4-22

(3) 삼손의 죽음/16:23-31

제 3 부 : 가나안의 범죄를 따른 이스라엘의 타락(墮落)/ 17:1-21:25

1. 신상(神像) 숭배(崇拜)/17:1-18:31

1) 개인용 신상 숭배 - 미가/17:1-13

(1) 에브라임 산지의 미가/17:1-6

① 미가와 은(銀)으로 만든 한 신상(神像) / 17:1-4

② 사람마다 자기의 소견에 옳은 대로 행함 / 17:5-6

(2) 유다 베들레헴의 한 레위인/17:7-13

① 유다 가족에 속한 유다 베들레헴의 한 청년 / 17:7-9

② 미가의 제사장 / 17:10-13

2) 지파용 신상 숭배 - 단 지파/18:1-31

(1) 단 지파의 기업의 땅 정찰/18:1-10
(2) 에봇과 드라빔과 새긴 우상을 취한 단 지파/18:11-26
(3) 모세의 손자 게르솜의 아들 요나단과 그 자손/18:27-31

2. 불륜(不倫) 행위 / 19:1-30

1) 개인의 불륜 행위/19:1-21

(1) 에브라임 산지의 어떤 레위 사람과 첩/19:1
(2) 그 첩(妾)의 행음(行淫)/19:2-9
(3) 베냐민 지파에 속(屬)한 기브아의 한 노인/19:10-21

2) 지파의 불륜 행위/19:22-30

(1) 베냐민 지파 성읍(城邑)의 비류(匪類▶ 불량배)들/19:22-23
(2) 처녀 딸과 레위인의 첩/19:24-26 (참고▶ 창 19:4-11)
(3) 레위인과 첩의 시체/19:27-30

3. 동족상잔(同族相殘) / 20:1-21:25

1) 이스라엘과 베냐민의 동족상잔/20:1-48

(1) 모든 이스라엘 자손과 베냐민의 기브아/20:1-11
(2) 이스라엘의 11 지파와 베냐민 지파의 전쟁/20:12-48

2) 동족상잔 후의 이스라엘의 후회/21:1-24

(1) 이스라엘의 어리석은 서원/21:1-7
(2) 야베스 길르앗 거민의 남자를 학살/21:8-15
(3) 실로의 여자들을 납치함/21:16-24

3) 각각의 소견에 옳은 대로 행함/21:25

룻 기

¤ 개관

사사기 시대는 혼란과 불안정의 시대였다. 지파들 간의 질시와 이방인들의 압제로 이스라엘은 정치적으로 약해졌다. 또한 우상숭배는 출애굽 당시의 하나님의 권능을 체험했던 이스라엘 백성들의 경건함을 파괴하였다.

그러나 룻기는 사사시대의 또 다른 삶의 모습을 보여주고 있다. 여기서, 우리는 한 경건한 여인을 접하게 된다. 그녀는 룻이란 여인으로서 사랑하던 남편을 여의고 어려운 상황 가운데서 처했지만 신앙의 정조를 굳게 지킴으로 하나님의 놀라운 은총을 받았다.

룻기의 주인공으로 나오는 룻은 이방의 모압 여인이었지만 젊은 과부 룻의 시어머님을 향한 정열적이고 헌신적인 사랑을 그리고 있다. 하지만, 만왕의 왕이시며 구세주이신 예수님은 이방여인이었던 룻을 통해서 이 땅에 오셨다는 사실이다. 이처럼 하나님의 약속은 미천한 한 여인을 통해서도 이루어질 수 있다.

¤ 내용 분해

제 1 부 : 헌신적인 룻의 사랑/1:1-2:23

1. 나오미를 따르기로 한 룻의 결심 / 1:1-18

1) 나오미의 둘째 며느리 룻/1:1-5
2) 나오미와 두 자부 오르바와 룻/1:6-14
3) 나오미를 따르기로 한 룻의 선택/1:15-18

2. 나오미를 돌보기 위한 룻의 헌신/1:19-2:23

1) 룻과 나오미의 베들레헴 귀환/1:19-22
(1) 베들레헴에 도착한 두 사람/1:19
(2) 나오미와 마라/1:20-22

2) 양식을 위해 이삭을 줍는 룻/2:1-23

(1) 보아스와 룻의 만남/2:1-7
(2) 룻을 보호하는 보아스/2:8-16
(3) 룻을 위해 이삭을 남기는 보아스/2:17-23

제 2 부 : 보상 받은 룻의 사랑/3:1-4:22

1. 룻이 보아스에게 기업 무를 것을 간청함 / 3:1-18

1) 나오미가 룻에게 기업 무를 방도를 제시함/3:1-5
2) 룻이 나오미의 요청에 순종함/3:6-9
3) 보아스가 룻의 기업 무를 자가 되기로 결심함/3:10-18

2. 기업 무를 자가 된 보아스로 인한 룻의 상급 / 4:1-22

1) 보아스와 룻의 결혼/4:1-12
2) 룻이 잉태하여 아들 오벳을 낳음/4:13-17

(1) 여호와께서 잉태하게 하심/4:13
(2) 나오미가 새 가정의 양육자가 됨/4:14-16
(3) 룻이 다윗의 증조모가 됨/4:17

3) 유다의 아들 베레스에서 다윗까지/4:18-22

사무엘상

¤ 개관

사무엘서의 기사(記事)가 전개되는 배경은 엘리가 사사(士師) 겸 제사장으로 있었던 사사 시대 말기의 혼란스런 때였다. 사무엘은 BC 1105년 전후에 태어나 BC 1067-1015년까지의 이스라엘의 사사이며 선지자로 활동하였다.

하나님께서 이스라엘 왕국을 세우시기 위해 사무엘을 사용하시어서, 사무엘은 이스라엘 초대 왕 사울과 그의 뒤를 이은 다윗에게 기름을 부어 왕으로 세

웠을 뿐만 아니라, 하나님 나라의 새로운 통치 질서를 확립한 자이기도 하다.

그러나 하나님이 다스리는 왕국은 하나님의 마음에 합당한 자가 다스려야 한다는 것이다. 본서는, 이스라엘이 지파 중심의 사사 시대를 청산하고 중앙 집권적인 왕정 체제로의 전이(轉移) 과정을 기록하였다 .

¤ 내용 분해

제 1 부 : 최후의 사사-사무엘/1:1-7:17

1. 이스라엘 영도력의 첫 전환 : 엘리-사무엘 / 1:1-3:21

1) 새 지도자의 출생/1:1-2:11

(1) 한나의 잉태하지 못함/1:1-18
(2) 사무엘의 출생/1:19-28
(3) 한나의 예언적인 기도/2:1-11

2) 새 지도자의 요청/2:12-36

(1) 엘리 아들들의 죄악/2:12-21
(2) 엘리의 부권(父權) 상실/2:22-36

3) 엘리에서 사무엘로 전환/3:1-18

(1) 엘리에게 여호와의 말씀이 임하지 않음/3:1
(2) 사무엘에게 여호와의 말씀이 임함/3:2-18

4) 여호와께서 사무엘과 함께하심/3:19-21

(1) 여호와의 선지자/3:19-20
(2) 여호와의 말씀으로 자기를 나타내심/3:21

2. 사무엘이 이스라엘의 새 지도자로 인정 받음 / 4:1-7:17

1) 사무엘의 영도력(領導力)이 요청됨/4:1-6:21

(1) 블레셋의 이스라엘 침입/4:1-10
(2) 엘리와 그의 두 아들의 죽음/4:11-22
(3) 여호와 하나님의 언약궤와 블레셋 사람/5:1-6:21

2) 사무엘의 영도력 하(下)에서의 승리/7:1-17

(1) 기럇여아림의 아비나답 집에 언약궤를 보관/7:1-2
(2) 이스라엘이 여호와께 돌아옴/7:3-6
(3) 미스바에서의 사무엘의 기도/7:7-11
(4) 에벤에셀의 여호와 하나님/7:12-17

제 2 부 : 최초의 왕-사울 / 8:1-31:13

1. 이스라엘 영도력의 두 번째 전환 : 사무엘 - 사울 / 8:1-12:25

1) 전환(轉換)의 요인(要因)/8:1-9

(1) 이스라엘이 사무엘의 두 아들을 지도자로서 거부함/8:1-5
(2) 이스라엘이 하나님을 자기의 왕으로 거절함/8:6-9

2) 사무엘에서 사울로 전환/8:10-12:25

(1) 사무엘이 이스라엘을 경고함/8:10-22
(2) 하나님께서 사울을 택함/9:1-10:16
(3) 사무엘이 사울에게 기름 부음/10:17-27
(4) 이스라엘이 사울을 왕으로 삼음/11:1-15
(5) 사무엘이 사울의 왕권을 확립시킴/12:1-25

2. 사울 왕의 통치 / 13:1-15:16

1) 이스라엘의 첫 승리/13:1-4
2) 사울 왕의 불순종/13:5-14:52

(1) 블레셋 군대의 위용/13:5-7
(2) 사울 왕의 망령(妄靈)된 제사/13:8-15a
(3) 육백 명의 이스라엘 군대/13:15b-23
(4) 여호와의 구원과 사울의 아들 요나단/14:1-23
(5) 사울의 이기적인 저주/14:24-46
(6) 이스라엘 사방의 대적/14:47-48
(7) 사울의 가계/14:49-51
(8) 힘 있는 자와 용맹 있는 자/14:52

3) 여호와의 명령을 거역한 사울 왕/15:1-16
(1) 아말렉의 진멸(殄滅) 명령/15:1-3

(2) 아말렉 성의 겐 사람/15:4-6
(3) 사울의 기념비 / 15:7-16

3. 이스라엘 영도력의 세 번째 전환 : 사울 - 다윗 / 15:17-31:13

1) 사울에서 다윗으로 왕권 전환/15:17-35

(1) 순종이 제사보다 낫고 듣는 것이 수양의 기름보다 낫다/15:17-23
(2) 사울 왕에게 여호와의 말씀을 전하는 사무엘/15:24-31
(3) 사무엘과 아말렉 사람의 왕 아각의 죽음/15:32-35

2) 다윗과 사울 왕/16:1-23

(1) 다윗을 왕으로 기름 부으심/16:1-13
(2) 여호와의 영(靈)과 하나님께서 부리시는 악신(惡神▸개정, 악령)/16:14-23

3) 다윗과 블레셋 사람 골리앗/17:1-58

(1) 블레셋 가드 사람 골리앗/17:1-11
(2) 유다 베들레헴 에브랏 사람 이새의 막내 아들/17:12-30
(3) 다윗과 사울 왕/17:31-40
(4) 만군의 여호와의 이름으로 오는 다윗/17:41-58

4) 다윗을 살해하려는 사울의 음모/18:1-20:42

(1) 다윗과 요나단/18:1-5
(2) 사울의 천천과 다윗의 만만/18:6-9
(3) 창을 던짐으로/18:10-16
(4) 불레셋과의 전투로/18:17-30
(5) 부하들에게 암살 명령을 내림으로/19:1-7
(6) 창을 다시 던짐으로/19:8-10
(7) 자객을 보냄으로/19:11-17
(8) 사무엘의 집에 자객을 보냄으로/19:18-24
(9) 다윗을 죽이려는 사울의 결심과 다윗을 살리려는 요나단/20:1-42

5) 다윗의 도피 생활/21:1-28:2

(1) 놉의 제사장 아히멜렉/21:1-9
(2) 가드의 아기스 왕과 미치광이 다윗/21:10-15

(3) 아둘람 굴의 다윗과 그를 추종하는 자들/22:1-2
(4) 모압 왕과 선지자 갓/22:3-5
(5) 에돔 사람 도엑이 제사장들의 성읍 놉을 진멸/22:6-19
(6) 아히둡의 아들 아히멜렉의 아들 중 아비아달/22:20-23
(7) 블레셋 사람의 죽음과 그일라 주민의 구원/23:1-5
(8) 다윗과 육백 명의 군대/23:6-14
(9) 십 광야와 마온 광야 아라바와 엔게디 요새(要塞)/23:15-29
(10) 여호와의 기름 부음을 받은 사람/24:1-22
(11) 갈멜 족속 나발과 그의 아내 아비가일/25:1-38
(12) 다윗의 아내 아비가일과 유다 남부의 성읍 이스르엘 사람 아히노암/25:39-44
(13) 다윗과 스루야의 아들 요압의 아우 아비새/26:1-25
(14) 가드와 마옥의 아들 아기스와 시글락/27:1-7
(15) 다윗이 행한 일/27:8-12
(16) 블레셋 사람의 이스라엘과의 전쟁 준비/28:1-2

6) 사울의 최후 몰락 / 28:3-31:13

(1) 하나님이 사울에게 응답하지 않으심/28:3-6
(2) 귀신 접한 여자와 사무엘/28:7-25
(3) 블레셋과 사울의 전쟁에 다윗이 빠짐/29:1-11
(4) 하나님이 다윗에게 응답하심/30:1-8
(5) 다윗이 아말렉 대적을 죽임/30:9-31
(6) 블레셋 사람이 사울과 세 아들을 죽임/31:1-13

사무엘하

¤ 개관

사울 왕가의 몰락으로 시작된 다윗의 통치는 이스라엘에 대한 하나님의 다스리심을 대행한다는 측면에서 시사하는 바가 크다. 본서는 다윗을 신정 국가의 이상적인 왕의 전형으로 묘사하고 있다. 다윗 치하에서 하나님은 이스라엘 국가를 번영하게 하시고 주변의 대적들을 물리치셨다. 그리고 그의 약속대로(창 15:18) 이스라엘의 영토를 애굽에서부터 유브라데까지 확장시키셨다.

이와 같이, 본서의 주제는 하나님 나라의 왕권의 확장에 초점을 두고 있다. 그러한 과정 속에는 인간 다윗의 위대한 믿음은 물론, 그의 연약함과 실수와 넘어짐도 함께 나타나고 있다. 하나님께서는 다윗의 부도덕한 인간성에도 불구하고 그를 사용하심으로써, 하나님의 뜻을 이 땅 위에 실현하셨다. 다윗의 삶을 통한 하나님의 복 주심과 심판은 한 민족의 삶의 축소판이다.

특히 본서 전체를 뒤덮고 있는 전쟁과 내란 기사는 하나님 나라의 전투적 성격과 그 나라의 완성 때까지 지속될 악의 도전과 인간의 부패성을 암시하고 있다. 이스라엘은 하나님의 택하신 백성이며, 특히 지도자는 하나님의 말씀과 뜻을 잘 받들어 나아가야만 한다. 그렇지 않을 때 그들은 하나님의 호된 진노와 심판을 면치 못한다.

¤ 내용 분해

제 1 부 : 다윗의 부흥기/1:1-10:19

1. 다윗의 정치적 승리/1:1-5:25

1) 헤브론에서 유다를 통치(統治)/1:1-4:12

(1) 사울 왕의 죽음/1:1-27
(2) 다윗이 유다의 왕으로 기름 부음 받음/2:1-7
(3) 이스보셋을 이스라엘 왕으로 세움/2:8-11
(4) 넬의 아들 아브넬과 스루야의 세 아들/2:12-3:1
(5) 다윗이 헤브론에서 낳은 아들들/3:2-5
(6) 아브넬과 사울의 첩 아야의 딸 리스바의 간통/3:6-11
(7) 아브넬과 다윗 왕/3:12-21
(8) 요압과 아브넬의 죽음/3:22-30
(9) 다윗이 요압에게 저주함/3:31-39
(10) 사울의 아들 이스보셋의 암살/4:1-12

2) 다윗이 예루살렘에서 통치함/5:1-25

(1) 다윗이 이스라엘의 왕으로 기름 부음 받음/5:1-5
(2) 예루살렘 정복/5:6-10
(3) 두로와 동맹함/5:11-12
(4) 다윗이 예루살렘에서 낳은 아들들과 딸들/5:13-16
(5) 블레셋 정복/5:17-25

2. 다윗의 영적 승리/6:1-7:29

1) 언약궤의 이전/6:1-7:29

(1) 규례에 어긋난 언약궤의 운반/6:1-11
(2) 언약궤의 올바른 운반/6:12
(3) 다윗이 언약궤로 인해 크게 기뻐함/6:13-15
(4) 미갈이 다윗을 경멸함/6:16-23

2) 다윗 언약의 체결/7:1-29

(1) 여호와의 전을 건축하려는 다윗의 계획/7:1-3
(2) 다윗 왕가 존속에 대한 여호와의 언약/7:4-17
(3) 다윗이 여호와 하나님을 찬양함/7:18-29

3. 다윗의 군사적 승리/8:1-10:19

1) 대적(對敵)들에게 승리함 /8:1-14

(1) 블레셋/8:1
(2) 모압/8:2
(3) 아람/8:3-8
(4) 대적들로부터 조공(朝貢)을 받음/8:9-12
(5) 에돔/8:13-14a
(6) 여호와께서 이기게 하심/8:14b

2) 다윗의 의(義)로운 통치/8:15-9:13

(1) 이스라엘을 의롭게 통치함/8:15-18
(2) 므비보셋에게 자비를 베풂/9:1-13

3) 암몬과 아람을 정벌함/10:1-19

(1) 나하스의 아들 암몬 왕 하눈의 모욕/10:1-5
(2) 암몬 정벌/10:6-14
(3) 아람 정벌/10:15-19

제 2 부 : 다윗의 침체기(沈滯期)/11:1-20:26

1. 엘리암의 딸, 헷 사람 우리아의 아내와의 간음죄/11:1-5

1) 예루살렘의 다윗 왕/11:1

(1) 랍바를 에워싼 이스라엘 군대/11:1a
(2) 예루살렘에 있는 다윗/11:1b

2) 우리아의 아내 밧세바/11:2-5

(1) 밧세바와의 동침/11:2-4
(2) 밧세바의 임신/11:5

2. 헷 사람 우리아를 죽인 다윗의 살인죄/11:6-27

1) 우리아가 밧세바와 동침하지 않음/11:6-13
2) 다윗이 우리아의 살해를 요압에게 명령함/11:14-25
3) 다윗과 밧세바의 결혼/11:26-27

3. 다윗 집안의 재난/12:1-13:36

1) 나단의 예언/12:1-14

(1) 나단의 비유/12:1-12
(2) 다윗의 회개/12:13-14

2) 다윗의 아들의 죽음/12:15-25

(1) 불륜의 씨앗을 제거하심/12:15-23
(2) 다른 아들을 허락하심(솔로몬, 하나님께서 '여디디야' = '여호와의 사랑을 입은 자'라 하심)/12:24-25

3) 요압이 다윗에게 충성/12:26-31

4) 암논의 근친상간(압살롬의 누이 다말을)/13:1-20
5) 암논의 피살(압살롬에 의하여)/13:21-36

4. 다윗 왕국의 재난/13:37-20:26

1) 압살롬의 반역/13:37-17:29

(1) 압살롬의 도망/13:37-39
(2) 압살롬의 귀환/14:1-24
(3) 압살롬의 계략/14:25-15:6
(4) 압살롬의 반역/15:7-12
(5) 다윗의 도피/15:13-18
(6) 가드 사람 잇대/15:19-23
(7) 사독과 아비아달/15:24-29
(8) 반역한 아히도벨과 아렉 사람 후새/15:30-37
(9) 므비보셋의 사환(使喚▶개정, 종) 시바/16:1-4
(10) 게라의 아들 시므이와 스루야의 아들 아비새/16:5-14

2) 압살롬의 통치/16:15-17:29

(1) 압살롬과 다윗의 친구 아렉 사람 후새/16:15-19
(2) 압살롬과 아히도벨의 모략/16:20-17:4
(3) 아렉 사람 후새의 모략/17:5-14
(4) 사독과 아비아달의 두 제사장/17:15-20
(5) 아히도벨의 자살/17:21-23
(6) 이드라의 아들 아마사/17:24-26
(7) 소비와 마길과 바실래/17:27-29

3) 압살롬의 패배와 죽음/18:1-33

(1) 요압과 아비새와 잇대/18:1-4
(2) 다윗이 압살롬에 대한 관용을 부탁/18:5-13
(3) 요압과 압살롬의 죽음/18:14-18
(4) 사독의 아들 아히마아스와 구스 사람/18:19-30
(5) 다윗의 슬픔/18:31-33

4) 다윗의 왕권 회복/19:1-20:26

(1) 다윗과 요압의 압박/19:1-7
(2) 유다 족속이 왕을 영접함/19:8-15
(3) 바후림에 있는 시므이를 용서/19:16-23

(4) 사울의 손자 므비보셋의 반증/19:24-30
(5) 거부(巨富)인 길르앗 사람 바실래의 사양과 그의 아들 김함/19:31-40
(6) 유다 사람과 이스라엘 사람/19:41-43
(7) 베냐민 사람 비그리의 아들 세바의 반란/20:1-2
(8) 후궁 열 명의 생과부/20:3
(9) 요압과 아마사의 죽음/20:4-13
(10) 세바 성의 지혜로운 여인/20:14-22
(11) 다윗의 신하들/20:23-26

제 3 부 : 다윗의 말년(末年) 통치/21:1-24:25

1. 다윗 말년의 기근과 전쟁/21:1-22

1) 사울과 기브온 사람 / 21:1-7

(1) 삼 년 기근(饑饉)/21:1
(2) 다윗과 기브온 사람/21:2-6

2) 일곱 사람의 죽음 / 21:8-9

(1) 아야의 딸 리스바의 두 아들과 사울의 딸 메랍의 다섯 아들/21:8
(2) 기브온 사람의 복수/21:9

3) 사울의 첩, 아야의 딸 리스바와 다윗 / 21:10-14

(1) 아야의 딸 리스바의 행위/21:10-11
(2) 하나님이 그 땅을 위하여 기도를 들으심/21:12-14

4) 블레셋과의 전쟁/21:15-22

(1) 이스비브놉과 스루야의 아들 아비새/21:15-17
(2) 후사 사람과 십브개와 삽/21:18
(3) 베들레헴 사람 야레오르김의 아들 엘하난과 가드 골리앗의 아우 라흐미/21:19
(4) 다윗의 형 삼마의 아들 요나단/21:20-22

2. 다윗의 승전으로 인한 감사와 찬양 / 22:1-23:7

1) 모든 대적과 사울의 손에서 구원하신 그날/22:1-51

2) 다윗이 마지막 남긴 말/23:1-7

3. 다윗의 용사들의 행적/23:8-39

1) 다윗의 세 용사 / 23:8-12

(1) 다그몬 사람 요셉밧세벳, 에센 사람 아디노/23:8
(2) 아호아 사람 도대의 아들 엘르아살/23:9-10
(3) 하랄 사람 아게의 아들 삼마/23:11-12

2) 다윗의 용사들 / 23:13-39

(1) 베들레헴의 성문 곁 우물 물과 세 용사/23:13-17
(2) 스루야의 아들 요압의 아우 아비새/23:18-19
(3) 갑스엘의 용사의 손자 여호야다의 아들 브나야/23:20-23
(4) 요압의 아우 아사헬/23:24a
(5) 용사 삼십칠 명/23:24b-39

4. 다윗의 인구 조사와 재앙/24:1-25

1) 다윗의 인구 조사/24:1-9

(1) 여호와의 진노/24:1
(2) 이스라엘과 유다의 인구 조사/24:2-9

2) 다윗으로 인한 재앙과 번제 / 24:10-25

(1) 다윗의 회개/24:10
(2) 다윗의 선견자 된 선지자 갓/24:11-13
(3) 다윗의 세 가지의 재앙 중 택일/24:14-15
(4) 여호와께서 재앙을 거두심/24:16
(5) 여부스 사람 아라우나의 타작마당의 제단/24:17-25

열왕기상

¤ 개관

솔로몬은 하나님으로부터 남달리 탁월한 지혜를 받아 이스라엘을 최절정기까지 이르도록 하였다. 하지만, 그는 말년에 이방 여인들의 처첩들이 가져온 이방 신에 대한 우상 숭배로 말미암아 하나님의 진노를 받아 그의 사후에 나라가 둘로 나누어질 것을 선지자로 통해 고지(告知) 받았다. 그의 사후 곧 발발한 내란으로 말미암아 국가는 유다 지파와 베냐민 지파는 남유다로, 남은 열 지파는 북이스라엘로 남북이 양분되고 말았다.

¤ 내용 분해

제 1 부 : 통일 왕국/1:1-11:43

1. 솔로몬의 왕위 즉위/1:1-2:46

1) 솔로몬의 왕위 계승 / 1:1-53

(1) 다윗의 쇠약/1:1-4
(2) 아도니야의 왕위 찬탈 계획/1:5-9
(3) 솔로몬이 기름 부음 받음/1:10-40
(4) 아도니야의 복종/1:41-53

2) 솔로몬의 왕권 강화 / 2:1-46

(1) 솔로몬을 향한 다윗의 유언/2:1-9

① 하나님의 율법과 계명과 율례와 증거를 모세의 율법에 기록된 대로 지키라 / 2:1-4
② 스루야의 아들 요압의 징계 / 2:5-6
③ 길르앗의 바실래의 아들들에게 은총을 베풀어라 / 2:7
④ 바후림 베냐민 사람 게라의 아들 시므이의 징계 / 2:8-9

(2) 다윗의 죽음/2:10-11

(3) 솔로몬 왕의 친정(親政)/2:12

(4) 왕권 강화/2:13-46

① 학깃의 아들 아도니야의 죽음 / 2:13-25

② 아비아달의 제사장 직분 파면 / 2:26-27

③ 요압의 죽음 / 2:28-34

④ 여호야다의 아들 브나야의 군대 장관과 제사장 사독 / 2:35

⑤ 시므이의 죽음 / 2:36-46

2. 솔로몬 왕의 치세/3:1-10:29

1) 지혜를 구하는 솔로몬 왕 / 3:1-28

(1) 솔로몬의 정략적인 결혼(바로의 딸)/3:1-2

(2) 기브온 산당(山堂)에서 일천 희생 번제(燔祭)를 드림/3:3-15

① 일천 희생(一千犧生) 번제를 드림 / 3:3-4

② 기브온에서 꿈에 하나님이 나타나심 / 3:5

③ 지혜로운 마음을 구함 / 3:6-9

④ 지혜로운 마음은 물론, 구하지 아니한 부와 영광도 주심 / 3:10-14

⑤ 여호와의 언약궤 앞에서 번제와 수은제(酬恩際 ▸ 개정, 감사의 제물)를 드림 / 3:15

(3) 두 창기(娼妓)에 대한 지혜로운 재판/3:16-28

2) 솔로몬의 통치 체제 / 4:1-34

(1) 열한 명의 신하/4:1-6

(2) 열두 명의 장관/4:7-19

(3) 솔로몬의 지혜로운 통치/4:20-28

(4) 솔로몬의 지혜(智慧)와 총명(聰明)/4:29-34

3) 성전과 솔로몬의 궁전 건축 / 5:1-8:66

(1) 성전 건축 준비/5:1-18

① 두로 왕 히람이 사절(使節)을 보냄 / 5:1

② 솔로몬의 기별 - 레바논의 백향목을 요청 / 5:2-6

③ 히람과 솔로몬의 친목 / 5:7-12

④ 이스라엘의 역군(役軍) / 5:13-18

(2) 성전 건축 시작-애굽 땅에서 나온 지 480 년/6:1-38

① 솔로몬이 왕이 된 지 4년 시브월 곧 2월(태양력 4-5월에 해당) / 6:1

② 성전의 규모 / 6:2-10

③ 여호와의 말씀이 솔로몬에게 임함 / 6:11-13

④ 외부 건축 완료 / 6:14

⑤ 내부 건축 완료 / 6:15-36

⑥ 성전 건축 완료 - 7년 / 6:37-38

(3) 솔로몬의 궁전 건축/7:1-12

(4) 성전의 기구들/7:13-51

(5) 솔로몬의 성전 봉헌 기도와 성전 낙성식(落成式)/8:1-66

① 여호와의 언약궤를 지성소에 안치 / 8:1-11

② 솔로몬의 성전 봉헌 기도 / 8:12-61

③ 여호와의 성전 낙성식 / 8:62-66

4) 여호와께서 솔로몬에게 다시 나타나심 / 9:1-28

(1) 다윗과의 언약을 확인하심/9:1-9

(2) 여호와의 성전과 왕궁 건축/9:10-14

① 20 년의 역사 / 9:10

② 이스라엘의 성읍을 히람에게 줌 - 가불이라 함 / 9:11-14

(3) 솔로몬 왕이 역군(役軍)을 일으킨 까닭/9:15-24

(4) 여호와의 제단 앞에서 일 년에 세 번 제사/9:25

(5) 에시온게벨의 배와 황금/9:26-28

5) 솔로몬과 스바 여왕 / 10:1-29

(1) 스바 여왕의 방문/10:1-13

(2) 솔로몬의 부귀영화/10:14-29

3. 솔로몬 왕의 몰락(沒落)/11:1-43

1) 솔로몬의 우상 숭배(偶像崇拜) / 11:1-8

(1) 이방(異邦)의 많은 여인을 사랑함/11:1-3
(2) 우상에게 분향(焚香)하고 제사(祭祀)함/11:4-8

2) 솔로몬의 불순종(不順從)으로 인한 징계/11:9-25

(1) 하나님의 질책(두 번이나 하나님께서 나타나심)/11:9-13
(2) 에돔 사람 하닷과 엘리아다의 아들 르손/11:14-25

3) 솔로몬의 신하 느밧의 아들 여로보암/11:26-40

(1) 에브라임 족속 스레다 사람 여로보암/11:26-28
(2) 실로 사람 선지자 아히야의 예언-분열 왕국/11:29-39
(3) 여로보암이 애굽의 시삭에게 도망감/11:40

4) 솔로몬의 죽음/11:41-43

제 2 부 : 분열(分列) 왕국 초기(初期)/12:1-22:53

1. 왕국의 분열/12:1-14:31

1) 분열의 원인 / 12:1-24

(1) 북쪽 지파의 간청/12:1-5
(2) 르호보암의 거절/12:6-15
(3) 북쪽 지파의 반란/12:16-24

2) 여로보암 1세의 이스라엘 통치 / 12:25-14:20

(1) 여로보암의 죄/12:25-33
(2) 선지자의 경고/13:1-6
(3) 명령 받은 선지자와 벧엘의 늙은 선지자의 시험/13:7-19
(4) 명령에 불순종한 선지자에게 임한 심판/13:20-32
(5) 여로보암의 계속되는 죄/13:33-34
(6) 여로보암에게 임한 심판/14:1-20

3) 르호보암의 유다 통치 / 14:21-31

(1) 르호보암과 유다의 죄/14:21-24

(2) 애굽의 시삭의 침공/14:25-28

(3) 르호보암의 죽음/14:29-31

2. 두 왕의 유다 통치/15:1-24

1) 아비얌(아비야)/15:1-8

(1) 느밧의 아들 여로보암 십팔 년에 유다 왕이 됨/15:1-3

(2) 다윗을 위하여 예루살렘에 등불을 주심/15:4-5

(3) 아비얌의 죽음/15:6-8

2) 아사/15:9-24

(1) 아사의 순종/15:9-15

(2) 아사와 이스라엘 왕 바아사와의 전쟁/15:16-22

(3) 아사의 죽음/15:23-24

3. 이스라엘 다섯 왕의 통치/15:25-16:28

1) 여로보암의 아들 나답/15:25-31

2) 잇사갈 족속 아히야의 아들 바아사/15:32-16:7

3) 바아사의 아들 엘라/16:8-14

4) 엘라의 신하 시므리/16:15-20

5) 군대 장관(軍隊長官 ▸ 개정, 지휘관) 오므리/16:21-28

4. 아합의 이스라엘 통치/16:29-22:40

1) 아합의 죄/16:29-34

2) 엘리야의 사역/17:1-19:21

(1) 디셉 사람 엘리야와 가뭄/17:1-8

(2) 시돈에 속한 사르밧 과부/17:9-24

① 통의 가루와 병의 기름 / 17:9-16

② 사르밧 과부의 아들의 죽음과 살아남 / 17:17-24

(3) 갈멜 산에서의 엘리야/18:1-46

① 아합과 궁내 대신(宮內大臣 ▸ 개정, 왕궁 맡은 자) 오바댜 / 18:1-3

② 오바댜와 선지자 일백 명 / 18:4

③ 물의 근원을 찾는 아합과 오바댜 / 18:5-6

④ 오바댜와 엘리야 / 18:7-15
⑤ 아합과 엘리야 / 18:16-18
⑥ 바알의 선지자 450 명과 아세라 선지자 400 명 / 18:19
⑦ 여호와의 선지자 1 명과 바알의 선지자 450 명 / 18:20-24
⑧ 응답 없는 바알의 선지자 / 18:25-29
⑨ 무너진 여호와의 제단을 수축(修築) / 18:30-35
⑩ 엘리야의 기도와 응답 / 18:36-39
⑪ 바알의 선지자를 기손 시내에서 죽임 / 8:40
⑫ 여호와의 능력이 임한 엘리야와 아합 / 18:41-46

(4) 이세벨의 위협과 도망가는 엘리야/19:1-4
(5) 호렙 산에서의 엘리야/19:5-14
(6) 세 가지의 사명을 주시는 여호와/19:15-21

① 하사엘에게 기름을 부어 아람의 왕이 되게 함 / 19:15
② 님시의 아들 예후에게 기름을 부어 이스라엘의 왕이 되게 함 / 19:16
③ 아벨므홀라 사밧의 아들 엘리사에게 기름을 주어 선지자가 되게 함 / 19:16
④ 바알에 무릎을 꿇지 않는 칠천 명 / 19:18
⑤ 엘리야와 사밧의 아들 엘리사 / 19:19-21

3) 아람과의 전쟁 / 20:1-43

(1) 아람 왕 벤하닷과 그 군대와 아합/20:1-12
(2) 한 선지자와 각 도의 방백(方伯▸ 개정, 고관)의 소년(개정, 청년)과 이스라엘 자손/20:13-15
(3) 아람 군대의 패배/20:16-21
(4) 선지자와 아합/20:22-25
(5) 하나님의 사람과 이스라엘의 왕/20:26-30
(6) 벤하닷과 아합의 약조(約條▸ 개정, 조약)/20:31-34
(7) 선지자의 무리 중 하나와 다른 선지자/20:35-37
(8) 여호와가 멸하기로 작정한 사람과 아합의 목숨/20:38-43

4) 나봇의 피살(아합의 처 이세벨의 간계에 의해서) / 21:1-16

(1) 이스르엘 사람 나봇의 포도원과 아합의 욕심/21:1-4a
(2) 아합과 그의 아내 이세벨/21:4b-6
(3) 이세벨의 간계/21:7-16

5) 엘리야의 예언/21:17-29

(1) 아합과 이세벨의 죽음을 예언/21:17-26
(2) 아합의 겸비(謙卑)함/21:27-29

5. 여호사밧의 유다 통치 / 22:1-53

1) 유다와 여호사밧과 이스라엘 왕 아합/22:1-4

2) 이믈라의 아들 미가야와 그나아나의 아들 시드기야/22:5-28

(1) 선지자 400 명과 이믈라의 아들 미가야 한 사람/22:5-8
(2) 그나아나의 아들 시드기야/22:9-12
(3) 미가야를 부르러 간 사자/22:13
(4) 하늘의 여호와의 보좌-거짓말하는 영(靈)/22:14-23
(5) 미가야가 옥에 투옥/22:24-28

3) 이스라엘 왕 아합의 죽음과 유다 왕 여호사밧 / 22:29-40

(1) 변장한 이스라엘 왕/22:29-33
(2) 이스라엘 왕의 죽음/22:34-40

4) 유다 왕 여호사밧과 이스라엘 왕 아하시야(아합의 아들) / 22:41-53

(1) 이스라엘 왕 아합 4년에 여호사밧이 유다의 왕이 됨/22:41-47
(2) 에시온게벨에서 파선(破船)/22:48-50
(3) 유다 왕 여호사밧 17년에 아하시야가 이스라엘의 왕이 됨/22:51-53

열왕기하(列王記下)

¤ 개관

열왕기하는 열왕기상이 끝나는 부분에서 계속하여 이스라엘과 유다의 쇠퇴와 앗수르와 바벨론의 포로 생활을 추적해 나간다. 열왕기 상하는 우상 숭배와 부도덕과 불일치로 인하여 유다와 이스라엘 왕국에 심판이 임하는 것을 보여 준다.

이 책은 백성들에게 두 왕국의 몰락과 파멸이 통치자와 백성들이 하나님의 종들의 말씀을 거역했기 때문에 일어났다는 사실을 가르치기 위해 선지자적 관점에서 선별적으로 기록하였다. 이처럼 하나님의 나라는 그 나라의 영적인 상태가 곧 그들의 정치적, 경제적 상태를 결정짓는 요소가 되었다.

열왕기 상하에서는 선지자들의 역할이 대단하다. 하나님께서 신정(神政) 정치를 실현시켜 나감에 있어서 그들을 사용하시어 왕들이 지켜야 할 언약상의 책무들을 깨우치시기 때문이다. 즉, 하나님께서는 비극적인 역사 가운데서도 엘리야, 엘리사를 비롯한 여러 선지자를 보내심으로 그의 사랑을 확증시키신 일들이 그 좋은 예들이다.

이스라엘은 앗수르의 포로가 되어 끌려갈 때까지 거의 130 년 동안을 악한 왕들의 횡포에 시달려야 했다. 바벨론 포로로 끝나는 유다의 역사는 여기에서 간단히 언급한다. 유다가 이스라엘보다 136 년 간 더 존속했던 것은 그 나라의 20 왕들 중에서 8 왕이 비교적 신앙적으로 선정을 베풀었기 때문이다. 이스라엘은 여로보암의 송아지 우상 숭배에서 끝내 벗어나지 못하나 유다는 몇몇 시기에는 여호와의 신앙을 되찾기도 했다

¤ 내용 분해

제 1 부 : 분열 왕국 전반기/1:1-11:20

1. 아하시야의 이스라엘 통치/왕하 1:1(왕상 22:51)-왕하 1:18

1) 영성에 대한 평가(여호와 보시기에 악함)/(왕상 22:51-53)

2) 아하시야의 치세 하의 정치적 상황/왕하 1:1

3) 아하시야의 죽음/1:2-18

(1) 아하시야의 병/1:2-16

① 에그론의 신 바알세붑에게 물어 보려 함 / 1:2

② 여호와의 사자(使者)와 엘리야 / 1:3-4

③ 사마리아 왕의 사자(使者)와 아하시야 왕 / 1:5-6

④ 아하시야 왕과 디셉 사람 엘리야 / 1:7-8

⑤ 오십부장(五十夫長)과 군사 오십 명 / 1:9-10

⑥ 다른 오십부장과 군사 오십 명 / 1:11-12

⑦ 세 번째 오십부장과 군사 오십 명 / 1:13-14

⑧ 여호와의 사자와 엘리야 / 1:15

⑨ 엘리야와 아하시야 왕 / 1:16

(2) 아하시야의 아들이 없으므로 아합의 아들인 여호람이 왕이 됨/1:17

(3) 아하시야의 죽음/1:18

2. 여호람(아합의 아들)의 이스라엘 통치 / 2:1-8:15

1) 엘리야에서 엘리사의 사역 시대로 전환 / 2:1-25

(1) 불 수레와 불 말들의 호위 중에 회오리바람을 타고 승천하는 엘리야/ 2:1-11

① 길갈에서의 엘리야와 엘리사 / 2:1

② 벧엘에서의 엘리야와 엘리사 / 2:2

③ 벧엘에 있는 선지자(先知者)의 생도(生徒▶개정, 제자)들 / 2:3

④ 여리고에서의 엘리야와 엘리사 / 2:4

⑤ 여리고에 있는 선지자의 생도(개정, 제자)들 / 2:5

⑥ 요단에서의 엘리야와 엘리사 / 2:6

⑦ 선지자의 생도 오십 명 / 2:7

⑧ 엘리야의 겉옷 - 물이 갈라짐 / 2:8

⑨ 엘리야의 영감(靈感▶개정, 성령이 하시는 역사)이 자기에게 두 배나 있기를 구하는 엘리사 / 2:9-10

⑩ 엘리야가 회오리바람을 타고 승천함 / 2:11

(2) 엘리야의 권위를 이양(移讓) 받는 엘리사/2:12-25

① 엘리사가 엘리야의 겉옷을 가지고 물을 치자 물이 갈라짐 / 2:12-14

② 선지자의 제자들이 엘리사에게 엘리야의 육신을 찾도록 강청 /2:15-18

③ 엘리사가 좋지 못한 물을 고침 / 2:19-22

④ 작은 아이들의 조롱과 엘리사의 저주 - 42 명이 암곰에게 찢겨 죽음 / 2:23-25

2) 여호람의 영성에 대한 평가(여호와 보시기에 악함) / 3:1-3

(1) 유다 왕 여호사밧 18년에 아합의 아들 여호람이 이스라엘 왕이 됨/3:1

(2) 여호와 보시기에 악함/3:2

(3) 느밧의 아들 여로보암의 죄에서 떠나지 않음/3:3

3) 여호람 치세 하의 정치적 평가 / 3:4-27

(1) 모압 왕 메사/3:4-5

(2) 여호람 왕과 유다 왕 여호사밧/3:5-8

(3) 이스라엘 왕과 유다 왕과 에돔 왕/3:9-10

(4) 엘리야의 손에 물을 붓던(시중들던) 사밧의 아들 엘리사/3:11-12

(5) 엘리사와 유다 왕 여호사밧/3:13-20

(6) 모압 왕의 참패/3:21-27

4) 엘리사의 사역 / 4:1-8:15

(1) 선지자의 제자의 아내 중 과부 된 한 여인의 기름병/4:1-7

(2) 수넴 여인의 아들/4:8-37

(3) 독이 든 국/4:38-41

(4) 보리떡 20 개와 자루에 담은 채소-100 명이 먹고 남음/4:42-44

(5) 나아만의 문둥병(개정, 나병) 치료/5:1-27

(6) 잃어버린 도끼를 물 위에 떠오르게 하는 기적/6:1-7

(7) 1 차 아람 침입 시의 기적/6:8-23

(8) 2 차 아람 칩입 시의 기적/6:24-7:20

(9) 수넴 여인에 대한 엘리사의 사역/8:1-6

(10) 아람 왕에 대한 엘리사의 사역/8:7-15

3. 여호람(여호사밧의 아들)의 유다 통치/8:16-24

1) 여호사밧의 아들 여호람의 유다 왕 즉위 / 8:16-19

(1) 여호와 보시기에 악함/8:16-18
(2) 여호와께서 다윗을 위하여 그 자손에게 항상 등불을 주시겠다고 약속하심/8:19

2) 여호람의 죽음 / 8:20-24

(1) 에돔의 배반/8:20-22
(2) 여호람의 죽음/8:23-24

4. 아하시야의 유다 통치/8:25-9:29

1) 아하시야의 영성(靈性)에 대한 평가(여호와 보시기에 악함)/ 8:25-27

(1) 아합의 아들 요람(이스라엘 왕) 제 12 년에 유다에서는 여호람의 아들 아하시야가 왕이 됨/8:25-26
(2) 여호와 보시기에 악을 행함/8:27

2) 아하시야의 치세 하의 정치적 상황 / 8:28-9:26

(1) 아합의 아들 요람과 아람 왕 하사엘과의 전쟁/8:28-29
(2) 이스라엘 왕으로 기름 부음 받은 님시의 손자 여호사밧의 아들 예후/9:1-13
(3) 예후에게 아합의 아들 요람 이스라엘 왕이 피살/9:14-26

3) 예후에 의한 유다 왕 아하시야의 죽음/ 9:27-29

5. 예후의 이스라엘 통치/9:30-10:36

1) 엘리사의 예언 성취 / 9:30-10:28

(1) 예후에 의한 이세벨의 죽음/9:30-37
(2) 아합의 아들 70 명의 죽음/10:1-11
(3) 유다 왕 아하시야의 형제 42 명의 죽음/10:12-14
(4) 예후와 레갑의 아들 여호나답/10:15-17
(5) 바알의 모든 선지자와 모든 섬기는 자와 모든 제사장들의 죽음/10:18-28

2) 예후의 영성에 대한 평가/10:29-36

(1) 느밧의 아들 여로보암의 죄에서 떠나지 않음/10:29
(2) 4 대의 이스라엘 왕위를 약속/10:30
(3) 예후 치세 하의 정치적 상황/10:31-33
(4) 예후의 죽음/10:34-36

6. 아합과 이세벨의 딸 아달랴의 유다 통치/11:1-20

1) 요아스의 구사일생(九死一生) / 11:1-3

(1) 아하시야의 어머니 아달랴가 그 아들의 씨를 진멸(殄滅)하려 함/11:1
(2) 요람 왕의 딸 아하시야의 누이 여호세바가 아하시야의 아들 요아스를 구출/11:2
(3) 요아스가 6 년 간 숨어 있는 동안 아달랴의 통치/11:3

2) 아달랴를 전복(顚覆)시키는 여호야다/11:4-20

(1) 아달랴의 유다 통치 제 7 년에 여호야다의 계획/11:4-8
(2) 제사장과 여호야다가 요아스를 왕으로 세움/11:9-12
(3) 성전에서 아달랴를 죽이지 못하게 함/11:13-16
(4) 왕과 백성으로 언약을 세워 여호와의 백성이 되게 함/11:17
(5) 바알의 제사장 맛단과 아달랴의 죽음/11:18-20

제 2 부 : 분열 왕국 중간기/11:21-17:41

1. 요아스의 유다 통치/11:21-12:21

1) 요아스의 영성에 대한 평가 - 제사장 여호야다의 교훈을 받을 동안에 여호와 보시기에 정직히 행함/11:21-12:3
2) 요아스 치세 하의 영적 상황/12:4-16
3) 요아스 치세 하의 정치적 상황/12:17-18
4) 요아스의 죽음/12:19-21

2. 여호아하스의 이스라엘 통치/13:1-9

1) 유다 왕 아하시야의 아들 요아스의 23 년에 예후의 아들 여호아하스가 이스라엘 왕이 됨/13:1
2) 여호와 보시기에 악을 행함 - 느밧의 아들 여로보암의 죄에서 떠나지 않음/13:2-3

3) 여호아하스의 간구와 여호와께서 구원자를 보내심/13:4-5
4) 여로보암의 죄에서 떠나지 않음 - 아람 왕의 침략/13:5-6
5) 여호아하스의 죽음/13:7-9

3. 요아스의 이스라엘 통치/13:10-25

1) 요아스의 치리(治理)/13:10-13

(1) 유다 왕 37년에 여호아하스의 아들 요아스가 이스라엘 왕이 됨/13:10
(2) 여호와 보시기에 악을 행함-느밧의 아들 여로보암의 죄에서 떠나지 않음/13:11-13

2) 엘리사의 마지막 예언과 죽음/13:14-25

(1) 이스라엘에 대한 예언/13:14-19

① 엘리사의 위중(危重)함과 이스라엘 왕 요아스 / 13:14
② 여호와의 구원의 화살, 아람에 대한 구원의 화살 / 13:15-17
③ 화살을 가지고 땅에 세 번만 침 / 13:18
④ 엘리사의 진노 - 대여섯 번 쳤으면 아람을 진멸 - 세 번만 이김 / 13:19

(2) 엘리사의 죽음과 승리/13:20-25

① 엘리사의 죽음 / 13:20
② 엘리사의 무덤(뼈)에 던져진 시체가 살아난 기적 / 13:21
③ 이스라엘이 세 번 아람을 쳐부숨 / 13:22-25

4. 아마샤의 유다 통치 / 14:1-22

1) 아마샤의 영성에 대한 평가/14:1-6

(1) 이스라엘 왕 여호아하스의 아들 요아스 2년에 유다 왕 요아스의 아들 아마샤가 왕이 됨/14:1-2
(2) 여호와 보시기에 정직히 행하였으나-그 조상 다윗과 같지 아니함/14:3-4
(3) 모세의 율법책에 기록된 대로 행함/14:5-6

2) 아마샤의 치세 하의 정치적 평가/14:7-14
3) 이스라엘 왕 요아스의 죽음/14:15-16
4) 아마샤의 죽음/14:17-22

5. 여로보암 2세의 이스라엘 통치/14:23-29

1) 유다 왕 요아스의 아들 아마샤 15년에 이스라엘 왕 요아스의 아들 여로보암이 왕이 됨/14:23
2) 여호와 보시기에 악을 행함 - 여로보암의 죄에서 떠나지 않음/14:24
3) 이스라엘 하나님 여호와와 그 종 가드헤벨 아밋대의 아들 선지자 요나/14:25-27
4) 여로보암 2세의 죽음/14:28-29

6. 아사랴의 유다 통치/15:1-7

1) 이스라엘 왕 여로보암 2세 27년에 유다 왕 아마샤의 아들 아사랴가 왕이 됨/15:1-2
2) 여호와 보시기에 정직히 행함/15:3-4
3) 여호와께서 아사랴를 치심으로 나병 환자가 됨 - 왕자 요담이 궁중 일과 국민을 다스림/15:5
4) 아사랴의 죽음/15:6-7

7. 스가랴의 이스라엘 통치/15:8-12

1) 유다 왕 아사랴 38년에 여로보암 2세의 아들 스가랴가 왕이 됨/15:8
2) 여호와 보시기에 악을 행함 - 느밧의 아들 여로보암의 죄에서 떠나지 않음/15:9
3) 스가랴의 죽음 - 야베스의 아들 살룸이 모반하여 스가랴를 죽임/15:10-11
4) 여호와의 말씀대로 4 대까지만 예후의 자손이 왕이 됨/15:12

8. 살룸의 이스라엘 통치/15:13-16

1) 유다 왕 웃시야 삼십 구 년에 야베스의 아들 살룸이 왕이 됨/15:13
2) 살룸의 죽음 - 가디의 아들 므나헴이 죽임/15:14-16

9. 므나헴의 이스라엘 통치/15:17-22

1) 유다 왕 아사랴 39년에 가디의 아들 므나헴이 왕이 됨/15:17
2) 여호와 보시기에 악을 행함 - 느밧의 아들 여로보암의 죄에서 떠나지 않음/15:18
3) 므나헴의 죽음/15:19-22

10. 브가히야의 이스라엘 통치/15:23-26

1) 유다 왕 아사랴 50년에 므나헴의 아들 브가히야가 왕이 됨/15:23

2) 여호와 보시기에 악을 행함 - 느밧의 아들 여로보암의 죄에서 떠나지 않음/15:24
3) 브가히야의 죽음 - 그 장관 르말랴의 아들 베가가 반역하여 브가히야를 죽임/15:25-26

11. 베가의 이스라엘 통치/15:27-31

1) 유다 왕 아사랴 52년에 르말랴의 아들 베가가 왕이 됨/15:27
2) 여호와 보시기에 악을 행함 - 느밧의 아들 여로보암의 죄에서 떠나지 않음/15:28
3) 베가의 죽음 - 웃시야의 아들 요담 20년에 엘라의 아들 호세아가 반역하여 죽임/15:29-31

12. 요담의 유다 통치/15:32-38

1) 이스라엘 왕 르말랴의 아들 베가 2년에 왕이 됨/15:32
2) 여호와 보시기에 정직히 행함/15:33
3) 요담의 죽음/15:34-38

13. 아하스의 유다 통치/16:1-20

1) 르말랴의 아들 베가 17년에 유다 왕 요담의 아들 아하스가 왕이 됨/16:1
2) 아하스의 영성에 대한 평가 - 하나님 여호와 보시기에 정직히 행하지 않음/16:2-4
3) 아하스 치세 하의 정치적 상황/16:5-18
4) 아하스의 죽음/16:19-20

14. 호세아의 이스라엘 통치/17:1-41

1) 유다 왕 아하스 12년에 엘라의 아들 호세아가 왕이 됨/17:1
2) 여호와 보시기에 악을 행함/17:2
3) 호세아의 치세 하의 정치적 상황/17:3-41
   (1) 호세아의 감금(監禁)/17:3-4
   (2) 사마리아의 포로가 됨/17:5-6
   (3) 포로의 원인/17:7-23
   (4) 이방인들의 죄/17:24-41

제 3 부 : 분열 왕국 후반기 - 유다 왕국/18:1-25:30

1. 히스기야의 유다 통치/18:1-20:21

1) 히스기야의 영성에 대한 평가/18:1-8

(1) 이스라엘 왕 엘라의 아들 호세아 3년에 유다 왕 아하스의 아들 히스기야가 왕이 됨/18:1-2

(2) 그 조상 다윗과 같이 여호와 보시기에 정직히 행함/18:3-8

2) 히스기야의 치세 하의 정치적 상황/18:9-20:19

(1) 앗수르의 이스라엘 침공/18:9-12

(2) 앗수르의 유다 1차 침공/18:13-16

(3) 앗수르의 유다 2차 침공/18:17-19:37

(4) 히스기야의 치유/20:1-11

(5) 바벨론에 노출된 유다의 보화-히스기야의 자랑/20:12-13

(6) 이사야에 의해 바벨론 포로가 예언됨/20:14-19

(7) 히스기야의 죽음/20:20-21

2. 므낫세의 유다 통치/21:1-18

1) 여호와 보시기에 악을 행함 - 므낫세의 영성에 대한 평가/21:1-15

2) 므낫세의 치세 하의 정치적 상황/21:16

3) 므낫세의 죽음/21:17-18

3. 아몬의 유다 통치/21:19-26

1) 여호와 보시기에 악을 행함/21:19-21

2) 아몬의 죽음 - 신하들이 반역하여 아몬을 죽임/21:22-26

4. 요시야의 유다 통치 / 22:1-23:30

1) 여호와 보시기에 정직히 행함 - 요시야의 영성에 대한 평가/22:1-2

2) 요시야의 언약 갱신/22:3-23:28

(1) 성전 수리/22:3-7

(2) 율법책 발견/22:8-10

(3) 요시야의 회개/22:11-14

(4) 축복 예언/22:15-20

(5) 언약 갱신/23:1-3
(6) 언약에 의한 개혁/23:4-28

3) 요시야 치세 하의 정치적 상황/23:29-30

(1) 애굽 왕 바로느고가 앗수르 왕을 치고자 하여 유브라데 강으로 올라감/23:29a
(2) 요시야의 죽음-므깃도에서 애굽 왕이 요시야를 죽임/23:29b-30

5. 여호아하스의 유다 통치/23:31-34

1) 여호와 보시기에 악을 행함/23:31-32
2) 여호아하스의 죽음 - 애굽의 바르느에게 잡혀 가서 애굽에서 죽음/23:33-34

6. 여호야김의 유다 통치/23:35-24:7

1) 여호와 보시기에 악을 행함/23:35-37
2) 여호야김의 배반과 바벨론 왕 느부갓네살의 침략/24:1-4
3) 여호야김의 죽음/24:5-6
4) 바벨론 왕 느부갓네살의 애굽 정복/24:7

7. 여호야긴의 유다 통치/24:8-16

1) 여호와 보시기에 악을 행함/24:8-9
2) 유다 왕 여호야긴과 그 권속이 바벨론의 포로가 되어 끌려감/24:10-16

8. 시드기야의 유다 통치/24:17-25:21

1) 여호와 보시기에 악을 행함 - 시드기야의 영성에 대한 평가/24:17-19
2) 시드기야의 치세 하의 정치적 상황/24:20-25:21

(1) 시드기야가 바벨론 왕을 배반/24:20
(2) 시드기야 9년 10월 10일의 침공에서 11년 4월 9일에 예루살렘이 함락/25:1-4
(3) 시드기야의 아들들은 죽고 시드기야의 두 눈을 빼고 쇠사슬로 결박하여 포로로 바벨론에 끌고 감/25:5-7
(4) 바벨론 왕 느부갓네살의 19년 5월 7일-예루살렘의 파괴와 주민을 포로로 끌고 감/25:8-12
(5) 성전과 성전 기구의 파괴와 가져감/25:13-17

(6) 제사장들과 이스라엘 백성 60 명을 죽임/25:18-21

9. 그달리야의 집권/25:22-26

1) 사반의 손자 아히감의 아들 그달리야로 이스라엘의 남은 백성을 관할하게 함/25:22-24

2) 왕족 엘리사마의 손자 느다니야의 아들 이스마엘이 부하 10명을 거느리고 그달리야와 그 외의 사람을 죽임/25:25

3) 남은 백성들과 군대 장관들이 애굽으로 감/25:26

10. 여호야긴의 복위(復位)/25:27-30

1) 유다 왕 여호야긴의 포로로 간 지 37년 곧 바벨론 왕 에월므로닥이 즉위한 원년(元年) 12월 27일에 옥(獄)에서 풀어 줌/25:27

2) 바벨론에 포로 된 다른 왕들보다 높여 주고 보살펴 줌/25:28-30

역대상(歷代上)

¤ 개관

본서의 히브리 어 명칭은 '디브레 하야밈'으로 '당대의 사건들'이란 뜻이다. 사무엘서와 열왕기가 이스라엘의 역사를 주로 정치적인 측면에서 다루고 있는 반면, 역대기는 주로 유다의 역사를 종교적인 측면에서 백성과 왕들을 중심으로 서술하고 있다.

또한 시기적으로 역대상은 사무엘서와, 역대하는 열왕기와 거의 비슷한 시기를 다루고 있다. 열왕기 상하의 저자가 포로 중에 있는 백성들을 위해 이스라엘 역사 자료를 해석하고 조직했던 것처럼, 역대기는 종교적인 측면에서 백성들을 위해 썼다. 여기서 가장 대두되는 주제는 과거와의 연계성 문제였다.

하나님은 아직도 우리에게 관심을 갖고 계시는가? 그분과의 언약은 아직도 유효한가? 현재 우리는 왕도 없고 국가도 없고 바사(페르시아)에게 지배당하고 있는데 그래도 하나님은 우리를 지키고 계시는가? 이와 같은 문제에 대한 답변이 곧 역대기 저자가 시도하려는 것이다.

본서의 초반부는 아담으로부터 다윗까지의 족보로서의 다윗 왕의 정통성을 시도한다. 중반부는 이스라엘이 통일 왕국을 이루기까지의 역사 과정을 압축적으로 표현하고 있다. 그 중심 인물은 역시 다윗으로서 그는 왕으로 즉위한 뒤 먼저 하나님의 법궤를 예루살렘으로 옮겼다. 그래서 그는 명실공히 신정 왕국의 왕으로서 부각된다. 그는 일평생 하나님의 성전 건축에 대한 소망을 갖고 그것을 위해 준비하는 삶을 살았다

¤ 내용 분해

제 1 부 : 다윗 왕조의 계보/1:1-10:44

1. 아담에서 아브라함 후손까지의 족보/1:1-27

1) 아담에서 노아의 아들들까지/1:1-4

2) 노아의 아들들에서 아브라함까지/1:5-27

(1) 야벳의 자손/1:5-7

(2) 함의 자손/1:8-16

(3) 셈의 자손/1:17-27

2. 아브라함의 아들들에서 에서의 자손까지의 족보/1:28-54

1) 아브라함에서 이삭까지/1:28-33

(1) 아브라함의 아들들/1:28

(2) 이스마엘의 세계(世系▸개정, 족보)/1:29-31

(3) 아브라함의 첩 그두라가 낳은 후손들/1:32-33

2) 이삭의 아들들에서 에서의 자손까지/1:34-54

(1) 이삭의 아들들/1:34

(2) 에서의 자손/1:35-42

(3) 에돔의 왕들/1:43-50

(4) 에돔의 족장들/1:51-54

3. 야곱(이스라엘)에서 다윗의 자손까지의 족보/2:1-55

1) 야곱(이스라엘)의 자손/2:1-2

2) 유다의 자손/2:3-55

(1) 유다의 다섯 명의 아들/2:3-4

(2) 유다의 아들 베레스와 세라의 아들과 자손/2:5-8

(3) 베레스의 아들 헤스론의 아들과 자손/2:9-17

(4) 헤스론의 아들 갈렙의 아들과 자손/2:18-20

(5) 헤스론의 또 다른 아들과 자손/2:21-24

(6) 헤스론의 맏아들 여라므엘의 아들과 자손/2:25-41

(7) 여라므엘의 아우 갈렙의 맏아들 메사의 아들과 자손/2:42-45

(8) 갈렙의 딸과 첩에서 낳은 아들들과 자손/2:46-49

(9) 갈렙의 자손 곧 에브라다의 맏아들 훌의 아들과 자손/2:50-55

4. 다윗에서 포로기까지의 족보/3:1-24

1) 다윗의 자손/3:1-9

(1) 다윗이 헤브론에서 낳은 아들들/3:1-4a

(2) 다윗이 예루살렘에서 낳은 아들들과 딸과 이외에 또 첩의 아들들/3:4b-9

2) 솔로몬의 자손/3:10-24

5. 12 지파의 족보/4:1-8:40

1) 유다의 아들들과 자손/4:1-23

2) 시므온의 아들들과 자손/4:24-43

3) 르우벤의 아들들과 자손/5:1-10

(1) 장자(長子)의 명분(名分)은 요셉의 자손에게 돌아감/5:1a

(2) 족보(族譜)에는 장자로서 르우벤을 기록하지 못함/5:1b

(3) 주권자(主權者)는 유다로 말미암아 나게 되나 장자의 명분은 요셉에게 있음/5:2

(4) 르우벤의 아들들과 자손/5:3-10

4) 갓의 자손/5:11-22

5) 므낫세 반(半) 지파의 자손들/5:23-26

6) 레위의 아들들과 자손/6:1-81

(1) 대제사장 계보/6:1-15
(2) 레위인의 계보/6:16-30
(3) 찬양대의 반열(班列)/6:31-48
(4) 아론의 자손들과 그들의 직무/6:49-53
(5) 제사장과 레위 지파의 성읍과 도피성/6:54-81

7) 잇사갈의 아들들과 자손/7:1-5
8) 베냐민의 아들들과 자손/7:6-12
9) 납달리의 아들들/7:13
10) 므낫세의 아들들과 자손/7:14-19
11) 에브라임의 딸과 아들들과 자손/7:20-29
12) 아셀의 딸과 아들들과 자손/7:30-40
13) 베냐민의 아들들과 자손/8:1-40

6. 바벨론 포로 귀환 후 예루살렘에 거주한 자들/9:1-34

1) 바벨론 포로에서 귀환한 12 지파/9:1

(1) 온 이스라엘이 계보대로 계수/9:1a
(2) 이스라엘 열왕기에 기록/9:1b

2) 예루살렘에 거주한 자/9:2-34

(1) 처음으로 거주한 사람들은 이스라엘 제사장들과 레위 사람과 느디님 사람들/9:2
(2) 유다 자손, 베냐민 자손, 에브라임과 므낫세 자손 중 956명-족장 된 자들/9:3-9
(3) 바벨론 포로에서 귀환한 제사장 중 1,760명/9:10-13
(4) 바벨론 포로에서 귀환한 레위인의 족장/9:14-34

7. 사울의 계보/9:35-10:14

1) 기브온의 조상 여이엘과 그 아들들과 자손 / 9:35-38
2) 넬의 자손들/9:39-44
3) 사울의 죽음/10:1-14

(1) 전쟁터에서 죽은 사울/10:1-6

(2) 사울의 시체를 능욕하는 블레셋/10:7-12

(3) 사울이 죽은 이유/10:13-14

제 2 부 : 다윗의 통치/11:1-29:30

1. 다윗의 즉위(卽位)/11:1-12:40

1) 왕으로 기름 부음 받는 다윗/11:1-3

2) 예루살렘 정복/11:4-9

3) 다윗 용사들의 행적/11:10-12:40

(1) 용사(勇士)들의 두목(頭目)/11:10-14

(2) 30 두목/11:15-25

(3) 군사 중의 큰 용사/11:26-47

(4) 시글락과 헤브론의 큰 용사/12:1-40

① 베냐민 지파 중의 용사 / 12:1-7

② 갓 사람 중의 용사 / 12:8-15

③ 베냐민과 유다 자손 중의 용사 / 12:16-18

④ 므낫세 지파 중의 용사 / 12:19-22

⑤ 싸움을 준비한 군대 장관들과 군사들 - 헤브론에 이름 / 12:23-40

2. 언약궤(言約櫃)의 안치(安置 /13:1-17:27

1) 규례에 어긋난 언약궤의 이전/13:1-14

(1) 언약궤의 이전 준비/13:1-5

(2) 언약궤를 만진 웃사/13:6-11

(3) 가드 사람 오벧에돔의 집에 안치-여호와께서 복을 주심/13:12-14

2) 다윗의 번영/14:1-17

(1) 궁전의 건축/14:1-2

(2) 예루살렘에서 낳은 자녀들/14:3-7

(3) 블레셋을 쳐부숨/14:8-17

① 블레셋의 첫 번째 침공 / 14:8-9

② 다윗의 기도와 하나님의 응답 / 14:10-12

③ 블레셋의 두 번째 침공 / 14:13
④ 다윗의 기도와 하나님의 응답 / 14:14-16
⑤ 다윗의 명성과 여호와의 도우심 / 14:17

3) 규례에 맞는 언약궤의 이전/15:1-29

(1) **언약궤의 이전을 위한 영적 준비**/15:1-24
(2) **언약궤의 이전**/15:25-29

4) 감사 제사/16:1-43

(1) **번제와 화목제**/16:1-3
(2) **찬양대원 지명-레위 사람을 세움**/16:4-6
(3) **다윗의 찬송시-아삽과 그 형제를 세워 여호와께 감사**/16:7-36
(4) **언약궤 앞에서 날마다 섬김**/16:37-43

5) 다윗의 언약/17:1-27

(1) **여호와의 성전을 건축하려는 다윗의 열망**/17:1-2
(2) **다윗의 후손의 왕위에 대한 하나님의 언약**/17:3-15
(3) **다윗의 찬양**/17:16-27

3. 다윗 왕의 군사적 승리 / 18:1-20:8

1) 다윗이 성취한 초기 승전/18:1-17

(1) **블레셋**/18:1
(2) **모압**/18:2
(3) **소바**/18:3-4
(4) **아람**/18:5-11
(5) **에돔**/18:12-17

2) 다윗이 성취한 후기 승전/19:1-20:8

(1) **다윗의 신하들이 당한 능욕(凌辱)**/19:1-5
(2) **암몬**/19:6-15
(3) **아람**/19:16-19
(4) **암몬**/20:1-3
(5) **블레셋**/20:4-8

4. 성전 건축을 위한 이스라엘의 준비/21:1-27:34

1) 인구 조사를 행한 다윗의 죄/21:1-30

(1) 다윗이 사탄에게 시험 받음/21:1-4
(2) 이스라엘의 수효/21:5-6
(3) 하나님의 심판/21:7-17
(4) 심판을 거두시는 하나님/21:18-30

2) 성전 건축을 위한 자재(資材) 비축(備蓄)/22:1-5

(1) 여호와의 성전, 이스라엘의 번제단/22:1
(2) 이방인 기술자들을 불러 모음/22:2-4
(3) 아들 솔로몬이 연약함으로 많이 준비할 마음을 가짐/22:5

3) 다윗의 부탁/22:6-19

(1) 솔로몬을 향하여 / 22:6-16
(2) 방백(方伯)들을 향하여/22:17-19

4) 성전 봉사를 위한 직무 위임/23:1-26:32

(1) 레위인/23:1-32
(2) 제사장/24:1-31
(3) 찬양대/25:1-31
(4) 문지기/26:1-19
(5) 성전 창고 관리/26:20-28
(6) 성전 외의 유사(有司▸관원)와 재판관/26:29-32

5) 국가 지도자/27:1-34

(1) 열두 반열(班列)의 반장(班長)/27:1-15
(2) 열두 지파의 관장(官長▸지도자)/27:16-24
(3) 다윗 왕의 재산을 맡은 자들/27:25-34

5. 다윗의 마지막 생애/28:1-29:30

1) 성전 건축을 위한 최후의 당부/28:1-29:9

(1) 이스라엘의 방백(方伯▸고관)들을 향한 부탁/28:1-8
(2) 솔로몬을 향한 부탁/28:9-21

① 성전 건축의 사명을 가질 것 / 28:9-10
② 성전 건축 양식을 설명 / 28:11-19
③ 하나님이 함께하심과 모든 장관(長官 ▶개정, 지휘관)들과 백성이 네 명령 아래 있음을 말함 / 28:20-21

(3) 회중(會衆)을 향한 부탁과 화답(和答)/29:1-9

① 여호와 하나님을 위한 역사(役事) / 29:1-5
② 이스라엘의 모든 백성들이 성심(誠心)으로 여호와께 드림 / 29:6-9

2) 다윗의 최후 감사 기도/29:10-22a

(1) 다윗이 온 회중 앞에서 여호와를 송축(頌祝)/29:10-19
(2) 회중이 그 열조의 하나님 여호와를 송축/29:20
(3) 여호와 앞의 풍성한 제사-번제(燔祭)와 전제(奠祭)/29:21-22a

3) 솔로몬의 즉위(卽位)/29:22b-25

(1) 솔로몬 왕과 사독 제사장/22b
(2) 솔로몬 왕에게 온 이스라엘이 복종/23-25

4) 다윗 왕의 죽음 / 29:26-30

(1) 이스라엘의 통치 40 년/29:26-27
(2) 선견자(先見者) 사무엘과 선지자 나단의 글과 선지자(先知者) 갓의 글에 기록/29:28-30

역대하

¤ 개관

역대상의 기록이 다윗을 중심으로 한 반면, 본서는 솔로몬 성전에 대한 언급으로 시작하여 40여 년이 지난 후 고레스가 성전을 재건하라는 조서를 내리는 기사로 끝을 맺는다. 그러나 그 사이에 있었던 많은 역사적 사실들이 생략된 반면, 다윗 왕의 경건을 본받은 왕들과 열정적인 개혁자들의 사역을 부각시켜 본서의 주제가 하나님의 거룩한 섭리에 있음을 나타내고 있다.

본서에 대한 원자료는 선지자의 기록이나 공식적인 기록들로 이루어져 있다.

① 유다와 이스라엘의 열왕기(대하 16:11)
② 열왕기 주석(대하 24:27)
③ 선견자 사무엘의 글(대상 29:29)
④ 선지자 나단의 글(대상 29:29 ; 대하 9:29)
⑤ 선견자 갓의 글(대상 29:29)
⑥ 실로 사람 아히야의 예언(대하 9:29 ; 대하 9:29)
⑦ 선견자 잇도의 묵시책(대하 9:29)

사무엘서와 열왕기는 주로 선지자적 관점에서 이스라엘과 유다 왕국 모두를 다루고 있지만 역대기는 제사장적인 관점에서 유다 왕국에 대해서 상세히 언급하고 있다. 본서는 특별히 유다 왕국의 열왕들의 패역과 반역에도 불구하고 성전과 다윗 왕국에 나타난 하나님의 관심과 계시 역사가 면면히 이어져 왔음을 보여 주고 있다.

¤ 내용 분해

제 1 부 : 솔로몬의 통치/1:1-9:31

1. 솔로몬의 왕위(王位)/1:1-17

1) 솔로몬의 일천(一千) 희생(犧牲) 번제(燔祭)/1:1-6

2) 지혜(智慧)와 지식(知識)을 구(求)함/1:7-10

3) 지혜와 지식과 부(富)와 재물(財物)과 존영(尊榮 ▸ 개정, 영광)을 받음/1:11-13

4) 솔로몬의 부귀(富貴)/1:14-17

2. 여호와의 성전 완성/2:1-7:22

1) 성전 건축을 위한 준비/2:1-18

(1) 역군들을 선발/2:1-2

(2) 성전 자재를 선택/2:3-18

2) 성전 건축 시작/3:1-2

(1) 예루살렘 모리아 산에 여호와의 성전 건축-여부스 사람 오르난의 타작 마당/3:1
(2) 솔로몬 왕 4년 2월 2일 성전 건축 시작/3:2

3) 성전과 성전의 기구 양식/3:3-5:1

(1) 하나님의 성전 지대(地臺)/3:3
(2) 성전 앞 낭실(廊室)/3:4
(3) 대전(大殿) 천장(天障)/3:5
(4) 보석으로 성전 치장/3:6-7
(5) 지성소(至聖所)/3:8-9
(6) 지성소 안의 두 그룹의 형상(形狀)/3:10-14
(7) 성전 앞 두 기둥-야긴과 보아스/3:15-17
(8) 놋 제단(祭壇)/4:1
(9) 바다-제사장들이 씻기를 위한 것(4:6b)/4:2-5
(10) 물두멍 열-번제에 속한 물건을 씻기 위한 것/4:6
(11) 등대(燈臺▶개정, 등잔대) 열/4:7
(12) 상(床) 열 개와 금 대접 일백 개/4:8
(13) 제사장의 뜰과 바다를 두는 장소/4:9-10
(14) 후람이 만든 성전 기구/4:11-18
(15) 금으로 입힌 성전 기구/4:19-22
(16) 성전 기구를 성전 곳간(庫間)에 둠/5:1

4) 성전 봉헌/5:2-7:22

(1) 언약궤의 안치/5:2-10
(2) 여호와의 영광이 성전에 가득함/5:11-14
(3) 솔로몬의 선포/6:1-11
(4) 솔로몬의 기도/6:12-42
(5) 여호와의 불이 번제물을 태움/7:1-3
(6) 하나님의 전(殿) 낙성식(落成式)에 드린 제물(祭物)/7:4-7
(7) 두 번의 칠 일 성회(聖會)/7:8-10
(8) 솔로몬의 형통/7:11
(9) 여호와께서 언약을 상기시킴/7:12-22

3. 솔로몬의 영광/8:1-9:28

1) 영토 확장/8:1-6
2) 대적들을 복속(服屬)시킴/8:7-10
3) 제사 의식(儀式) 규례/8:11-16

(1) 여호와의 궤(櫃)가 이른 곳은 다 거룩함/8:11
(2) 여호와의 제단 앞에서 일 년에 세 번 제사/18:12-13
(3) 제사장과 레위인의 반차(班次)/18:14-15
(4) 여호와의 성전이 결점 없이 완공/18:16

4) 대외 경제 활동/8:17-18
5) 스바 여왕의 방문/9:1-12
6) 솔로몬의 부귀영화(富貴榮華)/9:13-28

4. 솔로몬의 죽음/9:29-31

1) 선지자 나단의 글과 실로 사람 아히야의 예언과 선견자 잇도의 묵시책 곧 잇도가 느밧의 아들 여로보암에 대하여 쓴 책에 기록/9:29
2) 솔로몬의 죽음/9:30-31

제 2 부 : 유다 왕들의 통치 전반기/10:1-32:33

1. 르호보암/10:1-12:16

1) 왕국의 분열/10:1-19
2) 유다 왕국의 강성/11:1-23
3) 유다 왕국의 쇠약/12:1-12
4) 르호보암의 죽음/12:13-16

2. 아비야/13:1-22

1) 아비야와 여로보암의 전쟁/13:1-20
2) 아비야의 죽음/13:21-22

3. 아사/14:1-16:14

1) 평안(平安)의 시대 - 선정(善政)/14:1-8

(1) 아사의 시대에 그 땅이 10 년 동안 평안함/14:1
(2) 하나님 여호와 보시기에 선과 정의를 행함/14:2-8

2) 구스의 승리/14:9-15

3) 성령 충만한 오뎃의 아들 아사랴/15:1-15

(1) 아사랴의 권면/15:1-7

(2) 선지자 오뎃의(아들 아사랴) 예언/15:8-15

4) 아사의 개혁/15:16-19

(1) 아사 왕의 태후 마아가의 폐위/15:16-17

(2) 아사 왕 35년까지 전쟁이 없음/15:18-19

5) 아람과의 연합/16:1-6

(1) 아사 왕 36년에 이스라엘 바아사의 유다 침공/16:1

(2) 아사와 다메섹의 아람 왕 벤하닷과의 조약/16:2-6

6) 선견자 하나니의 질책/16:7-10

(1) 선견자 하나니의 선포/16:7-9

(2) 선견자 하나니를 감옥에 가두고 백성 중의 몇 사람을 학대/16:10

7) 아사의 죽음/16:11-14

(1) 아사의 중병-하나님께 구하지 않음/16:11-12

(2) 아사의 죽음/16:13-14

4. 여호사밧/17:1-20:37

1) 여호사밧의 선정/17:1-6

(1) 하나님께서 함께하심/17:1-4

(2) 여호사밧의 부귀영광-여호와의 도(道)를 행함/17:5-6

2) 제사장과 레위인이 율법 교사로 각지에 파송됨/17:7-9

3) 유다 왕국의 확장/17:10-19

4) 아합과의 연합/18:1-34

(1) 여호사밧의 부귀영광-아합으로 더불어 연혼(連婚▸개정, 혼인함으로 인척 관계를 맺음)/18:1-3

(2) 선지자 400 명과 이믈라의 아들 미가야 한 사람/18:4-27

(3) 이스라엘 왕 아합과 유다 왕 여호사밧/18:28-34

5) 유다 왕국의 개혁/19:1-11

(1) 하나니의 아들 선견자 예후의 권면/19:1-3
(2) 하나님의 공의의 통치/19:4-11

6) 모압과 암몬에의 승리/20:1-30

(1) 모암과 암몬 자손의 유다 침공/20:1-2
(2) 여호와께 간구/20:3-4
(3) 여호와의 전 새 뜰 앞에서 유다와 예루살렘 회중 가운데에서 기도/20:5-13
(4) 성령 충만한 레위 사람 야하시엘의 권면-아삽의 자손 맛다냐의 현손, 여이엘의 증손, 브나냐의 손자, 스가랴의 아들/20:14-19
(5) 여호와께 감사의 찬송/20:20
(6) 여호와께서 복병을 두게 하여 연합군을 패하게 하심/20:21
(7) 암몬과 모압과 세일 산 사람이 서로 죽임/20:22-23
(8) 브라가 골짜기/20:24-26
(9) 하나님이 유다에 평강(平康)을 주심/20:27-30

7) 여호사밧의 영적 상태/20:31-34

(1) 여호와 보시기에 정직히 행함/20:31-33
(2) 하나니의 아들 예후의 글과 이스라엘 열왕기에 기록/20:34

8) 여호사밧의 죄와 죽음/20:35-37

(1) 이스라엘 왕 아하시야와의 교제/20:35-36
(2) 마레사 사람 도다와후의 아들 엘리에셀의 예언-배가 파선되리라/20:37

5. 여호람/21:1-20

1) 여호람의 학정/21:1-7
2) 에돔과 립나의 반역/21:8-11
3) 선지자 엘리야의 경고/21:12-15
4) 블레셋과 구스에서 가까운 아라비아의 침입/21:16-17
5) 여호람의 죽음/21:18-20

6. 아하시야/22:1-9

1) 여호람의 막내아들 아하시야를 왕으로 삼음/22:1-3
2) 여호와 보시기에 악을 행함/22:4-6
3) 아하시야의 죽음/22:7-9

7. 아달랴/22:10-23:15

1) 아하시야 어머니 아달랴가 유다를 다스림/22:10-12
 (1) 유다 집의 씨를 진멸함/22:10
 (2) 여호람 왕의 딸, 아하시야 왕의 누이, 제사장 여호야다의 아내인 여호사브앗의 아하시야의 아들 구출/22:11-12
2) 여호야다가 요아스를 왕으로 세움/23:1-11
3) 아달랴의 죽음/23:12-15

8. 요아스/23:16-24:27

1) 여호야다가 백성과 왕의 사이에 언약을 세움/23:16-21
2) 여호와의 보시기에 정직히 행함/24:1-3
3) 성전 수리/24:4-14
 (1) 제사장과 레위 사람/24:4-5
 (2) 대제사장 여호야다/24:6-7
 (3) 연보궤/24:8-14
4) 여호야다의 죽음/24:15-16
5) 여호야다의 아들인 스가랴의 피살/24:17-22
6) 아람 군대가 유다를 초토화함/24:23-24
7) 요아스의 죽음/24:25-27
 (1) 제사장 여호야다의 아들의 피로 인한 모반-암몬 여인 시므앗의 아들 사밧과 모압 여인 시므릿의 아들 여호사밧/24:25-26
 (2) 열왕기 주석에 기록/24:27

9. 아마샤/25:1-28

1) 아마샤의 영성/25:1-4

(1) 여호와의 보시기에 정직히 행하였으나 온전히 마음으로 행하지 않음/ 25:1-2
(2) 모세의 율법책에 기록된 대로 행함/25:3-4

2) 에돔의 승리/25:5-13

(1) 아마샤의 전쟁 준비-사람의 생각/25:5-6
(2) 어떤 하나님의 사람의 충고/25:7-9
(3) 아마샤의 승리/25:10-12
(4) 용병(傭兵)들의 살육(殺戮)과 노략(擄掠)/25:13

3) 우상 숭배/25:14-16

(1) 세일 자손의 우상들을 가져옴/25:14
(2) 한 선지자-왕을 멸(滅)하기로 결정(개정, 작정)/25:15-16

4) 이스라엘이 유다를 공략함/25:17-24

(1) 에돔 신들에게 구함으로 대적의 손에 넘기려 하심-하나님의 작정/ 25:17-20
(2) 이스라엘 왕 요아스의 유다 침공/25:21-24

5) 아마샤의 죽음/25:25-28

(1) 유다와 이스라엘 열왕기에 기록/25:25-26
(2) 라기스에서 모반한 자들에게 죽임을 당함/25:27-28

10. 웃시야(아사랴)/26:1-23

1) 웃시야의 영성/26:1-5

(1) 여호와 보시기에 정직히 행함/26:1-4
(2) 하나님의 묵시(默示)를 밝히 아는 스가랴가 사는 날 동안에는 하나님을 구하였음-하나님께서 형통하게 하심/26:5

2) 하나님의 도우심/26:6-15

(1) 웃시야의 승리/26:6-8
(2) 웃시야의 선정(善政)/26:9-15

3) 웃시야의 분향 범죄/26:16-21

(1) 웃시야의 마음이 교만해짐/26:16-18

(2) 웃시야 왕의 문둥병(개정, 나병)/26:19-21

4) 웃시야의 죽음/26:22-23

(1) 선지자 이사야가 기록/26:22

(2) 웃시야의 죽음-나병환자라 하여 열왕(列王)의 묘(왕들의 묘실) 곁 땅에 장사(葬事)/26:23

11. 요담/27:1-9

1) 요담의 영성/27:1-2

(1) 여호와 보시기에 정직히 행함/27:1-2a

(2) 여호와의 전에 들어가지 않음/27:2b

2) 요담의 유다 통치/27:3-6

3) 요담의 죽음/27:7-9

(1) 이스라엘과 유다 열왕기에 기록/27:7-8

(2) 요담의 죽음/27:9

12. 아하스/28:1-27

1) 아하스의 영성/28:1-4

(1) 여호와 보시기에 악을 행함/28:1

(2) 악한 이스라엘 왕의 길로 행함/28:2-4

2) 유다의 패배/28:5-15

(1) 아람의 침공/28:5-7

(2) 사마리아의 여호와의 선지자 오뎃/28:8-15

① 유다에 대한 진노와 이스라엘에 대한 진노 / 28:8-11

② 에브라임 자손의 두목(頭目 ▸ 개정, 우두머리) 몇 사람의 선행 / 28:12-15

3) 아하스의 우상 숭배/28:16-25

(1) 앗수르에 구원을 요청/28:16-19

(2) 앗수르의 왕 디글랏빌레셀/28:20-21

(3) 다메섹의 신(神)들과 아람 왕들의 신(神)에게 제사/28:22-23

(4) 하나님 여호와의 진노(震怒)/28:24-25

4) 아하스의 죽음/28:26-27

(1) 유다와 이스라엘 열왕기에 기록/28:26
(2) 아하스의 죽음/28:27

13. 히스기야/29:1-32:33

1) 히스기야의 영성/29:1-2

(1) 예루살렘에서 29 년을 통치/29:1
(2) 여호와 보시기에 정직히 행함/29:2

2) 유다의 개혁/29:3-31:21

(1) 성전 정화/29:3-19
(2) 제사 의식 회복/29:20-36
(3) 유월절 행사/30:1-22
(4) 절기 행사를 7 일 간 연장 결의(決議)/30:23-27
(5) 우상 파괴/31:1
(6) 제사장과 레위인의 직임과 그 응식(應食▶개정, 몫)/31:2-10
(7) 제사장과 레위인의 직임 재편성/31:11-19
(8) 히스기야가 선(善)과 정의(正義)와 진실함으로 행함-형통(亨通)함/31:20-21

3) 앗수르의 침입/32:1-19

(1) 앗수르 왕 산헤립의 1 차 침입/32:1-8
(2) 앗수르 왕 산헤립의 2 차 침입/32:9-19

4) 앗수르의 패배/32:20-23

(1) 히스기야 왕이 아모스의 아들 선지자 이사야와 함께 여호와께 부르짖어 기도/32:20
(2) 여호와께서 한 천사를 보내시어 앗수르를 진멸하게 하심/32:21
(3) 히스기야가 모든 나라에 존귀하게 됨/32:22-23

5) 불치(不治)의 병(病)으로부터 회복됨/32:24-26

(1) 병들어 죽게 된 히스기야의 기도와 여호와의 응답/32:24
(2) 히스기야의 마음이 교만해짐-여호와의 진노/32:25

(3) 히스기야가 마음의 교만함을 회개-예루살렘 주민들도 그와 같이함/32:26

6) 히스기야의 부귀영화(富貴榮華)/32:27-31

(1) 하나님이 히스기야에게 재산을 심히 많이 주심/32:27-30
(2) 하나님께서 히스기야를 시험하심-바벨론의 사자(使者)를 보냄/32:31

7) 히스기야의 죽음/32:32-33

(1) 아모스의 아들 선지자 이사야의 묵시책과 유다와 이스라엘 열왕기에 기록/32:32
(2) 히스기야의 죽음/32:33

제 3 부 : 유다 왕들의 통치 후반기/33:1-36:23

1. 므낫세/33:1-20

1) 므낫세의 영성/33:1-9

(1) 여호와 보시기에 악을 행함/33:1-2
(2) 여호와 보시기에 악을 많이 행함/33:3-6
(3) 우상 숭배를 한 이방보다 더욱 심하게 행함/33:7-9

2) 하나님 여호와와 므낫세/33:10-17

(1) 여호와께서 므낫세와 이스라엘 백성에게 이르심/33:10
(2) 앗수르의 침공으로 바벨론에 포로로 끌려감/33:11
(3) 므낫세의 간구(懇求)와 겸비(謙卑▸개정, 겸손)와 기도(祈禱)/33:12
(4) 하나님이 므낫세의 기도를 받으시며 간구를 들으심/33:13a
(5) 므낫세가 여호와께서 하나님이신 줄을 알았음/33:13b
(6) 이방 신들과 여호와 전의 우상을 제함, 여호와의 제단을 중수(重修▸개정, 보수)/33:14-17

3) 므낫세의 죽음/33:18-20

(1) 하나님의 말씀과 선견자가 권한 말씀이 모두 이스라엘 열왕(列王)의 행장(行狀)에 기록/33:18-19
(2) 므낫세의 죽음/33:20

2. 아몬/33:21-25

1) 아몬의 영성/33:21-22

(1) 여호와 보시기에 악을 행함/33:21-22a
(2) 아버지 므낫세가 만든 모든 우상에게 제사하며 섬김/33:22b

2) 아몬의 죽음/33:23-25

(1) 아버지 므낫세와 같이 여호와 앞에서 겸손하지 못함/33:23
(2) 신하의 반역으로 아몬이 궁중에서 죽임을 당함/33:24-25

3. 요시야/34:1-35:27

1) 요시야의 영성/34:1-2

(1) 여호와 보시기에 정직히 행함/34:1-2a
(2) 조상 다윗의 길로 행함/34:2b

2) 초기 개혁/34:3-7

(1) 조상 다윗의 하나님을 구함/34:3a
(2) 유다와 예루살렘을 정결하게 함/34:3b-7

3) 성전 수리/34:8-13

(1) 유다와 예루살렘의 땅과 성전을 정결하게 함을 마침/34:8a
(2) 하나님 여호와의 전을 수리하려 함/34:8b-13

4) 율법책 발견/34:14-33

(1) 제사장 힐기야가 여호와의 율법책을 발견/34:14
(2) 서기관 사반이 율법을 낭독함/34:15-18
(3) 요시야 왕의 회개/34:19-21
(4) 하스라의 손자 독핫의 아들, 예복을 주관하는 살룸의 아내, 여선지자 훌다/34:22-25
(5) 하나님 여호와의 말씀/34:26-28
(6) 요시야의 여호와 하나님께 복종/34:29-33

5) 유월절 행사/35:1-19

(1) 첫째 달 14일에 유월절을 시작/35:1
(2) 여호와께서 모세로 전한 말씀을 따를 것을 명함/35:2-6

(3) 유월절 제물/35:7-9
(4) 모세의 책에 기록된 대로 여호와께 드림/35:10-15
(5) 유월절 7 일과 무교절 7 일/35:16-19

6) 요시야의 죽음/35:20-27

(1) 요시야와 애굽 왕 느고/35:20-21
(2) 요시야의 죽음/35:22-24
(3) 예레미야의 애가/35:25
(4) 이스라엘과 유다 열왕기에 기록/35:26-27

4. 여호아하스/36:1-4

1) 요시야의 아들 여호아하스를 왕으로 세움/36:1-2
2) 애굽 왕 느고가 여호아하스를 애굽으로 잡아감/36:3-4

5. 여호야김/36:5-8

1) 여호와 보시기에 악을 행함/36:5
2) 바벨론 포로/36:6-8

(1) 쇠사슬로 결박하고 바벨론으로 잡아감/36:6-7
(2) 이스라엘과 유다 열왕기에 기록/36:8

6. 여호야긴/36:9-10

1) 여호와 보시기에 악을 행함/36:9
2) 바벨론 포로/36:10

7. 시드기야/36:11-21

1) 시드기야의 영성/36:11-12

(1) 여호와 보시기에 악을 행함/36:11-12a
(2) 선지자 예레미야가 전한 여호와의 말씀을 듣지 않음/36:12b

2) 예루살렘의 파괴/36:13-21

(1) 하나님의 사자(使者▶개정, 사신)를 비웃음, 여호와 하나님의 말씀을 멸시, 여호와의 선지자를 욕함/36:13-16
(2) 바벨론 포로, 갈대아 왕과 그 자손의 노예가 됨/36:17-20

(3) 여호와께서 예레미야의 입으로 하신 말씀이 이루어짐-바벨론 포로 70년/36:21

8. 예루살렘의 성전 재건 선포(宣布)/36:22-23

1) 여호와께서 고레스의 마음을 감동시키심/36:22a

2) 바사 왕 고레스의 조서(詔書)/36:22b-23

에스라

¤ 개관

에스라서는 포로 후기의 이스라엘 백성들을 위하여 하나님의 언약이 어떻게 성취되었는가를 기록한 것이다. 본서는 바벨론에서 포로 생활을 하던 유다인들이 어떻게 고토(故土)로 되돌아와 성전과 국가를 재건했다는 역사적 사실을 제사장의 입장에서 해석, 기술(記述)한다. 여기에는 필연코 하나님께서 자신의 언약이 신실하시다는 점을 나타내고 있다.

하나님은 이스라엘 백성이 70년 포로 후 귀환할 것을 약속하셨고 다윗의 후손으로 오실 메시야를 약속하셨다. 본서는 역대하 기사로부터 곧바로 이어지는 부분으로서 포로 귀환에 관한 하나님의 약속이 어떻게 구체적으로 성취되는가를 여실히 보여 준다. 이스라엘은 70년의 포로 생활 중에 지상에서 완전히 멸절(滅絶)되는 듯한 위기감을 느꼈을 것이나 약속에 신실(信實)하신 하나님은 그들과 늘 함께하시고 구원해 주셨던 것이다

고레스는 BC 539년 10월에 바벨론을 정복하였다 그의 정책은 피정복 민족에게 자치권을 주어 통치하는 방식이었다. 따라서 그는 BC 538년에 칙령을 발표하여 유대인들로 하여금 고국으로 돌아가도록 허용하였다. 이때 약 50,000 명이 스룹바벨의 인도 하에 돌아왔고, 성전의 기초가 놓여졌으나 다리우스 통치 하인 BC 515년까지 완성되지 못하였다.

에스라 1-6장은 이 사건들을 기록하고 있다. 7-10장은 에스라가 아닥사스

다 왕의 호의로 예루살렘으로 돌아와 백성들의 영적 회복 운동을 주도했던 일들을 기록하고 있다

¤ 내용 분해

제 1 부 : 하나님의 성전 재건/1:1-6:22

1. 스룹바벨이 인도한 제1차 귀환/1:1-2:70

1) 고레스의 조서(詔書)/1:1-4

2) 이스라엘과 고레스의 헌물/1:5-11

(1) 예루살렘 여호와의 전을 건축하고자 하는 자/1:5-7

(2) 유다의 목백(牧伯▸개정, 총독) 세스바살/1:8-11

3) 포로 귀환자들에 대한 인구 조사/2:1-63

(1) 확보한 족보들/2:1-58

(2) 불확실한 족보들/2:59-63

4) 포로 귀환자들에 대한 인구 조사/2:64-70

(1) 귀환한 백성들/2:64-67

(2) 백성들이 바친 예물/2:68-70

2. 성전 건축/3:1-6:22

1) 성전의 기초 건축 /3:1-13

(1) 백성들의 영적 준비/3:1-6

(2) 성전 기초의 완성/3:7-13

2) 성전 건축에 대한 방해/4:1-24

(1) 다리오 통치 때/4:1-5

(2) 아하수에로 통치 때/4:6

(3) 아닥사스다 통치 때/4:7-23

(4) 다리오 통치 제 2 년까지의 성전 건축 중단/4:24

3) 성전의 완공/5:1-6:18

(1) 성전 건축을 다시 시작함/5:1-2

① 선지자 학개와 잇도의 손자 스가랴의 예언 / 5:1
② 스알디엘의 아들 스룹바벨과 요사닥의 아들 예수아 / 5:2a
③ 예루살렘의 하나님의 전 건축을 시작 / 5:2b

(2) 건축에 대한 반대/5:3-17

① 강 서편(西便 ▶ 개정, 건너편) 총독 닷드내와 스달보스내와 그 동료(同僚 ▶ 개정, 동관) 서편(西便 ▶ 유브라데 건너편) 아바삭 사람 / 5:3a-6
② 다리오 왕에게 올린 글의 초본(抄本) / 5:3b-17

(3) 성전 건축에 대한 비준(批准)/6:1-12

① 문서 창고 조사 / 6:1-5
② 다리오 왕의 조서 / 6:6-12

(4) 성전의 완공/6:13-15

① 선지자 학개와 잇도의 손자 스가랴의 권면 / 6:13, 14
② 다리오 왕 6년 아달 월(유대력 12월, 태양력 2-3월) 3일에 성전 완공 / 6:15

(5) 성전(聖殿)의 봉헌(奉獻)/6:16-18

① 하나님의 성전 봉헌식 / 6:16
② 수소 100 마리와 숫양 200 마리와 어린 양 400 마리와 숫염소 12 마리의 제물 / 6:17
③ 모세의 책에 기록된 대로 행함 / 6:18

4) 유월절/6:19-22

(1) 포로 되었던 자손의 유월절과 무교절/6:19-22a

(2) 여호와 하나님의 도우심/6:22b

제 2 부 : 이스라엘 백성의 개혁 운동/7:1-10:44

1. 에스라가 인도한 제 2 차 귀환/7:1-8:36

1) 아닥사스다의 조서/7:1-28

(1) 에스라의 계보/7:1-5

(2) 모세의 율법에 익숙한 학자/7:6
(3) 하나님의 선한 손의 도우심으로 예루살렘 도착-아닥사스다 왕 7년 5월/7:7-10
(4) 아닥사스다의 조서/7:11-26
(5) 에스라의 송축/7:27-28

2) 포로 귀환자들에 대한 인구 조사/8:1-14

(1) 바벨론에서 올라온 자들의 족보/8:1
(2) 포로 귀환자들의 명단/8:2-14

3) 예루살렘 귀환을 위한 영적 준비/8:15-30

(1) 아하와로 흐르는 강가에 성전 섬길 자들을 모집/8:15-20
(2) 아하와 강가에서 금식 선포/8:21-23
(3) 예루살렘 성전으로 가져가는 재물/8:24-30

4) 포로 귀환자들의 도착/8:31-36

(1) 아닥사스다 왕 7년 1월 12일에 아하와 강을 출발/8:31a
(2) 하나님의 손의 도우심/8:31b
(3) 예루살렘에 도착-아닥사스다 왕 7년 5월/8:32-36

2. 백성들의 부흥 운동/9:1-10:44

1) 이방인과 결혼한 이스라엘/9:1-2

(1) 이방인의 가증한 일을 행하는 이스라엘 백성/9:1
(2) 이스라엘 방백(方伯)들과 두목(頭目▸개정, 고관)들이 이 일에 앞장 섬/9:2

2) 에스라의 기도/9:3-15

(1) 에스라의 비탄/9:3-4
(2) 에스라의 고백/9:5-15

3) 이스라엘의 개혁 운동/10:1-44

(1) 이스라엘 백성의 통곡/10:1
(2) 언약의 제정-율법대로 행함/10:2-5
(3) 이방인과의 결혼에 대한 대책/10:6-44

① 유다와 예루살렘의 포로 되었던 자의 자손들에게 공포(公布) / 10:6-8
② 유다와 베냐민 모든 사람이 예루살렘에 모임 / 10:9
③ 제사장 에스라의 선언-이방 사람의 교제와 이방의 아내를 끊을 것을 명령 / 10:10-15
④ 이방 여인을 취(取)한 자(者)(개정, 이방 여인을 아내로 맞이한 자)의 조사 / 10:16-17
⑤ 제사장 무리 중 이방 여인을 아내로 맞이한 자의 명단 / 10:18-22
⑥ 레위 사람 중 이방 여인을 아내로 맞이한 자의 명단 / 10:23
⑦ 찬양대와 문지기 중 이방 여인을 아내로 맞이한 자의 명단 / 10:24
⑧ 이스라엘 백성 중 이방 여인을 아내로 맞이한 자의 명단 / 10:25-44

느헤미야

¤ 개관

본서의 히브리 어 '느헤미야' 이름의 뜻은 '여호와의 위로'이다. 느헤미야는 바사 왕국에서 아닥사스다 왕의 술잔을 받드는 일을 하였다. 이것은 왕이 마시는 술잔에 독이 들어 있는지의 여부를 확인하는 대단히 높고 중요한 직위였다. 이러한 신용 있는 직위의 사람은 때때로 왕의 긴밀한 모사가 되기도 하였다. 그러나 느헤미야는 높은 직위에 있을 때 하나님의 백성들을 생각했다.

에스라는 주로 유다의 종교 회복을 다루는 반면, 느헤미야는 주로 유다의 정치와 영토의 회복을 다룬다. 느헤미야는 처음 일곱 장을 예루살렘 성벽 재건에 대해 할애하고 있는데, 이는 예루살렘이 유다의 영적, 정치적 중심지였기 때문이다. 또한 느헤미야는 유다 총독으로서 민간 생활의 질서를 확고히 세웠다.

에스라와 동시대 사람이었던 느헤미야는 성벽 건축과 남은 자들의 영적 부흥 운동을 주도했던 인물이었다. 본서는 호화스런 지위에 있으면서도 하나님의 부르심에 순종하여 기꺼이 고통스럽고 위험한 직책을 감수하는 느헤미야의 담대함과 헌신과 열정을 보여 주고 있다. 느헤미야는 말라기 선지자와 함께 마지막을 장식하고 있는 선지자이다

¤ 내용 분해

제 1 부 : 성문과 성벽의 재건/1:1-7:73

1. 성문과 성벽 재건을 위한 준비/1:1-2:20

1) 파괴(破壞)된 예루살렘 성(城)과 성문(城門)/1:1-3

(1) 하가랴의 아들 느헤미야/1:1
(2) 예루살렘 성의 훼파(毁破▸개정, 허물어짐)와 성문(城門)들의 소화(燒火=불태워짐)/1:2-3

2) 느헤미야의 기도/1:4-2:8

(1) 민족을 위한 기도/1:4-11
(2) 느헤미야의 수색(愁色▸개정, 수심)/2:1-5
(3) 아닥사스다 왕과 왕비의 호의/2:6-8

3) 예루살렘에 도착한 느헤미야/2:9-11

(1) 하나님의 선한 손의 도우심/2:9
(2) 호론 사람 산발랏과 종 되었던 암몬 사람 도비야의 근심/2:10
(3) 하나님께서 느헤미야의 마음을 감동시키심/2:11-12

4) 성벽 재건 준비/2:12-20

(1) 성문과 성벽 탐사/2:12-16
(2) 백성을 향한 권면/2:17-18
(3) 반대자들에 대한 선포/2:19-20

2. 성문과 성벽의 재건/3:1-7:73

1) 성문과 성벽의 건축자들에 대한 기록/3:1-32

(1) 양문(羊門)과 성벽(城壁)의 건축/3:1-2
(2) 어문(魚門)과 성벽의 중수(重修)/3:3-5

(3) 옛 문(門)과 성벽의 중수(重修)/3:6-12
(4) 골짜기 문(門)과 분문(糞門)까지 성벽의 중수(重修)/3:13
(5) 분문(糞門)의 중수(重修)/3:14
(6) 샘문(門)과 성벽의 중수(重修)/3:15-27
(7) 마문(馬門)과 성벽의 중수 3:28-31
(8) 성(城) 모퉁이 성루(城樓)에서 양문(羊門)까지 중수(重修)/3:32

2) 재건 방해 공작/4:1-6:23

(1) 산발랏과 암몬 사람 도비야의 조롱/4:1-6
(2) 산발랏과 도비야와 아라비아 사람들과 암몬 사람들과 아스돗 사람들의 위협/4:7-9
(3) 유다 사람들의 사기 저하와 반대자들의 계교/4:10-12
(4) 느헤미야의 위로와 격려/4:13-14
(5) 하나님께서 반대자의 계교를 폐하심/4:15
(6) 성을 건축하는 자와 담부(擔負▶개정, 짐을 나르는)하는 자의 역사(役事)/4:16-23

3) 유다 백성과 느헤미야/5:1-19

(1) 유다 백성의 원망/5:1-5
(2) 유다의 지도자를 꾸짖는 느헤미야와 공의(公義)를 실행(實行)하는 회중(會衆)/5:6-13
(3) 유다 총독 느헤미야의 모범/5:14-19

4) 예루살렘 성의 완성 과정/6:1-19

(1) 대적(對敵)의 중상모략(中傷謀略)/6:1-14
① 산발랏과 도비야와 아라비아 사람 게셈과 그 나머지 사람들 / 6:1-9
② 므헤다벨의 손자 들라야의 아들 스마야 / 6:10-13
③ 도비야와 산발랏과 여선지자(女先知者) 노아댜와 그 남은 선지자들 / 6:14

(2) 성벽의 완성/6:15-19
① 52 일 만에 엘룰 월(유대력 6월, 태양력 8-9월) 25일에 완성 / 6:15
② 유다의 귀인(貴人; 개정, 귀족)들과 도비야의 계교(計較) / 6:16-19

5) 예루살렘의 행정 조직/7:1-4

(1) 문지기와 찬양대와 레위 사람들을 세움/7:1
(2) 예루살렘의 관원(官員) 느헤미야의 아우 하나니와 하나냐/7:2-4

6) 예루살렘의 계보/7:5-73

(1) 계보대로 계수/7:5-6
(2) 확실한 계보/7:7-60
(3) 불확실한 계보/7:61-65
(4) 남은 자들의 합계/7:66-69
(5) 성전을 위한 헌물/7:70-73

제 2 부 : 백성들의 영적 부흥 운동/8:1-13:31

1. 언약의 갱신/8:1-10:39

1) 율법의 해석/8:1-18

(1) 율법의 낭독/8:1-8
(2) 율법을 깨닫고 실행하는 이스라엘 백성들/8:9-18

2) 언약의 갱신/9:1-10:39

(1) 이스라엘의 영적 준비/9:1-3
(2) 하나님의 은혜에 대한 회상/9:4-31
(3) 백성의 회개와 언약의 갱신/9:32-38
(4) 언약에 인(印) 친(인봉한) 자/10:1-27
(5) 언약의 실행(實行)/10:28-39

2. 언약에 대한 순종/11:1-13:31

1) 백성들의 정착/11:1-36

(1) 백성의 지도자와 백성의 십분의 일이 예루살렘에 정착/11:1-2
(2) 유다 여러 성읍에 정착하는 지도자들/11:3a
(3) 예루살렘에 거주한 그 지방의 지도자들/11:3b-9
(4) 제사장 중에 예루살렘에 정착하는 자들 11:10-14
(5) 레위 사람 중에 예루살렘에 정착하는 자들/11:15-18

(6) 성 문지기로 예루살렘에 정착하는 자들/11:19-21
(7) 찬양대로 예루살렘에 정착하는 자들/11:22-24
(8) 예루살렘 외곽에 정착하는 자들/11:25-36

2) 제사장들과 레위인들의 족보와 직무/12:1-26
3) 예루살렘 성벽의 봉헌/12:27-47
4) 백성들의 부흥 운동/13:1-31

(1) 암몬 사람과 모압 사람의 분리(分離)/13:1-9
(2) 레위인에 대한 몫/13:10-14
(3) 안식일의 회복 13:15-22
(4) 잡혼에서의 분리/13:23-29
(5) 느헤미야의 기도/13:30-31

에스더

¤ 개관

바사 왕 아하수에로(헬라식으로는 '크세륵세스')는 재위 3년 곧 BC 482년에 대잔치를 베풀었다 역사가 헤로도투스에 의하면 이 잔치는 크세륵세스가 헬라를 침공하기 위하여 마련한 것이었다.

저자는 본문을 통하여 이스라엘과 아말렉인들 간에 계속되어 온 갈등을 상기시킨다(에 2:5; 3:1-6; 9:5-10). 이 갈등은 출애굽 때부터 시작되어(출 17:8-16; 신 25:17-19) 이스라엘 역사 전체에 걸쳐서 계속되어 온 것이다(삼상 15장; 대상 4:43). 이스라엘이 아말렉과의 전쟁을 함에 있어서 하만이 패배하고 결국은 승리와 안식을 얻는다는 것은 성도의 일생이 사탄과의 싸움이라는 것과 결국은 승리하게 된다는 것을 예시하고 있다

성경 전체를 통해 여자 이름으로 명명된 책은 에스더와 룻기 두 권이다. 본서에는 하나님이란 이름이 전혀 없으므로, 본서의 정경성(正經性)을 의심하는 자도 있으나 하나님의 역사(役事)하심과 섭리(攝理)하심이 본서 전체에

걸쳐 명백하게 드러나고 있다. 우리는 오직 믿음의 눈으로만 역사 뒤편에서 역사하고 계시는 하나님의 손길을 볼 수 있다.

¤ 내용 분해

제 1 부 : 위기에 처한 유대인/1:1-4:17

1. 왕후로 간택(揀擇)된 에스더/1:1-2:20

1) 와스디의 폐위(廢位)/1:1-22

(1) 아하수에로 왕의 연회(宴會)/1:1-8
(2) 와스디 왕후의 거절/1:9-12
(3) 와스디의 폐위/1:13-22

2) 왕후가 된 에스더/2:1-20

(1) 새 왕후를 찾기 위한 왕의 조서/2:1-4
(2) 에스더의 준비/2:5-14
(3) 왕후로 간택된 에스더/2:15-20

2. 하만의 흉계(凶計)/2:21-4:17

1) 모르드개가 폭로시킨 왕에 대한 모살 음모/2:21-23

(1) 내시 빅단과 데레스의 왕의 모살(謀殺▸개정, 암살) 음모(陰謀)/2:21
(2) 모르드개가 왕후 에스더에게 알림-궁중 일기에 기록/2:22-23

2) 유대인들을 멸절(滅絶)시키려는 하만의 흉계/3:1-15

(1) 하만의 승진/3:1
(2) 하만이 흉계를 꾸민 이유/3:2-6
(3) 유대인들을 파멸시키기 위한 아하수에로의 조서/3:7-15

3) 모르드개와 에스더/4:1-17

(1) 모르드개와 유대인의 금식과 통곡/4:1-3
(2) 에스더와 모르드개/4:4-12
(3) 모르드개의 경고-왕후가 된 이유/4:13-14
(4) 에스더의 결심-금식과 결단/4:15-16
(5) 모르드개의 실행/4:17

제 2 부 : 유대인들의 승리/5:1-10:3

1. 하만을 물리친 모르드개/5:1-8:2

1) 승리의 배경/5:1-6:3

(1) 에스더의 첫 번째 연회/5:1-8
(2) 하만의 흉계/5:9-14
(3) 모르드개를 위한 아하수에로 왕의 계획/6:1-3

2) 명예를 얻은 모르드개/6:4-14

(1) 자신의 명예를 위한 하만의 계획/6:4-9
(2) 모르드개의 명예를 오히려 손수 세워 주는 하만/6:10-14

3) 유다인의 대적 하만의 죽음/7:1-10

(1) 에스더의 두 번째 연회/7:1-4
(2) 에스더가 지적한 하만/7:5-8
(3) 매달린 하만/7:9-10

4) 유다인의 대적 하만의 소유/8:1-2

(1) 왕이 하만의 집을 에스더에게 줌/8:1
(2) 왕이 하만에게 준 반지를 모르드개에게 줌/8:2

2. 승리한 이스라엘/8:3-10:3

1) 승리하기 위한 이스라엘의 준비/8:3-17

(1) 아하수에로 왕을 향한 에스더의 탄원/8:3-6
(2) 아하수에로 왕의 또 다른 조서/8:7-14
(3) 본토 백성 중에 유다인이 되는 자가 많음/8:15-17

2) 대적을 이긴 이스라엘/9:1-16

(1) 첫째 날의 승리/9:1-11
(2) 둘째 날의 승리/9:12-16

3) 이스라엘의 축제/9:17-10:3

(1) 부림절의 유래/9:17-32
(2) 모르드개의 명성/10:1-3

욥 기

¤ 개관

히브리 어 성경의 표제어 역시 주인공의 이름을 따라 '욥'이라 하였는데 여기에 두 가지 의미가 있다. 이 이름은 박해를 뜻하는 히브리 어 '아예브'에서 파생되었다면 '박해 받는 자'란 뜻이고, '회개' 혹은 '돌아오다'를 뜻하는 아람어 '아바'에서 파생되었다면 '회개하는 자'란 뜻이다. 여기서는 후자가 의미상으로는 더 잘 부합되는 것 같다.

본서는 악과 고난의 문제를 가장 현실적으로 다루고 있다. 인간의 고난 문제는 세속은 물론 심지어는 종교에서도 해답을 쉽사리 찾을 수 없으며 모든 문학사 중에서도 욥기만큼 고난과 악의 문제를 진지하게 다룬 작품은 없다. 의인이 고난 받을 수 있는가? 이 문제에 대한 해답은 매우 난해한 것이지만 그러나 욥은 이 고난의 문제를 장차 이 땅에 임(臨)하실 구속주(救贖主)에게 내어 맡김으로 소망 중에 문제의 해답을 얻는다.

본서의 중심 메시지는 '하나님의 의(義)'이다. 욥기의 외면(外面)을 보면 '고난(苦難)'이 중심의 단어같이 보이지만 내면(內面)은 '인간(人間)이 하나님의 의(義)로 살아갈 수 있느냐'이다. 이 성격을 사탄은 잘 파악하고 있는 것 같다. 그래서 사탄은 하나님께 욥이 과연 가진 것이 없어질 때도 하나님의 의(義)로 살아갈 수 있는가를 첫 번째의 시험 무대에 올리고자 한다.

하나님은 욥이 이 고난을 잘 이겨 낼 것이라고 확신한다. 사탄의 첫 번째 시험에서 욥은 "내가 모태에서 알몸으로 나왔사온즉 또한 적신이 그리로 돌아가올지라 주신 이도 여호와시요 거두신 이도 여호와시오니 여호와의 이름이 찬송을 받으실지니이다."(1;21)라는 고백으로 하나님께 대한 확신을 저버리지 않는다.

사탄은 끈질기다. 첫 번째 시험의 실패로 두 번째 시험을 하나님께 내어 놓는다. 하나님께서는 욥의 인내(약 5:11)를 확신하시고 두 번째 시험을 허락하신다. 첫 번째 시험은 욥이 가진 소유의 시험이었지만 두 번째 시험은 욥의 모든 것을 빼앗아 가는 시험이다. 욥은 "우리가 하나님께 복을 받았은즉 화도 받지 아니하겠느냐"(2:10)라고 고백하지만 내면은 약해지는 것을 욥과 세 친구의 변론을 통해서 알 수 있을 것이다.

욥의 세 친구는 인과응보(因果應報)와 신상필벌(信賞必罰)의 세상의 의(義)를 말한다. 엘리후는 이에 대하여 욥기 32장부터 37장까지에서 욥이 자기의 의(義)로움을 나타내는 것을 정면으로 반박하고 욥의 세 친구에 대해서는 그들이 하나님에 대하여서 아는 것 같지만 욥의 말에 대해서도 제대로 변론하지도 못하면서 정죄(定罪)만 하는 것을 통박한다.

엘리후는 신약의 세례 요한의 존재와 같은 자이다. 세례 요한은 예수님의 오심을 예비하는 자였지만 엘리후는 하나님의 뜻을 향하여 가는 선지자와 같은 인물이었다. 하나님의 나타나심에 대한 욥기 38장에서부터 42장까지의 전초 기지가 욥기 32장에서 37장까지이다. 엘리후는 인간이 자기의 의로 살아가는 것이 아니라 하나님의 의로 살아가는 것이 인간의 본분임을 드러내는 예언자적인 인물이었다.

하나님께서 욥의 무지함을 깨우치시되 욥기 38장에서는 창조를 통하여 욥의 무지함을, 39장에서는 자연의 질서를 통하여 욥의 무지함을, 욥 40장에서는 '스스로 의롭다 하려 하여 나를 불의하다 하느냐'는 말씀으로 욥의 무지함을, 욥 41장에서는 창조물의 생태를 통하여 욥의 무지함을 드러내며 깨우치신다. 이에 42장에서 욥은 드디어 깨달았다. 자기가 하나님을 아는 것 같았지만 실제적으로는 그렇지 않다는 것을 알았던 것이다. 그래서 그는 "내가 스스로 한(恨)하고(개정, 거두어들이고) 티끌과 재 가운데에서 회개하나이다."(6절)라고 말을 맺었다.

¤ 내용 분해

제 1 부 : 욥에게 닥친 고난(苦難)/1:1-2:13

1. 욥의 성품/1:1-5

1) 우스 땅의 욥/1:1-3

(1) 순전(純全▶개정, 온전)하고 정직(正直)하여 하나님을 경외(敬畏)하고

악을 떠난 자/1:1
(2) 동방(東方) 사람 중에서 가장 큰(개정, 훌륭한) 자/1:2-3

2) 욥의 행사(行事▶개정, 행위)/1:4-5

(1) 욥의 열 자녀들의 생일잔치/1:4
(2) 성결(聖潔)과 번제(燔祭)/1:5

2. 사탄의 첫 번째 공격/1:6-22

1) 여호와의 질문(質問)과 사탄의 답변(答辯)/1:6-7

(1) 여호와의 앞과 하나님의 아들들과 사탄/1:6
(2) 여호와의 질문과 사탄의 답변/1:7

2) 여호와의 인정(認定)과 사탄의 부정(否定)/1:8-12

(1) 욥에 대한 여호와의 인정/1:8
(2) 욥에 대한 사탄의 부정/1:9-10
(3) 사탄의 시험에 대한 여호와의 허락/1:11-12

3) 사탄의 시험/1:13-19

(1) 스바 사람의 공격/1:13-15
(2) 하늘로부터 불의 공격/1:16
(3) 갈대아 사람의 공격/1:17
(4) 대풍(大風▶개정, 큰바람)으로 욥의 자녀들의 죽음/1:18

4) 욥의 신앙 고백/1:20-22

(1) 주신 이도 여호와시요 취하신(개정, 거두신) 이도 여호와시오니의 고백/1:20-21
(2) 하나님을 향한 원망을 하지 않음/1:22

3. 사탄의 두 번째 공격/2:1-10

1) 여호와의 질문(質問)과 사탄의 답변(答辯)/2:1-2

(1) 여호와의 앞과 하나님의 아들들과 사탄/2:1
(2) 여호와의 질문과 사탄의 답변/2:2

2) 여호와의 인정(認定)과 사탄의 부정(否定)/2:3-6

(1) 여호와의 욥에 대한 인정/2:3

(2) 사탄의 욥에 대한 부정/2:4
(3) 사탄의 시험에 대한 여호와의 허락/2:5-6

3) 사탄의 시험/2:7

(1) 여호와 앞에서 물러감/2:7a
(2) 욥의 전신(全身)에 악창(惡瘡▶개정, 종기)이 나게 함/2:7b

4) 욥의 신앙 고백/2:8-10

(1) 욥의 고통과 욥의 아내의 공박/2:8-9
(2) 욥의 답변과 욥이 입술로 범죄하지 않음/2:10

4. 욥의 세 친구들의 도착/2:11-13

1) 욥의 세 친구/2:11

(1) 욥의 재앙 소식을 들음/2:11a
(2) 데만 사람 엘리바스와 수아 사람 빌닷과 나아마 사람 소발/2:11b

2) 욥의 고통에 참여/2:12-13

(1) 자기의 겉옷을 찢고 재를 자기의 머리에 뿌림/2:12
(2) 밤낮 7 일 동안 욥과 함께 있음/2:13

제 2 부 : 욥과 세 친구의 변론(辯論)/3:1-37:24

1. 첫 번째 변론/3:1-14:22

1) 욥의 탄식/3:1-26

(1) 자기의 생일을 저주/3:1-19
(2) 곤고(困苦)한 자(개정, 고난당하는 자)/3:20-26

2) 엘리바스의 첫 번째 변론/4:1-5:27

(1) 정직한 자에게 고통이 없다고 믿음/4:1-11
(2) 하나님은 인간에게 가까운 존재가 아니심/4:12-21
(3) 인생은 고난을 위하여 태어났다/5:1-7
(4) 불의(不義)가 있다면 하나님께 나아갈 수 없다/5:8-16
(5) 하나님의 징계를 달게 받아라/5:17-27

3) 엘리바스의 변론에 대한 욥의 답변/6:1-7:21

(1) 거룩하신 하나님의 말씀을 거역한 적이 없다/6:1-13
(2) 너희들은 피곤한 나를 불쌍히 여겨야 될 것 아니냐/6:14-23
(3) 너희들은 책망을 위한 책망을 하지 않느냐/6:24-28
(4) 나의 혀가 불의한 적이 있더냐/6:29-30
(5) 세상의 인생에게는 고난이 준비되어 있다/7:1-11
(6) 지속적인 하나님의 정죄에 대한 질문/7:1-21

4) 빌닷의 첫 번째 변론/8:1-22

(1) 네 자녀들이 범죄하였으므로 하나님의 공의로 심판하심/8:1-7
(2) 옛 조상의 지혜를 찾으라/8:8-10
(3) 악한 자는 심판을, 순전한 사람은 구원을/8:11-21

5) 빌닷의 주장에 대한 욥의 답변/9:1-10:22

(1) "가령 내가 의로울지라도"라는 말로 자신의 의로움을 주장/9:1-35
(2) 하나님의 압제에 대한 물음/10:1-22

6) 소발의 첫 번째 변론/11:1-20

(1) 욥이 자기의 의롭다 함에 대한 반론/11:1-6
(2) 죄악과 불의가 있다면 멀리 버리라/11:7-20

7) 소발의 변론에 대한 욥의 답변/12:1-14:22

(1) 욥이 자기의 의로움과 순전함이 조롱거리가 됨을 말함/12:1-6
(2) 하나님의 지혜에 대한 욥의 변론/12:7-25
(3) 나의 의로움에 대하여 하나님과 변론하기를 원함/13:1-19
(4) 나의 불법과 죄와 허물에 대하여 변론하기를 원함/13:20-28
(5) 인간의 연약한 생에 대한 욥의 애통/14:1-22

2. 두 번째 변론(辯論)/15:1-21:34

1) 엘리바스의 두 번째 변론/15:1-35

(1) 욥의 말에 대한 책망/15:1-13
(2) 악인은 환난과 고통이 있게 된다/15:14-35

2) 엘리바스의 변론에 대한 욥의 답변/16:1-17:16

(1) 욥은 친구들이 번뇌하게 하는 안위자(개정, 재난을 주는 위로자들)이라 고 책망/16:1-5

(2) 자신의 처지를 비통해함/16:6-16

(3) 자신의 결백을 주장함/16:17-22

(4) 욥을 백성의 이야기거리(개정, 속담거리)가 되게 하신 하나님/17:1-16

3) 빌닷의 두 번째 변론/18:1-21

(1) 친구들을 짐승같이 부정하게 보는 욥을 책망/18:1-4

(2) 불의한 자의 집과 하나님을 알지 못하는 자는 불행이 온다/18:5-21

4) 빌닷의 변론에 대한 욥의 답변/19:1-29

(1) 너희들은 내 마음을 꺾으려고만 하는구나/19:1-12

(2) 나의 친구야 너희들은 나를 불쌍히 여겨라/19:13-22

(3) 나의 구속자가 살아 계심을 믿는다/19:23-29

5) 소발의 두 번째 변론/20:1-29

(1) 욥의 말이 악인의 자랑 같다고 책망/20:1-11

(2) 악인은 만족이 없고 기뻐하지도 않는다/20:12-29

6) 소발의 변론에 대한 욥의 답변/ 21:1-34

(1) 이 세상에는 악인이 형통한 것처럼 보인다/21:1-16

(2) 하나님은 악인과 의인을 다 심판하신다/21:17-26

(3) 너희의 위로와 대답은 거짓뿐이다/21:27-34

3. 세 번째 변론/22:1-26:14

1) 엘리바스의 세 번째 변론/22:1-30

(1) 욥의 불의(不義)함에 대하여 책망/22:1-11

(2) 불의한 자와 겸손한 자에 대한 하나님의 구원에 대하여 설명/22:12-30

2) 엘리바스의 변론에 대한 욥의 답변/23:1-24:25

(1) 하나님께서 고난을 통해서 욥을 연단한 정금같이 만들 것이다/23:1-17

(2) 불의한 자를 보시지 않는 하나님께 대한 욥의 항변/24:1-25

3) 빌닷의 세 번째 변론/25:1-6

(1) 하나님 앞에서는 사람이 의인이 될 수 없다/25:1-4

(2) 사람은 하나님 앞에서는 벌레, 구더기와 같다/25:5-6

4) 빌닷의 변론에 대한 욥의 답변/26:1-14

(1) 친구의 지혜와 지식이 없음을 책망/26:1-4

(2) 하나님의 권능과 지혜를 설명/26:5-14

4. 욥의 마지막 답변/27:1-31:40

1) 욥의 첫 번째 독백/27:1-28:28

(1) 자신의 의로움을 주장함/ 27:1-23

(2) 인간이 지혜를 찾을 수 없다고 함/28:1-28

2) 욥의 두 번째 독백/29:1-31:40

(1) 하나님과 함께하심과 자기의 의로움을 회상/29:1-25

(2) 현재의 비참함을 표현함/30:1-31

(3) 자신의 결백을 주장함/31:1-34

(4) 하나님을 향한 변론/31:35-40

5. 엘리후의 답변/32:1-37:24

1) 변론을 책망하는 엘리후/32:1-22

(1) 욥이 스스로 의롭게 여김에 대하여 노(怒)를 발(發)함(개정, 화를 냄)/32:1-2

(2) 세 친구의 욥의 정죄함에 대하여 노(怒)를 발(發)함(개정, 화를 냄)/32:3-4

(3) 엘리후가 욥과 세 친구에 대하여 말함/32:5-22

2) 엘리후의 첫 번째 변론/33:1-33

(1) 욥의 하나님과의 쟁변(爭辯▸개정, 논쟁) 요구에 대한 엘리후의 변론/33:1-18

(2) 욥의 스스로 의롭다 함에 대하여 엘리후의 인용/33:19-33

3) 엘리후의 두 번째 변론/34:1-37

(1) 욥의 스스로 의롭다 함과 정직하다 함에 대한 엘리후의 인용/34:1-20

(2) 욥의 스스로 지혜 있다 함에 대한 엘리후의 답변/34:21-37

4) 엘리후의 세 번째 변론/35:1-16

(1) 욥에게 "네가 하나님보다 의롭다고 생각하느냐"라고 반문/35:1-8
(2) 하나님에 대한 지식이 없음을 한탄/ 35:9-16

5) 엘리후의 네 번째 변론/36:1-37:24

(1) 하나님의 대언자로서의 변론/36:1-21
(2) 하나님께서 창조주라는 사실을 욥에게 상기시킴/36:22-37:24

제 3 부 : 욥의 회복/38:1-42:17

1. 욥을 향한 하나님의 첫 번째 말씀/38:1-40:5

1) 하나님의 첫 번째 물으심/38:1-40:2

(1) 창조(創造)의 주체(主體)를 물으심/38:1-38
(2) 동물의 관리자를 물으심/38:39-39:30
(3) 하나님의 질문에 대답을 요구하심/40:1-2

2) 하나님을 향한 욥의 첫 번째 답변/40:3-5

(1) 욥 자신의 미천(微賤▸개정, 비천)함에 대하여/40:3-4
(2) 답변할 말이 없음에 대하여/40:5

2. 욥을 향한 하나님의 두 번째 말씀/40:6-42:6

1) 하나님의 두 번째 물음/40:6-41:34

(1) 욥 스스로 구원 받을 수 있나를 물으심/40:6-14
(2) 욥의 힘과 하마(河馬▸개정, 베헤못)의 힘을 비교하심/40:15-24
(3) 욥의 힘과 악어(鰐魚▸개정, 리워야단)의 힘을 비교하심/41:1-34

2) 하나님께 향한 욥의 두 번째 답변/42:1-6

(1) 하나님의 의에 대한 자신의 무지(無知)를 고백함/42:1-3
(2) 자신의 의로움에 의지하는 행위를 회개함/42:4-6

3. 욥과 그 친구들의 회복/42:7-17

1) 여호와의 지혜/42:7-11

(1) 여호와께서 데만 사람 엘리바스에게 말씀하심/42:7-9

① 내 종 욥의 말과 같이 정당(正當)하지(개정, 옳지) 못함이라 / 42:7

② 내 종 욥에게 가서 너희를 위하여 번제를 드리라 / 42:8a
③ 내 종 욥이 너희를 기쁘게 받으리라 / 42:8b
④ 너희의 우매(愚昧)한 만큼 너희에게 갚지 않으리라 / 42:8b
⑤ 내 종 욥의 말과 같이 정당(正當)하지(개정, 옳지) 못함이라 / 42:8b
⑥ 데만 사람 엘리바스와 수아 사람 빌닷과 나아마 사람 소발이 욥에게 감 / 42:9a
⑦ 여호와께서 욥의 세 친구에게 명령하신 대로 행함 / 42:9b
⑧ 여호와께서 욥을 기쁘게 받으심 / 42:9b

(2) 여호와께서 욥의 곤경(困境)을 돌이키심/42:10-11

① 욥이 친구들을 위하여 기도할 때 / 42:10a
② 욥에게 그전 소유보다 갑절이나 주심 / 42:10b
③ 욥이 형제자매와 및 전에 알던 자들과의 화목 / 42:11

2) 욥에게 갑절의 복(福)을 주심/42:12-17

(1) 여호와께서 욥의 모년(暮年▶개정, 말년)에 복을 주심/42:12-15

① 양 14,000 마리와 약대 6,000 마리와 소 1,000 겨리와 암나귀 1,000 마리 / 42:12
② 아들 일곱과 딸 셋을 낳았음 / 42:13
④ 첫째 딸 여미마, 둘째 딸 긋시아, 셋째 딸 게렌합북 / 42:14
⑤ 전국(全國) 중(개정, 모든 땅)에서 욥의 딸들처럼 아리따운 여자가 없음 / 42:15a
⑥ 딸들에게 오라비처럼 산업(産業▶개정, 기업)을 주었음 / 42:15b

※ 욥이 처음 가졌던 소유물(1:2, 3)보다 가축은 갑절의 복을 받았는데 자녀의 수는 그대로이다. 이는 처음 그 자녀들의 육신은 죽었으나 그 영혼은 살아 있기 때문에 결국 갑절이 된다. 이 사실과 함께 19:25,26의 욥의 고백은 부활 신앙의 진수를 보여 준다.

(2) 욥의 복 받은 생애/42:16-17

① 욥이 140 년을 살음 / 42:16a
② 아들과 손자 4 대를 봄 / 42:16b
③ 나이 늙고 기한이(개정, 나이가) 차서 죽음 / 42:17

시 편

¤ 개관

1. 시편의 내용

시편은 150 편으로 된 노래(찬가)와 기도를 모은 시집이다. 시편의 시는, 하나님께 대한 시인의 심정의 각양 방면의 거짓 없는 토로(吐露)로 된 종교시이다. 시편은 종종 유대인 교회의 찬송가라고도 말해진다. 타 민족에 있어서도 각각 그 종교시를 가지고 있지만, 이 시편같이 내용적으로나 외형적으로나 또 수에 있어서 풍부한 것도 세상에 존재하지 않는다.

그 내용으로서도 적의 공격, 기타 고난에 처하여 하나님께 기도하고, 구원을 간구하는 외침이 있으며, 또 이런 데서 구원 된 자의 감사와 환희가 있다. 또 하나님의 율법에 대한 존경과 열복(悅服)의 마음을 나타낸 것도 있다. 하나님의 자연계에 대한 통치를 찬양한 것도 있고, 또 하나님의 세계적 지배를 희망하여 이것을 찬미한 것도 있다.

자기의 죄의 후회와 그 사면(赦免)의 환희를 노래한 것도 있고, 또 예루살렘에 있어서의 예배의 환희를 찬양한 것도 있다. 기타 이스라엘 국민적 고난, 감사, 기쁨, 희망 등을 개인적 입장에서 노래한 것으로 보아야 할 것도 있다. 실로 다종다양(多種多樣)이다.

다만 여기에 일관하는 것은 주(여호와)께 대한 어린아이와 같은 심정이다. 이 중에는 메시야 예언으로 해석되는 것도 있는데, 그의 강탄(降誕▶시 40편), 수고(시 22편), 부활(시 2편 및 16편), 승천과 제사장직(시 110편), 재림(시 50편), 왕자의 권위(시 49편), 왕국(시 46편) 등 기타 많은 예언이 있다. 이런 관점에서 볼 때 '시편은 주 예수의 내적 생애의 대 예언'이라고도 할 것이다.

신약 성경 중에는 시편에서의 인용이 70 편이나 있다. 그중 50 편이 그리스도의 말씀으로서 또는 직접 그에 관한 것으로서 기록되고, 주께서도 그 자신이 이들 예언의 제목이심을 확인하셨다(눅 24:44). 또 이제 장래에 속하는 왕으로서 오실 그리스도의 재림과 그 왕국, 말세에 있어서의 이스라엘의 남은 자의 고난과 구원을 간구하는 외침, 거짓 그리스도와 그에 속한 악인에 대한 형벌 등이 부분적 또는 단편적으로 보여지는 것도 많이 있다.

시편은 자체에 있어서 개인적인 색채가 많지만, 개인의 국민적 감정으로써 노래하는 것도 많고, 또 여호와의 백성으로서의 개인인 관계상, 이러한 것이 시편의 구상을 대단히 웅대하게 하고 있다.

2. 시편의 목적

시편에 대한 전통적인 히브리어 명칭은 시편의 많은 부분들이 기도로 이루어졌음에도 불구하고 '찬양'이란 뜻으로 불려졌다. 시편은 여러 개의 단편들을 하나로 집대성해 놓을 것들이다. 시편은 수세기에 걸쳐 수집된 책으로 이것의 최종적인 형태는 포로 후 시대에 활동했던 성전의 인물들에 의해 형성되었는데, 그들은 아마도 BC 3세기경에 완성했을 것이다.

시편이 최종적인 형태를 갖추기 전에 이미 많은 수집물들이 존재했었다 '다윗의 기도들'은 이미 솔로몬 성전에서 예전이 집전될 무렵부터 존재했었다. 150 편의 시편 중 34 개의 시편은 아무 표제어도 갖고 있지 않기 때문에 이것들은 소위 '고아의 시편들'로 불린다.

기록 연대와 관련하여 표제어들을 살펴볼 때 사건들을 설명하고 있는 간결한 표제어들은 대부분은 사무엘 상하로부터 취해진 것으로 보인다. 때때로 표제어들은 시편의 내용과 잘 어울리지 않는 것들도 있다. 때문에 이것이 후에 첨가되지 않았을까 하는 문제가 생긴다.

이 시편은 다윗이 쓴 73편을 비롯하여 아담, 멜기세덱, 아브라함, 모세, 헤만, 여두둔, 아삽, 고라의 세 아들의 이름으로 수집된 시들이 있다. 시편은 문학 유형에 따라 기도시, 찬양시, 제왕들의 시, 감사시, 축복시, 저주의 시, 예언시 등으로 분류되는데 각기 특정한 목적과 절기에 따라 사용되었다. 여기서 중요한 것은 저자가 자신이 인식하지 못하고 기록했을지라도 많은 시가 예수 그리스도의 생애와 사역을 예언적으로 노래하고 있다는 것이다.

본서는 각 부분의 끝이 송영으로 마무리 짓는 5 개 부분으로 나누어지고 있다. 제1편은 시편 전체의 서론에 해당하고 150편은 전체의 송영으로 결론에 해당된다고 볼 수 있다. 모든 시편들은 하나님을 의지하는 성도들의 신앙 고백이요 산 기도요 간증문이며, 그들은 이것을 노래 부르며 하나님과 교제를 누리고 있는 것이다.

¤ 내용 분류

1. 권(券) 묶음에 의한 분류

1) 1-41편 제1권
2) 42-72편 제2권
3) 73-89편 제3권
4) 90-106편 제4권
5) 107-150편 제5권

2. 주제에 의한 분류

시편을 그 취급하고 있는 주제에 따라 분류하는 시도가, 많은 학자들에 의해 발표되었다. 그러나 시편에 보여지는 것 같은, 광범하고도 풍부한 영적 감정을 분류하는 것은 실로 곤란하다. 드라이버(S.R. Driver, 1846-1914▶영국의 구약학자)의 분류도 주요한 것이기는 하나(*Introduction to the literature of the OT.* p.358), 맥페이던(J.E.McFadyen, 1870-1933▶영국의 신학자)의 분류는 보다 탁월하다.

맥페이던은 시편을 주제에 의해 다음의 11 종으로 분류하고 있다.

1) 찬미의 시편

(1) 자연에 계시된 하나님을 찬미(시 8편 19:1-6; 29편 104편)
(2) 그의 백성에 대한 그의 사랑을 아는 데서 여호와를 찬미(시 33, 103, 111, 113, 115, 117, 147편)
(3) 하나님 나라의 영광을 찬양함과 하나님을 의지(소망)함이 복됨을 고백함(시 145, 146편)
(4) 여호와를 향한 자연 만물의 우주적 찬양(시 148, 150편)

2) 하나님(야훼)의 우주적 통어(通語)에 관한 시편(시 47, 87, 93, 95, 96, 97, 98, 99, 100편)

3) 왕에 관한 시편

(1) 왕의 혼인(시 45편)
(2) 왕의 건강과 성공(시 20, 21, 61, 63편)
(3) 왕의 성격(시 72, 101편)
(4) 왕의 통치(시 2, 18, 110편)
(5) 메시야적 왕의 동경(憧憬▸시 89, 132편)

4) 내성적 시편

(1) 세계의 도덕적 질서에 대하여(시 9, 10, 11, 14, 36, 37, 39, 49, 52, 53, 62,73, 75, 82, 90, 92, 94편)
(2) 하나님의 섭리에 대하여(시 16, 23, 34, 91, 92, 121, 125, 127, 128, 133, 139, 145:12-15)
(3) 성경의 가치에 대하여(시 1, 19:1-14, 119편)
(4) 이상(理想)의 성질에 대하여(시 15, 24:1-6, 50편)

5) 감사의 시편

(1) 일반적 감사(시 107편)
(2) 국가적 위급에서의 구조 혹은 승리로 인한 삼사(시 46, 48, 65, 66, 67, 68, 76, 116, 118, 124, 126, 129, 138, 144:1-11, 149편)

6) 예배의 축전(祝典)에 있어서의 시편(시 5, 24:7-10, 26, 27, 42, 43, 84, 122, 134편)

7) 역사적 시편(시 105, 114, 135, 136편)

8) 저주의 시편(시 58, 59, 69, 83, 109, 137편)

9) 회개의 시편(시 6, 32, 38, 51, 102, 130, 143편)

10) 탄원(嘆願)의 시편

(1) 구조, 보호, 회복을 위해(시 3, 4, 7, 12, 13, 17, 25, 31, 35, 41, 44, 54, 55, 60, 64, 71, 74, 77, 79, 80, 85, 86, 88, 120, 123, 130, 140, 141, 142편)
(2) 응답된 기도(시 6, 22, 28, 30, 31, 56, 57편)

11) 알파벳적 시편(시 9, 10, 25, 34, 37, 111, 112, 119, 145편)

3. 저자와 주제에 의한 분류

○ 제1권 : 1-41편(다윗 37+ 미상 4)

감사와 경배 : 8, 19, 29 - 다윗 ; 33 - 미상

개인적 찬양 : 11, 18, 23, 30, 32, 34, 40, 41 - 다윗

개인적 비탄 : 3, 4, 5, 6, 7, 13, 17, 22, 25, 26, 27, 28, 31, 35, 39 - 다윗 왕 : 18, 20, 21 - 다윗; 2 - 미상

참회 : 6, 32, 38 - 다윗

저주 : 35 - 다윗

메시야 : 16, 22, 24 - 다윗

지혜 : 9, 12, 14, 15, 19, 36, 37 - 다윗 ; 1, 10 - 미상

○ 제 2권 : 42-72편(다윗 18 + 아삽 1 + 솔로몬 1 + 미상 4 + 고라의 자손 7)

감사와 경배 : 65, 68 - 다윗 ; 67 - 미상

개인적 찬양 : 66 - 미상 ; 46, 48 - 고라의 자손

개인적 비탄 : 51, 54, 55, 56, 57, 59, 60, 61, 62, 63, 64, 69, 70 - 다윗; 43, 71 - 미상; 42 - 고라의 자손

국가적 비탄 : 44 - 고라의 자손

왕 : 72 - 솔로몬; 45 - 고라의 자손

취임 : 47 - 고라의 자손

시온의 노래 : 43 - 미상 ; 42 - 고라의 자손

참회 : 51 - 다윗

저주 : 58, 69 - 다윗

메시야 : 72 - 솔로몬 ; 45 - 고라의 자손

지혜 : 52, 53 - 다윗 ; 50 - 아삽; 49 - 고라의 자손

○ 제 3권 : 73-89편(아삽 11 + 다윗 1 + 고라의 자손 4 + 에단 1)

감사와 경배 : 81 - 아삽

개인적 찬양 : 75 - 아삽 ; 84, 85 - 고라의 자손

개인적 비탄 : 76, 77 - 아삽 ; 86 - 다윗 ; 88 - 고라의 자손

국가적 비탄 : 74, 79, 80, 83 - 아삽

왕 : 89 - 에단

시온의 노래 : 87 - 고라의 자손

저주 : 83 - 아삽

지혜 : 73, 78, 82 - 아삽

○ 제 4권 : 90-106편(모세 1 + 다윗 2 + 미상 14)

감사와 경배 : 103 - 다윗 ; 91, 95, 98, 100, 104, 105 - 미상

개인적인 찬양 : 92, 106 - 미상

개인적인 비탄 : 102, 94 - 미상

왕 : 101 - 다윗

취임 : 93, 96, 97, 98, 99 - 미상

참회 : 102 - 미상

○ 제 5권 :107-150편(다윗 15 + 솔로몬 1 + 미상 28)

감사와 경배 : 124, 131, 133, 145 - 다윗 ; 107, 111, 113, 114, 115, 117, 123, 134, 135, 136, 146, 147, 148, 149, 150 - 미상

개인적 찬양 : 108, 138, 139 - 다윗 ; 116, 118 - 미상

개인적 비탄 : 109, 140, 141, 142, 143 - 다윗 ; 120, 130 - 미상

왕 : 110, 114 - 다윗 ; 132 - 미상

시온의 노래 : 122 - 다윗 ; 121, 125, 126, 129 - 미상

참회 : 143 - 다윗 ; 130 - 미상

저주 : 109 - 다윗 ; 137 - 미상

메시야 : 110 - 다윗

지혜 : 127 - 솔로몬 ; 112, 119, 128 - 미상

¤ 내용 분해

제 1 부 : 1-41편/제 1권

1편/1-6 : 시편 전체의 서시(序詩) - 의인과 죄인

1) 복 있는 사람에 대하여/1-3

(1) 악인과 죄인과 오만한 자의 길에 서지 않음/1
(2) 여호와의 율법을 즐거워하며 주야로 묵상하는 자/2
(3) 시냇가에 심은 나무(마 21:18-22)/3
① 계절을 따라 열매를 맺음 / 3a
② 그 잎사귀가 마르지 않음 / 3b
③ 그 행사(行事▶개정, 그가 하는 모든 일이)가 다 형통함 / 3b

2) 악인에 대하여/4-5

(1) 바람에 나는 겨와 같음/4
(2) 의인의 회중(會衆▶개정, 모임)에 들지 못함/5

3) 의인의 길과 악인의 길/6

(1) 의인의 길은 여호와께서 인정하심/6a
(2) 악인의 길은 여호와께서 인정하시지 않음으로 멸망의 길만 있음/6b

2편/1-12 : 다윗의 자손 곧 메시야 도래를 예언

1) 여호와의 통치에 반역하는 세상/1-3

(1) 그리스도의 고난당하심과 십자가상의 죽음(요 11:47-53)/1-2
(2) 하나님에 법에 대한 반역(롬 11:32; 갈 3:23)/3

2) 열방의 반역에 대한 하나님의 자세/4-6
3) 기름 부음 받은 자가 하나님의 통치를 대행하는 사명(계 12:1-6)/7-9
4) 열국은 메시야를 앙망하라는 메시지/10-12

3편/1-8 : 하나님을 통한 승리의 확신

1) 극한 상황에 달한 다윗의 간구/1-2
2) 하나님의 신실성과 능력에 대한 신뢰/3-4
3) 하나님을 의지하는 자의 평안과 안전/5-6
4) 믿음의 기도/7-8

4편/1-8 : 하나님의 도우심

1) 세 가지의 간구/1
   (1) 부를 때에 응답하소서/1a
   (2) 나를 긍휼히 여기시옵소서/1b
   (3) 나의 기도를 들으소서/1b
2) 대적에 대한 질책과 기도의 응답/2-5
3) 다윗이 받은 은혜의 고백/6-8

5편/1-12 : 하나님의 응징과 보복

1) 하나님의 인도와 보호를 바라는 기도/1-6
   (1) 하나님을 향한 기도/1-3
   (2) 하나님의 공의에 서서 악인을 주시/4-6
2) 의인의 행복/7-12
   (1) 하나님의 자비를 구함/7-8
   (2) 하나님의 공의를 행사하실 것을 간구/9-10
   (3) 하나님께 삶을 의지하는 자의 복/11-12

6편/1-10 : 죄인의 용서와 구원의 길

1) 하나님의 견책과 징계를 받은 자가 하여야 할 기도/1-3
2) 하나님께 자비를 구하는 처절함/4-7
3) 사죄와 징계의 해제(解除)로 오는 확신과 기쁨/8-10

7편/1-17 : 하나님의 법도

1) 하나님을 향한 시인의 간구/1-5

(1) 하나님의 도움을 바라는 기도/1-2
(2) 하나님 앞에서 순수함을 고백/3-5

2) 하나님을 향한 이스라엘의 간구/6-17

(1)하나님의 공의를 간구/6-9
(2) 전쟁을 통한 하나님의 공의의 실천을 감사 찬양/10-17
① 기도를 들으신다는 확신 / 10-13
② 죄의 결과에 대한 회귀성(回歸性)에 대한 설명 / 14-16
③ 여호와의 이름을 찬양 / 17

8편/1-9 : 인간을 위한 하나님의 애정에 대한 찬양

1) 하늘과 땅에 주님의 영광이 있음을 찬양/1-2
2) 연약한 인간을 하나님께서 존귀하게 하심을 깨달음/3-8
3) 여호와를 찬양/9

9편/1-20 : 감사와 호소

1) 여호와의 위대하심과 이에 대한 감사 찬양/1-6

(1) 하나님께 대한 감사 찬송/1-2
(2) 하나님의 위대하심/3-6

2) 여호와의 공의의 심판과 구원/7-14

(1) 하나님의 공의의 심판/7-8
(2) 세상에 대한 심판은 하나님 백성에게는 구원을 의미/ 9-12
(3) 구원에 대한 간구와 구원 받았을 때의 찬양의 서원/13-14

3) 악한 자들에 대한 심판/15-20

(1) 악인 스스로 행한 일이 하나님의 심판을 자초/15-17
(2) 악인의 멸망과 여호와의 승리를 간구/18-20

10편/1-18 : 진리의 승리를 확신

1) 다윗이 악인의 교만과 횡포에 대한 심판을 탄원(歎願)/1-2
2) 악인의 실상을 폭로/3-11

(1) 정욕과 탐욕을 추구하는 자/3-4

(2) 교만한 자/5-6
(3) 저주(詛呪)와 궤휼(詭譎▸개정, 거짓)과 포악(暴惡)이 가득한 자/7-11

3) 하나님의 통치와 심판을 확신/12-18

(1) 하나님의 공의로운 심판에 대한 신뢰/12-13
(2) 하나님의 공의로운 심판에 대한 확신/14-18

11편/1-7 : 하나님의 심판의 약속

1) 악인의 횡포에 대한 실망과 질문/1-3

(1) 하나님을 의지하여 얻는 안정감과 악인에 대한 질문/1
(2) 인간 사회의 불합리와 모순/2-3

2) 악인의 횡포에 대한 신앙적 해답/4-7

(1) 여호와께서 인생들을 감찰하심/4
(2) 의인과 악인의 받는 소득/5-7

12편/1-8 : 거짓된 입술과 혀에서 지어낸 거짓 언어

1) 여호와의 도우심을 간구/1-4
2) 여호와 하나님의 응답/5-6
3) 여호와 하나님의 보호를 확신/7-8

13편/1-6 : 절망의 심연에서 신뢰와 소망으로

1) 시인의 절망과 탄식/1-2
2) 시인의 호소와 간구/3-4
3) 하나님에 대한 신뢰와 소망/5-6

14편/1-7 : 어리석음과 악의 근원 - 무신론적 인생관

1) 어리석은 자의 사고방식과 행동/1-4
2) 하나님의 공의의 심판을 통한 의인의 승리/5-7

15편/1-5 : 예배자의 마음가짐

1) 하나님의 장막에 들어갈 수 있는 자격의 질문/1
2) 순례자의 자격을 열한 가지로 제시/2-5

(1) **정직하게 행하며/2a**
(2) **공의를 일삼으며/2b**
(3) **그 마음에 진실을 말하며/2b**
(4) **그 혀로 참소(讒訴▶개정, 남을 허물)하지 아니하며/3a**
(5) **그 친구에게 악을 행하지 아니하며/3b**
(6) **그 이웃을 훼방(譭謗▶개정, 비방)하지 아니하며/3b**
※ 여기의 '훼방'은 말로써 헐뜯는 의미이므로 일반 사전에서 '毁謗'이라고 한 것과는 달리 개역 간이한문 성경에 표기된 '譭謗'이 타당하다고 생각됨.
(7) **그 눈은 망령(妄靈)된 자를 멸시하며/4a**
(8) **여호와를 두려워하는 자를 존대하며/4b**
(9) **그 마음에 서원한 것을 해로울지라도 변하지 아니하며/4b**
(10) **변리(邊利)로 대금(貸金)하지(개정, 이자를 받으려고 돈을 꾸어 주지) 아니하며/5a**
(11) **뇌물을 받고 무죄한 자를 해하지 아니하는 자/5b**

16편/1-11 : 성도의 뜨거운 신앙 고백과 그에 따른 축복

1) 성도의 충성/1-4
2) 성도의 상급/5-11

(1) **분깃이신 여호와/5-6**
(2) **상담자이신 여호와/7-8**
(3) **악인의 멸망과 의인의 부활/9-11**

17편/1-15 : 하나님의 공의의 실현을 호소

1) 의인의 양심 선언/1-5

(1) **간구와 검증의 호소/1-2**
(2) **의인의 진실을 입증/3-5**

2) 하나님의 관심을 호소/6-14

(1) **하나님의 도움과 보호를 요청/6-9**
(2) **악인의 심판을 호소/10-14**

3) 하나님의 구원의 확신과 영혼의 만족/15

18편/1-50 : 승리의 감사 시

1) 승리의 근원이신 하나님/1-3

2) 하나님의 구원과 역사(役事)의 위대하심/4-19

(1) 간구를 들으시는 하나님/4-6
(2) 기도에 대한 하나님의 응답/7-19

3) 하나님의 뜻에 합당한 자/20-30

(1) 하나님의 의(義)에 대한 보상/20-27
(2) 하나님의 말씀에 의지한 자/28-30

4) 원수에 대한 승리의 감격/31-48

(1) 승리의 근원이신 하나님/31-45
(2) 구원의 하나님/46-48

5) 여호와 하나님의 위엄을 찬양/49-50

19편/1-14 : 하나님의 계시와 율법의 실체

1) 만유 안에서 드러난 하나님의 계시/1-6
2) 율법으로 나타난 하나님의 계명/7-11
3) 구원의 하나님을 찬양/12-14

20편/1-9 : 축복을 간구하는 기도와 회중의 간절한 기도

1) 여호와 하나님의 임재와 응답/1-6
2) 이방의 세상 의지와 이스라엘의 여호와 하나님의 이름을 의지/7-9

21편/1-13 : 승리의 자축

1) 여호와를 의지하는 왕의 간구/1-4
2) 최후의 승리에 대한 약속/5-7
3) 왕의 미래의 승리를 칭송/8-12
4) 여호와의 권능을 찬송/13

22편/1-31 : 수난자의 겸비함 - 십자가 사건

1) 고난에 대한 탄식/1-11

(1) 시인의 부르짖음/1-2
(2) 여호와께서 이스라엘을 위하여 행하신 일들을 상기시킴/3-5

(3) 의인이 환난에 처함에 대한 조롱/6-8
(4) 하나님이 나의 아버지와 같은 분이심을 고백/9-11

2) 메시야의 고난/12-21

(1) 의인을 에워싸고 위협하는 악인/12-18
(2) 악인에게서 구원을 간구/19-21

3) 메시야의 승리/22-31

(1) 하나님께 승리를 서원하는 예배/22-26
(2) 하나님의 통치-메시야로 이룩될 미래의 세계/27-31

23편/1-6 : 영혼의 평화

1) 목자이신 여호와 하나님/1-4
2) 구원자이신 여호와 하나님/5-6

24편/1-10 : 법궤를 호송하는 일을 기념

1) 창조주 하나님을 찬양/1-2
2) 예배 드리는 자의 태도/3-6
3) 영광의 왕이신 하나님을 찬양/7-10

25편/1-22 : 여호와의 인도하심과 보호하심

1) 여호와의 보호하심/1-3
2) 여호와의 인도하심/4-7
3) 여호와의 선하심/8-15

(1) 자신이 죄인이라는 사실 : 회개/8-11
(2) 하나님을 경외하는 자/12-15

4) 여호와의 구원하심/16-22

(1) 근심과 수치 가운데 주께 피함/16-20
(2) 보호와 구원하심을 간구/21-22

26편/1-12 : 무죄한 자의 호소

1) 시인의 신앙에서 우러나는 호소/1-7

2) 악인과의 구별된 삶과 여호와의 긍휼을 간구/8-12

27편/1-14 : 하나님을 전적 신뢰하는 자의 기도

1) 과거의 경험에 비추어 본 신앙의 확신/1-6
2) 현재의 고통으로부터의 구원의 호소/7-9
3) 미래에 여호와의 인도를 간구/10-14

28편/1-9 : 하나님의 손길

1) 하나님께 기도에 대한 응답을 호소/1-2
2) 원수에 대한 하나님의 보응을 간구/3-5
3) 하나님의 도우심에 대한 감사와 찬양/6-9

29편/1-11 : 하나님의 구원 역사(役事)에 대한 감사 찬양

1) 여호와께 경배에의 초대/1-2
2) 여호와께 대한 피조물의 경배/3-9
3) 여호와 경배자에 대한 복 주심/10-11

30편/1-12 : 하나님의 은혜를 감사 찬송

1) 시인의 감사의 일차적 이유/1-3
2) 회중의 감사와 권면/4-5
3) 시인의 감사의 더욱 깊은 이유/ 6-10
4) 영원한 감사 찬양의 서원/11-12

31편/1-24 : 구원의 간구와 확신

1) 원수의 위협으로부터 구원을 호소/1-8
2) 악인들로부터의 당하는 고통과 압제로부터의 구원을 간구/9-18
3) 감사와 권면/19-24

32편/1-11 : 용서 받은 자의 행복

1) 용서 받은 자의 기쁨/1-2
2) 죄의 고백과 용서/3-5
(1) 죄를 고백하지 않는 자의 짐/3-4
(2) 죄의 고백과 사(赦)하심/5

3) 회중에 대한 권면/6-10

(1) 경건한 자의 보호와 구원/6-7
(2) 악인의 많은 슬픔과 여호와를 의지하는 자에게 인자하심/8-10

4) 찬양의 권유/11

33편/1-22 : 하나님에 대한 예배와 찬양에의 초대

1) 하나님에 대한 예배의 이유/1-19

(1) 성도의 의무/1-3
(2) 여호와의 성실하심/4-5
(3) 여호와의 말씀과 능력/6-7
(4) 여호와의 사역의 위대하심/8-17
(5) 인간을 위한 여호와의 사랑/18-19

2) 여호와의 인자하심을 찬양/20-22

34편/1-22 : 여호와께 대한 찬양과 권면의 시

1) 시인의 감사와 이에 대한 이유/1-7

(1) 시인의 감사/1-3
(2) 감사의 이유/4-7

2) 여호와께 경배해야 하는 이유/8-14

(1) 그에게 피하는 자는 복이 있도다/8
(2) 여호와를 경외하는 자는 부족함이 없도다/9
(3) 여호와를 찾는 자는 모든 좋은 것에 부족함이 없도다/10-11
(4) 악을 버리고 선을 행하는 자는 장수하며 복이 있도다/12-14

3) 악인의 멸망과 의인을 향하신 여호와를 찬양/15-22

(1) 여호와의 눈과 귀/15
(2) 여호와의 얼굴/16
(3) 의인의 외침에 들으심/17
(4) 마음이 상한 자와 중심에 통회하는 자를 향하심/18
(5) 고난 중 의인을 보호하심/19
(6) 악인과 의인에 대하여/20-22

35편/1-28 : 공정한 재판장이신 하나님

1) 하나님께서 직접 전투에 출정해 주시기를 요청함/1-6
2) 원수들의 함정으로부터 보호해 주실 것을 호소함/7-12
3) 원수들의 배은망덕(背恩忘德)함에 대한 고발/13-16
4) 감사 찬송의 서원/17-18
5) 하나님의 객관적 심판 요구/19-26
6) 감사 찬양의 소원과 확신/27-28

36편/1-12 : 사랑과 심판의 하나님

1) 악한 자들의 파괴적이고 이기적인 탐욕/1-4
2) 여호와의 아가페적 인자하심/5-9
3) 성도를 보호하시고 악인을 심판해 주실 것을 호소/10-12

37편 /1-40 : 악인의 순간적 번영과 하나님의 심판대

1) 악인의 순간적 번영에 대하여 불평하지 말 것을 권고/1-26
(1) 기다리고 지켜보는 신앙을 권유/1-11
(2) 악인들의 죄악상을 극명하게 폭로/12-15
(3) 의인의 적은 소유가 악인의 풍부함보다 낫다/16-26
2) 하나님의 선을 실행할 것을 촉구/27-40
(1) 영원한 약속/27-29
(2) 하나님의 법과 여호와의 도/30-34
(3) 악인과 화평한 자의 결국(結局▸개정, 미래)/35-40

38편/1-22 : 여호와의 분노와 고통으로 인한 회개

1) 하나님의 책벌(責罰)에 의한 육체의 질병/1-10
(1) 진노의 손길을 거두어 주시기를 간구/1-2
(2) 고통은 하나님이 주신 불가항력적인 형벌/3-10
2) 인간관계에서 오는 소외의 고통/11-14
3) 원수들로부터의 압제와 이 형편 처지를 하나님께 기도/15-20

(1) 여호와의 응답/15
(2) 원수의 조롱과 시인의 회개/16-18
(3) 원수의 압제/19-20

4) 여호와의 구원을 호소/21-22

39편/1-13 : 죄의 용서와 구원을 찬양

1) 인간을 향한 침묵 선언과 인생의 무상함을 노래/1-6

(1) 인간을 향한 침묵 선언/1-2
(2) 인생의 무상함을 노래/3-6

2) 하나님을 향하여 회개와 구원을 호소/7-13

(1) 소망의 하나님/7-8
(2) 시인이 자기의 죄를 인정하고 그 징책(懲責)에 순응(順應)/9-11
(3) 기도의 응답을 호소/12-13

40편/1-17 : 고통 받다가 구원 받은 것을 감사

1) 이미 받은 구원에 대한 감사 찬양/1-10

(1) 주의 행하신 기적과 우리를 향하신 주의 생각/1-5
(2) 주의 뜻을 행함과 주의 법이 중심에 있음/6-10

2) 앞으로도 계속 닥쳐올 위기로부터의 구원을 미리 호소/11-17

(1) 위기에 대한 탄식/11-12
(2) 원수에 대한 하나님의 급속한 개입을 호소/13-17

41편/1-13 : 신의와 은혜를 배반하는 인간과 신실한 구원의 하나님

1) 약한 자를 도와주는 자의 축복/1-3
2) 인간은 친구까지도 배반하는 소망 없는 존재/4-9
3) 선과 정의의 승리와 축복을 보장해 주시는 하나님/10-12
4) 여호와 이스라엘 하나님의 찬양 : 시 1-41편의 결론/13

제2부 : 42-72편/제2권

☞ 하나님을 향한 구원의 호소/42:1-43:5

1) 하나님을 향한 갈망/42:1-5
2) 시인의 낙망과 여호와의 인자하심/42:6-11
3) 고난 중에서도 하나님을 찬양/43:1-5

42편/1-11 : 내 영혼의 하나님

1) 원수들이 조롱하는 상황에서 갈급(渴急)한 심령(心靈)으로 하나님을 불러 찾음/1-5
2) 하나님의 은총으로 최후의 승리를 믿음/6-11

43편/1-5 : 하나님의 심판과 구원을 확신

1) 하나님께 간구/1-4
2) 하나님의 위로/5

44편/1-26 : 현재의 고난에서 구원되기를 기도한 국민적 기도

1) 과거에 이루어진 가나안 정착의 대업(大業) 회고 및 감사/1-8
 (1) 하나님의 능력/1-3
 (2) 하나님의 은총/4-8
2) 이스라엘이 현재 당하는 패전에 대한 고통의 호소와 자기 결백의 탄원/9-22
 (1) 주의 징계/9-12
 (2) 원수의 조롱/13-16
 (3) 현실의 어려움을 해결하기 위해 신앙을 양보하거나 타협하지 않음/17-22
3) 미래의 최종적 구원의 간구/23-26

45편/1-17 : 왕인 메시야와의 결혼 예표

1) 왕인 예수 그리스도의 예표로서의 신랑에 대한 찬미/1-8
2) 왕의 신부 곧 교회에 대한 묘사/9-15
3) 왕의 만수무강(萬壽無疆)을 기원하는 노래 : 하나님의 자녀 됨으로(롬 8:14-17)/16-17

46편/1-11 : 하나님의 영원한 통치

1) 하나님을 피난처로 삼는 자의 담대한 삶/1-3
2) 하나님이 거하시는 성의 안전함/4-7
3) 세계를 통치하시는 능력의 하나님/8-11

47편/1-9 : 온 세상을 통치하시는 하나님의 왕권을 찬양하는 국가적 찬송

1) 여호와께 찬양함과 찬양하는 이유/1-4
2) 여호와께서 승리의 모습으로 승천하심/5-7
3) 세계의 주 되신 여호와를 찬양/8-9

48편/1-14 : 하나님의 거룩한 도성 시온에 대한 찬양

1) 시온의 아름다움/1-3
2) 시온의 적을 물리치신 하나님/4-8
3) 하나님을 찬양하고 신뢰할 것을 권고함/9-14

49편/1-20 : 악인의 형통과 영원한 생명

1) 지혜에 귀울일 것을 촉구함/1-4
   (1) 교훈의 선포/1-2
   (2) 교훈 전달의 진지한 자세/3-4
2) 악인의 번창은 헛됨/5-15
   (1) 재물과 하나님/5-12
   (2) 재물을 의지하는 자와 하나님을 의지하는 자/13-15
3) 오래가지 않는 악인의 부귀 권세/16-20

50편/1-23 : 하나님에 대한 사랑과 순종과 외식적인 율법주의 - 교훈

1) 심판장으로서의 하나님의 호출 명령/1-6
2) 형식적인 예배에 대한 책망/7-15
3) 도덕적인 죄악에 대한 책망/16-21
4) 진정한 예배에 대한 권고/22-23

51편/1-19 : 참회의 시 - 다윗

1) 죄 사함을 원하는 간절한 심경이 담겨 있는 간구/ 1-6

(1) 은총을 간구/1-2

(2) 긍휼에 기초하여 죄를 고백/3-6

2) 회복의 은혜 간구/7-15

(1) 정결하게 되기를 구함/7

(2) 기쁨의 회복을 구함/8

(3) 죄악의 도말(塗抹)을 구함/9

(4) 새로운 심령을 지어 주시기를 구함/10

(5) 하나님의 영이 떠나지 않기를 구함/11

(6) 구원의 즐거움의 회복을 구함/12

(7) 피 흘린 죄에서 건지시기를 구함/14

(8) 찬송할 수 있게 해 주시기를 구함/15

3) 하나님이 기뻐하시는 제사/16-17

4) 예루살렘의 번영을 기원/18-19

52편/1-9 : 악인의 횡포와 의인의 승리

1) 도엑의 악행과 하나님의 심판/1-5

2) 이에 대한 의인의 조롱/6-7

3) 시인에게 향하신 하나님의 자비에 대한 감사/8-9

53편/1-6 : 영적 진리를 가르치는 지혜

1) 어리석은 자의 사고방식과 행동/1-4

2) 하나님의 공의의 심판과 찬양/5-6

54편/1-7 : 현재의 위급한 상황을 하나님께 고백하며 구원을 호소

1) 구원의 호소와 그 이유/1-3

2) 구원에 대한 확신과 서원/4-7

55편/1-23 : 치욕스런 고통 중에서도 하나님을 의지함

1) 탄식의 기도/1-3

2) 원수인 악인의 압제로 인한 고통/4-8
3) 원수를 멸해 달라는 호소/9-15
(1) 예루살렘의 악행/9-11
(2) 시인의 가까운 자들의 악행/12-15
4) 응답해 주신다는 확신/16-23

56편/1-13 : 위기 가운데서도 하나님께 대한 신뢰와 노래를 쉬지 않음

1) 하나님의 은혜를 간구한 기도/1-4
2) 원수들에 대한 적개심/5-7
3) 하나님을 의지하는 시인의 신앙을 고백/8-11
4) 감사의 예물을 드리기로 서원/12-13

57편/1-11 : 슬픔과 근심 가운데서도 감사와 찬양

1) 긍휼의 구원을 바람/1-6
(1) 하나님의 은혜를 간구/1-3
(2) 불의한 자 중에 있는 시인과 주의 영광/4-6
2) 감사와 찬양/7-11

58편/1-11 : 불의한 권세자들에 대한 탄핵과 하나님의 심판을 호소

1) 악한 권세자들의 모습/1-5
2) 악한 권세자들에 대한 형벌의 탄원/6-9
3) 하나님의 공의에 대한 의인의 만족/10-11

59편/1-17 : 다윗이 사울의 박해를 받을 때 쓴 시

1) 구원의 호소/1-5
2) 악인의 행적에 대한 묘사/6-7
3) 원수들에 대한 심판의 요구/8-15
4) 하나님께 대한 찬양/16-17

60편/1-12 : 다윗이 에돔과의 전쟁을 수행하고 있을 때 쓴 시

1) 주의 백성의 위기와 하나님께 대한 탄원/1-5
2) 하나님의 약속에 대한 상기/6-8

3) 되풀이되는 다윗의 구원 호소/9-12

61편/1-8 : 다윗이 압살롬의 반역을 진압하고 돌아오면서 지은 시

1) 안전을 비는 간구/1-4
2) 왕을 위한 백성의 기도/5-7
3) 왕의 서원/8

62편/1-12 : 고난당할 때 의지할 대상은 오직 하나님뿐이라는 시

1) 하나님의 도우심만을 의지한다는 신앙 고백/1-2
2) 악한 자들에 대한 공격/3-4
3) 반석이 되시는 하나님께 대한 신앙 고백/5-8
4) 백성에 대한 지혜의 권고/9-10
5) 하나님의 인자하심에 대한 감사/11-12

63편/1-11 : 하나님의 보호를 간구하면서 지은 비탄의 시

1) 광야에서 하나님을 갈망함/1-2
2) 하나님을 찬양하는 이유/3-7
3) 의인의 안전과 악인의 최후/8-11

64편/1-10 : 다윗을 대적하는 악인들의 간계와 이들을 징계하시는 하나님의 심판

1) 다윗을 대적하는 원수들의 간계와 행악을 묘사/1-6
 (1) 도움을 구하는 기도/1-2
 (2) 악한 자들의 태도와 원수들의 실상/3-6
2) 악한 자들을 징계하시는 하나님의 심판/7-10

65편/1-13 : 하나님의 구원의 은혜에 대한 감사

1) 하나님의 성전에서 받는 축복/1-4
 (1) 하나님은 자기의 백성의 기도에 응답/1-2
 (2) 그의 백성이 그의 성전에서 계속 그와 교제를 누릴 수 있도록 그는 백성들의 죄를 사하신다/3-4
2) 그의 백성이 그들의 땅에서 안전을 누리게 하기 위하여 이방까지도 섭리하신다/5-8

3) 그는 약속의 땅을 에덴 동산처럼 변화시키신다/9-13

66편/1-20 : 이스라엘이 체험한 구원의 역사를 만방에 알리며 감사하는 시

1) 하나님께서 그 백성을 구원하신 것에 대한 민족적인 감사/1-12

(1) 이스라엘의 모든 백성과 이방으로 하여금 찬양의 광장으로 초대/1-4
(2) 구원의 역사에 대하여 찬양/5-7
(3) 고난 중에서도 이스라엘을 붙드심을 감사하라는 권면/8-12

2) 기도가 응답되어 그 서원을 갚는 개인적인 감사/13-20

(1) 고난 중에서도 서원한 것을 성심껏 갚음에 대하여/13-15
(2) 기도에 대한 하나님의 응답의 증거/16-20

67편/1-7 : 이스라엘에게 주어진 하나님의 은혜를 감사하는 시

1) 제사장의 축도/1-2
2) 청중은 화답/3-5
3) 제사장과 청중이 함께 합창/6-7

68편/1-35 : 승리의 기쁨과 환희

1) 악인들을 멸망시키시는 하나님께 대한 찬양/1-6

(1) 역사의 행진을 향해 나아가는 기도/1-4
(2) 약자를 도우시는 공의로우신 하나님의 성품/5-6

2) 광야에서와 가나안 정복기에 이스라엘에게 베푸신 하나님의 은혜와 능력/7-14

(1) 출애굽에서 가나안 입성에 대하여/7-10
(2) 가나안 정착에 대하여-드보라의 예/11-14

3) 시온을 성소로 택하셨음을 찬양/ 15-18

(1) 하나님을 거역하는 불의의 세력/15-16
(2) 예루살렘을 점령하는 하나님의 백성 : 다윗과 이스라엘/17-18

4) 이스라엘과 함께하시는 구원의 하나님/19-27

(1) 구원이신 하나님을 찬양/19-23
(2) 성소에 행차하시는 하나님께 대한 찬양/24-27

5) 미래의 영광스러운 승리에 대한 예언적 선포/28-35

(1) 이스라엘 왕의 예물과 이방의 왕들에 대한 하나님 찬양을 권면/28-32
(2) 하나님의 능력과 위엄에 대하여 찬양/33-35

69편/1-36 : 현재적 고난과 예수 그리스도의 고난을 예표

1) 시인이 처해 있는 암울한 환경에 대한 진술/1-12

(1) 시인의 곤경의 탄식/1-3
(2) 하나님께 부르짖는 이유/4-12
① 많은 악인들의 이유 없는 미움 / 4
② 시인으로 하여금 믿는 자가 욕이 되지 않기를 원함 / 5-6
③ 주의 집을 위한 열성에 기인한 것 / 7-9
④ 기도와 금식이 비방거리가 되었다는 것 / 10-12

2) 하나님께 대한 구원의 호소/13-18
(1) 간구의 근거를 하나님의 인자와 진실에서 찾음/13-16
(2) 신속한 구원을 호소/17-18

3) 원수들의 악독함과 그들에 대한 징계를 호소함/19-29

(1) 근심과 걱정 가운데서도 하나님의 도우심을 결코 포기하지 않음/19-21
(2) 원수들을 향한 저주/22-29

4) 승리의 확신과 감사의 찬송/30-36

(1) 감사 찬양은 하나님의 구원에 대한 확신에 기초/30-31
(2) 고난 중에 있는 자들에게 들려 주는 하나님의 도우심에 대한 찬양/32-36

70편/1-5 : 고난으로부터의 구원을 호소하는 다윗의 탄원 시

1) 악인으로부터 구원을 호소/1-3
2) 하나님의 도움을 호소/4-5

71편/1-24 : 인생의 석양이 깃든 황혼의 들녘에서 쓴 시

1) 고통의 한숨과 탄원/1-13

(1) 구원의 호소/1-4
(2) 일생 동안 함께하신 하나님/5-9

(3) 원수들의 악한 일에 대한 도모/10-11
(4) 이에 대한 구원의 호소/12-13

2) 하나님께 대한 신뢰와 감사/14-24

(1) 하나님의 은총을 전파하겠다는 서원/14-16
(2) 주께서 행하신 일을 남에게 전파하며 가르침/17-19
(3) 고난이 주께서 왔음을 고백/20-21
(4) 최종적인 승리의 찬가/22-24

72편/1-19 : 완전한 평화의 성취를 기약하는 메시야적 예언

1) 왕의 공의로운 통치/1-7

(1) 왕의 올바른 통치를 하나님께 간구함/1-4
(2) 왕의 장수(長壽)와 축복에 넘치는 통치를 간구함/5-7

2) 왕의 세계적 통치/8-11

(1) 땅 끝까지/8
(2) 만왕(萬王▶개정, 모든 왕)이 부복(俯伏)하며 열방(列邦▶모든 나라)이 그를 섬김/9-11

3) 왕의 공의로운 통치와 물질적 번영/12-17

(1) 왕의 공의로운 통치/12-14
(2) 물질적 번영/15-17

4) 하나님께 드리는 찬양 : 시 42-72편의 결론/18-19

제 3 부 : 73-89편/제 3 권

73편/1-28 : 여호와의 법도에 승복당하게 되기를 염원하는 시

1) 세상만을 추구하는 악인의 형통함/1-12

(1) 시인이 터득한 하나님의 진실함/1
(2) 악인의 형통함에 대한 시인의 낙심/2-3
(3) 악인의 형통함의 열다섯 가지/4-12

① 죽는 때에도 고통이 없고 / 4a
② 그 힘이 건강(健康▶개정, 강건)하며 / 4b

③ 타인(他人)과 같은(개정, 사람들이 당하는) 고난(苦難)이 없고 / 5a
④ 타인과 같은(개정, 사람들이 당하는) 재앙도 없나니 / 5b
⑤ 교만이 그들의 목걸이요 / 6a
⑥ 강포가 그들이 입는 옷이며 / 6b
⑦ 살찜으로 그들의 눈이 솟아나며 / 7a
⑧ 그들은 능욕하며 / 8a
⑨ 악하게 압제하여 말하며 / 8b
⑩ 그들의 소득은 마음의 소원보다 많으며 / 7b
⑪ 거만하게 말하며 / 8b
⑫ 그들의 입은 하늘에 두고(각주, 하늘을 대적하고) / 9a
⑬ 그들의 혀는 땅에 두루 다니며 / 9b
⑭ 하나님을 망령(妄靈)되이 말하며 / 10-11
⑮ 항상 평안하고 재물은 더하도다 / 12

2) 세상주의에 미혹되었던 시인의 깨달음/13-17

(1) 경건한 자들까지 신앙의 무의미성을 느낌/13-14
(2) 시인의 세상적인 근심과 성전에서의 깨달음/15-17

3) 하나님을 전보다 더욱더 가까이함/18-28

(1) 시인의 우매무지(愚昧無知)함과 하나님의 오른 손/18-23
(2) 주의 교훈과 주의 영광/24-26
(3) 주를 멀리하는 자의 멸망과 하나님을 가까이하는 자의 복/27-28

74편/1-23 : 암담한 현실과 하나님의 자비와 능력

1) 이스라엘과 그의 파멸된 정황/1-11

(1) 시인의 탄식/1-3
(2) 원수가 자행한 파괴의 실상을 고발/4-8
(3) 주의 도움을 간구/9-11

2) 하나님께 탄원한 두 가지 이유/12-23

(1) 하나님이 왕이심을 고백/12-17
(2) 하나님의 구원을 호소하는 간구/18-23

75편/1-10 : 주의 공의로운 심판 날을 기다리는 의인

1) 우주와 온 인류에 대한 하나님의 주권/1-3
2) 오만(傲慢)한 자에 대한 시인의 엄중한 경고/4-10

(1) 오만한 자와 악인들에 대한 경고/4-5
(2) 존귀하게 하시고 비천하게 하시는 하나님의 주권/6-8
(3) 악인의 뿔의 베임과 의인의 뿔의 높임/9-10

76편/1-12 : 하나님의 공의로운 심판과 종말론적인 심판

1) 하나님은 시온에 거하시면서 이스라엘과 함께하심/1-3
2) 하나님은 마음이 포악한 자를 심판하시며 온유한 자를 구원하심/4-9
3) 교회는 그에게 진심으로 경배 드려야 함/10-12

77편/1-20 : 위로를 얻는 소망의 노래

1) 환난에서 드린 기도/1-9

(1) 정성을 다하여 기도함/1-2
(2) 상한 심령으로 기도함/3-4
(3) 하나님의 은혜를 간절히 찾음/5-9

2) 위대한 진리 곧 하나님의 위대하신 성품을 발견하고 그를 찬양/10-20

(1) 인간의 본질을 갈파한 솔직한 고백/10-11
(2) 하나님의 능력에 대하여/12-15
(3) 하나님의 인도하심에 대하여/16-20

78편/1-72 : 모세로부터 다윗 시대까지의 역사적 영적인 교훈

1) 교훈의 특성과 목적/1-8
2) 이스라엘 백성의 끊임없는 죄악들/9-64

(1) 하나님이 그들에게 보여 주신 신비한 일들을 잊어버린 것/9-16
(2) 하나님의 능력을 체험하고도 그분을 믿지 않고 시험한 것/17-31
(3) 거짓으로 회개한 것/32-39
(4) 애굽에서 내리신 하나님의 기적에 감사하지 아니한 것/40-53
(5) 하나님이 주신 기업에서 우상을 섬긴 것/54-64

3) 하나님의 사랑과 놀라운 지혜/65-72

(1) 블레셋에 대한 이스라엘의 큰 승리 : 삼손, 다윗/65-66
(2) 북이스라엘과 남유다를 통한 하나님의 역사하심 : 유다 지파를 택하심 / 67-72

79편/1-13 : 민족의 멸망을 애도한 탄식의 시

1) 이스라엘 민족의 참혹한 상황을 하나님께 고함/1-4
2) 이스라엘을 원수의 손에서 구해 내시어 하나님의 영광을 보여 달라고 청원함/5-13

80편/1-19 : 앗수르가 북부 이스라엘을 침공할 때 지은 시

1) 하나님의 능력을 이스라엘에게 베푸시기를 소망함/1-3
2) 이스라엘의 슬픔을 거두어 가시기를 소망함/4-7
3) 멸망당한 이스라엘을 회복시켜 주시기를 소망함/8-19

81편/1-16 : 하나님을 찬양하며 율법 안에서 절제하며 회개하는 의미 있는 기쁨

1) 찬양에의 초대/1-4
2) 하나님이 베푸신 은총을 기억하며 기뻐함/5-10
3) 죄를 회개하여 하나님의 뜻을 행하며 기뻐함/11-16

82편/1-8 : 진정한 의의 통치

1) 통치자는 하나님, 인간 통치자는 하나님으로부터 권력을 위임 받은 자에 불과함/1-2
2) 재판장들의 의무인 공의의 내용/3-5
3) 정의로운 통치를 위해 하나님의 심판을 간구함/6-8

83편/1-18 : 구원의 확신을 잃지 않고 하나님을 향한 담대한 기도

1) 주의 백성을 말살하려는 원수의 계교를 고소/1-8
(1) 주의 원수들과 주를 미워하는 자들/1-2
(2) 불신자들의 본질/3-5
(3) 이스라엘 민족의 원수들/6-8
2) 승리를 확신하며 담대히 원수를 멸망하게 해 주시기를 간구함/9-18
(1) 이스라엘 민족의 원수의 계교/9-12
(2) 원수의 완전한 멸망을 간구/13-17

(3) 온 세계의 지존자이신 여호와/18

84편/1-12 : 하나님이 계신 곳으로 나아가는 길

1) 하나님의 성전을 간절히 사모함 : 성전을 그리는 것은 전인격적임/1-4
2) 하나님의 성전을 향하여 순례함 : 인생 최대의 복된 길/5-9
3) 만복을 누리며 하나님의 성전에 거함 : 복의 근원이신 하나님이 계심/10-12

85편/1-13 : 이스라엘의 회복을 위해 기도하고 하나님의 응답을 받은 노래

1) 주의 베푸신 은총에 감사함/1-3
2) 황폐된 이스라엘의 회복을 위해 기도함/4-7
3) 모든 것이 회복되리라는 주의 약속 안에서 기뻐함/8-13

86편/1-17 : 다윗의 고독한 신앙과 불굴의 신앙

1) 고난 중에 주께 부르짖음/1-7
2) 온 세상을 주관하시고 경건한 자에게 은혜를 베푸시는 주님의 주권을 확신함/8-13
3) 교만한 자의 위협으로부터 해방을 소원함/14-17

87편/1-7 : 유대를 초월하여 계시는 우주적인 하나님

1) 하나님의 성(城)의 거룩함을 노래/1-3
2) 시온은 만민의 어머니, 만국의 어머니/4-6
3) 시온을 향해 노래와 춤으로 찬양/7

88편/1-18 : 불치병으로 인한 끊임없는 비통과 슬픔의 노래

1) 쉬지 않고 간구함/1-2
2) 엄습하고 있는 죽음의 고통을 아룀/3-9
3) 응답이 없음을 하나님께 항변함/10-18

89편/1-52 : 하나님 나라의 견고성과 영원성

1) 다윗 왕국의 영원성을 확신함/1-4
(1) 하나님의 성품은 인자하심과 성실하심/1-2
(2) 다윗의 왕위를 대대로 세우시겠다는 언약/3-4
2) 그 확신의 근거는 하나님의 거룩한 성품/5-37
(1) 하나님의 기사와 성실을 찬미/5-8

(2) 구속과 창조의 하나님의 위엄을 찬양/9-13
(3) 하나님에 대한 본질을 깨달음/14-18
(4) 언약의 견고성을 확증 : 다윗과 언약을 맺은 하나님/19-37
① 다윗은 하나님의 기름 부음을 받은 자 / 19-20
② 하나님의 능력이 다윗과 함께하심 / 21-24
③ 다윗의 통치와 번성과 다윗의 후손에게 왕위가 이어질 것을 약속 / 25-29
④ 다윗의 후손이 신실하지 못할 경우의 하나님의 징계 / 30-32
⑤ 하나님의 인자하심과 성실하심 / 33-37

3) 위기 중에 있는 유다의 구원을 언약에 근거해 간구함/38-52
(1) 이스라엘의 수모/38-45
(2) 여호와의 진노와 최후의 간구/46-51
(3) 언약에 대한 확고한 믿음으로 찬양 : 시 73-89편의 결론/52

제 4 부 : 90-106편/제4권

90편/1-17 : 하나님의 은총을 간구하는 겸허한 탄원의 기도

1) 하나님의 영원성과 인간의 연약함/1-12
(1) 하나님의 영원성과 초월성을 노래/1-4
① 하나님의 영원성과 인간의 유한성을 비교 / 1-2
② 인간의 유한성과 하나님의 명령 / 3-4

(2) 인간의 한계와 하나님을 아는 지혜/5-12
① 인생의 무상함 : 풀과 같은 존재 / 5-6
② 인간의 분노와 하나님의 분노의 징계 / 7-9
③ 주의 진노의 능력과 지혜의 마음 / 10-12

2) 하나님의 은총을 구하는 간구/13-17
(1) 하나님의 긍휼과 인자를 부여잡음/13-14
(2) 영원하신 하나님의 은총을 부여잡음/15-17

91편/1-16 : 하나님께 대한 강한 신뢰에 근거한 기쁨과 희망

1) 하나님의 보호 아래 거하는 자의 안전함/1-13

(1) 하나님을 피난처로 삼고 있는 자의 안전/1-3

(2) 하나님께 피하는 자는 어떠한 시련이 닥쳐와도 두려워하지 않음/4-6

(3) 하나님의 보호와 악인들에 대한 보응/7-8

(4) 왜 신앙이 안전하며 시련을 이겨 내는가를 설명/9-13

① 재앙에 대한 안전 / 9-10

② 모든 길에서 보호 / 11-12

③ 악의 세력에 대한 승리를 약속 / 13

2) 하나님께서 약속하시는 축복과 영화/14-16

(1) 하나님을 사랑하며 하나님의 이름을 알기 때문에 그를 높여 주심/14

(2) 하나님께 간구하기 때문에 그를 환난에서 건지시고 영화롭게 하심/15

(3) 장수(長壽)의 만족함과 하나님의 구원을 보여 주심/16

92편/1-15 : 악인의 궁극적인 멸망과 의인의 영원한 번성

1) 하나님의 위대하신 행사에 대한 찬양/1-6

(1) 시인에게 베푸신 하나님의 역사를 감사하지 않을 수 없기 때문에/1-3

(2) 이러한 깨달음의 근원은 오직 하나님의 영을 통해서이다/4-6

2) 악인의 궁극적인 멸망/7-9

3) 의인의 영원한 흥왕/10-15

93편/1-5 : 높으신 하나님의 왕권을 찬양하는 군왕(君王)의 시

1) 하나님의 통치를 포괄적으로 찬양/1-2

2) 세상의 능력보다 여호와의 능력이 더 위대하다/3-4

3) 우주를 통치하시는 하나님이 율법이란 계시를 주신 거룩한 분이심을 찬양/5

94편/1-23 : 공의로우신 하나님께 간절한 호소

1) 악인들의 악한 성품과 잔인한 행동들에 대하여 고발/1-7

(1) 하나님의 신속한 도우심에 호소/1-3

(2) 악인들의 악행의 노출/4-7

① 오만하게 말하고 / 4a

② 자기를 높이며 / 4b

③ 성도를 핍박하며 / 5

④ 약자를 죽이며 / 6

⑤ 하나님을 무시한다 / 7

2) 그들에 대하여 하나님의 징벌을 경고/8-11

3) 하나님의 공의와 인자에 대한 기쁨의 고백/12-23

95편/1-11 : 성전 예배에서 사용된 감사와 경배의 시

1) 하나님께 예배하자는 초대의 말씀/1-7

(1) 예배와 찬양에로의 초청/1-2

(2) 하나님을 찬양해야 할 이유가 제시/3-7

① 그가 모든 신(神) 위에 크신 왕이기 때문에 / 3

② 모든 만물을 지으셨으며 / 4-5

③ 우리를 지으신 여호와 / 6

④ 우리를 기르시는 하나님이시기 때문에 / 7

2) 예배에 참여한 자에게 들려 주시는 하나님의 말씀/8-11

96편/1-13 : 하나님의 통치와 백성들을 초청하는 왕의 취임 시 또는 찬양 시

1) 그의 위대하심에 대한 찬양/1-6

2) 그의 이름에 대한 찬양/7-9

3) 그의 통치하심에 대한 찬양/10-13

97편/1-12 : 메시야의 강림을 상징적으로 예표하는 메시야적 예언 시

1) 하나님의 임재/1-6

2) 악인의 수치/7

3) 의인의 자세/8-12

98편/1-9 : 하나님의 왕권과 그의 최종적 심판

1) 하나님께서 구원을 베푸신 것에 대한 찬양의 권고/1-3

2) 그가 의롭게 판단하실 것에 대한 찬양의 권고/4-9

(1) 하나님의 주권을 찬양하는 일에 이방과 이스라엘이 함께함/4-6

(2) 자연과 인간이 함께 찬양할 미래에 대한 그림/7-9

99편/1-9 : 과거와 현재와 미래에 걸쳐 나타나는 여호와의 통치

1) 장래에 이 땅을 심판하실 거룩하신 하나님/1-3

2) 현재 공평과 의를 행하고 계시는 거룩하신 하나님/4-5

3) 과거에 그의 백성들에게 응답하신 거룩하신 하나님/6-9

100편/1-5 : 즐거움으로 하나님께 찬양을 드릴 것을 권면

1) 온 땅을 향한 찬양에의 초대/1-3

2) 하나님의 통치의 선하심에 대한 찬양에의 초대/4-5

101편/1-8 : 하나님의 인자와 공의를 간절히 구하는 겸허한 신앙인

1) 하나님의 은혜를 간절히 사모함/1-2

2) 성결한 삶을 각오함/3-4

3) 공의로운 통치를 다짐함/5-8

102편/1-28 : 환난을 당할 때 하나님께 드리는 비탄의 시

1) 시인의 곤고한 상황/1-11

(1) 자신의 간구가 하나님께 상달되기를 호소/1-2

(2) 시인은 자신의 처지를 많은 비유를 통하여 표현/3-11

2) 예루살렘의 회복에 대한 굳은 신념/12-22

3) 이스라엘에 대한 하나님의 영원한 보호/23-28

103편/1-22 : 하나님께 대한 기쁨 어린 찬양의 권면

1) 찬양에 대한 권면/1-2

2) 찬양할 이유 : 개인적인 축복/3-5

(1) 죄를 사하시고/3

(2) 생명을 파멸에서 구속(개정; 속량)하시며/4

(3) 소원을 이루게 하시며/5a

(4) 청춘을 새롭게 하심/5b

3) 찬양할 이유 : 민족과 교회의 축복/6-19

(1) 피압박자를 신원(伸冤)하시며/6

(2) 그의 진리를 계시하시며/7

(3) 자비로우시며 은혜로우시며/8

(4) 노를 오래 품지 않으시며/9

(5) 그를 경외하는 자에게 인자하시며/10-11

(6) 죄를 제거하시며/12

(7) 우리를 불쌍히 여기시며/13

(8) 우리의 약함을 아시며/14-16

(9) 여호와의 인자하심이 자기를 경외하는 자에게 영원까지 이르며/17-18

(10) 만유를 통치하시기 때문에/19

4) 천군 천사와 만민들에 대한 찬양의 촉구/20-22

104편/1-35 : 세계를 창조하신 여호와를 찬송한 찬양 시

1) 하나님의 영광스러운 모습/1-4

2) 하나님께서 땅과 바다를 지으심/5-9

3) 사람과 짐승을 기르심/10-18

(1) 물을 주신 하나님께 대한 노래/10-13

(2) 사람과 가축을 위해 초목을 주신 하나님께 대한 노래/14-18

4) 하나님께서 지으신 해와 달의 다스림/19-24

5) 바다의 동물들을 다스리심/25-26

6) 생명을 지배하심/27-30

7) 찬양의 서원과 확신/31-35

105편/1-45 : 자신의 언약을 성실하게 지키신 하나님께 감사하는 찬양 시

1) 여호와께 대한 감사와 찬양의 권면/1-7

2) 하나님께서 족장들과 언약을 맺으심/8-15

3) 이스라엘이 애굽으로 들어가게 됨/16-23

4) 모세를 보내시고 기적을 통하여 백성을 출애굽하게 하심/24-38

5) 광야에서의 인도하심과 언약의 성취/39-45

106편/1-48 : 이스라엘의 죄악을 통탄하며 지은 참회의 시

1) 하나님께 대한 감사의 권고와 크신 은혜를 간구함/1-5
2) 홍해에서 이스라엘이 하나님께 거역하였으나 하나님께서 이들을 건지심/6-12
3) 광야에서 범죄한 이스라엘을 징계하심/13-33
4) 가나안 땅에서 이스라엘이 또다시 하나님께 불순종하자 하나님께서 이들을 징계하신 후 다시 긍휼을 베푸심/34-46
5) 구원에 대한 기도와 찬양/47-48

제 5 부 : 107-150편/제5권

107편/1-43 : 날마다 하나님을 찬양하는 삶에 대한 근거

1) 찬양의 촉구 - 서론/1-3
2) 찬양해야 할 구체적 이유 4가지 - 본론/4-32
   (1) 주를 떠나 방황하던 자들을 당신의 성으로 인도하심/4-9
   (2) 죄악의 어둠과 속박으로부터 해방시키심/10-16
   (3) 범죄로 인한 징벌로부터 면제시키심/17-22
   (4) 인생 행로의 그 모든 위험에서 끝없이 보호하심/23-32
3) 정직하고 지혜로운 자는 마땅히 하나님의 정의와 주권을 찬양해야 함 - 결론/33-43

108편/1-13 : 비탄 중에도 찬양

1) 여호와 하나님의 위대하심을 찬양/1-5
2) 여호와 하나님의 구원하심을 찬양/6-13

109편/1-31 : 담대한 믿음

1) 공의의 하나님께 도움을 간절히 바라는 호소/1-5
2) 대적에 대한 저주 및 그들의 멸망을 간구함/6-20
3) 자신의 연약함을 고백하면서 하나님의 도우심을 구함/21-29
4) 응답을 확신하면서 감사 찬송을 드림/30-31

110편/1-7 : 메시야의 의로운 통치와 승리하심

1) 메시야가 왕과 제사장으로서 통치하심/1-4
2) 메시야가 세상을 심판하심/5-7

111편/1-10 : 하나님께 대한 경배와 감사

1) 여호와 하나님과 그의 행사에 대한 찬양/1-4
2) 여호와께서 자기 백성에게 은혜를 베푸심/5-9
3) 여호와를 경외하는 지혜의 근본/10

112편/1-10 : 여호와를 경외하는 의인의 축복과 악인의 최종적인 멸망

1) 여호와를 경외하는 의인이 받을 축복/1-9
2) 악인의 최종적인 멸망/10

113편/1-9 : 하나님께 대한 감사와 경배

1) 찬양에의 촉구/1-3
2) 높으신 하나님의 영광에 대한 묘사/4-6
3) 하나님의 행사에 대한 찬양/7-9

114편/1-8 : 하나님의 구원의 능력

1) 이스라엘이 노예 상태에서 해방됨/1-2
2) 자연계가 두려워함/3-6
3) 하나님께서 기사를 베푸심/7-8

115편/1-18 : 하나님의 영광과 무능한 우상의 모습

1) 모든 영광을 하나님께 돌릴 것을 촉구함/1-3
2) 우상의 무능함에 대한 묘사/4-8
3) 하나님을 의지할 것을 권면함/9-13
4) 이스라엘에 대한 기원과 찬양의 서원/14-18

116편/1-19 : 구원을 베푸신 하나님께 대한 감사와 찬양의 시

1) 구원의 호소와 하나님의 응답/1-11
2) 하나님의 은혜에 대한 감사의 서원/12-19

117편/1-2 : 하나님의 인자하심과 진실하심을 찬양

1) 찬양에의 초대/1
2) 찬양하는 이유/2

118편/1-29 : 하나님의 은혜와 구원의 능력을 찬송

1) 이스라엘을 향해 하나님께 감사할 것을 권면/1-4
2) 여호와께 간구와 응답/5-18
3) 여호와의 문에 나아가게 된 것을 감사/19-23
4) 구원의 하나님께 감사 찬송/24-29

119편/1-176 : 하나님의 율법에 대한 뜨거운 열정

1) 여호와의 법에 행하는 자가 복이 있음/1-64

(1) 주의 율법에 대한 결단/1-8
(2) 하나님의 법도를 즐거워함/9-16
(3) 하나님의 관용을 구함/17-24
(4) 악(거짓)에서 떠나 주의 계명의 길로 달려가기를 다짐함/25-32
(5) 진리의 길을 선택함/33-40
(6) 하나님의 구원과 약속/41-48
(7) 주의 규례를 기억하고 위로함/49-56
(8) 말씀을 지키기로 결단함/57-64

2) 여호와의 법은 선(善)하시다/65-136

(1) 고난 중에 주의 율례를 배움/65-72
(2) 구원에 대한 희망과 즐거움/73-80
(3) 끝까지 구원과 위로를 간구함/81-88
(4) 주의 법도를 기억해야 할 이유/89-96
(5) 가장 큰 지혜의 근원/97-104
(6) 영원한 기업/105-112
(7) 하나님의 보호/113-120
(8) 주의 가르침을 사모함/121-128
(9) 주의 계명을 사모함/129-136

3) 여호와의 법은 의로움/137-176

(1) 하나님의 의와 진실/137-141
(2) 의와 진리가 되신 주의 법도/142-144
(3) 구원을 위한 기도/145-152
(4) 구원에 대한 확신/153-156

(5) 자신의 의로움을 고백함/157-160
(6) 하나님의 말씀을 경외함/161-168
(7) 의로운 말씀에 대한 찬양/169-176

120편/1-7 : 악한 자의 도모를 탄식하면서 하나님의 도우심을 간구

1) 구원에 대한 간구/1-2
2) 악한 자들에 대한 심판/3-4
3) 싸우기 좋아하는 이웃들을 향한 탄식/5-7

121편/1-8 : 하나님의 은혜를 생각하고 위안과 만족을 얻은 감사의 시

1) 모든 도움의 근원이신 하나님/1-2
2) 이스라엘을 지키시는 하나님/3-4
3) 하나님의 보호를 받는 자의 안전함/5-8

122편/1-9 : 영원한 하나님의 도성인 예루살렘에 대한 찬양

1) 예루살렘의 영광스러운 모습/1-5
2) 예루살렘을 축복함/6-9

123편/1-4 : 하나님의 긍휼

1) 은혜를 베푸실 하나님을 앙망/1-2
2) 긍휼을 호소/3-4

124편/1-8 : 강적과의 전쟁에서 승리하게 해 주신 하나님께 대한 찬양

1) 이스라엘을 도우시는 여호와/1-5
2) 여호와를 찬양하는 이스라엘/6-7
3) 하나님을 신뢰하는 이스라엘/8

125편/1-5 : 여호와를 의뢰하는 자의 안전을 선포하는 승리의 노래

1) 백성을 둘러싸서 보호하시는 하나님을 찬송/1-3
2) 평안을 비는 기도/4
3) 배반자에 대한 경고/5

126편/1-6 : 포로 생활에서 해방된 시인의 벅찬 감격과 기쁨

1) 포로 생활에서 해방된 감격/1-3
2) 나머지 포로들의 귀환을 위한 기도와 신념/4-6

127편/1-5 : 교훈적 성격의 지혜 시

1) 하나님을 도외시한 인간 노력의 헛됨/1-2
2) 자녀를 둔 자의 복됨/3-5

128편/1-6 : 하나님을 경외하는 자의 가정 생활의 즐거움

1) 하나님을 경외하는 자의 복/1-2
2) 가정적, 교회적인 축복/3-6

129편/1-8 : 역사의 흐름을 통해 나타난 하나님의 구원의 섭리

1) 하나님의 의로우신 손길에 의해 구원 받게 된 역사적 사실을 노래/1-4
2) 현재까지 남아 있는 대적들도 하나님의 공의로우신 심판에 의하여 결국은 파멸/5-8

130편/1-8 : 죄 사함과 회복을 확신하는 신앙 고백

1) 하나님께 드리는 기원/1-2
2) 회개와 하나님의 용서를 기다림/3-6
3) 하나님의 무궁한 자비/7-8

131편/1-3 : 하나님을 향한 다윗의 겸손과 신뢰

1) 하나님을 향한 시인의 겸손과 신뢰/1-2
2) 이스라엘이 영원히 하나님을 바랄 것을 권면/3

132편/1-18 : 성전을 방문하기 위한 순례자의 노래

1) 하나님의 성전에 대한 다윗의 열심과 서원/1-5
2) 솔로몬의 성전 건축/6-9
3) 다윗의 집에 대한 하나님의 약속/10-18

133편/1-3 : 형제간의 아름다운 교제와 사랑을 노래

1) 형제의 연합/1
2) 보배로운 기름과 헐몬의 이슬 - 형제의 연합을 설명하기 위한 두 가지 비유/2-3

134편/1-3 : 성전에 올라가는 찬양 시

1) 하나님께 대한 찬양의 촉구와 이에 대한 화답/1-2
2) 순례객들을 향한 제사장의 축복 기도/3

135편/1-21 : 하나님께 대한 경배와 감사

1) 하나님께 대한 찬양의 촉구/1-3
2) 자연과 역사 속에 나타나신 하나님의 역사(役事)/4-14
3) 우상의 무력화/15-18
4) 여호와 찬양의 권고/19-21

136편/1-26 : 하나님께 대한 경배와 감사

1) 여호와 자신의 위대하심/1-3
2) 여호와가 천지를 창조하셨음/4-9
3) 여호와께서 이스라엘을 가나안까지 인도하셨음/10-12
4) 하나님의 일반 은총과 그의 인자하심/13-26

137편/1-9 : 바벨론 포로 생활에 대한 저주 시

1) 바벨론 강변의 슬픔/1-6
2) 바벨론에 대한 저주/7-9

138편/1-8 : 정복 전쟁 후 승리의 영광을 하나님께 돌리는 감사와 찬양의 시

1) 하나님께 감사하는 이유/1-3
2) 열왕이 하나님을 찬양/4-6
3) 하나님께 생명의 보존을 의뢰/7-8

139편/1-24 : 하나님의 전지(全知)하심과 그의 무한하신 능력

1) 하나님께서 나의 모든 것을 아신다/1-6
2) 하나님께서는 아니 계신 곳이 없다〔무소부재(無所不在) = 편재(遍在)〕/7-12
3) 하나님께서는 나를 만드시고 모든 것을 아신다/13-18
4) 하나님의 심판이 미치지 않는 영역은 없다/19-24

140편/1-13 : 암울한 현실 속에서 겸손히 하나님만을 의뢰하는 신앙 자세

1) 건짐 받기를 간구하는 부분/1-8
2) 원수가 패망하도록 그 처치 방법을 제시하며 호소함/9-11
3) 하나님께 반드시 의인을 건지신다는 확신/12-13

※ 원수의 패망을 위한 기도는 "원수 사랑"에 대한 말씀(마 5:44; 롬 12:19, 20)과 배치되는 것 같으나 다윗의 원수는 자기의 사사로운 개인적 원수가 아니라 넓은 시야로 보면 궁극적으로 하나님의 원수, 십자가의 원수, 공의와 대의(大義)를 해치는 원수인 바, 이의 패망을 위한 기도는 하나님의 의(義)를 실현하기 위한 기도이므로 정당하다.

141편/1-10 : 위기를 당했을 때의 다윗의 자세

1) 하나님께 간구 - 자신이 죄를 범하지 않도록 지켜 달라는 것/1-6
2) 하나님께 간구 - 행악자들의 박해에서 벗어나게 해달라는 기도/7-10

142편/1-7 : 다윗의 기도와 호소

1) 현재 처한 상황에 대한 호소/1-4
2) 하나님께 대한 구원의 간구/5-7

143편/1-12 : 대적의 고통으로부터 해방되고 싶어하는 간절한 소망

1) 하나님께 자신의 처지를 고백/1-4
2) 하나님의 도우심을 호소/5-8
3) 원수들에 대한 심판을 기원/9-12

144편/1-15 : 하나님의 인자하심에 대한 감사

1) 하나님의 인자하심에 대한 다윗의 감사 찬송/1-4
2) 도움을 요청하는 간구/5-11
3) 하나님의 축복에 대한 감사/12-15

145편/1-21 : 하나님의 선하심과 인자하심에 대한 찬양 시

1) 모든 인간들에 대한 주의 선하심을 찬양/1-7
2) 하나님의 백성들에 대한 하나님의 선하심을 찬양/8-14
3) 고통당하는 자들에 대한 하나님의 은혜를 찬양/15-21

146편/1-10 : 하나님께 대한 찬양의 이유

1) 찬양에 대한 권고와 찬양의 서약/1-2
2) 인간을 의지할 가치가 없음/3-4
3) 하나님은 약자의 희망이심/5-9
4) 하나님의 통치는 대대로 지속/10

147편/1-20 : 창조주 되시는 하나님과 하나님의 사랑

1) 이스라엘을 회복시키는 하나님의 은혜/1-7
2) 그의 백성과 대자연을 은혜롭게 지배하시는 하나님/8-18
3) 그의 백성에게 계시를 허락하시는 하나님/19-20

148편/1-14 : 우주의 주인 되신 하나님께 찬양

1) 천계와 천사에게 찬양을 권고함/1-6
2) 지상에 거하는 것들에게 찬양을 권고함/7-12
3) 찬양의 이유/13-14

149편/1-9 : 구속주로서의 하나님을 찬송

1) 이스라엘의 승리와 구원을 주신 하나님을 찬양/1-5
2) 대적들을 심판하시는 하나님을 찬양/6-9

150편/1-6 : 시편 전체를 마무리 짓는 절정의 찬양 시

1) 찬양의 장소 - 성소/1
2) 찬양의 이유 - 하나님의 위대하심/2
3) 찬양의 방법 - 열납하시는 향기로운 제사가 되도록/3-5
4) 찬양해야 할 주제 - 호흡이 있는 자는 여호와 하나님을 찬양/6

잠 언(箴言)

¤ 개관

본서 서두에 "솔로몬의 잠언"이라고 시작하고 있지만 솔로몬이 유일한 저자가 아니라는 사실은 이 책 후반부 몇몇 장들을 살펴볼 때 분명히 드러난다. 잠 30장은 야게의 아들 아굴에게서, 잠 31:1-9은 르무엘 왕에게서 나온 것들인데 이들은 이곳 외에 성경 다른 곳에서 언급된 적이 없다. 르무엘의 왕의 잠언이 아람 어풍(風)의 문체를 띠고 있는 점으로 미루어 그는 이스라엘인이 아닌 것으로 보인다는 견해도 있다.

솔로몬이 본서를 기록함에 있어서 주도적인 역할을 한 것으로 보아, 이 책은 이스라엘이 통일 왕국을 이루었던 BC 10세기경에 기록되었다고 본다. 그 시대를 특징짓는 평화와 번영은 탁월한 지혜의 말씀들을 많이 낳았을 것이며 또 많은 문학 작품들도 펴냈을 것이다.

일반적으로 잠언은 비유의 언어를 사용하고 있다. 그 한 예로서 잠 25장 한 장에서만도 '같은(like)'이나 '처럼(as)'으로 시작되는 구절이 11 개나 된다. 이와 같은 비유의 표현은 잠언의 교훈을 보다 명백하게 밝혀 준다. 또한 잠언의 가치를 정확하게 부각시키기 위하여 몇몇 잠언들은 비교 형식을 사용하고 있다.

그리고 잠언은 이따금씩 세속적인 표현을 사용하는데(잠 6:6; 21:9 등) 이는 인간의 양심에 따끔한 교훈을 줌으로 경건한 자와 악한 자가 모두 유익을 얻도록 함에 그 목적이 있다. 잠언은 '지혜로운 삶', 혹은 '슬기로운 삶을 사는 능력'에 대해 언급하고 있는 책이다.

하나님의 백성이 불신 세상에서 경건한 삶을 산다는 것은 어렵고도 힘든 일이 아닐 수 없다. 잠언은 여기에 대해 신자가 적절히 대응할 수 있도록 상세한 교훈을 준다. 잠언이 삶의 지혜를 가르치는 실제적이 책인 것이 사실이지만, 그렇다고 여기에 집착되어 있지는 않다. 이 교훈의 보다 중요한 것은 여호와를 경외하도록 인도하는 데 있다.

¤ 내용 분해

제1부 : 솔로몬의 잠언/1:1-9:18

1. 잠언의 목적/1:1-7

1) 다윗의 아들 이스라엘의 왕 솔로몬의 잠언 : 잠 1-9장의 제목/1-1
2) 지혜와 훈계/1:2-6
3) 여호와를 경외하는 것이 지식의 근본/1:7

2. 청년에 대한 교훈/1:8-9:18

1) 부모를 공경하라/1:8-9
2) 악한 친구를 멀리하라 - 피하는 것도 지혜/1:10-19
3) 지혜를 찾으라/1:20-2:22

(1) 지혜의 인격화/1:20-23
(2) 교훈의 명시와 심판의 선포/1:24-33
(3) 지혜의 추구와 유혹의 저주/2:1-22
① 축복을 얻기 위한 조건의 나열 / 2:1-4
② 사람이 지혜를 얻게 될 때 - 여호와를 경외, 하나님에 대한 지식 / 2:5-6
③ 의인과 악인의 길 / 2:7-22

4) 지혜의 유익/3:1-26

(1) 여호와를 의지/3:1-4
(2) 성도의 규범/3:5-6
(3) 여호와를 경외/3:7-8
(4) 소산물의 첫 열매는 모든 소산을 대표/3:9-10
(5) 지혜와 명철을 얻은 자/3:11-15
(6) 지혜의 의인화(擬人化)/3:16-18
(7) 천지 창조 시에 지혜가 하였던 역할/3:19-20
(8) 지혜를 얻은 사람은 여러 가지 유익을 얻음/3:21-26

5) 인간의 책임/3:27-35

(1) 이웃에게 행해서는 안 될 다섯 가지 규범/3:27-31

(2) 악인을 부러워하지 말아야 하는 네 가지 이유/3:32-35

6) 지혜를 얻으라는 교훈/4:1-27

(1) 지혜을 얻으라는 권면/4:1-9

① 아버지의 훈계 / 4:1-2

② 솔로몬의 아버지 다윗과 어머니 밧세바에게서 들은 교훈 / 4:3-9

(2) 지혜로운 길과 악한 길/4:10-19

① 지혜로운 길 / 4:10-13

② 악한 길 / 4:14-17

③ 의인의 길과 악인의 길의 대조 / 4:18-19

7) 마음을 지키는 구체적인 방법/4:20-27

(1) 훈계에 주의하며 귀를 기울이라/4:20

(2) 훈계를 눈에서 떠나지 말라/4:21

(3) 생명의 근원이 됨/4:22-23

(4) 마음을 지키는 주의 사항/4:24-27

① 말하는 것 / 4:24

② 보는 것 / 4:25

③ 행하는 것 / 4:26-27

8) 성(性)의 순결/5:1-23

(1) 음녀의 위험/5:1-6

(2) 음행의 궁극적인 결과/5:7-14

(3) 부부간에 누릴 수 있는 사랑의 기쁨/5:15-20

(4) 하나님께서 죄를 심판하신다는 사실/5:21-24

9) 세상을 살아가는 네 가지 교훈/6:1-19

(1) 보증과 담보/6:1-5

(2) 게으른 자에 대한 훈계와 징계/6:6-11

(3) 여호와를 거역하며 악행을 일삼는 자를 경계/6:12-15

(4) 여호와께서 미워하시는 행위들/6:16-19

① 교만한 눈 / 6:16-17a

② 거짓된 혀 / 6:17b
③ 무죄한 자의 피를 흘리는 손 / 6:17b
④ 악한 계교를 꾀하는 마음 / 6:18a
⑤ 빨리 악으로 달려가는 발 / 6:18b
⑥ 거짓을 말하는 망령된 증인 / 6:19a
⑦ 형제 사이를 이간하는 자 / 6:19b

10) 젊은이들이 범하기 쉬운 음행의 문제/6:20-7:27

(1) 음행에 대한 경고/6:20-35
(2) 음녀에 대한 경계/7:1-27

11) 생명에 이르게 하는 지혜/8:1-36
12) 두 종류의 초청과 선택/9:1-18

(1) 지혜로운 여인의 초청/9:1-6
(2) 각 초청에 응한 사람의 결과/9:7-12
(3) 미련한 계집의 초청/9:13-18

제 2 부 : 지혜와 미련함에 대한 구체적인 예증/10:1-31:31

1. 솔로몬의 잠언/10:1-24:34

1) 의인(義人)과 악인(惡人)의 대조/10:1-15:33

(1) 두 부류 사람들의 결과적 차이/10:1-32
(2) 이웃과의 관계에서 의를 나타내라는 권면/11:1-31
(3) 의인과 악인의 특징/12:1-28
(4) 악에서 떠나 정직하게 살라는 교훈/13:1-25
(5) 성도들의 사회적인 책임/14:1-35
(6) 의인과 악인의 비교/15:1-33

2) 성도의 경건한 삶에 대한 격려/16:1-22:16

(1) 모든 일을 하나님께 맡기라는 권면/16:1-33
(2) 미련하게 행하지 말라는 교훈/17:1-28
(3) 성도의 사회생활에서의 덕/18:1-24

(4) 온유한 자가 받을 축복/19:1-29

(5) 여호와 하나님만 의지/20:1-30

(6) 하나님 앞에서 정직히 행하라는 권면/21:1-31

(7) 하나님의 인정과 평판/22:1-16

3) 지혜로운 사람들의 잠언 30가지/22:17-24:22

(1) 들어야 될 지혜 있는 자의 말/22:17-29

① 지혜로운 사람들의 잠언 서론 / 22:17-21

② 첫 번째 잠언 - 가난한 사람들을 억압하지 말라 / 22:22-23

③ 두 번째 잠언 - 성을 잘 내는 사람과 사귀지 말라 / 22:24-25

④ 세 번째 잠언 - 빚 보증을 서지 말라 / 22:26-27

⑤ 네 번 째 잠언 - 지계석을 옮기지 말라 / 22:28

⑥ 다섯 번째 잠언 - 자기 사업(개정, 일)에 충실(개정, 근실)하여라 / 22:29

(2) 탐욕을 멀리하라는 권면/23:1-35

① 여섯 번째 잠언 - 관원(官員)에게 초대되었을 때의 주의 / 23:1-3

② 일곱 번째 잠언 - 재물을 얻으려는 지나친 욕심을 가지고 일하지 말라 / 23:4-5

③ 여덟 번째 잠언 - 인색한 사람이 마련한 음식을 먹지 말라 / 23:6-8

④ 아홉 번째 잠언 - 미련한 사람을 가르치지 말라 / 23:9

⑤ 열 번째 잠언 - 고아의 소유를 빼앗지 말라 / 23:10-11

⑥ 11-30 번째 잠언의 서언 / 23:12

⑦ 열한 번째 잠언 - 자녀를 징계하라 / 23:13-14

⑧ 열두 번째 잠언 - 지혜로운 행동을 하라 / 23:15-16

⑨ 열세 번째 잠언 - 하나님을 경외하라 / 23:17-18

⑩ 열네 번째 잠언 - 숙취(宿醉)와 탐식(貪食)을 피하라 / 23:19-21

⑪ 열다섯 번째 잠언 - 부모의 가르침에 주의하라 / 23:22-23

⑫ 열여섯 번째 잠언 - 부모를 기쁘게 하라 / 23:24-25

⑬ 열일곱 번째 잠언 - 음행을 저지르지 말라 / 23:26-28

⑭ 열여덟 번째 잠언 - 술 취하지 말라 / 23:29-35

(3) 악인의 일시적인 번창과 의인의 영원한 축복/24:1-34

① 열아홉 번째의 잠언 - 악인을 따르지 말라 / 24:1-2

② 스무 번째의 잠언 - 지혜로운 삶을 살아라 / 24:3-4

③ 스물한 번째의 잠언 - 참모들의 조언에 주의하라 / 24:5-6

④ 스물두 번째의 잠언 - 미련한 사람은 지혜가 없다 / 24:7

⑤ 스물세 번째의 잠언 - 악을 꾀하는 것은 죄이다 / 24:8-9

⑥ 스물네 번째의 잠언 - 어리석은 사람은 환난 날에 낙심한다 / 24:10

⑦ 스물다섯 번째의 잠언 - 곤경에 빠진 무죄한 사람을 도우라 / 24:11-12

⑧ 스물여섯 번째의 잠언 - 지혜의 유익을 송이 꿀과 같다 / 24:13-14

⑨ 스물일곱 번째의 잠언 - 하나님은 의인을 보호하신다 / 24:15-16

⑩ 스물여덟 번째의 잠언 - 타인의 불행을 기뻐하지 말라 / 24:17-18

⑪ 스물아홉 번째의 잠언 - 악인의 형통은 잠깐이다 / 24:19-20

⑫ 서른 번째의 잠언 - 여호와와 왕을 경외하고 반역자로 더불어 사귀지 말라 / 4:21-22

(4) 지혜로운 사람들의 잠언/24:23-34

2. 히스기야의 신하들에 의해 편찬된 잠언 - 솔로몬의 잠언 중 둘째 부분/25:1-29:27

1) 인간관계에 관한 잠언/25:1-26:28

(1) 왕과의 관계/25:1-7

(2) 이웃과의 관계/25:8-20

(3) 원수와의 관계/25:21-24

(4) 자신과의 관계/25:25-28

(5) 어리석은 자와의 관계/26:1-12

(6) 게으른 자와의 관계/26:13-16

(7) 험담하는 자와의 관계/26:17-28

2) 처신에 관한 잠언/27:1-29:27

(1) 슬기로운 자/27:1-27
(2) 악인과 의인의 성격과 행위/28:1-28
(3) 지혜 있는 자/29:1-27

3. 야게의 아들 아굴의 잠언/ 30:1-33

1) 야게의 아들 아굴의 잠언/30:1
2) 하나님께 대한 지식/30:2-9
3) 죄에 대한 행동들/30:10-14
4) 비유를 통한 잠언/30:15-33

4. 르무엘 왕에 대한 어머니의 잠언/31:1-31

1) 지도자에게 필요한 지혜/31:1-9
2) 현숙한 아내/31:10-31

전 도 서

¤ 개관

본서의 히브리 어 원문에는 "예루살렘의 왕 다윗의 아들 전도자의 말씀"이라는 길다란 표제어가 붙어 있는데 일반적으로 '코헬렛'으로 부르고 있으며 그 뜻은 '사람이 모인 곳에서 전달하는 사람', '성직자', '설교자'이다. 저자는 이 책에 전혀 언급되고 있지 않지만 전통적으로 솔로몬이 이 책의 저자라고 주장되어 있다. 저자는 본문에서 자신을 "다 윗의 아들 예루살렘의 왕"(전 1:1)으로 밝히고 있다.

저자는 또한 본문 중에서 다른 사람과 비길 데 없는 지혜(전 1:16)와 재산(전 2:7), 향락을 누릴 기회(전 2:3), 그리고 대규모 토목 사업(전 2:4-6)에 대해 언급하고 있는데, 이 모든 기록은 솔로몬의 저작설을 강력히 뒷받침해 준다.

저자는 그가 체험했던 삶과 세상에 대해 객관적인 입장에서 평가를 내린다. 그는 인간의 지혜가 비록 경건한 사람의 지혜라 할지라도 제한이 있음을 발견한다. 저자가 인간의 계획을 관찰하였을 때, 이것저것을 추구하는 인간의 실존을 발견하게 된다. 사실 인간은 이 세상에서 헛된 소망을 추구하며 "바람에 나는 겨"와 같이 의미 없는 것들을 찾아 헤매고 있는 실정이다.

그러나 믿음은 인간으로 하여금 자신의 보람과 목적은 물론 하나님의 뜻을 깨닫게 하고 바른길로 인도하는 등대와 같은 것이다. 그러므로 우리는 자신의 한계를 겸손히 받아들이고 하나님을 경외하고 그의 계명을 지키는 자들이 되어야 한다.

본서는 하나님을 떠나 행하는 모든 수고를 허무하기 이를데 없는 것으로 보고, 결국 인간은 하나님과의 관계 회복에서만 참 삶의 의의와 만족을 찾을 수 있음을 가장 극적으로 밝히고 있다. 본서의 저자는 이러한 주장을 한낱 사색이나 관념으로 펼치는 것이 아니라, 자신의 체험을 근거로 펼치고 있다는 데 설득력을 발휘하고 있다.

¤ 내용 분해

제 1 부 : "모든 것이 헛되다"는 논제/1:1-11

1. 허무를 소개함/1:1-3

1) 다윗의 아들 예루살렘의 왕 전도자/1:1
2) 전도자의 교훈 시작/1:2-3

2. 허무의 실례들/1:4-11

1) 인생 여정의 무의미함/1:4-8
2) 세대 간에 기억함이 없음/1:9-11

제 2 부 : "모든 것이 헛됨"의 증거/1:12-6:12

1. 경험으로부터의 증거/1:12-2:26

1) 세상의 지혜와 참 지혜/1:12-18
2) 세속주의적 쾌락/2:1-11

(1) 자기 중심적/1:1,3,10
(2) 물질주의적/1:4-9
(3) 방탕함/1:3,8,10

(4) 무익함/1:11

3) 세상 지혜의 헛됨/2:12-17

4) 수고하는 것이 헛됨/2:18-23

☞ 하나님이 주시는 은총/2:24-3:22

5) 자족(自足)하는 것이 헛됨 - 결론/2:24-26

2. 관찰로부터의 증거/3:1-6:12

1) 하나님의 계획의 불변성/3:1-22

(1) 인생의 모든 일들이 예정됨/3:1-9

(2) 하나님의 하시는 일들이 영원함/3:10-15

(3) 만인을 심판하시는 하나님/3:16-22

2) 인생의 불평등한 모습들/4:1-16

(1) 압제(壓制)에 대하여/4:1-3

(2) 무익한 수고에 대하여/4:4-12

① 세상에서의 쾌락만을 추구하는 인간의 노력 / 4:4-6

② 공동체를 거부한 이기적 개인주의자의 말로 / 4:7-8

③ 공동체의 기쁨과 협력 / 4:9-12

(3) 권력과 명성의 무상함/4:13-16

3) 헛된 예배에 대하여/5:1-7

(1) 하나님에게 나아가는 방법과 자세/5:1

(2) 기도 생활/5:2-3

(3) 서원을 통한 언행의 일치/5:4-7

4) 헛된 재물에 대하여/5:8-20

(1) 재물로는 만족할 수 없음/5:8-12

① 부패한 관료 체제에 대하여 / 5:8-9

② 재물 추구의 폐단 3 가지 / 5:10-12

③ 만족을 하지 못함 / 5:10

④ 결과적으로 남 좋은 일만 하게 됨 / 5:11

⑤ 만족하지 못하면서 불안하기만 함 / 5:12

(2) 재물은 폐단(弊端)을 가져옴/5:13-17

① 재물을 잃어버린 사람의 비참함에 대하여 / 5:13-14

② 땀 흘린 수고의 허무함에 대하여 / 5:15-17

(3) 재물은 궁극적으로 하나님께 속한 것임/5:18-20

5) 피할 수 없는 인생의 허무에 대하여/6:1-12

(1) 재물의 헛됨/6:1-2

(2) 많은 자녀로도 만족되지 않음/6:3-6

(3) 수고의 헛됨/6:7-8

(4) 미래의 소망의 헛됨/6:9-12

제 3 부 : 헛된 인생에 대한 조언/7:1-12:14

1. 악한 세상에 대하여/7:1-29

1) 지혜로운 자와 우매자(愚昧者 ▸ 개정, 우매한 자)의 대조/7:1-14

(1) 지혜로운 자는 자신의 죽음을 준비하지만, 우매한 자는 쾌락에 마음을 빼앗김/7:1-4

(2) 지혜로운 자의 책망과 우매한 자의 노래와 웃음소리의 결과/7:5-6

(3) 지혜로운 자가 경계해야 할 사항은 탐학(貪虐 ▸ 개정, 탐욕)과 뇌물이다/7:7

(4) 참는 마음과 교만한 마음/7:8-10

(5) 지혜의 유익성/7:11-12

(6) 지혜로운 자는 하나님의 섭리를 겸허하게 인정해야 한다/7:13-14

2) 중용(中庸)의 지혜/7:15-18

3) 지혜의 능력/7:19-29

(1) 말씀에 의지한 참 지혜의 능력/7:19

(2) 인간의 타락성에 대하여/7:20-29

① 죄의 보편성 / 7:20

② 부패한 인간의 동질성 / 7:21-22

③ 스스로 지혜에 이르지 못함 / 7:23-24
④ 인간의 타락성에 대하여 / 7:25-28
⑤ 인간이 부패한 이유 / 7:29

2. 인간의 한계와 하나님의 주권/8:1-9:1

1) 권위에의 복종/8:1-8

(1) 사리(事理)의 해석/8:1
(2) 하나님의 주권과 인간의 복종의 당연성/8:2-6
(3) 하나님의 절대성에 대한 시인(是認)과 복종/8:7-8

2) 악인과 의인에 대한 모순에 대하여/8:9-15

(1) 현실의 모순에 대하여/8:9-10
(2) 악의 멸망과 정의의 승리/8:11-13
(3) 모순과 희락/8:14-15

3) 하나님의 주권에 대하여/8:16-9:1

3. 세상과 지혜에 대하여/9:2-18

1) 모든 자에게 미치는 심판/9:2-6
2) 만족과 기쁨의 생활/9:7-12
3) 지혜의 가치/9:13-18

4. 불확실한 삶에 대한 조언/10:1-12:8

1) 지혜의 특성/10:1-15
2) 왕과 관련되는 지혜/10:16-20
3) 세상사에 대한 지혜/11:1-8
4) 청년과 관련되는 지혜/11:9-12:8

(1) 청년의 날을 기뻐함/11:9-10
(2) 청년의 때에 창조자를 기억함/12:1-8

5. 전도자의 결론 : "하나님을 경외하고 그 명령을 지킬지어다"/12:9-14

1) 전도자의 연구 결과/12:9-10
2) 전도자의 경계(警戒)/12:11-12
3) 사람의 본분과 하나님의 심판/12:13-14

아 가(雅歌)

¤ 개관

1:1의 말씀은 아가서가 솔로몬의 저작임을 밝히고 있다. 특히 본문에서 언어, 스타일, 어조, 관점, 반복되는 후렴 등이 일관성 있게 나오는 사실은 한 사람의 저작임을 지지해 준다. 그런데 아가서가 한 사람의 저작임을 의심하고 심지어 한 시대와 한 장소의 저작이라는 것도 의심하는 사람들이 있다. 이는 고대 전승들이 통일성을 매우 중요시한 데 비하여, 본문은 여러 개의 단편들이 모아진 것과 같은 인상을 주기 때문이다.

본서는 매년 유월절 제 8 일째에 유대인들에 의해 낭송되었다. 본서의 "아가(雅歌)"라는 제목은 히브리 어로 '쉬르 하쉬림'을 문자적으로 직역한 것이다. 여기서 복수 소유격으로 명사를 반복한 것은 노래의 독특한 성질을 살리는 히브리 방식으로서 이것은 가장 뛰어난 노래를 가리킨다.

솔로몬이 많은 처첩을 거느리고 있으면서도 술람미 한 여인만을 사랑한 것은 상당히 의미가 있다. 당시 결혼은 대개가 정치적인 책략에 의한 것이었으나, 술람미 여인은 아무런 배경도 없는 포도원지기에 불과하지만 솔로몬의 각별한 사랑을 받았다. 이것은 솔로몬이 우상 숭배와 부도덕한 생활에 빠지기 이전에 기록되었음을 말해 준다(왕상 11:4 참조)

고대인들은 모든 것을 글로 표현해 보려는 경향이 있다. 그런데 저자가 여기서 특별히 주제 삼고 표현하려는 것은 사랑이다. 이 '사랑'이란 말은 최상의 선물 중 하나로 우아한 아름다움을 보여 주는 영감된 언어이다. 아가서에서의 사랑의 목소리는 잠언 8:1-9:12에 나오는 지혜의 목소리처럼 여인의 목소리이다. 이 목소리는 불가사의하고 사람을 끄는 힘이 있다.

본서는 솔로몬이 지은 사랑의 노래로서 솔로몬과 술람미 여인과의 청순한 사랑을 주제로 엮어져 있다. 따라서 이 책은 가장 오해를 많이 받을 수 있는 부분을 포함하고 있기 때문에 본서에 대한 정경성에 대한 논란을 많이 받고 있다. 하지만 이것은 다만 하나님과 선민과의 사랑, 나아가서 그리스도와 신자와의 사랑을 비유적으로 보여 주고 있을 뿐이다.

¤ 내용 분해

제 1 부 : 사랑의 시작/1:1-5:1

1. 사랑하는 사람들/1:1-2:7

1) 사랑하는 자들의 고백/1:1-14

(1) 솔로몬의 아가/1:1
(2) 사랑을 간구하는 술람미 여인의 고백/1:2-4a
(3) 예루살렘의 여자들/1:4b
(4) 솔로몬의 화답/1:4c
(5) 술람미 여인의 고백/1:5-6
(6) 솔로몬의 화답/1:7
(7) 예루살렘의 여자들/1:8
(8) 솔로몬의 화답/1:9-11
(9) 술람미 여인의 화답/1:12-14

2) 왕과 술람미 여인/1:15-2:7

(1) 솔로몬의 화답/1:15-17
(2) 술람미 여인의 화답/2:1
(3) 솔로몬의 화답/2:2
(4) 술람미 여인의 화답/2:3-4
(5) 솔로몬의 화답/2:5
(6) 술람미 여인의 화답/2:6
(7) 솔로몬의 화답/2:7

2. 술람미 여인의 독백/2:8-3:5

1) 술람미 여인의 간절함/2:8-17

(1) 나의 사랑하는 자/2:8-9
(2) 왕의 아름다운 초대의 노래에 대한 회상/2:10-14
(3) 사랑의 방해 요소/2:15

(4) 사랑의 권리와 의무/2:16
(5) 술람미 여인에게로 돌아올 것을 고대/2:17

2) 술람미 여인의 첫 번째 꿈/3:1-5

(1) 사랑하는 자의 안타까움/3:1
(2) 사랑하는 사람을 찾아 헤매는 애타는 심정/3:2-3
(3) 사랑하는 사람에 대한 전적 의지/3:4
(4) 예루살렘 여자들에 대한 부탁/3:5

3. 사랑으로 연합됨/3:6-5:1

1) 결혼 예식/3:6-11

(1) 솔로몬의 연(輦▶개정, 가마)/3:6-7a
(2) 호위 병사/3:7b-8
(3) 가마의 아름다움/3:9-10
(4) 결혼 예식에 쓰는 솔로몬의 화관/3:11

2) 신부의 아름다움을 노래 - 솔로몬의 찬사/4:1-5:1

(1) 신부 자체의 아름다움/4:1-5
(2) 신랑이 갖는 신부의 아름다움/4:6-15
(3) 신혼 생활에 들어감/4:16-5:1

제 2 부 : 사랑의 성숙/5:2-8:14

1. 사랑의 갈등/5:2-7:9

1) 신부의 두 번째 꿈/5:2-8
2) 예루살렘의 여자들/5:9
3) 신랑에 대한 신부의 사모함/5:10-16
4) 예루살렘의 여자들/6:1
5) 신랑과 신부의 마음/6:2-14

(1) 솔로몬/6:2
(2) 술람미 여인/6:3
(3) 솔로몬의 첫 사랑의 고백/6:4-10
(4) 술람미 여인의 독백/6:11-12

(5) 솔로몬/6:13-14

6) 솔로몬이 본 신부의 매혹적인 모습/7:1-9

2. 성숙되는 사랑/7:10-8:14

1) 신부의 성숙한 사랑 - 술람미 여인의 고백/7:10-13

(1) 나는 내 사랑하는 자에게 속함/7:10-11

(2) 적극적으로 주는 사랑/7:12-13

2) 신부의 사랑의 고백/8:1-4

3) 사랑의 능력과 승리를 선포/8:5-14

(1) 예루살렘의 여자들/8:5

(2) 솔로몬/8:5b

(3) 술람미 여인/8:6-7

(4) 술람미 여인의 오빠들/ 8:8-9

(5) 술람미 여인의 고백/8:10-12

(6) 솔로몬의 기쁨의 노래/8:13

(7) 술람미 여인의 기쁨의 노래/8:14

이사야

¤ 개관

아모스의 아들 이사야는 저술 선지자들 가운데 가장 위대한 선지자로 간주되고 있다. 그의 이름의 뜻은 '여호와는 위대하시다'이다. 그는 아모스, 호세아, 미가와 동시대인이며 그의 사역은 BC 740년경 곧 웃시야가 왕이 되던 해에 시작되었다. 이사야는 결혼하였고 적어도 두 아들을 두고 있었다. 그는 생애 대부분을 예루살렘에서 보냈고 히스기야 왕 앞에서 큰 영향력을 행사했던 것으로 보여진다.

BC 8세기 말엽 북왕국 이스라엘의 10 지파는 여로보암 2세의 사후에 급속히 쇠퇴해 갔다. 마침내 사마리아는 BC 722년에 함락되었다. 남왕국 유다도 패역한 아하스의 통치 아래서 이스라엘처럼 하나님께 반역하려고 했던 것 같다. 그래서 그들은 언약의 하나님보다 이방인인 앗수르의 보호를 기대했다.

유다의 이와 같은 불순종에 대해 이사야와 미가는 단호하고 준엄하게 책망을 했다. 히스기야 왕은 이러한 책망을 받아들여 우상 숭배 산당의 대부분을 제거하였고 성경에 관한 백성들의 이해를 증진시켰다.

이사야서는 하나님의 심판과 구원을 펼쳐 보여 주는 책이다. 하나님은 자기의 백성들이라도 잘못이 있으면 심판을 행하신다(사 1:2). 하지만, 그는 심판 중에라도 그들을 긍휼히 여기시고 구원을 베풀어 주시는 자비로운 분이시다. 하나님은 자기의 백성들을 언제나 사랑하시기에 그들을 정치적 압제와 영적 압제로부터 구원하실 것이다. 그래서 그들의 회복은 마치 새로운 출애굽과 같을 것이다.

이같이 하나님께서 그들을 구속해 주시고 구원하신다는 것이 본서의 주제이다. 본서는 하나님의 선민인 이스라엘과 그 주변 국가들, 나아가서는 온 인류들의 심판과 구원을 밝혀 주는 책이다. 이사야는 하나님의 뜻을 고의적으로 거역하며 그분께 반항하는 이스라엘과 모든 민족들에게 장차 무서운 심판이 임할 것을 예언하였으며 이 심판의 날을 '여호와의 날'이라고 언급했다. 하지만 하나님은 심판 중에도 선민들에게 구원을 베푸시는 분이다.

¤ 내용 분해

제 1 부 : 하나님의 심판에 대한 예언/1:1-35:10

1. 유다에 대한 예언/1:1-12:6

1) 유다에 대한 정죄와 구속/1:1-31

(1) 유다와 예루살렘에 대하여 본 이상(異像▸개정, 계시)/1:1
(2) 유다의 범죄/1:2-9
(3) 형식적인 제사에 대한 책망/1:10-17
(4) 회개의 촉구/1:18-20
(5) 심판 후의 구속/1:21-31

2) 여호와의 날/2:1-4:6

(1) 유다와 예루살렘에 관한 말씀/2:1
(2) 장차 올 왕국에 대한 약속/2:2-4
(3) 주의 날에 있을 교만한 자의 심판/2:5-22
(4) 유다에 대한 심판/3:1-15
(5) 시온의 교만한 딸들에 대한 책망/3:16-4:1
(6) 예루살렘의 영광된 미래/4:2-6

3) 포도원의 비유/5:1-30

(1) 좋은 포도와 들포도/5:1-7
(2) 불신앙에 대한 저주의 선언/5:8-30

4) 이사야의 소명/6:1-13

(1) 이사야가 본 이상(異像)/6:1-8
(2) 이사야의 소명/6:9-13

5) 앗수르에 의한 이스라엘의 파멸/7:1-10:4

(1) 임마누엘의 징조/ 7:1-25

① 아하스에 대한 이사야의 메시지 / 7:1-9
② 임마누엘 / 7:10-16
③ 임박한 앗수르의 침공 / 7:17-25

(2) 마헬살랄하스바스의 징조/8:1-22

① 다메섹과 사마리아의 멸망 / 8:1-8
② 성취될 예언 / 8:9-22

(3) 메시야 탄생 예언/9:1-7
(4) 에브라임과 사마리아에 임할 심판/9:8-10:4

6) 하나님에 의한 앗수르의 파멸/10:5-34

(1) 앗수르의 교만과 파멸/10:5-19
(2) 구원 받을 유다의 남은 백성/10:20-23
(3) 앗수르 패망에 대한 예언/10:24-34

7) 메시야 왕국/11:1-12:6

(1) 이새의 뿌리에 의한 의로운 통치/11:1-10
(2) 이새의 뿌리가 세울 왕국/11:11-16
(3) 여호와의 구원에 대한 감사/12:1-6

2. 열방들에 대한 예언/13:1-23:18

1) 바벨론에 대하여/13:1-14:23

(1) 바벨론에 대하여 받은 경고/13:1
(2) 여호와께서 군대를 검열하심/13:2-5
(3) 바벨론의 형편/13:6-16
(4) 메대에게 패망하는 바벨론/13:17-22
(5) 이스라엘 회복에 대한 예언/14:1-8
(6) 조롱당하는 바벨론 왕/14:9-11
(7) 교만과 반역으로 멸망 받을 계명성(啓明星 = 샛별)/14:12-17
(8) 바벨론의 파멸/14:18-23

2) 앗수르에 대하여/14:24-27
3) 블레셋에 대하여/14:28-32
4) 모압에 대하여/15:1-16:14

(1) 모압에 임할 심판/15:1-9
(2) 모압의 죄악과 멸망/16:1-14

5) 다메섹과 사마리아에 대하여/17:1-14
6) 구스(에티오피아)에 대하여/18:1-7
7) 애굽에 대하여/19:1-20:6

(1) 애굽의 쇠퇴와 멸망/19:1-25
(2) 앗수르에게 망하는 애굽과 구스/20:1-6

8) 바벨론에 대하여/21:1-10

(1) 해변 광야에 관한 경고/21:1
(2) 바벨론의 멸망과 파괴된 우상들/21:2-10

9) 에돔(두마)에 대하여/21:11-12
10) 아라비아(드단과 게달)에 대하여/21:13-17
11) 예루살렘에 대하여/22:1-25

(1) 이상(異像▶개정, 환상) 골짜기에 관한 경고/22:1
(2) 예루살렘의 결박(結縛)/22:2-14
(3) 셉나의 뒤를 이은 엘리아김/22:15-25

12) 두로에 대하여/23:1-18

3. 여호와의 날에 대한 예언/24:1-27:13

1) 여호와의 심판/24:1-23

(1) 대환난에 대한 예언/24:1-13
(2) 남은 자의 즐거움/24:14-16
(3) 심판 날에 있을 대환난/24:17-23

2) 여호와 왕국의 승리/25:1-27:13

(1) 구원자이시며 위로자이신 여호와에 대한 찬양/25:1-12
(2) 이스라엘의 회복/26:1-15
(3) 하나님의 징벌의 날/26:16-21
(4) 이스라엘 구원에 대한 확실성/27:1-13

4. 심판과 축복에 대한 예언/28:1-35:10

1) 에브라임에 임할 화(禍)/28:1-29

(1) 앗수르의 포로가 될 에브라임/28:1-13
(2) 유다에 경고가 된 에브라임/28:14-29

2) 아리엘(예루살렘)에 임할 화(禍)/29:1-24

(1) 아리엘의 낮아짐과 그 원수들의 파멸/29:1-8
(2) 징계의 원인/29:9-16
(3) 징계 후에 받을 축복/29:17-24

3) 애굽의 동맹국들에 임할 화(禍)/30:1-31:9

(1) 애굽과의 동맹에 대한 경고/30:1-14
(2) 하나님을 신뢰함이 구원의 길/30:15-26
(3) 앗수르 멸망에 대한 예언/30:27-33
(4) 예루살렘을 보호하실 하나님/31:1-9

4) 장차 올 의(義)의 왕의 통치/32:1-20

5) 앗수르에 임할 화(禍)와 예루살렘의 구원/33:1-24
6) 열방들에 임할 화(禍)/34:1-17
7) 택한 백성이 누릴 구원의 축복/35:1-10

제 2 부 : 역사적인 사건/36:1-39:8

1. 앗수르로부터 구원 받은 히스기야/36:1-37:38

1) 하나님께 도전하는 앗수르/36:1-22

(1) 앗수르의 첫 번째 침공/36:1
(2) 앗수르의 두 번째 침공/36:2-21
(3) 히스기야에게 고한 랍사게의 말/36:22

2) 앗수르의 파멸/37:1-38

(1) 하나님에게 호소하는 히스기야/37:1-4
(2) 하나님의 첫 번째 약속/37:5-7
(3) 앗수르의 불경한 도전/37:8-13
(4) 성전에서 기도하는 히스기야/37:14-20
(5) 하나님의 두 번째 응답/37:21-35
(6) 약속의 성취/37:36-38

2. 질병으로부터 구원 받은 히스기야/38:1-22

1) 병들어 죽게 된 히스기야/38:1-3

(1) 이사야의 예언/38:1
(2) 히스기야의 기도/38:2-3

2) 병에서 회복 : 십오 년의 생명 연장/38:4-22

(1) 히스기야의 기도 응답/38:4-8
(2) 유다 왕 히스기야의 기도문/38:9-20
(3) 한 뭉치의 무화과/38:21-22

3. 히스기야의 죄/39:1-8

1) 발라단의 아들 바벨론 왕 므로닥발라단의 사자/39:1-4

(1) 글과 예물/39:1

(2) 히스기야의 자만/39:2
(3) 선지자 이사야와 히스기야/39:3-4

2) 하나님의 징계/39:5-8
(1) 선지자 이사야의 예언/39:5-7
(2) 히스기야의 죄에 대한 대가/39:8

제 3 부 : 위로의 예언/40:1-66:24

1. 이스라엘의 구속/40:1-48:22

1) 여호와로 말미암은 포로에서 해방/40:1-11
2) 여호와의 주권과 여호와를 앙망하는 자/40:12-31
3) 이스라엘의 궁극적인 회복/41:1-29
(1) 이스라엘의 구원자 거룩하신 여호와 하나님/41:1-20
(2) 우상의 무력함/41:21-24
(3) 여호와께서 보내실 기쁜 소식을 전할 자/41:25-27
(4) 우상에 속한 사람의 행사와 우상의 공허/41:28-29

4) 여호와의 종/42:1-25
(1) 여호와의 종의 사역(使役)/42:1-4
(2) 하나님을 영화롭게 하는 여호와의 종/42:5-16
(3) 죄의 결과로 말미암은 이스라엘의 고난/42:17-25

5) 이스라엘의 구속과 회복/43:1-44:27
(1) 이스라엘의 구원자/43:1-28
(2) 이스라엘에 임할 여호와의 신(神▶개정, 영)/44:1-5
(3) 우상 숭배자의 어리석음/44:6-20
(4) 포로들의 귀환 예언/44:21-27

6) 이스라엘을 위하여 지명한 고레스/44:28-45:25
(1) 하나님의 도구인 고레스/44:28
(2) 고레스를 세운 목적/45:1-7
(3) 토기장이신 여호와/45:8-13
(4) 이스라엘을 위한 영원한 구원/45:14-17

(5) 열방에 대한 구원의 초청/45:18-25

7) 바벨론의 파멸과 심판/46:1-48:22

(1) 하나님의 권능과 우상의 무력함/46:1-13
(2) 심판 받을 바벨론/47:1-15
(3) 이스라엘의 불신앙에 대한 책망과 구원의 약속/48:1-22

2. 이스라엘의 구속자/49:1-57:21

1) 메시야의 임무 : 이스라엘을 회복시키고 이방의 빛이 되신 메시야/49:1-26
2) 메시야의 순종 : 고난 받은 여호와의 종/50:1-11
3) 메시야의 권고/51:1-52:12

(1) 남은 자에 대한 위로/51:1-11
(2) 시온을 용서하시는 하나님/51:12-23
(3) 포로에서 돌아올 시온/52:1-12

4) 메시야의 속죄 사역/52:13-53:12

(1) 여호와의 종의 고난/52:13-53:3
(2) 인간의 죄악과 허물/53:4-6
(3) 여호와의 순종의 양/53:7-12

5) 메시야의 언약 : 이스라엘에 대한 하나님의 영원한 사랑/54:1-17
6) 메시야의 초청/55:1-56:8

(1) 회개하는 자에 대한 값 없는 하나님의 은혜/55:1-13
(2) 이스라엘 축복에 동참하는 이방인/56:1-8

7) 메시야의 책망/56:9-57:21

(1) 부패한 지도자들에 대한 저주/56:9-12
(2) 악인의 길과 의인의 길/57:1-21

3. 이스라엘의 영광스런 미래/58:1-66:24

1) 참된 신앙에 대한 축복/58:1-14

(1) 참된 예배/58:1-12
(2) 안식일에 대한 규례/58:13-14

2) 이스라엘의 죄와 구원의 길/59:1-21

(1) 이스라엘의 죄와 그 결과인 고통/59:1-15
(2) 여호와께로 말미암은 구원/59:16-21

3) 이방 세계가 돌아올 것에 대한 예언/60:1-22

4) 메시야의 오심과 그 결과/61:1-11

5) 시온의 공의와 예루살렘의 구원/62:1-12

6) 하나님의 에돔의 심판/63:1-6

7) 남은 자들의 기도/63:7-64:12

(1) 백성의 죄를 고백하는 이사야/63:7-19
(2) 남은 자를 위한 기도/64:1-12

8) 진리의 하나님을 향한 자에 대한 응답/65:1-16

(1) 이스라엘의 불순종/65:1-7
(2) 여호와의 택한 자의 기업/65:8-16

9) 새 하늘과 새 땅의 창조 : 메시야 왕국의 완성을 예언/65:17-66:24

(1) 새 하늘과 새 땅의 창조/65:17-25
(2) 외식하는 자에 대한 책망/66:1-6
(3) 다시 태어날 이스라엘/66:7-9
(4) 예루살렘 성(城) 중의 기쁨/66:10-14
(5) 악한 자에게 임할 심판/66:15-17
(6) 열국에서 남은 자를 모으시는 하나님/66:18-21
(7) 영원하신 하나님의 임재/66:22-24

예레미야

¤ 개관

본서의 저자가 예레미야라는 확증은 본서 자체가 이를 뒷받침해 주고 있다. 우선 1:1에서 "힐기야의 아들 예레미야의 말이라"라고 밝히고 있다. 36:2에서는 "너는 두루마리책을 취하여 … 네게 이른 모든 말을 그것에 기록하라."라는 하나님의 명령의 말씀이 나와 있다. 예레미야는 인간적으로 연약한 사람이었으나(1:6), 예언에 있어서는 진실하고 대담하였다.

본서에는 예레미야의 망국에 대한 애국적인 고민과 범죄에 대한 의분 그리고 하나님에 대한 신뢰와 이스라엘의 회복에 대한 확신이 시와 산문의 형태로 기록되어 있다. 예레미야는 유다에서 요시야 왕의 통치 중반 무렵에 예언 활동을 시작하여 여호아하스, 여호야김, 여호야긴, 그리고 시드기야의 재위 기간에 걸쳐 계속 활동하였다.

그가 예언 활동을 시작하던 시기는 모든 국가들의 운명이 풍전등화(風前燈火)와 같은 처지에 놓여 있었다. 서방 아시아의 조그마한 나라들은 애굽, 앗수르, 바벨론과 같은 초강대국들의 노리개감에 지나지 않았고 예레미야 당시가 바로 이때였다.

앗수르의 마지막 통치자인 앗수르바니팔은 BC 627년에 죽었고, 그의 뒤를 이은 후계자들은 신바벨론 제국의 기초를 놓은 나보폴라사르(Nabopolassar, 느부갓네살의 父王)의 경쟁 상대가 되지 못하였다. 그는 BC 609년에 통치를 시작했으며 그해는 예레미야가 소명을 받던 해였다.

BC 612년 앗수르의 수도 니느웨가 함락된 직후 애굽은 북쪽으로 진군하여 앗수르를 건지려고 하였다. 이때 북쪽으로 진군을 저지하려고 하였던 요시야는 전사하였고, 예레미야는 이 경건한 왕의 죽음을 매우 슬퍼하였다(대하 35: 25).

선지자 예레미야는 자기 백성들의 죄악을 고발하고 심판을 선포하지 않으면 안 되는 비극의 선지자였지만, 미래에 대한 희망을 잃지 않았다. 그는 먼저 심판을 선포하고 그 후에 충고와 격려 그리고 의미심장한 메시야 예언을 통해 '의로운 가지'와 '새 언약'을 알렸다. 그래서 그는 눈물의 선지자인 동시에 희망의 선지자였다.

¤ 내용 분해

제 1 부 : 예레미야의 소명/1:1-19

1. 예레미야의 소명/1:1-10

1) 힐기야의 아들 예레미야의 말/1:1-3

(1) 베냐민 땅 아나돗의 제사장 중 힐기야의 아들 예레미야/1:1
(2) 아몬의 아들 요시야 30 년에 여호와의 말씀이 예레미야에게 임함/1:2
(3) 요시야의 아들 유다와 여호야김 시대부터 시드기야 311년 말까지 임함/1:3

2) 예레미야의 소명/1:4-10

(1) 여호와께서 열방의 선지자로 세움/1:4-5
(2) 여호와께서 열방과 만국 위에 세움/1:6-10

2. 예레미야의 소명에 대한 확증/1:11-19

1) 예레미야가 본 두 가지 이상(異像)/1:11-16

(1) 살구나무 가지/1:11-12
(2) 끓는 가마/1:13-16

2) 예레미야의 사명/1:17-19

(1) 사명을 주심/1:17
(2) 내가 너와 함께함/1:18-19

제 2 부 : 유다를 향한 예언/2:1-45:5

1. 유다에 대한 정죄/2:1-25:38

1) 유다의 고의적 범죄 : 제 1 설교/2:1-3:5

(1) 범죄한 백성에 대한 메시지/2:1-8
(2) 죄의 결과인 고난/2:9-37
(3) 더럽혀진 딸 유다/3:1-5

2) 유다의 심판 : 제 2 설교/3:6-6:30

(1) 이스라엘의 전철(前轍)을 무시하는 유다/3:6-10
(2) 유다에 대한 회개의 촉구/3:11-25
(3) 언약으로 인한 회개의 권면/4:1-4
(4) 유다에 임박한 심판/4:5-18
(5) 유다로 인하여 슬퍼하는 예레미야/4:19-31
(6) 심판의 원인/5:1-19
(7) 주의 백성에 대한 경고/5:20-31
(8) 유다의 멸망에 대한 예언/6:1-30

3) 유다의 위선적인 신앙 : 제 3 설교/7:1-10:25
(1) 회개를 촉구하는 예레미야/7:1-20
(2) 유다의 거역에 대한 형벌/7:21-34
(3) 죄를 깨닫지 못한 유다/8:1-22
(4) 불순종으로 인한 심판/9:1-16
(5) 하나님을 신뢰할 것을 호소함/9:17-26
(6) 하나님의 권능과 우상의 헛됨/10:1-16
(7) 유다의 포로 됨과 그들의 탄원/10:17-25

4) 언약을 파기한 유다 : 제 4 설교/11:1-12:17
(1) 깨어진 언약 : 유다가 받을 징벌/11:1-17
(2) 예레미야를 해치려는 음모의 결과 : 아나돗 사람들의 재앙/11:18-23
(3) 예레미야의 탄식/12:1-4
(4) 하나님의 응답/12:5-17

5) 유다와의 관계 개선 : 제 5 설교/13:1-27
(1) 썩은 베띠의 상징적 교훈/13:1-11
(2) 포도주로 가득 찬 병의 상징적 교훈/13:12-27

6) 가뭄과 예레미야의 기도 : 제 6 설교/14:1-15:21
(1) 유다에 닥칠 가뭄/14:1-6
(2) 첫 번째 중보 기도/14:7-12
(3) 두 번째 중보 기도/14:13-18
(4) 세 번째 중보 기도/14:19-22
(5) 유다를 향해 쉬지 않는 주의 진노/15:1-9

(6) 약속과 경고/15:10-14
(7) 예레미야의 탄식/15:15-18
(8) 예레미야에게 주신 하나님의 응답/15:19-21

7) 임박한 유다의 포로 생활 : 제 7 설교/16:1-17:27

(1) 예레미야의 독신 생활/16:1-9
(2) 유대인들의 우상 숭배/16:10-13
(3) 회복에 대한 하나님의 약속/16:14-21
(4) 기록된 유다의 범죄/17:1-6
(5) 주를 신뢰하는 자의 축복/17:7-18
(6) 안식일 성수(聖守)에 대한 권면/17:19-27

8) 토기장이의 교훈 : 제 8 설교/18:1-20:18

(1) 토기장이의 상징/18:1-16
(2) 음모와 예레미야의 기도/18:17-23
(3) 깨어진 오지병의 상징 교훈/19:1-15
(4) 바스훌의 박해와 그에게 임할 재앙/20:1-6
(5) 예레미야의 탄식/20:7-18

9) 예루살렘 멸망에 대한 예언 : 제 9 설교/21:1-23:8

(1) 시드기야에 대하여/21:1-22:9

① 시드기야와 예레미야 / 21:1-10
② 예루살렘에 대한 경고 / 21:11-14
③ 왕과 백성에 대한 권면 / 22:1-9

(2) 여호아하스(살룸)에 대하여/22:10-12
(3) 여호야김에 대하여/22:13-23
(4) 고니야(여호야긴)에 대하여/22:24-30
(5) 의로운 다윗 가지로 인한 회복/23:1-8

10) 유다의 거짓 선지자들에 대한 정죄 : 제 10 설교/23:9-40
11) 무화과 두 광주리에 대한 이상(異像) : 제 11 설교/24:1-10
12) 23 년 동안의 여호와 말씀 : 제 12 설교/25:1-38

(1) 70 년 간의 포로 생활에 대한 예언/25:1-11

(2) **바벨론과 열국에 대한 하나님의 진노/25:12-38**

2. 예레미야의 말씀 선포/26:1-29:32

1) 백성들에 대하여/26:1-24

(1) **성전에서 말씀을 전하는 예레미야/26:1-6**
(2) **예레미야를 죽이고자 하는 제사장들과 선지자/26:7-9**
(3) **예레미야를 구한 방백(方伯▸개정, 고관)들/26:10-24**

2) 거짓 선지자들에 대하여/27:1-22

(1) **줄과 멍에의 상징/27:1-7**
(2) **거짓 예언에 속지 않도록 권면함/27:8-22**

3) 하나냐에 대하여/28:1-17

(1) **하나냐의 거짓 예언/28:1-9**
(2) **예레미야의 멍에를 끊는 하나냐/28:10-14**
(3) **하나냐의 죽음에 대한 선언/28:15-17**

4) 스마야에 대하여/29:1-32

(1) **바벨론 포로들에게 보낸 예레미야의 첫 번째 편지/29:1-19**
(2) **거짓 선지자들의 비참한 장래/29:20-32**
① 골라야의 아들 아합과 마아세야의 아들 시드기야에 대하여 / 29:20-23
② 스마야에 대하여 / 29:24-29
③ 바벨론 포로들에게 보낸 두 번째 편지 : 거짓 선지자 스마야의 징벌 / 29:30-32

3. 이스라엘과 유다의 회복에 대한 약속/30:1-33:26

1) 이스라엘과 유다의 회복/30:1-24

(1) **회복의 약속/30:1-17**
(2) **회복의 내용/30:18-24**

2) 백성들의 회복/31:1-40

(1) **슬픔이 변하여 기쁨이 됨/31:1-20**
(2) **여호와의 새 일의 창조/31:22-26**

(3) 새 언약/31:27-40

3) 예루살렘의 회복/32:1-44

(1) 아나돗에 있는 밭을 산 예레미야/32:1-15
(2) 예레미야의 기도와 하나님의 응답/32:16-44

4) 언약의 재확인/33:1-26

(1) 포로에서 돌아올 것을 약속/33:1-9
(2) 이스라엘의 회복/33:10-13
(3) 영속(永續)할 다윗의 왕권/33:14-16
(4) 영속할 제사장직/33:17-26

4. 예루살렘 함락/34:1-45:5

1) 함락 직전의 메시지/34:1-36:32

(1) 시드기야에 대한 경고/34:1-7
(2) 자유하게 한 노예를 다시 종으로 삼은 시드기야/34:8-22
(3) 레갑 족속의 순종과 유다의 불순종/35:1-19
(4) 여호와의 말씀이 기록된 두루마리책/36:1-32
① 예레미야의 두루마리를 낭독하는 바룩 / 36:1-10
② 두루마리를 불태우는 시드기야 / 36:11-26
③ 여호와의 명령으로 두루마리가 다시 기록됨 / 36:27-32

2) 예루살렘 함락 직전의 사건들 : 유다의 마지막 왕 시드기야/37:1-38:28

(1) 시드기야의 청원과 예레미야의 예언 : 첫 대면/37:1-10
(2) 토굴에 갇힌 예레미야/37:11-16
(3) 예레미야의 탄원 : 두 번째 대면/37:17-20
(4) 시위대 뜰에 연금된 예레미야/37:21
(5) 진흙 구덩이에 갇힌 예레미야/38:1-6
(6) 왕궁 환관(宦官▶개정, 내시) 구스인 에벳멜렉에게 구출된 예레미야/38:7-13
(7) 바벨론 왕에게 항복을 권고 : 세 번째 대면/38:14-28

3) 예루살렘 함락 당시의 사건들/39:1-18

(1) 바베론으로 잡혀가는 시드기야/39:1-10

(2) 예레미야에 대한 느부갓네살의 호의/39:11-14
(3) 구스인 에벳멜렉이 받은 축복/39:15-18

4) 예루살렘 함락 후의 사건들/40:1-44:30

(1) 시위대장(侍衛隊長▸개정, 사령관) 느부사라단과 예레미야/40:1-6
(2) 바벨론 왕이 세운 유다 총독이 된 아히감의 아들 그다랴/40:7-16
(3) 총독 그다랴를 죽인 느다냐의 아들 이스마엘/41:1-15
(4) 백성을 피신시킨 가레아의 아들 요하난/41:16-18
(5) 예레미야에게 묻는 요하난/42:1-6
(6) 애굽으로 가지 말라는 예레미야/42:7-22
(7) 예레미야를 데리고 애굽으로 가는 요하난/43:1-7
(8) 애굽이 바벨론에 정복될 것이라는 예언/43:8-13
(9) 애굽에 있는 유다인에 대한 예언/44:1-30
(10) 바룩에 대한 예레미야의 메시지/45:1-5

제 3 부 : 열국(列國 ▸개정, 이방 나라)들을 향한 예언/46:1-51:64

1. 애굽에 대하여/46:1-28

1) 애굽 왕 바로느고의 군대에 대하여/46:1-26

(1) 유브라데 하숫(개정, 강)가 갈그미스에서 바벨론 왕 느브갓네살에게 패한 애굽 왕/46:1-12
(2) 바벨론 왕 느부갓네살이 와서 애굽을 칠 일에 대하여/46:13-26

2) 이스라엘에 대한 권면/46:27-28

2. 블레셋 사람들에 대하여/47:1-7

1) 바로가 가사를 치기 전/47:1-4
2) 갑돌 섬에 남아 있는 블레셋 사람/47:5-7

3. 모압 족속들에 대하여/48:1-47

1) 슬픔의 모압/48:1-9
2) 저주의 모압/48:10-46
3) 돌아오는 포로 되었던 모압/48:47

4. 암몬 족속들에 대하여/49:1-6

1) 점령될 암몬 자손/49:1-5
2) 돌아오는 포로 되었던 암몬 자손/49:6

5. 에돔 족속들에 대하여/49:7-22

1) 에돔의 황폐/49:7-19
2) 여호와의 도모(圖謀 ▸ 개정, 의도)와 여호와의 뜻(개정, 계획)/49:20-22

6. 다메섹에 대하여/49:23-27

1) 하맛과 아르밧의 수치/49:23-26
2) 벤하닷의 궁전이 불태워짐/49:27

7. 게달과 하솔에 대하여/49:28-33

1) 바벨론 왕 느부갓네살의 공격/49:28-32
2) 시랑(豺狼 ▸ 개정, 큰 뱀)의 거처(居處)가 된 하솔/49:33

8. 엘람에 대하여/49:34-39

1) 엘람에 대한 여호와의 말씀이 선지자 예리미야에게 임함/49:34-38
2) 돌아오는 포로 되었던 엘람/49:39

9. 바벨론에 대하여/50:1-51:64

1) 바벨론의 패배와 유다와 이스라엘 자손의 돌아옴/50:1-20

(1) 바벨론과 갈대아인의 땅에 대하여/50:1-3
(2) 돌아오는 이스라엘 자손과 유다 자손/50:4-5
(3) 잃어버린 양 떼/50:6-10
(4) 나(여호와)의 산업(産業 ▸ 개정, 소유)/50:11-16
(5) 이스라엘은 흩어진 양/50:17-20

2) 바벨론의 황폐/50:21-46

(1) 여호와의 보수(報讐 ▸ 개정, 보복)/50:21-40
(2) 여호와의 도모(圖謀 ▸ 개정, 계획)와 여호와의 뜻(개정, 생각)/50:41-46

3) 바벨론에 대한 심판/51:1-64

(1) 메대인들의 침략/51:1-58

(2) 마세야의 손자 네리야의 아들 스라야와 예레미야/51:59-64

제 4 부 : 예루살렘의 함락/52:1-34

1. 예루살렘 함락/52:1-11

1) 시드기야의 통치/52:1-3

2) 예루살렘의 함락/52:4-11

2. 포로가 된 유다/52:12-34

1) 느부갓네살 19년에 포로 되어 가는 백성들/52:12-16

2) 예루살렘 성전의 파괴/52:17-23

3) 예루살렘 지도자의 죽음/52:24-27

4) 예루살렘 함락 후 포로 되어 가는 백성들/52:28-30

(1) 느부갓네살 7년에 포로 되어 가는 백성들/52:28

(2) 느부갓네살 18년에 포로 되어 가는 백성들/52:29

(3) 느부갓네살 23년에 포로 되어 가는 백성들/52:30

5) 바벨론 왕 에윌 므로닥의 여호야긴 석방/52:31-34

예레미야 애가(哀歌)

¤ 개관

모든 여호와의 선지자들이 예언했던 대로, 예루살렘은 바벨론에 멸망되었고 백성들은 포로로 사로잡혀 갔다. 예루살렘에 남아 있던 자들은 국외로 추방되거나 망명하기 시작하였다. 이 책은 바로 이러한 암울한 시대에 슬픔을 토로하는 노래로 엮어졌다.

애가의 저자는 바벨론인들이 하나님의 심판의 단순한 인간 대행자이며 하나님 자신이 그 성과 성전을 파괴하셨다는 사실을 분명히 이해하고 있었다. 하나님의 행동은 절대로 무자비한 것이 아니었다. 하나님을 모독하며 언약을 파기하며 하나님께 반항한 것이 그 백성에게 임한 화근이었다. 하지만 극심한 환난의 때 그의 백성들이 취해야 할 태도는 애통과 통회 자복(痛悔自服)이다 이것만이 살 길이기 때문이다.

선지자 예레미야는 황폐화된 예루살렘을 바라보며 찢어지는 듯한 마음으로 이 애가를 불렀다. 본서는 각 장으로 구성된 5 개의 시로 되어 있다. 각 시에서는 하나님의 공의로운 심판으로 말미암은 성읍의 황폐한 모습을 적나라하게 묘사하며, 또한 각 시는 하나님께 드리는 간절한 기도로 끝맺고 있다.

애가는 각각의 장이 한 편의 시로서 5 편의 아름다운 시로 구성되어 있다. 애 1-4장은 애가이고, 애 5장은 애가라기보다는 일종의 기도 시이다. 앞의 4장은 히브리 어 알파벳순으로 배열되어 있는데, 각 장은 22 연(聯)이며 각 연은 히브리 어 알파벳의 한 문자로 시작된다. 또한 애 5장도 22 연으로 구성되어 있기는 하나 알파벳의 순서대로 되어 있지는 않다.

¤ 내용 분해

제 1 부 : 황폐된 예루살렘/1:1-2:22

1. 예루살렘의 황폐(荒廢)/1:1-22

1) 환난을 당한 예루살렘의 적막(寂寞)/1:1-11

(1) 열방 중의 공주 같았던 예루살렘 성/1:1-4

(2) 예루살렘의 환난(患難)과 포로/1:5-11

2) 황폐된 예루살렘으로 인한 슬픔/1:12-22

(1) 예루살렘의 죄악의 멍에/1:12-17

(2) 예루살렘의 탄식/1:18-22

2. 하나님의 진노/2:1-22

1) 하나님의 심판/2:1-10

(1) 여호와의 진노/2:1-4
(2) 처녀 시온의 장막을 헐어 버리심/2:5-10

2) 선지자의 비탄/2:11-22

(1) 심판을 목격한 자의 애가/2:11-19
(2) 주의 진노의 날/2:20-22

제 2 부 : 예루살렘의 환난/3:1-4:22

1. 백성과 함께 고난당하는 예레미야/3:1-66

1) 예레미야의 슬픔/3:1-18
2) 예레미야의 희망/3:19-41
3) 예레미야의 고통/3:42-54

(1) 죄에 대한 고백의 권고/3:42-49
(2) 여호와의 돌아보심을 간구/3:50-54

4) 예레미야의 기도/3:55-66

2. 죄과의 열매/4:1-22

1) 포위 기간의 환난/4:1-12
2) 포위당한 이유/4:13-20
3) 미래에 대한 희망/4:21-22

제 3 부 : 예루살렘의 탄식/5:1-22

1. 예루살렘의 회개/5:1-18

1) 예루살렘의 환난과 치욕/5:1-15
2) 예루살렘의 애통/5:16-18

2. 영원하신 여호와/5:19-22

1) 하나님의 보호하심을 간구/5:19-20
2) 하나님의 인도하심을 간구/5:21-22

에스겔

¤ 개관

본서가 '에스겔'이라고 알려진 것은 이 책이 그의 이름으로 명명되었다는 사실에 기인한다. 이 이름은 히브리 어로 '예헤즈켈'이며 그 뜻은 "하나님께서 강하게 하시다."이다. 그래서 유대교와 전통적인 기독교회는 본서의 저자를 에스겔이라고 의심 없이 믿는다. 그는 BC 597년 느부갓네살에 의하여 바벨론으로 포로 잡혀간 유대인들 가운데서 살고 있었다 그는 제사장 가문 출신으로(겔 1:3) 포로 생활 중 선지자로 부르심을 받아 사역을 감당했다.

에스겔은 당시 국제적으로 매우 어려운 시기에 부름을 받았다. 위대한 앗수르 제국은 신흥 바벨론 제국의 세력 앞에 서서히 무너지기 시작하였다. BC 612년 앗수르의 수도 니느웨는 바벨론인들과 메대인들로 구성된 연합군에 의해서 함락되었다. 느부갓네살과 그의 후계자들은 BC 539년 페르시아의 고레스에 의해 멸망될 때까지 국제 무대를 장악하였다.

대부분의 구약 성경에서 모든 피조물과 국가 그리고 역사 진행의 전 과정을 다스리시는 하나님의 주권의 역사가 그 배후에 짙게 깔려 있음을 보게 된다. 이와 같은 사상은 특히 이 에스겔서에 더욱 명료하게 표현되어 있다. 본문에 "그러면 그들이 내가 여호와인 줄 알리라."라는 말씀이 65 번 나오는데 이것은 바로 그와 같은 사상을 잘 증거해 준다.

하나님의 절대 주권은 그의 주권이 미치는 범위 면에서도 명백히 나타난다. 그는 예루살렘 성전에만 국한되신 분이 아니시다. 하나님은 자기의 뜻대로 심판하시고 또한 그의 뜻대로 은혜를 베푸신다. 에스겔의 사역은 하나님의 심판의 원인이 된 죄악들을 포로 생활 이전에 방지하고 하나님의 언약을 준행함으로 장차 받을 하나님의 축복을 백성들에게 확신시켜 주는 일이었다.

본서 1-24장은 예루살렘 성에 하나님의 심판이 가까웠다는 사실을 알리기 위해, 33-48장은 하나님의 왕국이 임하면 이스라엘이 회복될 것이라는 예언을 하기 위해 기록되었다.

¤ 내용 분해

제 1 부 : 에스겔의 소명과 임무/1:1-3:27

1. 에스겔이 본 하나님의 영광/1:1-28

1) 환상을 본 때/1:1-3

(1) 소명을 받은 시간/1:1-2
(2) 소명을 받은 장소/1:3

2) 에스겔이 본 환상과 여호와의 영광의 형상의 모양/1:4-28

(1) 네 생물들/1:4-14
(2) 네 바퀴들/1:15-21
(3) 궁창(穹蒼)/1:22-25
(4) 사람 모양을 한 형상/1:26-28

2. 에스겔이 받은 임무/2:1-3:27

1) 이스라엘을 위해 파송되는 에스겔/2:1-3:3

(1) 듣든지 아니 듣든지 고함/2:1-7
(2) 애가(哀歌)와 애곡(哀哭)과 재앙(災殃)의 말이 기록/2:8-10
(3) 꿀과 같이 단 두루마리/3:1-3

2) 임무를 명령 받은 에스겔/3:4-27

(1) 이마가 굳고 마음이 강퍅한 이스라엘 족속/3:4-11
(2) 여호와의 권능/3:12-15
(3) 이스라엘 족속의 파수꾼/3:16-21
(4) 침묵의 시간/3:22-27

제 2 부 : 유다에 임할 심판/4:1-24:27

1. 심판에 대한 네 가지 상징/4:1-5:17

1) 박석(薄石 ▸ 개정, 토판)의 상징/4:1-3
2) 누운 자세의 상징/4:4-8
3) 곡식으로 만든 떡의 상징/4:9-17

(1) 390 일 동안 먹음/4:9-11
(2) 인분으로 구운 부정한 떡/4:12-14
(3) 쇠똥으로 구운 부정한 떡/4:15
(4) 떡과 물이 결핍(缺乏▸부족)/4:16-17

4) 칼과 터럭의 상징/5:1-4
5) 상징에 대한 해설/5:5-17
(1) 여호와의 규례(規例)를 행하지 않는 이스라엘/5:5-12
(2) 기근(饑饉)과 악(惡)한(개정, 사나운) 짐승과 온역(瘟疫▸개정, 전염병)과 살육의 칼의 징계/5:13-17

2. 심판에 대한 두 가지 메시지/ 6:1-7:27

1) 임박한 심판의 원인/6:1-14
(1) 이스라엘 산들에 대한 예언 : 산당(山堂)의 파멸/6:1-7
(2) 이방 중에 남아 있는 자들에 대한 구원/6:8-10
(3) 땅에 대한 심판 : 심판 받을 우상 숭배자들/6:11-14

2) 임박한 심판의 정도/7:1-27
(1) 여호와의 진노/7:1-4
(2) 임박한 바벨론의 침공/7:5-22
(3) 포로 되어 갈 것을 예고/7:23-27

3. 심판에 대한 4 가지 환상/8:1-11:25

1) 하나님의 영광에 대한 환상/8:1-4
(1) 주 여호와의 권능이 임함/8:1-2
(2) 이스라엘 하나님의 영광/8:3-4

2) 우상들로 더렵혀진 성전에 대한 이상/8:5-18
(1) 투기(妬忌)의 우상/8:5-6
(2) 벽에 그려진 우상/8:7-12
(3) 담무스를 위한 애곡/8:13-14
(4) 동방(東方▸개정, 동쪽) 태양 숭배/8:15-18

3) 우상 숭배자들의 살육에 대한 이상/9:1-11

(1) 성읍(城邑)을 관할(管轄)하는 자들을 부르심/9:1-3
(2) 모든 가증한 일로 인하여 탄식하며 우는 자의 구원과 우상 숭배자의 살육/9:4-7
(3) 에스겔의 애곡/9:8
(4) 이스라엘과 유다 족속의 죄악/9:9-11

4) 성전에 임하신 하나님의 영광/10:1-22

(1) 불에 태워질 예루살렘의 환상/10:1-8
(2) 바퀴들과 그룹에 대한 환상/10:9-22

5) 부패한 지도자들에 대한 형벌/11:1-25

(1) 악한 방백(方伯▸개정, 고관)의 형벌/11:1-4
(2) 이스라엘 족속의 형벌/11:5-13
(3) 남은 자들의 회복에 대한 약속/11:14-21
(4) 하나님의 영광이 떠남/11:22-25

4. 유다에 대한 상징과 비유와 메시지/12:1-24:28

1) 포로에 대한 상징적 행위/12:1-20

(1) 에스겔의 상징적 이상/12:1-15
(2) 이스라엘의 몇몇 남은 사람들/12:16
(3) 예루살렘의 황폐함/12:17-20
(4) 더디지 않을 여호와의 말씀/12:21-28

2) 거짓 선지자들에 대한 메시지/13:1-23

(1) 거짓 선지자들에 임할 심판/13:1-16
(2) 거짓 여선지자들에게 임할 심판/13:17-23

3) 장로들에 대한 메시지/14:1-23

(1) 우상 숭배자들에 대한 정죄/14:1-11
(2) 예루살렘 멸망의 확실성/14:12-23

4) 열매 없는 포도나무에 대한 비유/15:1-8

(1) 포도나무의 가지의 용도/15:1-5
(2) 불에 던질 화목(火木▸개정, 땔감) 같은 예루살렘 주민/15:6-8

5) 결혼에 대한 비유/16:1-63

(1) 예루살렘에 대한 하나님의 은혜/16:1-14

(2) 행음(行淫)하는 여자가 된 이스라엘/16:15-34

(3) 심판 받을 이스라엘/16:35-59

(4) 영원한 언약에 대한 약속/16:60-63

6) 수수께끼와 비유/7:1-24

(1) 두 마리 독수리에 대한 비유/17:1-10

① 날개가 크고 깃이 길고 털이 숱한 큰 독수리 / 17:1-6

② 날개가 크고 털이 많은 큰 독수리 / 17:7-10

(2) 시드기야 왕의 배반으로 인한 죽음/17:11-21

(3) 백향목의 비유/17:22-24

7) 개인적 범죄와 개인적 심판에 대한 메시지/18:1-32

(1) 각기 자기의 죄로 죽음/18:1-20

(2) 각 사람이 그 행위대로 심판 받음/18:21-32

8) 이스라엘 방백들을 위한 애곡/19:1-14

(1) 두 마리의 사자의 비유/19:1-9

(2) 마른 포도나무에 대한 비유/19:10-14

9) 예루살렘에 임할 심판에 대한 메시지/20:1-24:27

(1) 이스라엘에 자비를 베푸신 하나님 : 과거 이스라엘과 하나님과의 관계에 대한 고찰/20:1-32

(2) 약속의 땅에 세워질 이스라엘 : 이스라엘의 회복에 대한 메시지/20:33-44

(3) 적군의 침략에 대한 예언 : 예루살렘에 임할 심판에 대한 상징/20:45-49

(4) 하나님의 칼의 비유 : 예루살렘에 임할 심판에 대한 메시지/22:1-27

(5) 암몬 족속에게 임할 심판/21:28-32

(6) 예루살렘에 임할 심판에 대한 비유/22:1-24:27

① 이스라엘의 악행들 / 22:1-16

② 풀무 속에 찌끼 같은 이스라엘 / 22:17-22

③ 지도자와 백성들의 죄 / 22:23-31
④ 행음하는 오홀라와 오홀리바 / 23:1-21
⑤ 바벨론의 침공 / 23:22-35
⑥ 오홀라와 오홀리바의 심판 / 23:36-49
⑦ 끓는 가마의 비유 / 24:1-14
⑧ 에스겔의 아내의 죽음을 통한 상징 / 24:15-27

제 3 부 : 열방들에 임할 심판/25:1-32:32

1. 암몬 족속에 대하여/25:1-7

1) 암몬 족속에 대한 예언/25:1-3
2) 암몬 족속의 멸망/25:4-7

2. 모압 족속에 대하여/25:8-11

1) 모압과 족속에 고함/25:8
2) 모압 족속에 대한 형벌/25:9-11

3 에돔 족속에 대하여/25:12-14

1) 에돔 족속의 범죄/25:12
2) 에돔 족속에 대한 복수/25:13-14

4. 블레셋 사람에 대하여/25:15-17

1) 블레셋 사람에 대한 진멸/25:15
2) 여호와의 분노의 책벌/25:16-17

5. 두로에 대하여/26:1-28:19

1) 두로의 멸망/26:1-21
2) 두로에 대한 애가/27:1-36
3) 두로 왕의 교만과 멸망/28:1-19

6. 시돈에 대하여/28:20-26

1) 시돈에 대한 예언/28:20-21
2) 시돈에 대한 심판/28:22-26

7. 애굽에 대하여/29:1-32:32

1) 심판의 확실성/29:1-21

(1) 애굽의 황폐/29:1-16
(2) 느부갓네살에게 점령당하는 애굽/29:17-20
(3) 이스라엘을 위한 자비의 약속/29:21

2) 애굽과 그 동맹국들의 파멸/30:1-26

(1) 구스와 붓과 룻과 모든 섞인 백성과 굽과 및 동맹한 땅의 백성들/30:1-9
(2) 바벨론 왕 느부갓네살의 손/30:10-19
(3) 바벨론 왕의 팔과 바로의 팔/30:20-26

3) 앗수르와 애굽의 비교/31:1-18

(1) 애굽 왕 바로와 앗수르 사람의 비교/31:1-9
(2) 앗수르의 교만과 멸망/31:10-17
(3) 바로와 그 모든 군대의 멸망/31:18

4) 애굽 왕 바로의 패망에 대한 애가/32:1-32

(1) 바로의 패망에 대한 애가/32:1-16
(2) 애굽의 국권이 떨어짐에 대한 애가/32:17-32

제 4 부 : 이스라엘의 회복/33:1-48:35

1. 파수꾼으로 임명된 에스겔/33:1-33

1) 파수꾼의 중대한 사명인 경고/33:1-6
2) 이스라엘 족속의 파수꾼으로 삼은 임무/33:7-9
3) 공의로 다루시는 하나님/33:10-20
4) 예루살렘 함락(陷落)의 소식/33:21-22
5) 말씀을 듣고도 준행하지 않는 자에 대한 경고/32:23-33

2. 이스라엘의 목자들/34:1-31

1) 거짓 목자들/34:1-10
2) 선한 목자이신 하나님/34:11-31

3. 에돔의 황폐/35:1-15

1) 에돔에 대한 예언/35:1-9
2) 에돔 온 땅의 황폐/35:10-15

4. 이스라엘의 회복/36:1-37:28

1) 이스라엘과 맺은 새 언약/36:1-38
(1) 이스라엘의 귀환/36:1-15
(2) 예증된 대속의 원리/36:16-38

2) 이스라엘의 부흥/37:1-28
(1) 마른 뼈의 환상/37:1-10
(2) 환상에 대한 해석/37:11-14
(3) 이스라엘과 유다 민족의 통일/37:15-28

5. 곡과 마곡에 대한 예언 : 마지막 전쟁(계 20:7-10)/38:1-39:29

1) 곡의 침략/38:1-16
2) 여호와의 진노/38:17-23
3) 로스와 메섹과 두발 왕의 파멸/39:1-24
4) 이스라엘의 회개와 회복/39:25-29

6. 새 예루살렘 성전의 투시도/40:1-43:27

1) 측량하는 장대를 가진 자/40:1-4
2) 바깥뜰과 세 문들/40:5-27
(1) 동향한 문/40:5-16
(2) 바깥뜰/40:17-19
(3) 북향한 문/40:20-23
(4) 남향한 문/40:24-27

3) 안뜰과 세 문들과 방(房)/40:28-46
(1) 안뜰의 남문/40:28-31
(2) 안뜰의 동문/40:32-34
(3) 안뜰의 북문/40:35-37
(4) 번제물을 씻는 방(房)과 번제와 속죄제와 속건제의 희생을 잡는

상(床)/40:38-43

(5) 제사장들의 방/40:44-46

4) 성전 건물/40:47-41:26

(1) 성전 뜰의 측량/40:47

(2) 안뜰의 성전문 현관/40:48-49

(3) 성소의 내부의 측량/41:1-15

① 성소의 문벽과 문통 / 41:1-4

② 지성소의 벽과 골방 / 41:5-11

③ 서편 뜰 뒤의 건물 / 41:12

④ 성전의 외부 / 41:13-15

4) 성전 내부 장식/41:16-26

5) 성전 곁의 건물들/42:1-20

(1) 안뜰 내의 방들/42:1-14

(2) 성전의 담/42:15-20

6) 성전에 가득한 여호와의 영광/43:1-27

(1) 이스라엘 하나님의 영광/43:1-12

(2) 번제단의 측량/43:13-17

(3) 제단 봉헌에 대한 규례/43:18-27

7. 하나님의 영광의 재현 : 새 예배/44:1-46:24

1) 여호와의 성전에 가득한 여호와의 영광/44:1-8

(1) 왕을 위한 문/44:1-4

(2) 성전에 가득한 여호와의 영광/44:5-8

2) 제사장직에 관한 여러 가지의 규례들/44:9-31

(1) 우상 숭배한 자들에 대하여/44:9-14

(2) 사독의 자손 레위 사람 제사장들에 대하여/44:15-31

3) 여호와께 드릴 예물/45:1-25

(1) 여호와께 드릴 거룩한 땅/45:1-8

(2) 지도자들의 유의 사항과 하나님께 드릴 예물/45:9-12

(3) **성회와 절기를 위한 예물/45:13-25**

4) 제사법에 대한 규례/46:1-24

(1) **안식일과 월삭(月朔▶개정, 초하루)과 아침마다 드리는 제물들/46:1-15**

(2) **왕이 지킬 규정들/46:16-18**

(3) **제물을 준비하는 장소들/46:19-24**

8. 새 예루살렘 성의 기업 : 거룩한 새 땅/47:1-48:35

1) 성전 문 밑에서 흘러나오는 생명수 : 땅에 생명을 주는 강/47:1-12

2) 땅의 경계선/47:13-23

3) 여호와 삼마 : 이스라엘의 기업/48:1-35

(1) **일곱 지파의 땅 분배/48:1-7**

(2) **성소로 삼을 땅/48:8-9**

(3) **레위족 제사장들의 기업/48:10-20**

(4) **왕의 기업/48:21-22**

(5) **다섯 지파의 땅 분배/48:23-29**

(6) **성읍의 출입구 : 열두 지파의 문/48:30-34**

(7) **성읍의 이름은 여호와 삼마(여호와가 거기 계시다)/48:35**

다니엘

¤ 개관

본서의 저자에 대해서는 본서 자체가 다니엘이라고 증거하고 있다(단 9:2; 10:2). 예수께서도 이 책의 저자를 다니엘이라고 인정하셨다. 예수님은 단 9:27; 11:31; 12:11을 인용하시면서, "너희가 선지자 다니엘이 말한 바 멸망의 가증한 것이 거룩한 곳에 선 것을 보거든"(마 24:15)이라고 말씀하셨다.

이 책은 BC 539년 고레스에 의한 바벨론 함락 직후인 BC 530년에 완성된 것으로 보인다. BC 626년 앗수르 제국에 반기를 든 바벨론은 612년에 앗수르의 니느웨를 함락시켰다. 또한 BC 605년에는 애굽마저 정복함으로써 명실공히 강대국으로 부상하였다.

바벨론 포로로 끌려간 다니엘은 줄곧 선지자와 정부의 관리로서 활동하였으며, 그의 이런 활약은 바벨론이 메대와 바사에 의해 정복될 때까지도 계속되었다. 그의 예언 활동은 유다뿐만 아니라 바벨론, 바사 등 이방을 향한 것이기도 했다. 다니엘은 에스겔과 마찬가지로 느부갓네살의 침략 때 바벨론으로 포로 되어 갔다. 그는 포로였지만 여호와 하나님만을 섬겼고 후에는 최고의 권력자가 되었다.

본서의 중심 메시지는 "하나님은 역사와 우주를 통치하는 대주재자(大主宰者)이시다."라는 것이다. 이 세상 모든 나라는 하나님의 섭리와 지배를 받고 있으며 후에는 영원한 나라가 세워진다는 것이다.

본서의 주제는 하나님의 절대 주권이다. 하나님은 역사(歷史)의 지배자가 되시고 절대 주권자가 되신다. 그 앞에 어느 누구도 거스르거나 역행할 수 없다. 다니엘의 환상은 언제나 이와 같은 면을 높이 부각시킨다 (단 7:11, 26, 27; 8:25; 9:27; 11:45; 12:13).

본서는 구성상 역사적 진술(1-6장)과 묵시학적 자료(7-12장)로 구성되어 있다. 후자(7-12장)는 신학적 내용에 있어서 주로 종말론적이며 상징적이고 환상적이고 예언적인 문학 작품을 가리킨다. 묵시 문학은 기본적으로 하나님의 백성을 격려하기 위한 것이다. 하나님의 선지자들의 사역의 급선무는 하나님의 백성들에게 하나님의 언약을 상기시킴으로써 낙심치 않게 하는 것이었다.

¤ 내용 분해

제 1 부 : 다니엘의 이력/1:1-21

1. 바벨론으로 유배된 다니엘/1:1-7

1) 유다 왕 여호야김 3년/1:1-2

(1) 바벨론 왕 느부갓네살의 포로/1:1

(2) 여호와의 작정/1:2

2) 이스라엘 자손 중 왕족과 귀족의 몇 사람/1:3-7

(1) 3 년을 기름/1:3-5

(2) 다니엘(벨드사살), 하나냐(사드락), 미사엘(메삭), 아사랴(아벳느고)/ 1:5-6

2. 다니엘의 신앙적 헌신/1:8-16

1) 뜻을 정한 다니엘/1:8-10

(1) 이방의 제물로 자기를 더럽히지 않으려 함/1:8

(2) 하나님의 은혜와 긍휼/1:9-10

2) 열흘의 시험/1:11-16

(1) 채식과 왕의 진미의 시험/1:11-14

(2) 시험의 결과/1:15-16

3. 다니엘의 탁월한 지혜와 평판/1:17-21

1) 하나님이 주신 지혜와 지식/ 1:17

2) 지혜와 총명이 온 나라의 박수와 술객(術客)보다 10 배나 나음/1:18-21

제 2 부 : 열방들에 대한 예언/2:1-7:28

1. 느부갓네살의 꿈/2:1-49

1) 느부갓네살이 꿈을 꿈/2:1-13

(1) 느부갓네살 왕 2년에 꿈을 꿈/2:1-2

(2) 갈대아 술사와 왕/2:3-13

① 갈대아 술사들이 꿈을 해석하지 못함 / 2:3-9

② 육체와 함께 살지 아니하는 신들 / 2:10

③ 왕의 진노 / 2:11-13

2) 꿈과 그 해몽을 계시하시는 하나님/2:14-49

(1) 기한을 얻어 지혜를 구하는 다니엘/2:14-18

(2) 다니엘에게 나타난 은밀한 환상/2:19-24

(3) 꿈을 해석하는 다니엘/2:25-49

① 오직 은밀한 것을 나타내실 이는 하늘에 계신 하나님 / 2:25-30

② 큰 신상(神像)의 꿈 / 2:31-35

③ 지상(地上)의 네 왕국 / 2:36-43

④ 하나님의 영원한 왕국 / 2:44-45

⑤ 다니엘을 높인 왕 / 2:46-49

2. 느부갓네살의 교만과 금신상/3:1-30

1) 두라 평지에 세운 금신상(金神像)/3:1-7

2) 금신상에 절하지 않는 다니엘의 세 친구/3:8-30

(1) 갈대아 사람들이 유다 사람들을 참소/3:8-12

(2) 세 친구의 신앙적 절개/3:13-18

(3) 결박되어서 풀무 불에 던져진 사드락과 메삭과 아벳느고/3:19-23

(4) 풀무 불 속의 네 사람/3:24-25

(5) 지극히 높으신 하나님의 종/3:26-27

(6) 사드락과 메삭과 아벳느고의 하나님을 찬양/3:28-30

3. 큰 나무에 관한 느부갓네살의 꿈/4:1-37

1) 큰 나무를 본 느부갓네살의 꿈 / 4:1-27

(1) 천하에 내린 왕의 조서/4:1-3

(2) 느부갓네살의 꿈과 거룩한 신들의 영이 있는 다니엘/4:4-18

(3) 그 꿈을 해석한 다니엘/4:19-27

2) 꿈의 성취와 느부갓네살의 회복/4:28-37

(1) 느부갓네살이 사람에게 쫓겨남/4:28-33

(2) 기한이 차서 회복된 느부갓네살/4:34-36

(3) 느부갓네살이 하늘의 왕을 찬양/4:37

4. 벨사살 왕과 벽의 글씨/5:1-31

1) 성소 기구를 더럽힌 벨사살/5:1-4

2) 왕궁 분벽(粉壁 ▸개정, 석회벽)에 쓰여진 글자/5:5-9

3) 다니엘에 의한 글자의 해석/5:10-29

(1) 거룩한 신들의 영이 있는 사람/5:10-12
(2) 왕의 상금/5:13-16
(3) 다니엘의 왕의 상금 거부/5:17
(4) 지극히 높으신 하나님/5:18-21
(5) 왕의 모든 길을 작정하시는 하나님/5:22-23
(6) 기록한 글자의 해석/5:24-28
(7) 나라의 세 번째 치리자(治理者▸개정, 통치자)/5:29

4) 갈대아 왕 벨사살의 죽음과 메대 사람 다리오 왕/5:30-31

(1) 갈대아 왕 벨사살의 죽음/5:30
(2) 메대 사람 다리오의 바벨론 정복/5:31

5. 다리오 왕의 금령(禁令)/6:1-28

1) 메대와 바사의 총리가 된 다니엘/6:1-9

(1) 다니엘의 충성/6:1-4
(2) 총리와 방백(方伯▸개정, 고관)들의 음모/6:5-9

2) 기도하는 다니엘과 참소/6:10-15

(1) 전에 행하였던 대로 하나님께 감사의 기도/6:10
(2) 무리들의 참소/6:11-15

3) 사자 굴에 던져진 다니엘/6:16-28

(1) 다니엘과 왕/6:16-18
(2) 다니엘의 무죄/6:19-23
(3) 참소한 자들이 사자 굴에 던져짐/6:24
(4) 다니엘의 하나님/6:25-27
(5) 다니엘의 형통/6:28

6. 네 짐승에 대한 다니엘의 환상/7:1-28

1) 환상을 통한 계시/7:1-14

(1) 네 짐승/7:1-8
(2) 옛적부터 항상 계신 이/7:9-14
① 항상 계신 이의 모습 / 7:9-10

② 짐승의 죽음과 정한 시기 / 7:11-12
③ 인자 같은 이와 옛적부터 항상 계신 이 / 7:13
④ 인자에게 주어진 권세 / 7:14

2) 환상의 해석/7:15-28

(1) 네 짐승에 대한 해석/7:15-22
(2) 넷째 짐승에 대한 해석/7:23-28

제 3 부 : 이스라엘에 대한 예언/8:1-12:13

1. 숫양과 숫염소에 대한 환상/8:1-27

1) 환상을 통한 하나님의 계시/8:1-12

(1) 숫양의 환상/8:1-4
(2) 숫염소의 환상/8:5-8
(3) 작은 뿔의 환상/8:9-12

2) 핍박의 기간/8:13-14
3) 환상의 해석/8:15-27

(1) 환상의 내용/8:15-19
(2) 숫양의 정체 해석/8:20
(3) 숫염소와 계승자에 대한 해석/8:21-22
(4) 작은 뿔에 대한 해석/8:23-25
(5) 다니엘에게 미친 영향/8:26-27

2. 다니엘의 칠십 이레에 관한 환상/9:1-27

1) 이스라엘의 회복에 대한 예레미야의 예언/9:1-2
2) 그의 백성을 위하여 기도하는 다니엘/9:3-19
3) 가브리엘 천사의 출현과 예언에 대한 해석/9:20-23
4) 칠십 이레에 관한 예언/9:24-27

3. 이스라엘의 장래에 관한 환상/10:1-12:13

1) 다니엘의 각오/10:1-21

(1) 환상을 본 때/10:1-4
(2) 영광스러운 사자(使者)의 환상/10:5-9
(3) 격려하여 다니엘에게 힘을 주는 사자(使者)/10:10-21

2) 열국들의 역사에 대한 예언/11:1-35

(1) 바사(페르시아)의 통치/11:1-2
(2) 헬라 제국의 통치/11:3-4
(3) 남방 왕과 북방 왕의 전쟁/11:5-35

3) 이스라엘의 운명에 대한 계시/11:36-12:3

(1) 자기 뜻대로 행하는 왕에 대한 예언/11:36-45
① (앗스르 왕 안티오쿠스 에피파네스의 유대교 박해) / 11:36-39
② (로마 제국의 발흥과 기독교 박해) / 11:40-45

(2) 대(大)환난의 때 (십자가의 죽음▶마 27:50)/12:1
(3) 죽은 자의 부활 (예수의 부활 후▶마 27:51-53)/12:2
(4) 복음의 전파 (마 27:54-28:20)/12:3

4) 다니엘이 받은 최후의 예언 : 환상에 대한 결론/12:4-13

(1) 인봉한 책/12:4
(2) 환난의 시기에 관한 대화/12:5-13
① 두 천사의 대화 / 12:5-7
② 다니엘의 질문과 세마포 옷을 입은 자 곧 강물 위에 있었던 천사의 대답 / 12:8-13

호세아

¤ 개관

본서의 저자는 전통적으로 호세아라고 인정되어 왔다. 그는 이사야와 동시대에 북왕국 이스라엘에서 활동해 왔다. 이것은 그가 사마리아 왕을 "우리의 왕"(호 7:5)이라고 부른 점에서 잘 드러난다. 그는 고멜이란 여인과 결혼하도록 하나님의 지시를 받았다.

호세아의 가정 생활은 하나님에 대하여 신실치 못한 이스라엘 백성들의 생활을 정확히 극화한 표본이 된다. 반세기에 걸친 예언 활동을 통해 그는 삼중의 메시지를 반복해서 선포하였다. 즉, 하나님은 죄를 싫어하시며 그의 심판은 확실하다는 것, 또한 그의 신실하신 사랑은 변함이 없다는 것이다 .

호세아는 북왕국의 비극적인 종말기에 예언 활동을 했다. 그 기간 동안에 여섯 명의 왕들이 25 년 간을 지배하였다(왕하 15:8-17:41). 4 명의 왕들은 그들이 왕직에 앉아 있을 때, 그들의 후계자들에 의해 살해당했다. 그리고 한 명(호세아 왕)은 싸움터에서 포로 되었으며, 오직 한 사람(므나헴)만이 그의 아들에게 왕위를 양도할 수 있었다.

본서의 전반부는 선지자 호세아의 비극적인 가정 생활을 상징함으로써 시작된다. 그것은 그의 백성을 향한 하나님의 메시지를 전파하려는 목적에서 비롯된 것이다. 하나님은 호세아에게 음란한 여인 고멜과 결혼하라고 하셨다.

그리고 그는 여인의 계속적인 부정에도 불구하고 그녀를 계속 사랑하라는 명령을 받는다. 이것은 하나님께서 이방의 우상을 섬기던 그의 백성들을 얼마나 사랑하시는가를 단적으로 보여 준다. 뿐만 아니라 이스라엘은 열방 의 존사상과 물질주의로 팽배해 있었다. 하나님은 이것들에 대해 신랄하게 심판을 가하시지만 그 심판의 근거는 어디까지나 사랑과 구원이었다.

호세아는 패역한 이스라엘 10 지파를 상대로 하나님의 은혜와 사랑과 자비를 전파하였다. 그의 사역의 주된 목적은 하나님의 이스라엘에 대한 "그럼에도 불구하고 사랑"을 보여 주는 데 있다. 그는 범죄한 이스라엘을 남편에게 부정한 아내인 고멜에 비유했다. 하지만 남편 된 하나님은 그의 택하신 백성들을 버리지 아니하시고 오히려 사랑으로 감싸 주신다.

¤ 내용 분해

제 1 부 : 음란한 아내와 진실한 남편/1:1-3:5

1. 호세아에게 임한 여호와의 말씀/1:1-2:1

1) 브에리의 아들 호세아에게 임한 여호와의 말씀/1:1

2) 호세아의 결혼에 대한 하나님의 명령/1:2-2:1

(1) 호세아와 고멜과의 예언적 결혼/1:2

(2) 그들의 자녀들/1:3-9

① 디블라임의 딸 고멜의 잉태(孕胎▶개정, 임신) / 1:3

② 아들 이스르엘(하나님의 뿌리심) / 1:4-5

③ 딸 로루하마(긍휼히 여김을 받지 못하는 자) / 1:6-7

④ 아들 로암미(내 백성이 아니라) / 1:8-9

(3) 이스라엘에 대한 소망의 메시지/1:10-2:1

2. 음란한 이스라엘에 대한 벌(罰)과 여호와의 은총(恩寵)/2:2-3:5

1) 이스라엘의 음행(淫行)과 형벌/2:2-13

(1) 이스라엘의 영적 음란/2:2-7

(2) 여호와의 형벌/2:8-13

2) 이스라엘의 회복/2:14-3:5

(1) 이스라엘의 남편 여호와/2:14-20

(2) 내 백성이 아닌 자에 대한 긍휼/2:21-23

(3) 고멜을 위한 구속(救贖)/3:1-5

제 2 부 : 이스라엘의 불신과 그에 대한 심판/4:1-10:15

1. 이스라엘의 영적 간음/4:1-19

1) 이스라엘의 범죄/4:1-8

(1) 백성의 죄/4:1-3

(2) 제사장들의 죄/4:4-8

2) 모든 사람들에 대한 심판/4:9-19

(1) 음란한 마음/4:9-12

(2) 이스라엘의 우상 숭배/4:13-19

2. 이스라엘에 대한 심판/5:1-10:15

1) 이스라엘이 받을 심판/5:1-6:3

(1) 왕들과 제사장들에 대한 심판/5:1-7

(2) 에브라임과 유다의 비극적인 외교 정책/5:8-14

(3) 이스라엘 최후의 회복/5:15-6:3

2) 회개를 거부하는 이스라엘/6:4-8:14

(1) 고의적 언약 위반/6:4-7

(2) 이스라엘의 범죄/6:8-11

(3) 회개에 대한 고의적 거부/7:1-7

(4) 이스라엘의 비극적인 외교 정책/7:8-16

(5) 언약을 어기고 율법을 범함/8:1-3

(6) 이스라엘의 우상 숭배와 악한 동맹/8:4-14

3) 이스라엘을 향한 하나님의 심판/9:1-10:15

(1) 임박한 심판의 날/9:1-9

(2) 이스라엘의 배교/9:10-17

(3) 이스라엘의 심판/10:1-15

① 벧아웬의 송아지에 대한 예언 / 10:1-8

② 기브아에서의 죄 / 10:9-10

③ 이스라엘의 형벌 / 10:11-15

제 3 부 : 이스라엘을 향한 하나님의 사랑/11:1-14:9

1. 하나님의 사랑/11:1-12

1) 사랑의 줄/11:1-4

(1) 사랑의 하나님을 거부/11:1-2
(2) 지식이 없는 이스라엘/11:3-4

2) 하나님의 긍휼/11:5-12

(1) 탄식하시는 여호와 하나님/11:5-11
(2) 하나님 곧 신실하시고 거룩하신 자에 대하여 정(定)함이 없음/11:12

2. 이스라엘의 계속적인 범죄/12:1-13:16

1) 하나님께로 돌아오라/12:1-14

(1) 에브라임의 악행/12:1-6
(2) 에브라임의 수치/12:7-14

2) 공의의 하나님/13:1-16

(1) 악한 송아지의 숭배/13:1-3
(2) 피할 길 없는 파멸/13:4-13
(3) 음부(陰府▸개정, 스올)의 권세(權勢)에서 속량(贖良)하며 사망(死亡) 에서 구속(救贖)하심/13:14
(4) 멸망을 집행하시는 하나님/13:15-16

3. 회복에 대한 하나님의 약속/14:1-9

1) 말씀을 가지고 여호와께 돌아가자/14:1-3

(1) 우리의 입술을 드리자/14:1-2
(2) 주께로 말미암은 긍휼을 얻자/14:3

2) 여호와의 도(道)/14:4-9

(1) 하나님의 진노(震怒)가 떠남/14:4-8
(2) 지혜와 총명이 있는 의인과 도(道)에 넘어지는 죄인/14:9

요 엘

¤ 개관

구약 성경에는 '요엘'이란 이름이 비록 12 번 나오지만, 이 이름들은 요엘서와 아무 관계가 없다. 요엘서와 사도행전 2:16을 제외하고는 어느 곳에서도 저자 요엘에 대한 언급이 없다. 그에 대한 성경 외의 증거는 믿을 수가 없다. 그의 아버지 브두엘도 역시 알려져 있지 않다(욜 1:1). 유다와 예루살렘에 대한 그의 관심으로 볼 때, 그는 유대 지역에서 살았던 것으로 보인다.

본서는 간단한 책이지만 주의 날이 가까웠다는 결정적인 주제를 다루고 있다. 주의 날은 하나님을 대적한 백성과 열방에 대한 심판의 때를 말한다. 그러나 하나님을 신뢰하는 백성들에게는 구원의 축복의 때이다. 본서는 대부분 재앙에 대한 주제를 다루고 있다. 그러나 하나님의 백성들에게 이것들은 모두 장차 받을 약속에 대한 서곡에 지나지 않는다.

요엘 선지자의 예언은 전무후무한 메뚜기의 내습이 있을 것이라는 것이다. 요엘의 예언 동기는 무서운 메뚜기 떼가 유다를 내습한 사실에서 찾아볼 수 있다. 이 엄청난 메뚜기의 내습은 유대인들이 바벨론에서 돌아온 후에 경험한 가장 큰 재앙이었다. 그는 이 사건을 적의 침입을 상징하는 것으로 해석하며 '여호와의 날'의 징조라 보며 요엘 선지자는 이 메뚜기의 내습을 여호와의 날의 상징으로 본다.

이러한 예언을 통해서 선지자는 유다와 예루살렘의 회개와 하나님과 그들의 사이의 언약 이행을 촉구한다. 이 무시무시한 사건을 앞두고 있는 하나님의 선민들이 이 사건을 피할 길은 오직 여호와께 돌아가는 것과 회개하는 것밖에 다른 길은 없다. 다른 측면에서 본서의 기록 목적은 '여호와의 날'의 양면성을 보여 주기 위함이라고 말할 수도 있다. 즉, 범죄한 자들에게는 그날이 심판의 날이지만, 회개하는 자들에게는 그날이 하나님께 돌아올 수 있는 기회의 날임을 보여 주기 위해 기록된 것이다. 회개 자복함으로 회복함을 입어야만 한다는 것이다.

¤ 내용 분해

제 1 부 : 과거의 여호와의 날/1:1-20

1. 메뚜기 재앙/1:1-12

1) 메뚜기 재앙으로 인한 땅의 황폐함/1:1-7

(1) 브두엘의 아들 요엘/1:1

(2) 땅이 황폐하게 되리라는 예언/1:2-4

2) 원수들의 침략을 보여 주는 환상/1:5-7

(1) 향락(享樂)에 빠진 백성들의 모습/1:5

(2) 침략자들의 모습/1:6-7

3) 이스라엘에 외치는 요엘 선지자/1:8-12

(1) 처녀와 약혼한 남편의 비유/1:8

(2) 이스라엘의 애곡의 이유/1:9-10

(3) 농부와 포도원을 다스리는 자들의 비유/1:11-12

2. 가뭄의 재앙/1:13-20

1) 이스라엘에 임할 황폐함/1:13-16

(1) 제사장들에게 보내는 경고/1:13-14

(2) 여호와 날의 황폐함/1:15-16

2) 장차 임할 여호와의 날의 비참한 상황과 선지자의 기도/1:17-20

(1) 장차 임할 여호와의 날의 비참한 상황/1:17-18

(2) 선지자의 비탄의 기도/1:19-20

제 2 부 : 다가올 여호와의 날/2:1-3:21

1. 임박한 여호와의 날/2:1-27

1) 유다를 향한 침략의 예고/2:1-11

(1) 여호와 날의 성격/2:1-3

(2) 여호와 날의 처참한 모습/2:4-11

2) 유다의 구원에 대한 약속/2:12-27

(1) 유다의 회개와 하나님의 긍휼/2:12-17

(2) 하나님의 응답과 약속/2:18-27

2. 최후의 여호와의 날/2:28-3:21

1) 주의 날 전에 있을 종말 사건들/2:28-32

(1) 성령의 부으심/2:28-29

(2) 크고 두려운 날 : 재림의 징조/2:30-31

(3) 여호와의 이름을 부르는 자는 구원을 얻음/2:32

2) 주의 날에 일어날 사건들/3:1-21

(1) 이방인들에 대한 심판/3:1-15

(2) 유다의 회복/3:16-21

아 모 스

¤ 개관

저자에 대해서는 전통적으로 아모스를 인정하고 있다. 그는 유다의 광야 지역인 드고아 출신이었다. 그는 이사야처럼 왕궁에 속한 선지자도 아니었고, 예레미야처럼 제사장도 아니었다. 그는 양 떼를 치고 뽕나무를 재배하면서 생계를 유지하는 사람이었다. 그는 양 떼를 돌보고 있는 동안에 하나님의 부르심을 받았다 .

아모스는 암 1:1과 암 7:10-13을 통해 유다의 웃시야 왕과 이스라엘 여로보암 2세 때인 8세기 중엽에 활동한 선지자임을 알 수 있다. 유다 왕 웃시야는 BC 791-740년 곧 50여 년 간을 다스렸다. 웃시야는 유다의 적을 물리치고 예루살렘의 성벽을 튼튼하게 증축했다. 그의 치세 동안 유다는 번성했고 한때 선지자 아모스의 영향으로 영적으로 견고하기까지 했다.

본서의 주제는 참 신앙에는 반드시 사회적, 종교적 정의가 수반되어야 한다는 것이다(암 5:24). 이러한 주제가 이스라엘 역사에 대입(代入)될 때 하나님의 공의가 실현될 수 있다는 것이다. 하나님은 자비로우시고 인내가 많으신 분이시지만 동시에 공의로우신 분이므로 죄를 그대로 묵과하실 수 없는 것이다.

아모스는 이를 예리하게 통찰한 나머지 백성들에게 회개를 촉구한다. 하나님의 사랑으로 초청한 아모스 선지자의 말을 거부한 자들은 멸망할 수밖에 없다. 여호와의 선지자가 기존의 종교 제도의 지도자와 갈등을 일으키는 것은 흔히 볼 수 있는 일이다.

예수께서는 사두개인들과 유대 제사장들로부터 심한 반대를 받으셨고, 결국은 십자가에 죽임을 당하셨다. 아모스에게 있어서 종교가 공의와 의로움으로 인도하지 않는다면 그것은 무가치한 것이다. 따라서 그의 주제는 "공법을 물같이 정의를 하수같이"이다.

이사야가 하나님의 거룩함을 강조했다면, 호세아는 하나님의 사랑을, 아모스는 하나님의 공의를 강조한다. 아모스는 하나님의 속성을 공의 혹은 정의로 파악하고, 또한 이것을 인간 도덕의 본질적인 요소라고 가르쳤다. 개인적인 죄는 하나님의 불꽃 같은 심판대 앞에서 심판 받고, 국가적인 죄는 국가적인 심판을 받는다. 세계 역사가 이를 증명하고 있다.

¤ 내용 분해

제 1 부 : 열방에 대한 구원/1:1-2:16

1. 드고아 목자 중 아모스/1:1-2

1) 아모스가 이스라엘에 대하여 묵시(默示 ▸ 개정, 이상으로) 받은 말씀/1:1

(1) 유다 왕 웃시야의 시대/1:1a

(2) 이스라엘 왕 요아스의 아들 여로보암 시대의 지진 전 2년/1:1b

2) 하나님의 심판 선언/1:2

2. 여덟 가지 예언/1:3-2:16

1) 다메섹에 대하여/1:3-5

(1) 다메섹의 서너 가지 죄/1:3a
(2) 다메섹에 대한 심판/1:3b-5

2) 가사에 대하여/1:6-8

(1) 가사의 서너 가지 죄/1:6a
(2) 가사에 대한 심판/1:6b-8

3) 두로에 대하여/1:9-10

(1) 두로의 서너 가지 죄/1:9a
(2) 두로에 대한 심판/1:9b-10

4) 에돔에 대하여/1:11-12

(1) 에돔의 서너 가지 죄/1:11a
(2) 에돔에 대한 심판/1:11b-12

5) 암몬에 대하여/1:13-15

(1) 암몬의 서너 가지 죄/1:13a
(2) 다메섹에 대한 심판/1:13b-15

6) 모압에 대하여/2:1-3

(1) 모압의 서너 가지 죄/2:1a
(2) 다메섹에 대한 심판/2:1b-3

7) 유다에 대하여/2:4-5

(1) 유다의 서너 가지 죄/2:4a
(2) 유다에 대한 심판/2:4b-5

8) 이스라엘에 대하여/2:6-16

(1) 이스라엘의 서너 가지 죄/2:6a
(2) 이스라엘에 대한 심판/2:6b-16

제 2 부 : 이스라엘에 대한 심판과 회복/3:1-9:15

1. 이스라엘에 대한 심판 : 세 가지 설교/3:1-6:14

1) 현재의 이스라엘(죄악) : 첫 번째 설교/3:1-15

(1) 심판을 받아야 할 이스라엘/3:1-10
(2) 이스라엘이 받을 심판/3:11-15

2) 과거의 이스라엘(부패) : 두 번째 설교/4:1-13

(1) 심판을 받을 만한 이스라엘/4:1-5
(2) 이스라엘에 예고되었던 심판/4:6-11
(3) 이스라엘이 받을 심판/4:12-13

3) 미래의 이스라엘(회개) : 세 번째 설교/5:1-6:14

(1) 심판을 받을 만한 이스라엘/5:1-15
(2) 이스라엘이 받을 심판/5:16-6:14

2. 이스라엘에 대한 환상과 회복/7:1-9:15

1) 메뚜기 떼의 환상/7:1-3

(1) 황충(蝗蟲▶개정, 메뚜기)의 재앙/7:1-2a
(2) 아모스의 기도와 여호와의 응답/7:2b-3

2) 불의 환상/7:4-6

(1) 불의 징벌(懲罰)/7:4
(2) 아모스의 기도/7:5
(3) 여호와의 응답/7:6

3) 다림줄의 환상/7:7-9

(1) 주의 손에 다림줄/7:7
(2) 다림줄로 달아 보심/7:8
(3) 이스라엘의 파멸/7:9

4) 벧엘의 제사장 아마샤와 아모스/7:10-17

(1) 아마샤가 이스라엘 왕 여로보암에게 아모스를 모함/7:10-11
(2) 아마샤가 아모스에게 이스라엘을 떠나기를 강요/7:12-13
(3) 아모스가 아마샤에게 여호와에게 사명 받음을 말함/7:14-15
(4) 아모스가 아마샤에게 예언 : 아마샤의 집안이 파멸됨/7:16-17

5) 과일 광주리의 환상/8:1-14

(1) 곧 썩어질 과일 : 이스라엘의 현재 모습과 미래의 운명을 보여 줌/8:1-3

(2) 긴박한 심판/8:4-14

① 속임수에 대한 심판 / 8:4-10

② 말씀의 기갈(飢渴)을 보내심 / 8:11-13

③ 우상에 대한 맹세자의 죽음 / 8:14

6) 부서지는 문설주의 환상/9:1-10

(1) 여호와 성전의 파괴/9:1a

(2) 피할 수 없는 여호와의 심판/9:1b-10

7) 이스라엘 회복에 대한 다섯 가지 약속/9:11-15

(1) 다윗의 무너진 천막(天幕▸개정, 장막)을 일으키심/9:11

(2) 만국(萬國)을 기업(基業)으로 얻게 하심/9:12

(3) 다윗 왕국의 영적 축복/9:13

(4) 영적 이스라엘의 회복/9:14

(5) 영원한 하나님의 나라의 삶/9:15

오바댜

¤ 개관

본서의 이름은 '오바댜'인데 그 이름 뜻은 '여호와의 종'이다. 대체로 히브리인들의 이름이 그 부모의 신앙과 소망의 표현인 것같이 아마 오바댜의 이름도 그 부모의 신앙 고백이라 할 수 있을 것이다. 오바댜의 이름이 구약에 12 명이나 등장하는데, 그중 어느 누구도 본서의 저자 오바댜와는 상관이 없다는 것이 일반적인 견해이다. 기록 연대와 장소에 대해서는 여러 가지 견해가 제시되었다.

오바댜는 에돔이 이스라엘의 적들과 동맹하여 예루살렘 약탈에 참여하는 역사적 상황을 본문 중에 암시하고 있다(옵 1:10-14). 예루살렘은 BC 9세기 중엽 여호람의 치세 중에 블레셋과 아람인들의 침략을 받았다. 에돔은 BC

587년, 586년에 예루살렘 함락 당시 바벨론을 포함한 여러 나라와 동맹을 맺었으며 그 성의 약탈에도 참여하였다(그러므로 오바댜의 예언 시기는 이때로 보는 것이 적절한 견해이다).

오바댜의 주요 주제는 형제 나라인 유다에 대해 거만하고 잔인하였던 에돔의 심판(멸망)에 대한 선포이다. 하나님의 백성 유다에 향한 에돔의 이 같은 죄악으로 인한 심판은 곧 만국(열방) 심판의 그림자(또는 모형)로서, 만국이 심판에 의해 본래 아무것도 없던 것같이 완전 멸망에로 들어가는 상태가 되듯이 애돔도 그렇게 심판 받게 된다는 것이다(15-16절).

하나님은 공의의 하나님이시기 때문에 무고히 억압 받는 자를 묵과하지 않으시고 그에게 부르짖는 자를 구원하시고 회복시키신다. 오바댜는 에돔의 운명을 선포하고 유대 땅의 회복을 예언하기 위한 목적을 가지고 기록하였다. 따라서 내용의 대부분이 에돔의 잔악한 행위와 그 결과로 인한 파멸, 그리고 어려움 가운데 놓여 있는 이스라엘에 희망과 용기를 불러일으키는 것이다.

¤ 내용 분해

제 1 부 : 에돔에 대한 심판/1:1-14

1. 에돔에 대한 심판의 예고/1:1-9

1) 오바댜의 묵시(默示)/1:1a

2) 에돔에 대한 여호와의 말씀/1:1b-9

(1) 열국 중에 에돔이 멸시당함/1:1b-2

(2) 에돔의 교만에 대한 함정/1:3-4

(3) 에돔의 멸망에 대한 예언/1:5-9

2. 에돔이 심판을 받아야 할 이유/1:10-14

1) 형제 유다에 대한 죄/1:10-12

2) 형제 유다에 대한 대적/1:13-14

제 2 부 : 에돔이 심판 받은 결과/1:15-21

1. 하나님을 대적하는 모든 이방 나라에 대한 심판/1:15-16

1) 만국을 벌할 때 에돔의 행한 대로 벌을 받음/1:15
2) 유다를 약탈한 것처럼 에돔도 약탈을 당하리라는 예언/1:16

2. 이스라엘의 회복/1:17-21

1) 이스라엘과 유다의 통일/1:17-18

(1) 시온 산에 있을 하나님의 백성/1:17
(2) 이스라엘과 유다의 통일 때 에돔의 철저한 멸망/1:18

2) 이스라엘에 대한 하나님의 구원/1:19-21

(1) 이스라엘의 잃어버린 땅의 회복/1:19-20
(2) 여호와의 통치/1:21

요 나

¤ 개관

본서의 저자가 누구인지를 본문에서 분명히 지적하고 있지만, 전통적으로 스불론에 속한 가드헤벨 출신의 아밋대의 아들 요나(욘 1:1)라고 전해 온다. 왕하 14:25에서 요나는 여호와의 말씀대로 여로보암 2세가 이스라엘 지경을 회복할 것을 예언하고 있다. 이 지경 회복은 여로보암 2세 통치 초기에 이루어졌다. 그리스도께서 요나의 저작 신빙성을 언급하셨다(마 12:39-41).

이스라엘은 여로보암 2세의 통치 하에서 번영을 구가하였다. 이 시기는 여러 해 동안의 침체되었던 분위기가 걷히고 민족적인 사기가 고조된 때였다. 이 시기에 앗수르의 세력은 약화되었고 그들의 잔학성은 옛 이야기가 되었다. 요나로 말미암은 니느웨의 회개는 아마도 아슈르단 3세(BC 773-755)시대로 니느웨 사람들이 요나의 심판 예언을 받아들이는 데 큰 작용을 했을 것이다.

이방인에 대한 하나님의 사랑은 비단 신약 성경에만 나타나 있는 것이 아니다. 하나님은 그리스도께서 오시기 이전 약 700 년 전에 이방인을 구원하시기 위하여 요나 선지자를 선교사로 부르셨다. 그러나 당시 유다의 독선적인 민족주의 때문에 하나님의 선지자들은 물론 그의 백성들까지도 하나님의 범세계적인 구원 의지를 덮어 가리우게 되었다 .

이 요나서야말로 모든 성경 중에서 하나님의 온 인류에 대한 사랑과 자비를 가장 명확하게 보여 준 책이라고 할 수 있다. 이로 보건대 이스라엘은 하나님께서 전체 피조물에 대하여 지대한 관심을 갖고 계신다는 것을 새롭게 깨닫고 자신의 역할을 온전히 감당해야 할 세계사적 사명이 있는 것이다.

¤ 내용 분해

제 1 부 : 이방 선교를 포기한 요나/1:1-2:10

1. 요나의 도피 과정/1:1-17

1) 소명과 심판의 이유/1:1-2
2) 요나의 도피 의지와 목적지/1:3
3) 초자연적 섭리를 통한 요나의 좌절/1:4-16
 (1) 큰 풍랑으로 인한 요나의 범죄 발각/1:4-11
 (2) 허물을 인정한 요나가 바다에 던져지다/1:12-16
4) 물고기 배 속에서의 3 일 간 체류/1:17

※ '뱃속'은 '배의 속'이 아니라 '마음속'을 뜻하므로 '배 속'으로 써야 맞음 - 사전 참조.

2. 요나의 회개 기도/2:1-10

1) 고난을 통해 자신의 범죄를 깨달음/2:1-9
2) 기도의 응답으로 구출됨/2:10

제 2 부 : 이방의 멸망을 희구한 요나/3:1-4:11

1. 니느웨의 심판 선언과 참회/3:1-10

1) 거듭된 소명에 순응한 요나/3:1-3

2) 니느웨에 대한 하나님의 심판/3:4-10

(1) 사십 일 후의 멸망을 선언/3:4
(2) 니느웨 전체의 회개와 각성 운동/3:5-9
(3) 하나님의 심판 철회/3:10

2. 인류의 구원을 바라시는 하나님의 간절한 마음/4:1-11

1) 하나님의 자비와 긍휼에 대한 요나의 불만/4:1-3

(1) 요나의 분노의 이유/4:1-2
(2) 하나님의 이방 구원 사역을 깨닫지 못한 요나/4:3

2) 박 넝쿨 사건을 통한 하나님의 자상한 깨우침/4:4-11

(1) 박 넝쿨과 벌레/4:4-7
(2) 뜨거운 동풍과 햇볕/4:8-10
(3) 이방에 대한 하나님의 구원 계획/4:11

미 가

¤ 개관

미가 선지자에 대해서는 본서와 예레미야 26:18에서 약간의 정보를 얻을 수 있을 뿐이다. 미가는 갓 지파에 속한 모레셋이라는 작은 마을 출신이며 호세아, 이사야와 동시대에 활동한 예언자이다. 그는 예루살렘의 탐욕스러운 부자와 방백들로부터 백성들을 보호하려고 애썼다. 그는 주로 남왕국에서 예언 활동을 했지만 북왕국 이스라엘에 대해서도 그 죄악을 책망하고 멸망을 예언했다.

미가는 유다의 여러 왕들인 요람, 아하스 그리고 히스기야가 통치했던 BC 750-686년 사이에 예언 활동을 했던 선지자이다. 미가는 BC 722-721년 사이에 발생한 사마리아의 멸망을 예언하였다. 미가와 동시대에 활동한 인물로는 북왕국의 호세아와 예루살렘의 이사야 선지자를 들 수 있다. 미가가 사역하는 동안 북왕국 이스라엘은 대내외적으로 점차 붕괴되어 갔으며, 마침내 BC 722년 앗수르에 멸망당하고 말았다.

앗수르 제국은 디글랏빌레셋 3세, 살만에셀 5세, 사르곤 2세, 산헤립의 통치를 거치면서 최대의 세력으로 성장했으며, 계속하여 유다를 위협했다. 그 당시 바벨론은 앗수르의 거대한 세력 그늘 아래 있었으므로 유다 백성들은 장차 바벨론으로 잡혀가리라는 미가의 예언을 믿지 않았을 것이다.

미가서의 중심 사상은, 심판에 대한 예언과 희망에 관한 예언 사이에 반복적으로 나타난다. 미가서의 주제는 하나님의 심판과 구원이다. 또한 하나님은 우상 숭배와 백성들 중에서 시행되는 부정을 싫어하는 한편, 통회하는 자를 용서하시기를 기뻐하신다는 것을 강조한다. 끝으로 미가는 시온이 이전의 어떤 영광보다도 더 큰 영광을 누리게 될 것이라고 선포한다.

¤ 내용 분해

제 1 부 : 심판의 예언/1:1-3:12

1. 모레셋 사람 미가에게 임한 여호와의 말씀/1:1

1) 유다 열왕 요담과 아하스와 히스기야 시대/1:1a
2) 사마리아와 예루살렘에 관한 묵시/1:1b

2. 이스라엘 백성에 대한 심판/1:2-2:13

1) 사마리아에 임박한 심판/1:2-8
2) 유다에 임박한 심판/1:9-16
3) 심판의 원인/2:1-11
 (1) 통치자들의 범죄/2:1-5
 (2) 참 선지자와 거짓 선지자/2:6-11
4) 미래의 회복에 관한 약속/2:12-13

3. 지도자들에 대한 심판/3:1-12

1) 치리자들에 대한 심판/3:1-4

2) 선지자들에 대한 심판/3:5-8
3) 미래의 심판에 관한 예언/3:9-12

제 2 부 : 이스라엘의 회복/4:1-7:20

1. 회복에 대한 예언/4:1-5:15

1) 그리스도의 왕국의 도래/4:1-5
2) 사로잡힌 자들을 구원/4:6-5:1
3) 메시야의 도래/5:2-15

(1) 메시야의 탄생/5:2
(2) 메시야가 받을 박해/5:3
(3) 메시야의 사역/5:4-15

2. 회개 촉구/6:1-7:20

1) 하나님의 첫 번째 변론/6:1-8

(1) 하나님의 변론/6:1-5
(2) 미가의 답변/6:6-8

2) 하나님의 두 번째 변론/6:9-7:6

(1) 하나님의 변론/6:9-16
(2) 미가의 답변/7:1-6

3) 최후의 구원에 대한 간구/7:7-20

(1) 여호와 하나님의 응답을 간구/7:7-13
(2) 여호와 하나님의 인도하심을 간구/7:14-17
(3) 여호와 하나님의 인자하심을 간구/7:18-20

나 훔

¤ 개관

본서는 '나훔의 묵시'(나 1:1)를 수록하고 있다. 그의 이름 뜻은 '위로'이며 이는 '여호와의 위로'라는 느헤미야와 관련이 있다. 그에 관해서는 고향이 엘고스라는 것 외에는 아무것도 알려져 있지 않으며, 그나마 이곳의 위치가 어디인지는 분명하지 않다. 16세기 전승에 의할 것 같으면 엘고스는 티그리스 강 유역의 니느웨 북쪽에 위치하는 이라크의 '알 쿠쉬'로 추정된다.

그러나 대부분의 보수주의 학자들은 유다 남부의 한 도시라 한다. 이러한 견해는 나훔이 유다의 선지자이며 유다의 승리에 관심을 가지고 있다는 점에서 지지를 받는다. 나 3:8-10에서 저자는, BC 663년에 일어난 '노아몬'(일반 역사에서는 Thebes를 가리킴)의 멸망을 과거사로 언급하고 있다. 그리고 본서 전체를 통해서 니느웨 멸망을 미래사로 언급하고 있다. 그러므로 본서는 BC 663년과 612년의 사이에 전파되고 기록된 것이라고 생각된다.

본서에서 언급되는 앗수르는 BC 722-721년에 이미 사마리아를 멸망시켰으며, 북왕국의 사람들을 포로로 잡아갔으며 유대인들에게도 위협적인 존재였었다. 요나는 일찍이 니느웨의 멸망을 예고한 바 있지만(욘 3:4), 그들이 회개함으로 잠시 동안 멸망을 피할 수 있었다. 그러나 오래지 않아 니느웨는 또다시 극도의 잔인함과 사악함으로 되돌아갔다. 이들은 마침내 BC 612년에 이르러 멸망되고 말았다.

본서의 주제는 이웃 나라에 대하여 무고히 압제하고, 우상 숭배한 니느웨에 대한 하나님의 심판이다. 또한 본서는 하나님의 우주성을 높이 드러내 보이고 있다. 그는 유다뿐만 아니라 모든 나라 민족들의 운명을 주관하고 계시는 분이시다.

¤ 내용 분해

제 1 부 : 니느웨 멸망의 선포/1:1-2:13

1. 여호와 심판의 일반적인 특성/1:1-8

1) 여호와의 보복/1:1-2

(1) 엘고스 사람 나훔의 묵시/1:1
(2) 여호와의 진노/1:2

2) 여호와의 심판하시는 능력/1:3-8

(1) 여호와의 권능/1:3-5
(2) 여호와의 공의/1:6-8

2. 니느웨의 멸망과 유다의 구원/1:9-2:13

1) 니느웨의 멸망/1:9-11

(1) 여호와의 대적의 멸절(滅絶)/1:9
(2) 거짓 선지자의 수용/1:10-11

2) 유다에 대한 구원의 선포/1:12-15

(1) 유다의 결박을 끊으심/1:12-13
(2) 우상 숭배자의 무덤의 예비/1:14
(3) 구원의 소식과 대적의 진멸(殄滅)/1:15

3) 포위되어 멸망당할 니느웨/2:1-13

(1) 성이 포위되는 광경/2:1-6
(2) 성이 약탈되는 장면/2:7-10
(3) 폐허가 된 니느웨/2:11-13

제 2 부 : 니느웨의 멸망의 이유/3:1-19

1. 니느웨의 멸망에 대한 필연성/3:1-11

1) 멸망의 원인/3:1-7

(1) 큰 죄악들/3:1-4

(2) **여호와의 대적/3:5-7**

2) **노아몬과의 비교/3:8-11**

(1) **무능하게 된 애굽/3:8-9**

(2) **결박된 애굽의 포로/3:10-11**

2. 멸망의 불가피성/3:12-19

1) **정복자들에 의한 멸망/3:12-15**

2) **악행으로 인한 멸망/3:16-19**

하박국

¤ 개관

하박국이란 이름은 '포옹하다'라는 뜻의 히브리 어 어근에서 파생되었다. 제롬은 그가 하나님을 뜨겁게 사랑했기 때문에, 혹은 하나님과 어려운 문제를 가지고 씨름했기 때문에 그 이름이 '포옹하는 자'로 불리게 되었다고 주장했다. 하지만, 저자에 대해 알려진 부분은 아무것도 없다. 다니엘서의 외경 첨가 자료인 '벨과 용'에서 사자 굴에 갇혀 있는 다니엘에게 음식을 갖다 주었다는 하박국의 이야기는 역사라기보다는 전설로 보는 것이 좋다.

본서는 여호야김이 유다를 통치하고 있을 당시의 예루살렘을 배경으로 하여 기록된 것으로 여겨진다. 여호야김은 므깃도에서 전사한 부왕 요시야의 뒤를 이어 오른 여호아하스가 애굽에 납치되어 가자 유다의 왕이 되었다. 그는 애굽 왕의 환심을 사기 위해 백성들로부터 부당한 세금을 거두어 들였으며 노동력을 착취했다. 이러한 학정을 못 이긴 백성들의 편에 서서 하박국 선지자는 하나님께 탄원하게 된 것이다.

본서의 역사적인 상황에 비추어 볼 때, 하박국서는 악한 갈대아인을 심판하시는 하나님의 의로우심을 기록함으로써 유다의 신실한 자들을 위로하는 목적을 가지고 있다. 다시 말해 의인에게는 하나님의 거룩하심과 의로우심 및 믿음의 필요성을 가르쳐 주는 동시에, 의인은 믿음으로 산다는 것을 가르쳐 주는 것이다.

본서는 일종의 신앙 변증서라고 할 수 있을 만큼 중요한 신학 사상을 담고 있는 책이다. 즉, 본서는 일반 성도들이 흔히 제기하는 문제를 포괄하고 있는데 이것이 믿음 안에서 해결 받고 승리한다는 것이다. 본서만큼 진지하고 힘있게 증거하고 있는 책은 구약 어디에서도 찾아볼 수 없다.

¤ 내용 분해

제 1 부 : 하나님과의 대화/1:1-2:20

1. 하박국의 묵시/1:1

1) 선지자 하박국/1:1a
2) 묵시로 받은 경고/1:1b

2. 하나님과의 대화/1:2-2:20

1) 첫 번째 질문 : 왜 하나님께서 불의를 그냥 두시는가?/1:2-4
 (1) 모든 종류의 악이 성행/1:2-3
 (2) 악인이 의인을 에워쌈/1:4

2) 첫 번째 답변/1:5-11
 (1) 바벨론을 일으킴/1:5-8
 (2) 악행을 일삼는 자/1:9-11

3) 두 번째 질문 : 왜 하나님께서는 더 악한 자를 사용하시는가?/1:12-2:1
 (1) 악인이 자기보다 의로운 사람을 삼킴/1:12-17
 (2) 나의 질문에 대하여 어떻게 대답하실지 보리라/2:1

4) 두 번째 답변/2:2-20
 (1) 묵시(默示)의 정(定)한 때/2:2-4
 (2) 불의(不義)에 대한 다섯 가지 심판/2:5-20

① 침략(侵略)에 대한 심판 / 2:5-8
② 탐심(貪心)에 대한 심판 / 2:9-11
③ 광포(狂暴)에 대한 심판 / 2:12-14
④ 잔인성(殘忍性)에 대한 심판 / 2:15-17
⑤ 우상(偶像) 숭배(崇拜)에 대한 심판 / 2:18-20

제 2 부 : 하박국의 기도/3:1-19

1. 하박국 선지자의 소원/3:1-7

1) 하나님의 일하심에 대하여/3:1-3
2) 하나님의 능력에 대하여/3:4-7

2. 하박국 선지자의 믿음/3:8-19

1) 하나님의 구원의 역사(役事)에 대하여/3:8-16
2) 하나님의 살아 계심으로 인하여/3:17-19

스바냐

¤ 개관

본서의 저자에 대해서는 습 1:1에서 분명히 명시하고 있는데, 저자는 자신을 특별히 히스기야의 현손(손자의 손자)이라고 밝히고 있다. 이로 보건대 스바냐는 신실한 왕 히스기야의 왕통을 이은 유일한 선지자이다. 그는 이러한 이유로 요시야 왕의 궁전에 자유롭게 출입했으며 국내 사정은 물론 국제사회에 대해서도 비교적 식견이 넓었을 것이다.

습 1:1에 따르면 스바냐는 요시야 왕 통치 기간 동안에 예언하였다. 이 사실은 그가 예레미야와 나훔과 하박국과 동시대인이었음을 알려 준다. 그의 예언은 요시야가 종교 개혁을 시도하기 전에, 그리고 앗수르 왕 아슈르바니팔(BC 704-681)이 죽기 전 곧 요시야 통치 초기에 쓰여진 것으로 보인다.

므낫세와 암몬의 사악한 통치가 끝나고 요시야 왕이 즉위했으나 근 50년 가량 만연해 있던 배교의 상황에는 어떤 도전도 일어나지 않고 있었다. 이러한 시기에 스바냐는 하나님의 심판이 임박했음을 그의 나라 백성들에게는 물론, 인근 나라 백성들을 향해서도 강력히 경고하기 시작했다. 그 한 예로 BC 722년의 앗수르의 멸망은 하나님의 권능과 공의를 상기시키는 엄숙한 사건이었다.

스바냐의 중요한 주제는 변절한 유다를 포함한 모든 열방을 혹독하게 징계하시는 여호와의 날이 도래한다는 것이다(사 2:11, 17; 욜 1:15; 2:2; 암 5:18; 8:9 참조). 그는 선지서들에서 흔히 발견되는 선명한 영상적(映像的)인 표현을 사용하여 그 형벌의 무서움을 잘 묘사하고 있다.

그러나 그는 다른 모든 선지자들처럼 하나님은 그의 백성을 향해 여전히 은혜로우시고 사랑이 많으시다는 것을 강조하고 있다. 그는 비록 심판을 예언하지만 그 심판은 미구에 있을 영광스러운 회복과 축복을 염두에 두고 있다.

¤ 내용 분해

제 1 부 : 여호와의 날에 임할 심판/1:1-3:8

1. 스바냐에게 임한 여호와의 말씀/1:1

1) 아몬의 아들 유다 왕 요시야의 시대/1:1a
2) 히스기야의 현손(玄孫)이요 아마랴의 증손(曾孫)이요 그다랴의 손자(孫子)요 구시의 아들/1:1b

2. 여호와 날에 대한 경고/1:2-3:8

1) 심판의 선포 : 온 지면의 심판/1:2-3
2) 유다와 예루살렘의 심판/1:4-2:3
   (1) 심판의 원인 : 우상 숭배/1:4-6
   (2) 심판의 광경 : 그 땅의 멸절(滅絶)/1:7-18
   (3) 회개의 촉구 : 여호와를 찾으며 공의(公義)와 겸손(謙遜)을 구하라/2:1-3

3) 유다 주변 이방 민족에 대한 심판/2:4-15

(1) 서쪽 블레셋/2:4-7

(2) 동쪽 모압과 암몬/2:8-11

(3) 남쪽 구스/2:12

(4) 북쪽 앗수르/2:13-15

4) 예루살렘 성읍에 대한 심판/3:1-7

(1) 예루살렘 성읍의 범죄/3:1-4

(2) 여호와의 공의/3:5-7

5) 하나님의 정(定)하신 때/3:8

제 2 부 : 여호와의 날에 임할 구원/3:9-20

1. 이방인의 구원/3:9

1) 열방(列邦)의 입술을 깨끗하게 하심/3:9a

2) 여호와의 이름을 부르며 일심(一心)으로 섬기게 하심/3:9b

2. 이스라엘의 구원과 회복/3:10-20

1) 구원의 시기(時期)/3:10-13

2) 구원의 기쁨/3:14-20

학 개

¤ 개관

학개는 스가랴와 함께 귀환한 백성들에게 성전을 재건하도록 격려한 선지자였다. 그는 '축복제', '절기'라는 이름 뜻을 지니고 있었으며, 구약에는 '학개'라는 이름이 단 한 사람에 대해 사용되었다(스 5:1; 6:1참조). 그는 바벨론 포로에서 귀환한 잔존자들을 위하여 사역 활동을 벌였던 포로 이후의 최초의 선지자였다. 그의 예언은 BC 520년 다리오 왕 2년에 기록되었을 것이다.

바벨론을 정복하였던 바사의 고레스 왕은 BC 538년에 유다인들에게 고국에 돌아가 자유롭게 살도록 칙령을 내렸다. 제1차 귀환은 스룹바벨의 인도하에 이루어졌는데 이때 성전 재건 공사가 시행되었다. 그러나 사마리아인들의 방해로 이 사역은 중단되고 말았다.

이로 인해 백성들 사이에는 비관적인 풍조가 만연되었고 대부분 영적 무기력 상태에 빠지게 되었다. 바로 이때 학개와 스가랴가 성전 완성을 독려했으며(중단된 지 14 년 만에) 그 결과 다리오 왕 제6 년인 BC 516년에 성전 재건의 사역이 완성되었다.

학개서는 오바댜서 다음으로 구약 성경 중 가장 짧은 책이지만 그 교훈은 의미심장하다 학개는 불순종과 순종의 결과를 각각 보여 주고 있다. 순종은 하나님의 격려와 하나님의 영적 능력을 그들에게 갖다 준다. 하지만 불순종은 흉년, 실패 등 갖가지 난처한 문제들을 유발시킨다.

선지자 학개는 백성들이 고통을 당하고 형통하지 못한 이유를 그들의 하나님께 대한 불순종의 결과라고 말한다. 그래서 학개는 백성들로 하여금 하나님의 성전을 건축하는 것에 최우선 순위를 두며 그리하면 축복과 보상이 주어질 것이라고 역설한다.

뿐만 아니라 학개는 '만국의 보배'(학 2:7) 곧 메시야의 도래에 관해 언급한다. 그분의 도래로 인하여 재건된 성전은 영광으로 가득 채워질 것이며 열방은 심판 받게 될 것이다. 그때에 열방들이 흔들리고 왕국들이 몰락될 것이다. 확실히 주의 재림은 우리 모두의 소망이자 바람이다.

¤ 내용 분해

제 1 부 : 성전 재건에 대한 여호와의 말씀/1:1-2:9

1. 성전 재건의 촉구1:1-11

1) 완성되어야 할 성전/1:1-6

(1) 만군(萬軍)의 여호와의 말씀이 임함/1:1-2

① 다리오 왕 2년 유월 초하루 / 1:1a

② 선지자 학개를 통하여 / 1:1b

③ 스아디엘의 아들 유다 총독 스룹바벨과 여호사닥의 아들 대제사장 여호수아에게 임함 / 1:1b

④ 여호와의 전을 건축할 시기(時期)의 무관심 / 1:2

(2) 여호와의 말씀이 임함/1:3-6

① 선지자 학개에게 임함 / 1:3

② 여호와의 성전의 황폐함 / 1:4

③ 백성들의 소위(所爲 ▸ 개정, 행위)을 살펴볼 것 / 1:5

④ 궁핍하게 된 원인 / 1:6

2) 유다 백성들의 행위/1:7-11

(1) 백성 자신들의 행위를 살펴볼 것/1:7

(2) 안일한 백성들의 죄/1:8-11

2. 여호와의 성전 재건 시작/1:12-2:9

1) 여호와의 목소리와 선지자 학개의 말을 청종(聽從 ▸ 개정, 들음)/1:12-15

(1) 스알디엘과 여호수아와 남은 바 모든 백성이 들음/1:12

(2) 내가 너희와 함께하노라/1:13

(3) 모든 백성의 마음이 흥분됨/1:14-15

2) 여호와의 성전의 영광/2:1-9

(1) 여호와의 말씀이 선지자 학개에게 임함/2:1-3

(2) 이 성전 나중 영광이 이 이전(以前) 영광보다 크리라/2:4-9

제 2 부 : 성전 재건의 축복/2:10-23

1. 순종에 대한 현세의 축복/2:10-19

1) 남은 자들의 불순종/2:10-14

2) 순종해야 할 남은 자들/2:15-19

2. 약속을 통한 미래의 축복/2:20-23

1) 열방의 멸망/2:20-22

2) 존귀하게 될 스룹바벨/2:23

스가랴

¤ 개관

예레미야와 에스겔처럼 스가랴는 선지자인 동시에 제사장이었다(슥 1:1). 그는 바벨론에서 출생하여 스룹바벨과 여호수아의 지도 하에 유다에 귀환한 사람들 중의 일원이었다(슥 1:7; 스 5:1; 6:14; 느 12:4, 16). 스가랴는 학개와 동시대인이었으나(스 5:1; 6:14) 그의 사역은 학개보다 오래 지속되었다. 그가 사역을 시작했을 때 그는 아직 젊었으므로 아닥사스다 1세의 재위시까지 사역을 계속했다고 보여진다.

스가랴 선지자는 학개, 스룹바벨, 대제사장인 예수아와 동시대 인물이었지만 나이는 이들보다 훨씬 어렸다. 스가랴 1-8장의 역사적 상황은 학개 시대의 배경과 동일하다. 그러나 스가랴 9-14장에는 시대에 관한 배경 설명이 없어 판정하기는 조금 무리가 있지만 문체가 다르고 '헬라' 등에 관해 언급되어 있는 것으로 보아 BC 480-470년경에 기록된 것으로 추산될 따름이다. 이 시기는 다리오 1세가 물러나고 아하수에로가 그 뒤를 이어 통치하던 시기였다(BC 486-464년경).

본서의 교훈은 메시야 사상과 종말론적 주제와 관련이 있다. 스가랴는 메시야적 주제를 강조하면서 그리스도의 비천하신(슥 6:12) 초림과 그의 인성(슥 6:12; 13:7)과 그의 거부당하심과 은 30에 배반당하신 일(슥 11:12-13), 그의 십자가에 못 박히심('여호와의 칼'을 맞는다는 표현; 슥 13:7), 그의 제사장직(슥 6:13), 그의 왕직(슥 6:13; 9:9; 14:10, 14) 등을 예언한다.

마지막으로 이 책 전체는 역사에 대한 하나님의 절대 주권을 가르쳐 준다. 우리의 하나님은 모든 백성과 열방을 다스리시고 과거, 현대, 미래사를 당신의 뜻으로 진행하시는 분이시다. 스가랴는 영감이 풍부한 선지자로서 놀라운 환상을 제시하고 있다.

그는 범죄한 자에게는 징벌이 있으며 회개하면 구원을 받는다고 선포했다. 특히 그는 메시야에 대해 구체적으로 예언하고 있다. 그는 비천하게 종의 모습으로 오시지만 다윗의 왕통을 잇는다. 그분의 통치는 영원한 평화와 번영을 보장한다.

¤ 내용 분해

제 1 부 : 메시야의 왕국의 계시/1:1-8:23

1. 유다 백성을 향한 회개의 촉구/1:1-6

1) 여호와의 말씀/1:1

(1) 다리오 왕 2년 팔월/1:1a
(2) 잇도의 손자 베레갸의 아들 선지자 스가랴에게 임함/1:1b

2) 유다 백성을 향한 여호와의 말씀/1:2-6

(1) 돌아오라, 그리하면 내가 너희에게로 돌아가리라/1:2-3
(2) 열조(列祖▶개정, 조상)를 본받지 말라/1:4-6

2. 스가랴의 여덟 가지 환상/1:7-6:8

1) 화석류(化石榴)나무 사이에 말을 탄 사람/1:7-17

(1) 다리오 왕 2년 11월 곧 스밧월 24일/1:7
(2) 화석류나무 사이의 홍마(紅馬▶개정, 붉은 말)와 자마(紫馬▶개정, 자주빛 말)와 백마(白馬)를 탄 사람들/1:8
(3) 여호와께서 땅에 두루 다니라고 보내신 자들/1:9-10
(4) 천사들이 여호와의 사자(使者)에게 보고/1:11
(5) 여호와의 사자(使者)가 여호와께 질문/1:12
(6) 여호와의 대답/1:13
(7) 여호와의 사자가 선지자 스가랴에게 이르심/1:14-17

2) 네 뿔과 네 공장(工匠▶개정, 대장장이)/1:18-21

(1) 유다와 예루살렘을 헤친(개정, 흩뜨린) 뿔/1:18-19
(2) 네 명의 대장장이에게 유다 땅을 흩뜨린 열국의 뿔을 꺾어 버리게 하심/1:20-21

3) 척량(尺量▶개정, 측량)하는 자/2:1-13

(1) 예루살렘을 측량/2:1-5
(2) 바벨론 포로들이 돌아옴을 계시/2:6-10
(3) 예루살렘을 영화롭게 하심/2:11-13

4) 대제사장 여호수아(예수아)/3:1-10

(1) 하나님의 택한 백성의 대표 여호수아/3:1
(2) 사탄을 책망하시는 여호와/3:2a
(3) 택한 백성을 영화롭게 하심/3:2b-5
(4) 여호와의 사자(使者)가 대제사장 여호수아에게 증거 : 내가 내 종 순(개정, 싹)을 나게 하리라/3:6-10

5) 순금 등대(燈臺▸개정, 등잔대)/4:1-14

(1) 여호와의 사자(使者)와 스가랴/4:1
(2) 등잔대 곁에 두 감람(橄欖)나무 : 기름 발리운 자 둘(스룹바벨과 예수아)/4:2-14

6) 날아가는 두루마리/5:1-4

(1) 온 지면에 두루 행하는(개정, 온 땅 위에 내리는) 저주/5:1-3
(2) 여호와 보시기에 악한 자들의 불사름/5:4

7) 에바 안에 앉은 여인/5:5-11

(1) 곡식의 양을 측정하는 기구인 에바/5:5-6a
(2) 죄악의 상징인 여자를 담은 에바를 시날 땅에 유배함(악인은 의인의 회중에 들지 못함▸시 1:5)/6b-11

8) 네 병거(兵車)에 매인 네 마리의 말들/6:1-8

(1) 하늘의 네 바람/6:1-5
(2) 바벨론에 대한 하나님의 완전한 심판/6:6-8

3. 여호수아의 면류관/6:9-15

1) 여호수아의 머리에 면류관을 씌움/6:9-11
2) 순(싹)이라 하는 사람의 여호와의 성전 건축/6:12-13a
3) 여호와의 말씀을 청종(聽從▸개정, 들을)할 때 평화의 의논이 있음/6:13b-15

4. 이스라엘 백성에 대한 회개를 촉구/7:1-14

1) 금식에 관한 질문/7:1-7

(1) 오월 간(五月間)에 울며 재계(齋戒)하리이까(개정, 오월 중에 울며 근신하리이까)/7:1-3

(2) 온 땅의 백성과 제사장들의 위선을 책망/7:4-7

2) 지도자들에 대한 회개를 촉구/7:8-14

5. 예루살렘의 회복과 영광/8:1-23

1) 이스라엘의 회복/8:1-17

(1) 예루살렘은 진리의 성읍/8:1-8
(2) 축복의 예루살렘/8:9-13
(3) 예루살렘에 대하여 은혜를 베푸심/8:14-17

2) 예루살렘의 영광/8:18-23

(1) 기쁨과 즐거움과 희락의 절기를 베푸심/8:18-19
(2) 하나님이 너희와 함께하심을 들었노라/8:20-23

제 2 부 : 메시야 왕국의 임재/9:1-14:21

1. 메시야에 대한 예언/9:1-11:17

1) 메시야의 도래/9:1-10:12

(1) 열국들에 대한 심판/9:1-8
(2) 미래에 오실 시온의 왕/9:9-17
(3) 자기 백성을 구속하시는 여호와/10:1-12

2) 우매한 목자에 대한 경고/11:1-17

(1) 레바논의 황폐/11:1-2
(2) 유다의 지도자에 대한 고통의 예언/11:3
(3) 양 떼들인 백성들의 불순종과 목자들의 방관/11:4-14
(4) 거짓 지도자들에 임할 심판/11:15-17

2. 메시야의 통치/12:1-14:21

1) 여호와의 말씀의 경고/12:1-13:9

(1) 예루살렘에 대적하는 자에 대한 경고/12:1-14

① 여호와가 예루살렘을 보호하심 / 12:1-9

② 은총(恩寵)과 간구(懇求)하는 심령(心靈)을 부어 주심 / 12:10-14

(2) 여호와 날의 임박/13:1-9

① 죄와 더러움을 씻는 샘이 열림 / 13:1-6

② 시련을 통과한 하나님의 택한 백성 / 13:7-9

2) 예루살렘과 천하 만국의 구원/14:1-21

(1) 예루살렘의 구원/14:1-11

① 여호와의 임재 / 14:1-8

② 천하의 왕이신 여호와 / 14:9-11

(2) 이방의 구원/14:12-21

① 예루살렘을 친 모든 백성의 재앙 / 14:12-15

② 예루살렘에 치러 왔던 남은 자의 구원 / 14:16

③ 만군(萬軍)의 여호와께 숭배(崇拜 ▶ 개정, 경배)하러 오지 않는 자의 벌 / 14:17-19

④ 만군의 여호와께 성결(聖潔)과 성물(聖物) / 14:20-21

말라기

¤ 개관

본서의 저자는 히브리 어로 '말라키'이며 그 이름 뜻은 '나의 사자(my messenger)'이다. 이 말이 말 3:1에 나오고 또 선지자와 제사장을 여호와의 사자라 부르고 있기 때문이다(말 2:7; 학 1:13). 혹자는 말라기가 고유 명사가 아니라 이름을 알 수 없는 전통적인 명칭이라고 한다. 이와 같은 견해는 70인경에 의해 지지를 받는다. 70인경은 말 1:1에서 이 '말라기'를 고유 명사로 번역하지 않고 '그의 사자'로 번역하였다. 그러나 이 문제는 여전히 확인되지 않은 채 남아 있다.

바벨론에서 귀환한 이스라엘 백성들은 학개와 스가랴 선지자의 사역에 힘입어 BC 516년에 성전을 완성했다. 또한 BC 458년에는 제사장 에스라와 수

천의 유대인들이 귀환하여 이들 공동체는 더욱 굳건해졌다.

바사의 아닥사스다는 에스라를 격려하여 성전 예배를 발전시키고 모세의 율법이 준수되도록 하였다(스 7장). 그 후 느헤미야가 돌아와 개혁 운동을 하였다. 그가 BC 433년 바사 왕을 섬기기 위해 되돌아가자 유대인들은 다시 옛날의 죄악 속에 빠져 들었다. 그 후 다시 그가 예루살렘에 돌아왔을 때 그는 다시 부패한 성읍을 보게 된다(느 13:7-31).

말라기는 이러한 때에 이와 같은 죄악들을 정죄하였다(말 1:6-14; 2:14-16). 유대인들이 바벨론 포로에서 돌아와 성전을 재건하고 율법을 회복하였지만, 그들은 새로운 문제 의식에 봉착하였다. 그것은 선지자들이 그렇게도 예언했던 영광스런 메시야의 나라가 아직 실현될 기미조차 보이지 않았기 때문이다. 여기에 대해 말라기 선지자는 하나님의 약속을 불신하는 자들을 책망하고 '여호와의 크고 두려운 날'(말 4:5)에 대하여 예언하고 경고를 한다.

구약의 마지막 선지자인 말라기는 느헤미야와 동시대인으로서 당시 신앙상태가 말이 아닌 거의 불모지와 같은 정황 가운데서 그의 사역을 시작하였다. 백성들의 예배는 형식주의와 이기주의로 변질되어 갔고 이방인과의 결혼으로 말미암는 이방 종교, 마술, 간음 등 온갖 불경건한 일들이 자행되었다. 그는 이러한 백성들에게 책망과 회개를 촉구하였다.

¤ 내용 분해

제 1 부 : 이스라엘을 향한 하나님의 사랑/1:1-5

1. 이스라엘에게 말씀하신 경고/1:1

1) 선지자 말라기/1:1a

2) 이스라엘에게 말씀하신 경고/1:1b

2. 하나님의 사랑/1:2-5

1) 하나님 사랑의 선포/1:2a

2) 하나님 사랑의 확증/1:2b-5

제 2 부 : 이스라엘에 대한 하나님의 진노/1:6-3:15

1. 제사장들의 죄/1:6-2:9

1) 하나님을 경멸하는 죄/1:6-14
2) 제사장들에 임하는 저주/2:1-9

2. 백성들의 죄/2:10-3:15

1) 우상 숭배자와 결혼/2:10-13
2) 이혼(離婚)과 학대(虐待)에 대하여 : 이방인과 결혼하기 위하여 이혼하고 아내를 학대함/2:14-16
3) 하나님의 공의(公義)의 심판/2:17-3:5
4) 불성실한 십일조(十日條)와 헌물(獻物 ▸ 개정, 봉헌물)/3:6-12
5) 교만한 자와 악행하는 자/3:13-15

제 3 부 : 이스라엘을 향한 약속/3:16-4:6

1. 여호와의 날/3:16-18

1) 여호와를 경외하는 자/3:16
(1) 여호와께서 들으심/3:16a
(2) 여호와의 앞에 있는 기념책에 기록/3:16b
2) 여호와의 정한 날 / 3:17-18
(1) 여호와의 특별한 소유/3:17
(2) 의인과 악인의 분별/3:18

2. 여호와의 날에 대한 약속/4:1-6

1) 여호와의 이름을 경외(敬畏)하는 자들에 대한 약속/4:1-3
(1) 여호와의 날의 교만한 자와 악을 행하는 자에 대한 심판/4:1
(2) 의인에게 주시는 축복/4:2-3
2) 엘리야 출현에 대한 예언/4:4-6
(1) 모세에게 명(命)한 법(法) 곧 율례(律例)와 법도(法道)를 기억하라/4:4
(2) 선지자 엘리야를 보내심/4:5-6

신약 전서 차례

※ 맨 앞의 6쪽에도 이 차례가 있으나 독자의 편의를 위해 다시 삽입합니다. 페이지 수는 새로 1페이지로 시작하지 않고 구약 전서의 끝에서 바로 이었습니다.

마 태 복 음

¤ 개관

마태복음이 AD 115년경의 초대 교부들의 저술 속에 인용되었다는 사실에 비추어 볼 때에 이것의 기록 연대는 AD 65-115년 사이가 된다. 그러나 마태복음이 마가복음을 근거로 하여 작성된 것이고 마가복음이 베드로가 세상을 떠난 이후에 기록된 것이라면 마태복음의 연대는 AD 65년 이후가 되어야 한다. 그런데 마태복음에는 예루살렘의 멸망이 단지 예언적인 형태로 기록되어 있다는 점을 미루어 볼 때 이 복음서의 기록 연대는 AD 65-70년이 가장 자연스럽다.

복음서는 단순히 예수님의 행적을 시간순으로 배열한 전기나 어록이 아니다. 복음서는 온 세상 사람들에게 신앙의 대상인 예수님에 대한 교훈과 신앙고백과 모본을 보여 주기 위해, 특별한 관점에서 예수님의 생애와 교훈을 기록한 것이다. 물론 이 기록들은 각 저자들의 노력과 연구와 더불어 성령의 감화와 인도하심으로 말미암은 것이다.

마태는 본서를 집필함에 있어서 시간적 선후 문제보다 주제별 구성 원칙에 더 충실하였다. 따라서 이것을 읽는 이들은, 예수님의 생애의 시간적 전개보다 예수님의 삶의 의의에 더 관심을 기울여야 할 것이다.

¤ 내용 분해

제1부 : 예수 그리스도의 계보/1:1-4:11

1. 예수 그리스도의 계보/1:1-2:23

1) 아브라함과 다윗의 자손 예수 그리스도의 계보/1:1-17
2) 예수의 탄생/1:18-25
3) 동방 박사들의 방문/2:1-12
4) 애굽으로 피신/2:13-15

5) 헤롯의 유아 살해/2:16-18
6) 나사렛 귀향/2:19-23

2. 예수 그리스도의 선포자/3:1-12

1) 세례 요한의 전파/3:1-6
2) 세례 요한의 선포/3:7-12

3. 기름 부음 받는 그리스도 / 3:13-4:11

1) 요단 강에서 세례 받으심/3:13-17
2) 성령에게 이끌려 시험 받으심/4:1-11

제 2 부 : 예수 그리스도의 공생애 초기/4:12-7:29

1. 공생애의 시작 / 4:12-25

1) 사역의 시작/4:12-17
2) 첫 번째 제자를 부름/4:18-22
3) 갈릴리 사역/4:23-25

2. 산상 수훈/5:1-7:29

1) 팔복/5:1-12

(1) 심령이 가난한 자/5:1-3
(2) 애통하는 자/5:4
(3) 온유한 자/5:5
(4) 의에 주리고 목마른 자/5:6
(5) 긍휼히 여기는 자/5:7
(6) 마음이 청결한 자/5:8
(7) 화평하게 하는 자/5:9
(8) 의를 위하여 핍박(逼迫▸개정, 박해)을 받은 자/5:10-12

2) 소금과 빛의 비유/5:13-16

(1) 세상의 소금/5:13
(2) 세상의 빛/5:14-16

3) 율법과 복음에 대하여/5:17-48

(1) 예수는 율법의 완성/5:17-20
(2) 살인에 대하여/5:21-26
(3) 간음에 대하여/5:27-30
(4) 이혼에 대하여/5:31-32
(5) 맹세에 대하여/5:33-37
(6) 보응에 대하여/5:38-42
(7) 사랑에 대하여/5:43-48

4) 하나님 나라와 의에 대하여/6:1-34

(1) 구제에 대하여/6:1-4
(2) 기도에 대하여/6:5-15
(3) 금식에 대하여/6:16-18
(4) 재물에 대하여/6:19-24
(5) 염려에 대하여/6:25-34

5) 신앙 생활에 대하여/7:1-29

(1) 비판에 대하여/7:1-5
(2) 거룩한 것에 대하여/7:6
(3) 구함에 대하여/7:7-12
(4) 생명으로 인도하는 좁은 문과 멸망으로 인도하는 넓은 문/7:13-14
(5) 거짓 선지자/7:15-23
(6) 반석 위에 지은 집과 모래 위에 지은 집/7:24-27
(7) 권세(權勢▶개정, 권위) 있는 자와 서기관(書記官)/7:28-29

제 3 부 : 예수 그리스도께서 열두 제자를 택하심/8:1-10:42

1. 예수 그리스도의 능력/8:1-9:38

1) 병 고침의 능력/8:1-17

(1) 나병자가 깨끗해짐/8:1-4
(2) 백부장의 종을 고침/8:5-13
(3) 베드로의 장모를 고침/8:14-17

2) 예수를 따르는 자의 자세/8:18-22

3) 권능의 기적들/8:23-9:8

(1) 바다를 잔잔하게 하심/8:23-27

(2) 가다라의 귀신 들린 자 둘/8:28-34

(3) 중풍 병자를 고침/9:1-8

4) 세리와 죄인/9:9-17

(1) 마태를 부르심/9:9-10

(2) 의인과 죄인/9:10-13

(3) 금식에 대하여/9:14-15

(4) 낡은 옷과 새 포도주/9:16-17

5) 믿음과 치유/9:18-38

(1) 회당장의 딸과 열두 해를 혈루증으로 앓는 여자/9:18-26

(2) 두 소경(개정, 맹인)/9:27-31

(3) 귀신 들린 벙어리 된 자/9:32-34

(4) 추수하는 주인과 추수할 일꾼/9:35-38

2. 열두 제자를 부르신 예수/10:1-42

1) 열두 제자를 택하심/10:1-4

2) 열두 제자의 파송/10:5-42

(1) 유대인들에게 국한된 복음 전파 사역/10:5-15

(2) 이방인들에게 확장되어진 복음 전파 사역/10:16-23

(3) 신약의 교회 시대에 임하는 교훈의 말씀/10:24-42

① 주님의 고난에 동참할 것 / 10:24-33

② 자기 십자가를 질 것 / 10:34-39

③ 영접하는 자의 상급 / 10:40-42

제 4 부 : 예수 그리스도의 공생애 중기(中期) / 11:1-16:12

1. 복음의 시작/11:1-30

1) 옥에 있는 세례 요한과 그리스도/11:2-15

2) 이 세대의 비유/11:16-19
3) 권능을 많이 베푸신 고을들이 회개하지 않음/11:20-24
4) 수고하고 무거운 짐 진 자들/11:25-30

2. 바리새인들의 배척/12:1-50

1) 안식일에 하지 못할 일/12:1-8
2) 안식일에 병 고치는 것/12:9-13
3) 바리새인들의 암살 음모/12:14-21
4) 바리새인들이 성령을 모독함/12:22-37
5) 표적을 구하는 바리새인들/12:38-45
6) 내 형제요 자매요 모친 : 예수님의 친족관/12:46-50

3. 천국의 비밀/13:1-52

1) 군중을 향한 비유/13:1-35

(1) 씨를 뿌리는 자/13:1-23
(2) 알곡과 가라지/13:24-30
(3) 겨자씨/13:31-32
(4) 누룩/13:33-35

2) 제자들을 향한 비유/13:36-52

(1) 밭의 가라지/13:36-43
(2) 밭에 감추인 보화/13:44
(3) 값진 진주/13:45-46
(4) 각종 물고기를 모는 그물/13:47-50
(5) 천국의 제자된 서기관/13:51-52

4. 악하고 음란한 세대와 표적/13:53-16:12

1) 나사렛에서 배척 받음/13:53-58
2) 헤롯에 의한 배척/14:1-12

(1) 예수님에 대한 소문/14:1-2
(2) 세례 요한의 죽음/14:3-12

3) 예수님의 이적/14:13-36

(1) 떡 다섯 개와 물고기 두 마리-여자와 아이 외에 오천 명/14:13-21
(2) 물 위로 걸어가심/14:22-33
(3) 손을 대는 자/14:34-36

4) 서기관들과 바리새인의 배척/15:1-39

(1) 하나님의 계명과 장로의 유전(遺傳▶개정, 전통)/15:1-20
(2) 가나안 여자 하나/15:21-28
(3) 갈릴리 호숫가의 병자들/15:29-31
(4) 떡 일곱 개와 작은 생선 두어 마리-여자와 아이 외에 사천 명/15:32-39

5) 바리새인과 사두개인들의 배척/16:1-12

(1) 표적에 관한 논쟁/16:1-4
(2) 제자들의 믿음과 바리새인과 사두개인들의 교훈/16:5-12

제 5 부 : 예수 그리스도의 공생애 후기/16:13-20:28

1. 배척 중의 계시/16:13-17:13

1) 주는 그리스도/16:13-17
2) 반석 위의 교회/16:18-17:13

(1) 교회에 대한 계시/16:18-20
(2) 예수 자신의 죽음에 대하여(제 1 차 수난 예고)/16:21-23
(3) 제자의 도/16:24-26
(4) 재림에 대한 계시/16:27-28
(5) 변화 산 사건/17:1-13

2. 배척 중의 교훈/17:14-20:28

1) 믿음에 대하여/17:14-21
2) 인자(人子)의 죽음에 대하여(제 2 차 수난 예고)/17:22-23
3) 세금에 대하여/17:24-27
4) 겸손에 대하여/18:1-4
5) 영접에 대하여/18:5-7, 10-11
6) 죄의 유혹에 대하여/18:8-9

7) 잃어버린 양에 대하여/18:12-14
8) 죄를 범한 형제자매에 대하여/18:15-18
9) 두세 사람에 대하여(교회 공동체)/18:19-20
10) 용서에 대하여/18:21-35
11) 이혼에 대하여/19:1-12
12) 천국에 대하여/19:13-20:16
(1) 어린아이들/19:13-15
(2) 영생에 대하여/19:16-22
(3) 부자와 영생/19:23-30
(4) 품꾼과 집주인/20:1-16
13) 십자가(十字架)의 죽음에 대하여(제 3 차 수난 예고)/20:17-19
14) 섬김에 대한 교훈/20:20-28

제 6 부 : 예수 그리스도의 십자가/20:29-27:66

1. 다윗의 자손/20:29-21:46

1) 두 소경(개정, 맹인)의 원함/20:29-34
2) 나귀를 타신 예수/21:1-11
3) 내 집은 기도하는 집/21:12-16
4) 무화과나무의 비유/21:17-22
5) 하늘의 권세/21:23-27
6) 포도원 비유/21:28-46

2. 주 너희 하나님/22:1-46

1) 혼인 잔치 비유/22:1-14
2) 가이사의 것과 하나님의 것/22:15-22
3) 부활이 없다 하는 사두개인/22:23-33
4) 온 율법과 선지자의 강령/22:34-40
5) 주 그리스도/22:41-46

3. 모세의 자리에 앉은 서기관들과 바리새인들/23:1-39

1) 자기를 높이는 자와 자기를 낮추는 자/23:1-12
2) 외식하는 서기관들과 바리새인들/23:13-36
3) 예루살렘아 예루살렘아/23:37-39

4. 재림에 대한 계시/24:1-25:46

1) 주의 임하심과 세상 끝/24:1-14
2) 거짓 그리스도와 거짓 선지자/24:15-28
3) 인자의 능력과 영광/24:29-31
4) 무화과나무의 비유/24:32-51
5) 신랑을 맞으러 나간 열 처녀/25:1-13
6) 달란트 비유/25:14-30
7) 양과 염소의 비유/25:31-46

5. 인자의 십자가/26:1-27:66

1) 대제사장들과 백성의 장로들/26:1-5
2) 매우 귀한 향유 한 옥합/26:6-13
3) 가룟 유다와 은 삼십/26:14-16
4) 유월절의 성만찬/26:17-30
5) 베드로와 모든 제자/26:31-35
6) 겟세마네의 기도/26:36-46
7) 선지자의 글을 이루려 함/26:47-56
8) 대제사장 가야바와 서기관과 장로들/26:57-68
9) 베드로의 세 번 부인/26:69-75
10) 선지자 예레미야로(개정, 예레미야를 통하여) 하신 말씀이 이루어짐/27:1-10
11) 예수와 총독 빌라도/27:11-26
12) 총독의 군병/27:27-31
13) 구레네 사람 시몬과 십자가에 못 박힌 두 강도/27:32-44
14) 제육 시로부터 제구 시 즈음까지/27:45-56
15) 아리마대 요셉/27:57-61
16) 대제사장들과 바리새인들과 파수꾼/27:62-66

제 7 부 : 예수 그리스도의 부활 승천/28:1-20

1. 안식 후 첫날/28:1-15

1) 막달라 마리아와 다른 마리아/28:1-10
2) 파수꾼과 대제사장/28:11-15

2. 아버지와 아들과 성령의 이름/28:16-20

1) 경배하는 자와 의심하는 자/28:16-17
2) 하늘과 땅의 권세/28:18-20

마 가 복 음

¤ 개관

저자가 마가라는 사실에 대해 본서의 직접적인 내증(內證)은 없지만 마가복음이 마가 요한에 의해 기록되었다는 것은 초대 교회의 상호 일치된 증언이었다. 마가복음의 근본적인 자료는 베드로에게서 나온 것이 분명하며, 이 복음이 권위를 지닌 것도 바로 이처럼 베드로와 밀접한 연관을 맺고 있기 때문이다.

많은 성경학자들은 마가복음이 4 복음서 중에서 가장 초기에 기록되었다고 한다. 하지만, 기록 연대는 확실히 규명할 수 없다. 마가복음은 로마의 한 지도자에게 보낸 글이며 초기 전승도 로마에서 기록되었음을 지적하고 있다. 이러한 이유로 마가는 이방인에게 비교적 의미가 적은 그리스도의 계보나 예언의 성취 등에 관해서 언급하지 않았다.

마가는 예수님의 사역에 대해서 단순 명료하게 기록하고 있다. 즉, 예수님의 생애와 사역에 관해, 한 사건에서 다른 사건으로, 때로는 '즉시'란 말을 사용하여 사건의 진술을 신속히 진행시키고 있다. 그리고 그는 이방인 독자들 특히 로마에 있는 독자들을 위하여 이 글을 썼다. 따라서 이방인에게 별 의

미가 없는 족보나 산상 수훈, 유대 종파들에 대해 별다른 주의를 기울이지 않았다.

그가 이방인 독자들을 위하여 이 글을 썼다는 보다 확실한 증거는 마가가 아람 어를 번역해 줄 필요를 느꼈다는 점(막 5:41; 7:34; 15:22), 그리고 다른 복음서에는 발견할 수 없는 라틴 어를 사용하고 있다는 점 등에서 찾아볼 수 있다(막 6:27; 12:24). 본 복음서는 예수님의 말씀보다 그의 행적에 비중을 많이 두고 있다. 따라서 마가복음은 행위의 복음이라 할 수 있다. 본서에는 '바로', '곧'이란 단어가 40 번 이상 언급되어 있다 .

본서는 로마인들을 대상으로 쓰여진 책으로 문체가 간결하며 한 사건에서 다른 사건으로의 전환이 매우 빠르게 전개되고 있다. 이는 마가가 '곧', '즉시'라는 부사를 무려 41 회나 사용하고 있다는 점에서도 분명하다. 또한 본서에는 예수님의 이적 기사가 많이 나타난다. 다시 말해 본서는 '행동의 복음'이라고도 할 수 있다

¤ 내용 분해

제 1 부 : 복음의 시작/1:1-2:12

1. 복음의 시작/1:1-13

1) 주의 길을 예비하는 자/1:1-8
2) 요단 강의 세례/1:9-11
3) 종의 시험/1:12-13

2. 하나님 나라/1:14-2:12

1) 하나님의 복음을 전파/1:14-15
2) 갈릴리 해변의 부르심/1:16-20
3) 예수의 소문/1:21-2:12

(1) 권세있는 새 교훈/1:21-28
(2) 베드로의 장모의 열병을 고쳐 주심/1:29-31
(3) 각색 병든 많은 병자를 고치시고 많은 귀신을 내어 쫓음/1:32-34

(4) 기도와 전도/1:35-39
(5) 한 문둥병자(病者▶개정, 나병 환자)를 고쳐 주심/1:40-45
(6) 한 중풍 병자를 고쳐 주심/2:1-12

제 2 부 : 갈릴리 사역/2:13-8:26

1. 부르심과 안식일/2:13-3:12

1) 의인과 죄인/2:13-22

(1) 알패오의 아들 레위를 부르심/2:13-17
(2) 낡은 옷과 포도주 부대/2:18-22

2) 안식일에 대하여/2:23-28
3) 안식일의 병 고침에 대하여/3:1-6
4) 큰 무리와 더러운 귀신들/3:7-12

2. 열두 제자를 세우심/3:13-35

1) 자기의 원하는 자를 부르심/3:13-19
2) 예수의 친속(親屬 ▶개정, 친족)들/3:20-21
3) 성령 모독죄/3:22-30
4) 하나님의 뜻대로 하는 자/3:31-35

3. 하나님의 나라 비유/4:1-34

1) 씨 뿌리는 자/4:1-20
2) 등불/4:21-25
3) 땅에 씨를 뿌림/4:26-29
4) 겨자씨/4:30-34

4. 믿음의 기사(奇事)들/4:35-5:43

1) 바다를 잔잔하게 하심/4:35-41
2) 거라사의 귀신을 쫓으심/5:1-20
3) 회당장 야이로의 딸과 혈루증으로 앓는 한 여자/5:21-43

5. 하나님의 권능/6:1-8:26

1) 나사렛에서 배척당하심/6:1-6
2) 열두 제자를 파송/6:7-13
3) 헤롯과 세례 요한/6:14-29
4) 열두 제자에게 쉼을 권하심/6:30-32
5) 오병이어(五餠二魚)의 기적 - 떡을 먹은 남자 오천 명/6:33-44
6) 물 위로 걸어가심/6:45-52
7) 게네사렛에서 병자를 고치심/6:53-56
8) 하나님의 계명과 사람의 유전(遺傳 ▸ 개정, 전통)/7:1-23
9) 수로보니게 족속의 여자/7:24-30
10) 귀먹고 어눌(語訥)한(개정, 말더듬는) 자/7:31-37
11) 떡 일곱 개와 작은 생선 두 마리 - 사천 명의 사람/8:1-9
12) 바리새인들이 표적을 구함/8:10-13
13) 바리새인들의 누룩과 헤롯의 누룩/8:14-21
14) 벳세다의 소경(개정, 맹인) 하나/8:22-26

제 3 부 : 예수의 가르치심/8:27-10:52

1. 주는 그리스도/8:27-9:1

1) 가이사랴 빌립보(개정, 빌립보 가이사랴)에서의 질문/8:27-29
2) 예수 자신의 죽음에 대하여(제 1 차 수난 예고)/8:30-31
3) 하나님의 일과 사람의 일/8:32-33
4) 제자의 도/8:34-9:1

2. 변화산의 그리스도/9:2-32

1) 이는 내 사랑하는 아들이라/9:2-8
2) 죽은 자 가운데서 살아나는 것/9:9-13
3) 벙어리 귀신 들린 한 아들과 제자들/9:14-29
4) 예수 자신의 죽음에 대하여(제 2 차 수난 예고)/9:30-32

3. 섬김과 영접에 대하여/9:33-50

1) 누가 크냐/9:33-34

2) 열두 제자와 어린아이/9:35-37

3) 그리스도에게 속(屬)한 자/9:38-42

(1) 우리를 따르지 않는 어떤 자/9:38-40

(2) 그리스도에게 속한 자/9:41

(3) 나를 믿는 이 소자(小子) 중 하나(개정, 작은 자들 중 하나)/9:42

4) 범죄와 지옥에 대하여/9:43-50

(1) 손에 대하여/9:43-44

(2) 발에 대하여/9:45-46

(3) 눈에 대하여/9:47

(4) 지옥에 대하여/9:48-49

(5) 소금의 맛에 대하여/9:50

4. 유대 지경과 요단 강 건너편에서 가르치심/10:1-52

1) 결혼과 이혼에 대하여/10:1-12

2) 어린아이와 하나님 나라/10:13-16

3) 하나님의 선하심/10:17-31

(1) 선한 선생님과 영생/10:17-22

(2) 재물이 있는 자와 하나님 나라/10:23-27

(3) 나와 내 복음을 위한 자/10:28-31

4) 자기의 죽음에 대하여(제 3 차 수난 예고)/10:32-34

5) 주(主)의 우편(右便)과 좌편(左便)/10:35-40

6) 많은 사람의 대속물(代贖物)/10:41-45

7) 소경(개정, 맹인) 거지 바디매오/10:46-52

제 4 부 : 예루살렘의 예수 그리스도/11:1-13:37

1. 나귀 타신 예수/11:1-26

1) 예루살렘 입성/11:1-11

2) 무화과나무가 잎사귀만 무성함/11:12-14

3) 내 집은 만민의(개정, 만민이) 기도하는 집 - 성전 청결/11:15-19

4) 마음의 믿음/11:20-26

(1) 믿음의 능력/11:20-24
(2) 용서의 필요성/11:25-26

2. 지도자들의 대적/11:27-12:44

1) 권세에 대한 질문/11:27-33

(1) 대제사장들과 서기관들과 장로들의 질문/11:27-28
(2) 예수님의 반문/11:29-30
(3) 하늘의 권세와 사람의 권세/11:31-32
(4) 예수님의 대답/11:33

2) 포도원 주인의 비유/12:1-12

(1) 세 종을 보냄/12:1-5
(2) 상속자의 아들과 심판/12:6-9
(3) 건축자의 버린 돌과 모퉁이의 머릿돌/12:10-12

3) 세금에 대한 질문/12:13-17

(1) 바리새인과 헤롯당/12:13-14a
(2) 가이사의 것과 하나님의 것/14:b-17

4) 부활에 대한 질문/12:18-27

(1) 부활이 없다 하는 사두개인의 질문/12:18-23
(2) 예수님의 대답/12:24-27

5) 큰 계명에 대한 질문/12:28-34

(1) 서기관 중 한 사람의 질문/12:28
(2) 예수님의 대답/12:29-31
(3) 서기관의 대답/12:32-33
(4) 예수님의 칭찬/12:34

6) 지도자들에 대한 질문에 대한 예수님의 대답/12:35-37
7) 서기관들의 외식/12:38-40
8) 한 가난한 과부와 여러 부자의 헌금/12:41-44

3. 재림에 대한 계시/13:1-37

1) 성전의 건물에 대한 질문/13:1-4

(1) 성전 건물에 대한 자랑/13:1

(2) 예수님의 대답/13:2

(3) 시기(時期)와 징조(徵兆)에 대한 질문/13:3-4

2) 재난의 시작/13:5-23

(1) 사람의 미혹/13:5-6

(2) 재난의 소문/13:7-8

(3) 내 이름을 인하여 모든 사람에게 미움을 받음/13:9-13

(4) 환난의 날/13:14-19

(5) 거짓 그리스도들과 거짓 선지자들/13:20-23

3) 재림의 시작/13:24-27

4) 무화과나무의 비유/13:28-31

5) 그 날과 그 때/13:32-37

제 5 부 : 예수 그리스도의 수난/14:1-15:47

1. 성경에 기록된 대로 가는 인자/14:1-42

1) 대제사장들과 서기관들의 흉계/14:1-2

2) 값진 향유 옥합/14:3-9

3) 열둘 중 하나인 가룟 유다/14:10-11

4) 유월절의 양 잡는 날/14:12-21

5) 유월절의 떡과 포도주 - 주의 성만찬/14:22-26

6) 제자들의 버림을 예고/14:27-28

7) 베드로의 부인을 예고/14:29-31

8) 겟세마네 동산에서의 기도/14:32-42

2. 예수 그리스도의 체포와 재판/14:43-15:5

1) 가룟 유다의 배신/14:43-49

2) 제자들의 도망/14:50-52

3) 예수께서 심문당하심/14:53-65

4) 베드로의 부인/14:66-72
5) 빌라도의 심문/15:1-5

3. 예수 그리스도의 십자가/15:6-47

1) 예수와 바라바/15:6-15
2) 자색 옷과 가시 면류관/15:16-20
3) 알렉산더와 루포의 아버지 구레네 사람 시몬/15:21-22
4) 제삼 시에서 구시까지/15:23-41
5) 예수의 시체를 장사 지냄/15:42-47

제 6 부 : 부활과 승천/16:1-20

1. 예수의 부활/16:1-8

1) 안식 후 첫날/16:1-4
2) 예수의 부활을 고시(告示)/16:5-8

2. 예수의 승천/16:9-20

1) 믿는 자들과 믿지 아니한 자들/16:9-14
2) 예수의 명령/16:15-18
3) 예수의 승천과 함께하심/16:19-20

누가복음

¤ 개관

본서에 저자 이름이 기록되어 있지는 않지만, 교회의 일치된 증언을 통해 우리는 제 3 복음서의 저자가 바울의 동역자이며 이방인 의사였던 누가였음을 알 수 있다. 본서는 사도행전과 한 짝이 되는 책이며, 이 두 책의 용어와 구조는 두 서신이 동일한 사람에 의해 기록되었음을 보여 준다.

누가는 이방인 출신이지만 헬라 문화권에서 잘 교육 받은 의사였고, 바울의 제 2 차 전도 여행 시부터 로마에서의 1차 투옥 시까지 여러 번 바울과 동행한 자였으며, 다른 사람들이 다 바울을 떠나갔을 때에도 끝까지 사도 바울과 함께 남아 있었던 신실한 동역자였다(딤후 4:11).

누가는 본문을 헬라 어로 구사함에 있어서 뛰어난 능력을 발휘했다. 그의 어휘력은 폭넓고 풍부했으며 문체는 고전 헬라 어에 가깝고 때로는 70인경의 헬라 어를 방불하게 했다. 그는 특별한 지역이나 민족들에 따라 다양한 어휘들을 사용했다. 또한 누가복음서에는 역사적인 관심과 면모가 전체에 흐르고 있다. 즉, 구원사적 관점에서 예수님의 생애를 묘사하고 있다.

누가는 완전한 인간이신 예수님의 행적과 고뇌, 그리고 그가 애초부터 의도했던 구원에 대하여 이방인들에게 알리고자 했던 것이다. 이에 비해 사도 요한도 주로 이방인들을 1차 독자로 생각했는데, 여기에서 요한이 신학적 접근을 한 반면, 누가는 다분히 역사적 접근과 더 나아가 기사적 접근을 행하고 있다.

본서는 직업이 의사였던 누가가 헬라인들을 위해 기록한 책이다. 일찍이 헬라인들은 '지혜와 미'를 이상으로 삼았고 그것을 겸비한 완전한 사람을 추구하였다. 누가는 예수님을 사람의 아들로 이해하면서 인간을 향한 예수님의 연민과 인간미를 강조하고 있다. 본서의 탕자의 비유, 잃은 양의 비유, 선한 사마리아인의 비유 등이 이를 뒷받침해 주고 있다

¤ 내용 분해

제 1 부 : 인자(人子) 되신 예수 그리스도/1:1-4:13

1. 예수 그리스도의 탄생 고지(告知)/1:1-80

1) 기록 목적과 방법/1:1-4
2) 세례 요한의 수태 고지(受胎告知 ▸ 개정, 잉태고지)/1:5-25

(1) 사가랴와 엘리사벳/1:5-7
(2) 성전에서의 사가랴의 사역/1:8-10
(3) 세례 요한의 탄생을 알림/1:11-17
(4) 사가랴가 벙어리가 됨/1:18-23

(5) 엘리사벳의 잉태/1:24-25

3) 예수의 수태 고지(受胎告知 ▸ 개정, 잉태 고지)/1:26-56

(1) 예수의 탄생을 알림/1:26-38

(2) 처녀 마리아의 잉태와 찬양/1:39-56

4) 세례 요한의 탄생과 예언/1:57-80

2. 예수의 탄생과 어린 시절/2:1-52

1) 예수 그리스도의 탄생 / 2:1-20

(1) 베들레헴이라 하는 다윗의 동네/2:1-7

(2) 목자들의 방문/2:8-20

2) 성전에서의 예수/2:21-39a

(1) 예수의 할례/2:21-24

(2) 시므온의 축복/2:25-35

(3) 아셀 지파의 바누엘의 딸 선지자 안나/2:36-39a

3) 예수의 어린 시절/2:39b-52

(1) 나사렛 귀환/2:39b-40

(2) 예루살렘의 유월절 방문/2:41-50

(3) 나사렛 시절의 어린 예수/2:51-52

3. 예수 그리스도와 세례 요한/3:1-4:13

1) 세례 요한의 사역/3:1-20

2) 예수의 세례/3:21-22

3) 마리아를 통한 예수의 족보/3:23-38

4) 예수의 시험 받으심/4:1-13

제 2 부 : 인자(人子) 되신 예수의 갈릴리 사역/4:14-9:50

1. 갈릴리 사역 시작/4:14-44

1) 갈릴리의 회당에서 가르치심/4:14-15

2) 나사렛에서 배척당하심/4:16-30

3) 가버나움의 더러운 귀신 들린 사람/4:31-37

4) 베드로의 장모를 고치심/4:38-39
5) 각색 병으로 앓는 자와 귀신 들린 여러 사람/4:40-41
6) 갈릴리 여러 회당에서 복음을 전하심/4:42-44

2. 열두 제자를 세우심/5:1-7:1

1) 첫 번째 제자를 부르심/5:1-11
2) 나병자를 깨끗하게 하심/5:12-16
3) 중풍 병자를 고치심/5:17-26
4) 마태를 부르심/5:27-39

(1) 세관에 앉아 있는 레위/5:27-28
(2) 의인과 죄인/5:29-32
(3) 금식에 대하여/5:33-35
(4) 낡은 옷과 새 포도주의 비유/5:36-39

5) 안식일의 주인/6:1-11

(1) 안식일의 밀 이삭/6:1-5
(2) 오른손 마른 사람/6:6-11

6) 예수께서 제자 열둘을 사도라 칭하심/6:12-38

(1) 12 제자를 부르심/6:12-19
(2) 산상 수훈/6:20-26
(3) 율법의 완성인 복음을 말씀하심/6:27-38
(4) 비유의 말씀/6:39-49
① 두 소경 / 6:39
② 제자와 선생 / 6:40
③ 눈 속의 티와 들보 / 6:41-42
④ 좋은 나무와 못된 나무의 열매 / 6:43-44
⑤ 선한 사람과 악한 자 / 6:45
⑥ 듣고 행하는 자와 듣고 행하지 아니하는 자 / 6:46-49

7) 가버나움으로 가심/7:1

3. 예수의 가르치심/7:2-9:50

1) 백부장의 하인을 고치심/7:2-10
2) 나인 성(城) 과부의 아들을 살리심/7:11-16
3) 예수와 세례 요한/7:17-35

(1) 세례 요한의 질문에 대답하심/7:17-23
(2) 세례 요한에 대하여 말씀하심/7:24-28
① 선지자보다 나은 자 / 7:24-27
② 여자가 낳은 자 중에 요한보다 큰 이가 없음 / 7:28a
③ 하나님 나라에서는 작은 자라도 그보다 큼 / 7:28b
(3) 바리새인과 율법사들은 스스로 하나님의 뜻을 버림/7:29-30
(4) 이 세대의 사람들/7:31-32
(5) 세례 요한과 인자/7:33-35

4) 한 바리새인과 죄인인 여자/7:36-50

(1) 예수를 청한 바리새인과 그 동네의 죄인인 여자/7:36-39
(2) 두 빚진 자에 대한 비유/7:40-50

5) 예수 복음 전도의 동역자들/8:1-3
6) 씨 뿌리는 자의 비유/8:4-15
7) 등불 비유/8:16-18
8) 하나님의 말씀을 듣고 행하는 자/8:19-21
9) 잔잔해진 바람과 물결/8:22-25
10) 거라사에서 귀신을 쫓아내심/8:26-40
11) 회당장 야이로와 혈루증 앓는 여자의 믿음/8:41-56

(1) 회당장 야이로의 간구/8:41-42
(2) 열두 해를 혈루증으로 앓는 여자의 믿음/8:43-48
(3) 회당장 집 사람의 믿음/8:49-50
(4) 아이의 손을 잡고 일으키시는 예수/8:51-56

12) 12 제자를 전도하러 보내심/9:1-6
13) 분봉왕 헤롯과 세례 요한의 죽음/9:7-9
14) 떡 다섯 개와 물고기 두 마리의 이적 - 먹은 남자가 5천 명(벳새다)/9:12-17

15) 베드로의 신앙 고백/9:18-20
16) 인자(人子)의 수난과 부활을 말씀하심 - 첫 번째/9:21-22
17) 제자의 도/9:23-26
18) 용모가 변화되신 예수 - 나의 아들 곧 택함을 받은 자/9:27-36
19) 귀신 들린 아이와 제자들/9:37-43a
20) 인자(人子)의 수난과 부활을 말씀하심 - 두 번째/9:43b-45
21) 가장 작은 이가 큰 자/9:46-48
22) 반대하지 않는 자는 너희를 위한 자/9:49-50

제3부 : 인자(人子) 되신 예수의 유대 지역 사역/9:51-13:35

1. 예수의 승천하실 기약이 임박/9:51-10:42

1) 예루살렘을 향하여 가시기로 굳게 결심/9:51-56

(1) 사마리아 한 촌에 들어가심-받아들이지 않음/9:51-53
(2) 제자 야고보와 요한이 원하는 것-책망당함/9:54-56

2) 하나님 나라에 합당한 자/9:57-62

(1) 환경에 지배당하지 않는 자/9:57-58
(2) 복음 전파하는 자-가족에 매이지 않는 자/9:59-60
(3) 쟁기를 잡고 뒤돌아보지 아니하는 자/9:61-62

3) 70명의 제자를 보내심/10:1-24

(1) 70인의 사역/10:1-16
(2) 70인이 돌아옴/10:17-24

4) 율법사가 예수를 시험/10:25-37

(1) 영생을 얻는 길/10:25-29
① 어떤 율법사의 시험 / 10:25
② 예수의 반문 / 10:26
③ 율법사의 대답 / 10:27
④ 예수의 응답 / 10:28
⑤ 율법사의 자만 / 10:29

(2) 선한 사마리아 사람의 비유/10:30-37

① 어떤 사람이 강도를 만남 / 10:30

② 한 제사장이 피함 / 10:31

③ 한 레위인도 피함 / 10:32

④ 어떤 사마리아인이 불쌍히 여김 / 10:33-35

⑤ 누가 강도 만난 자의 이웃 / 10:36

⑥ 자비를 베푼 이가 이웃 / 10:37

5) 마리아와 마르다/10:38-42

(1) 주의 말씀을 듣는 마리아/10:38-39

(2) 많은 일에 염려와 근심하는 마르다/10:40-42

2. 하나님 나라의 임함/11:1-54

1) 기도에 대하여/11:1-13

(1) 주기도문/11:1-4

(2) 강청(强請▶개정, 간청)함을 인하여/11:5-8

(3) 구하는 이에 대하여/11:9-10

(4) 너희 천부(天父▶개정, 하늘의 아버지)께서 구하는 자에게/11:11-13

2) 예수께서 종교 지도자들에게 배척당하심/11:14-36

(1) 예수께서 한 벙어리 귀신 들린 자를 고쳐 주심/11:14

(2) 예수를 시험/11:15-16

(3) 예수의 대답-하나님의 손/11:17-26

(4) 하나님의 말씀을 듣고 지키는 자가 복이 있다/11:27-28

(5) 요나보다 더 큰 이/11:29-32

(6) 등불의 비유/11:33-36

3) 바리새인과 율법사들의 외식/11:37-54

(1) 바리새인들의 안과 밖에 대하여/11:37-41

(2) 바리새인의 외식에 대하여/11:42-44

(3) 율법사들의 외식에 대하여/11:45-54

① 한 율법사의 대답 / 11:45

② 율법사의 짐에 대하여 / 11:46
③ 선지자들의 무덤 / 11:47-49
④ 창세 이후로 흘린 모든 선지자의 피 / 11:50-52
⑤ 서기관들과 바리새인들의 강퍅(剛愎) / 11:53-54

3. 하나님 나라의 비유/12:1-13:35

1) 바리새인들의 누룩에 대하여/12:1-12

2) 탐욕에 대하여/12:13-21

(1) 형과 동생의 소유에 대하여/12:13-15
(2) 어리석은 부자의 비유/12:16-21

3) 하나님 나라를 추구/12:22-34

(1) 의복과 음식의 염려에 대하여/12:22-24
(2) 세상 백성이 구하는 것과 하나님 백성이 구하여야 할 것/12:25-32
(3) 하늘에 쌓은 보물/12:33-34

4) 충성에 대하여/12:35-48

(1) 준비되어 있는 청지기 비유/12:35-40
(2) 지혜 있고 진실한 청지기 비유/12:41-48

5) 믿음의 분쟁에 대하여/12:49-53

(1) 심판과 받을 세례에 대하여/12:49-50
(2) 세상의 화평과 믿음의 분쟁/12:51-53

6) 때의 징조에 대하여/12:54-59

7) 회개에 대하여/13:1-9

(1) 회개하지 않는 모든 자에 대하여/13:1-5
(2) 과원직(果園直)이(개정, 포도원지기)에 대하여/13:6-9

8) 안식일 병 고침에 대하여/13:10-17

(1) 귀신 들려 꼬부라진(곱사등이) 한 여자/13:10-13
(2) 회당장이 예수를 비판/13:14-17

9) 하나님 나라에 대하여/13:18-30

(1) 겨자씨 한 알 비유/13:18-19
(2) 누룩의 비유/13:20-21
(3) 좁은 문/13:22-24
(4) 나중 된 자와 먼저 된 자에 대하여/13:25-30

10) 예루살렘을 위한 애통/13:31-35

(1) 제삼일에는 완전하리라/13:31-33
(2) 너희 집이 황폐(荒廢)하여 버린 바 되리라/13:34-35

제4부 : 인자(人子) 되신 예수께서 사마리아와 인근 지역에서 행하신 사역/14:1-19:27

1. 제자의 길/14:1-17:10

1) 예수께서 바리새인들을 가르치심/14:1-24

(1) 안식일에 대하여/14:1-6
(2) 상석(上席)에 앉으려는 자에 대한 비유/14:7-14
(3) 큰 잔치에 대한 비유/14:15-24

2) 제자의 도(道)에 대하여 - 자기의 모든 소유를 버리는 자/14:25-35

(1) 자기 십자가(十字架)를 지고 따르는 자/14:25-27
(2) 망대(望臺)에 대한 비유/14:28-30
(3) 전쟁(戰爭)과 화친(和親)에 대한 비유/14:31-33
(4) 소금에 대한 비유/14:34-35

3) 회개에 대하여/15:1-32

(1) 세리와 죄인들의 들음과 바리새인과 서기관들의 원망/15:1-2
(2) 잃은 양의 비유/15:3-7
(3) 잃어버린 드라크마의 비유/15:8-10
(4) 탕자의 비유/15:11-32

4) 청지기에 대하여/16:1-31

(1) 불의(不義)한 청지기의 비유/16:1-13
(2) 바리새인들의 위선을 책망/16:14-17
(3) 간음에 대하여 가르침/16:18
(4) 부자와 나사로의 비유/16:19-31

5) 실족하게 하는 자에 대하여/17:1-4
6) 무익(無益)한 종에 대하여/17:5-10

2. 인자이신 예수의 재림/17:11-19:27

1) 깨끗함을 받은 아홉 명의 나병자와 한 명의 나병자/17:11-19
2) 하나님 나라는 너희 안에/17:20-21
3) 인자(人子)의 재림(再臨)의 때/17:22-37
4) 기도(祈禱)와 낙망(落望 ▸ 개정, 낙심)에 대하여/18:1-14

(1) 과부와 재판장의 비유/18:1-8
(2) 바리새인과 세리의 비유/18:9-14

5) 하나님 나라는 어린아이 같은 자의 것/18:15-17
6) 영생에 대하여/18:18-30

(1) 부자 청년/18:18-23
(2) 부자와 약대(개정, 낙타)/18:24-30

7) 십자가의 수난과 부활에 대하여/18:31-34
8) 맹인 바디매오의 믿음/18:35-43
9) 세리장 삭개오의 구원/19:1-10
10) 열 므나의 비유/19:11-27

제 5 부 : 인자(人子) 되신 예수 그리스도의 수난/19:28-23:56

1. 예루살렘의 한 주간/19:28-23:12

1) 일요일 : 예루살렘 입성/19:28-44

(1) 나귀 새끼를 타신 예수/19:28-40
(2) 예루살렘 성을 향한 애통의 눈물/19:41-44

2) 월요일 : 성전 청결/19:45-48

(1) 내 집은 기도하는 집/19:45-46
(2) 대제사장들과 서기관들과 백성의 두령(頭領 ▸ 개정, 지도자)들의 흉계/19:47
(3) 백성들은 예수님의 가르치심에 귀를 기울임/19:48

3) 화요일 : 백성을 가르치시고 복음을 전하심/20:1-21:38

(1) 예수님의 권세(권위)에 대한 종교 지도자들의 질문과 예수님의 반문/20:1-8
(2) 포도원의 악한 농부의 비유/20:9-18
(3) 세금 바치는 것에 대한 질문과 예수님의 답변/20:19-26
(4) 사두개인들의 부활에 대한 질문과 예수님의 답변/20:27-38
(5) 서기관들에 대한 질문과 그들의 외식에 대하여/20:39-47
(6) 부자와 가난한 과부의 헌금에 대하여/21:1-4
(7) 감람산에서의 강화(講話)/21:5-38

4) 수요일 : 종교 지도자들과 가룟 유다/22:1-6

(1) 대제사장들과 서기관들의 흉계/22:1-2
(2) 가룟 유다의 배신에 대한 보상(돈) 언약/22:3-6

5) 목요일 : 유월절 예식과 체포/22:7-53

(1) 유월절 준비-큰 다락방이 준비됨/22:7-13
(2) 유월절 예식-성만찬/22:14-20
(3) 예수께서 잡히실 것을 말씀하심/22:21-23
(4) 큰 자에 대한 논쟁/22:24-30
(5) 베드로의 부인을 예언/22:31-34
(6) 제자들에게 영적인 무장을 당부/22:35-36
(7) 성경 기록의 성취-불법자의 동류(同類)로 여김/22:37-38
(8) 겟세마네 동산의 기도/22:39-46
(9) 유다가 예수를 배신-어두움의 권세/22:47-53

6) 금요일 : 시련과 십자가에 달리심/22:54-23:55

(1) 베드로의 부인/22:54-62
(2) 매 맞으심/22:63-65
(3) 공회에서 심문 받으심/22:66-71
(4) 빌라도 앞에서 심문 받으심/23:1-7
(5) 헤롯 앞에서 심문 받으심/23:8-12

2. 예루살렘의 십자가/23:13-56

1) 바라바와 예수/23:13-25

2) 십자가를 지심/23:26-31

(1) 구레네 사람 시몬/23:26
(2) 백성과 슬피 우는 여자의 큰 무리/23:27-31

3) 십자가에 못 박힌 두 행악자(行惡者)와 예수/23:32-33
4) 예수의 용서하심/23:34-38

(1) 백성의 죄를 사하는 중보 기도/23:34a
(2) 예수의 옷과 유대인의 왕의 패(牌)/23:34b-38

5) 십자가에 달린 행악자(行惡者) 중 하나 - 낙원(樂園)에 있으리라/23:39-43
6) 제 육시에서 제구 시까지/23:44-49
7) 아리마대 요셉/23:50-54
8) 갈릴리에서 예수와 함께 온 여자들/23:55-56

제6부: 인자(人子) 되신 예수 그리스도의 부활 승천/24:1-53

1. 부활하신 예수 그리스도/24:1-45

1) 안식 후 첫날 새벽/24:1-12
2) 엠마오의 두 제자/24:13-32

(1) 근일 거기서 된 일/24:13-24
(2) 성경에 쓴 바 자기에 관한 것을 자세히 설명/24:25-29
(3) 성경을 풀어 주실 때 마음이 뜨거워짐/24:30-32

3) 열한 제자에게 보이심/24:33-45

(1) 시몬에게 나타나심/24:33-35
(2) 부활하신 예수의 육과 영/24:36-43
(3) 성경에 기록된 모든 것이 이루어져야 하리라/24:44-45

2. 예수의 지상 명령과 승천/24:46-53

1) 지상 명령 - 모든 일의 증인/24:46-49
2) 축복/24:50
3) 승천/24:51-53

요한복음

¤ 개관

본서의 저자는 전통적으로 "예수의 사랑하시던 제자"인 사도 요한이다(요 13:23; 19:26; 20:2). 그는 초대 교회에서 뛰어난 지도자였지만 본서에는 그의 이름이 언급되지 않았다. 그러나 이러한 사실이 본서에 대한 요한의 저작권에 하등 영향을 주지 못한다. 저자는 유대인 생활을 잘 알고 있는데 이 사실은 당시 일반인들의 메시야관에 대한 언급을 보아 잘 알 수 있다.

초대 교회의 교부 이레내우스(Irenaeus)나 터툴리안(Tertullian)과 같은 고대의 저술가들은 요한이 이 복음서를 기록했다고 말하고 있으며 그 외 모든 증거들도 이에 동조하고 있다. 교회사가(敎會史家) 유세비우스에 따르면 본서의 저술 연대는 공관복음이 집필된 후라고 한다. 사실 본서의 내용을 살펴보아도 요한복음은 이미 완성된 3 권의 공관복음을 알고 있는 상태에서 기록한 것임이 드러난다.

한편, 요한복음 18:31-33, 37,38의 내용을 담고 있는 파피루스 단편이 애굽에서 발견되었고 AD 135년경의 것으로 추정되는데 이 파피루스가 필사되어 애굽으로 흘러 들어가기까지는 상당한 기간이 경과되었을 것이다. 이러한 점을 고려해 볼 때 본서의 저작 연대는 공관복음이 완성된 AD 70년 후와 AD 100년 이전의 어느 기간으로 추정된다.

본서의 기록 목적은 요 20:30-31에서 잘 설명해 주고 있다. 이는 곧 예수는 하나님의 아들 그리스도이시며, 그를 믿음으로써 생명을 얻을 수 있다는 것을 확신시키고 있는 것이다. 본서에서 예수는 "나는 … 이니라."라는 선언 형식을 취하고 있는데 이는 구약적 관점에서 중요한 의미를 지닌다. 하나님은 모세에게 이런 형식을 통해 당신을 제시하셨던 바(출 1:14) 신성(神聖)을 표현하는 말이었던 것이다 .

따라서 본서에 기록된 모든 내용은 이러한 목적 의식 하에서 기록된 것이다. 이외 부차적인 목적은 예수님의 인성(人性)을 부인(否認)하는 가현설(假

現說)을 논박하고 약속된 메시야를 거절함으로 또 다른 죄를 짓는 부당한 종교 조직인 유대주의를 폭로하기 위한 것이다.

¤ 내용 분해

제 1 부 : 하나님 말씀의 성육신(成肉身) / 1:1-18

1. 하나님의 말씀/1:1-13

1) 그리스도의 선재(先在)/1:1-3

(1) 태초에 말씀이 하나님과 함께 계심/1:1-2

(2) 천지 만물의 창조/1:3

2) 생명의 빛/1:4-13

(1) 생명은 사람의 빛/1:4-5

(2) 빛에 대하여 증거(證據▶개정, 증언)하러 온 자/1:6-8

(3) 하나님의 자녀가 되는 권세를 주심/1:9-13

① 세상의 참 빛 / 1:9-10

② 영접하는 자 / 1:11-12

③ 하나님께로서 난 자 / 1:13

2. 말씀이 육신이 되심/1:14-18

1) 아버지의 독생자의 영광/1:14-15

(1) 은혜와 진리가 충만/1:14

(2) 증거(證據▶개정, 증언)하는 자-세례 요한/1:15

2) 독생하신 하나님/1:16-18

(1) 은혜와 진리/1:16-17

① 은혜 위에 은혜 / 1:16

② 율법과 은혜와 진리 / 1:17

(2) 하나님 아버지 품속/1:18

① 하나님을 본 사람이 없음 / 1:18a

② 독생하신 하나님이 나타나심 / 1:18b

제 2 부 : 하나님 아들이신 예수 그리스도/1:19-4:54

1. 세례 요한에 의하여/1:19-34

1) 주의 길을 곧게 하라고 광야에서 외치는 자/1:19-24
2) 내 뒤에 오시는 그이/1:25-28
3) 세상 죄를 지고 가는 하나님의 어린 양/1:29-31
4) 성령으로 세례를 주는 이/1:32-34

2. 6 명의 제자들/1:35-51

1) 세례 요한의 제자인 (사도) 요한과 시몬 베드로의 형제 안드레/1:35-39
2) 베드로와 안드레/1:40-42
3) 빌립과 나다나엘(바돌로매)/1:43-51

3. 가나의 혼인 잔치에서/2:1-12

1) 예수의 어머니와 예수의 제자들/2:1-2
2) 예수와 어머니/2:3-6
3) 물로 된 포도주/2:7-11
4) 가버나움에 내려가심/2:12

4. 예루살렘에서/2:13-3:36

1) 성전 청결 / 2:13-25
   (1) 성전 안의 장사꾼들/2:13-16
   (2) 주의 전(殿)을 사모하는 열심/2:17-25

2) 니고데모에게/3:1-15
   (1) 바리새인 중의 니고데모/3:1-2
   (2) 거듭나지 아니하면 하나님 나라를 볼 수 없음/3:3-4
   (3) 물과 성령으로 나지 아니하면 하나님 나라에 들어갈 수 없음/3:5-8
   (4) 니고데모의 알지 못함/3:9
   (5) 하늘에서 내려온 자 곧 인자(人子)/3:10-13
   (6) 인자도 들려야 함/3:14-15

(7) 하나님이 그 아들을 세상에 보내신 것은/3:16-21

① 그를 믿는 자마다 멸망하지 않고 영생을 얻게 하려 하심 / 3:16

② 세상이 구원을 받게 하려 하심 / 3:17

③ 그를 믿는 자와 그를 믿지 아니하는 자 / 3:18

④ 그 정죄는 이것 / 3:19

⑤ 악을 행하는 자와 진리를 따르는 자 / 3:20-21

3) 세례 요한이 그리스도를 증거/3:22-36

(1) 세례 요한이 아직 옥에 갇히지 아니함/3:22-24

(2) 요한의 제자와 한 유대인의 결례(潔禮▸정결 예식)에 대(對)한 변론(辯論)/3:25

(3) 세례 요한과 제자들/3:26

(4) 그리스도 앞에 보내심을 받은 자/3:27-28

(5) 그는 흥(興)하여야 하겠고 나는 쇠(衰)하여야 하리라/3:29-30

(6) 위로부터 오시는 이와 땅에서 난 이/3:31-33

(7) 하나님의 보내신 이/3:34-36

5. 사마리아에서/4:1-42

1) 우물가에 있는 여인에게 증거/4:1-26

(1) 갈릴리에서 사마리아 수가로/4:1-6

(2) 사마리아 여자와 예수/4:7-9

(3) 영생하도록 솟아나는 샘물/4:10-14

(4) 선지자로소이다/4:15-19

(5) 구원이 유대인에게서 남/4:20-22

(6) 신령(神靈▸개정, 영)과 진정(眞情▸개정, 진리)으로 예배(禮拜)/4:23-24

(7) 메시야 곧 그리스도/4:25-26

2) 제자들에게 증거/4:27-38

(1) 나의 양식/4:27-34

① 예수와 사마리아 여자와 제자들 / 4:27

② 나의 행한 모든 일 - 사마리아 여자 / 4:28-30

③ 그(하나님)의 일을 온전히 이루는 것 - 나의 양식 / 4:31-34

(2) 추수의 때/4:35-38

① 희어져 추수하게 되었음 / 4:35

② 뿌리는 자와 거두는 자 / 4:36-37

③ 노력한 자와 노력한 것에 참여한 자 / 4:38

3) 사마리아 사람에게 증거/4:39-42

(1) 여자의 증거(證據▸개정, 증언)/4:39

(2) 세상의 구주이심을 앎/4:40-42

6. 갈릴리에서/4:43-54

1) 갈릴리 사람들에게 영접 받음/4:43-45

2) 왕의 신하의 아들을 고치심/4:46-54

(1) 표적(表蹟)과 기사(奇事)/4:46-48

(2) 유대에서 갈릴리로 오신 후 행하신 두 번째 표적(表蹟)/4:49-54

제 3 부 : 하나님 아버지와 예수 그리스도/5:1-13:38

1. 명절(名節)에 예루살렘에서/5:1-47

1) 베데스다의 연못의 기적/5:1-9

2) 유대인들의 핍박(逼迫▸개정, 박해)/5:10-47

(1) 안식일에 대하여/5:10-16

(2) 예수는 하나님과 동등 됨에 대하여/5:17-18

(3) 자신의 신성(神聖)에 대한 말씀에 대하여/5:19-47

2. 유월절(逾越節)에 갈릴리에서/6:1-71

1) 오병이어(五餠二魚)의 기적/6:1-15

2) 물 위를 걸으심/6:16-21

3) "나는 생명의 떡이라"라고 말씀하심/6:22-71

(1) 군중들에게/6:22-40

(2) 유대인들에게/6:41-59
(3) 제자들에게/6:60-71

3. 초막절(草幕節)에 예루살렘에서/7:1-10:21

1) 초막절 이전/7:1-13

(1) 그리스도의 형제들도 그를 배척/7:1-9
(2) 그리스도께서 은밀히 축제에 참석/7:10-13

2) 초막절 중간/7:14-36

(1) 성부(聖父)로부터 받은 교훈(教訓)/7:14-24
(2) 성부로부터의 기원(起源)/7:25-31
(3) 성부께로 돌아가실 그리스도/7:32-36

3) 초막절의 마지막 날/7:37-53

(1) 그리스도가 생수임을 계시/7:37-39
(2) 그리스도로 인해 의견이 분분(紛紛)/7:40-44
(3) 예루살렘 법정이 떠들썩함/7:45-53

4) 초막절 이후/8:1-10:21

(1) 간음하다 잡힌 여인/8:1-11
(2) "나는 세상의 빛이다"라고 선포하심/8:12-59
(3) 하나님의 하시는 일을 나타내고자 하심/9:1-41
(4) "나는 선한 목자"라고 선포하심/10:1-21

4. 수전절(修殿節)에 예루살렘에서/10:22-42

1) 나와 아버지는 하나이다/10:22-31

(1) 유대인들의 의혹(疑惑)/10:22-24
(2) 내 양이 아님/10:25-26
(3) 내 양은 내 음성을 들음/10:27-28
(4) 나와 아버지는 하나이다/10:29-31

2) 하나님의 말씀을 받은 사람들을 신(神)이라 하심/10:32-42

(1) 너희 율법에 기록한 바/10:32-35
(2) 나는 하나님의 아들이라/10:36-39

(3) 많은 사람이 예수를 믿음/10:40-42

5. 베다니에서/11:1-12:11

1) 죽은 나사로를 살리심/11:1-44

2) 바리새인들이 그리스도를 죽이기로 계획/11:45-57

3) 마리아가 향유를 부음/12:1-11

6. 예루살렘에서/12:12-50

1) 예루살렘 입성/12:12-22

2) 인자(人子)가 영광(榮光)을 얻을 때/12:23-50

7. 유월절(逾越節) 전(前)에 예루살렘에서/13:1-38

1) 예수께서 하나님께로 돌아가실 때가 임박/13:1-20

(1) 제자들의 발을 씻기심/13:1-11

(2) 예수 그리스도의 본/13:12-20

2) 인자(人子)의 영광과 하나님의 영광/13:21-38

(1) 유다의 배신을 예언/13:21-30

(2) 새 계명을 주심-서로 사랑하라/13:31-35

(3) 베드로의 부인(否認)을 예언/13:36-38

제 4 부 : 아버지께서 내 이름으로 보내실 성령/14:1-17:26

1. 보혜사 곧 아버지께서 내 이름으로 보내실 성령/14:1-31

1) 길이요 진리요 생명이신 그리스도/14:1-24

(1) 그의 제자들을 위로/14:1-4

(2) 도마에게 가르치심/14:5-7

(3) 빌립에게 가르치심/14:8-21

(4) 유다에게 가르치심/14:22-24

2) 또 다른 보혜사 진리의 영/14:25-31

(1) 가르치시고 생각나게 하심/14:25-26

(2) 나의 평안과 이 세상 임금/14:27-31

2. 보혜사 곧 아버지께로서 나오시는 진리의 성령/15:1-16:33

1) 참포도나무와 가지/15:1-25

(1) 참포도나무와 농부/15:1-4
(2) 참포도나무와 가지/15:5-8
(3) 아버지의 계명과 내 계명/15:9-11
(4) 종과 친구/15:12-17
(5) 세상에 속한 자와 세상에서 나의 택함을 입은 자/15:18-25

2) 진리의 성령/15:26-16:15

(1) 성령의 증거(證據▸개정, 증언)/15:26-16:4
(2) 보혜사 성령의 역사/16:5-15

3) 그리스도의 죽음과 부활을 예언/16:16-33

(1) 여자의 해산(解産)의 비사(比辭▸개정, 비유)/16:16-21
(2) 세상을 이기었노라/16:22-33

3. 보혜사(중보자)이신 그리스도/17:1-26

1) 자신을 위하여 기도하심/17:1-4
2) 그의 제자들을 위하여 기도하심/17:5-19
3) 모든 믿는 자를 위하여 기도하심/17:20-26

제 5 부 : 성경에 응하신 예수 그리스도/18:1-19:42

1. 성경 말씀에 응하게 하려 하심/18:1-27

1) 그 당할 일을 아심/18:1-9

(1) 유다의 배신/18:1-5
(2) 나사렛 예수/18:6-9

2) 어떠한 죽음으로 죽을 것을 가리켜 하신 말씀/18:10-27

(1) 베드로의 검/18:10-11
(2) 가야바의 장인 안나스/18:12-14
(3) 대제사장 가야바와 베드로의 부인(否認)/18:15-27

2. 유대인의 왕이라 기록됨/18:28-19:22

1) 빌라도의 법정/18:28-40
2) 예수와 바라바/19:1-22

3. 성경 말씀을 이루심/19:23-42

1) 성경 말씀을 응(應)하심/19:23-37

(1) 그의 옷/19:23-24
(2) 여자여 보소서 아들이니이다/19:25-27
(3) 다 이루었다/19:28-30
(4) 그의 뼈와 그를 찌른 자/19:31-37

2) 아리마대 사람 요셉/19:38-42

(1) 아리마대 요셉과 니고데모/19:38-39
(2) 예수의 시체와 무덤/19:40-42

제 6 부 : 예수 그리스도의 부활 승천/20:1-21:25

1. 안식 후 첫날/20:1-31

1) 안식 후 첫날 이른 아침/20:1-18

(1) 막달라 마리아/20:1
(2) 베드로와 사도 요한/20:2-10
(3) 막달라 마리아에게 말씀하시는 부활하신 예수/20:11-18

2) 안식 후 첫날 저녁 때/20:19-31

(1) 열 제자에게 오심/20:19-23

① 평강이 있을지어다 / 20:19-20

② 나도 너희를 보내노라 / 20:21

③ 성령을 받으라 / 20:22-23

(2) 열한 제자에게 오심/ 20:24-31

① 디두모라 하는 도마의 의심 / 20:24-25

② 믿음이 없는 자가 되지 말고 믿는 자가 되라 / 20:26-29

③ 요한복음의 기록 목적 / 20:30-31

2. 부활하신 후 세 번째 나타나심/21:1-25

1) 디베랴 바닷가/21:1-14

(1) 일곱 제자들에게 나타나심/21:1-4
(2) 베드로와 사도 요한/21:5-9
(3) 153 마리/21:10-11
(4) 조반(朝飯)을 먹으라/21:12-14

2) 네가 나를 사랑하느냐/21:15-23

(1) 내 어린 양을 먹이라/ 21:15
(2) 내 양을 치라/21:16
(3) 내 양을 먹이라/21:17
(4) 베드로의 죽음/21:18-19
(5) 베드로와 사도 요한/21:20-23

3) 기록된 책/21:24-25

(1) 이 일을 증거한 제자/21:24
(2) 부족한 줄 아노라/21:25

사 도 행 전

¤ 개관

본서는 저자가 누구인지에 관해 밝히고 있지는 않지만 성경의 내증(內證)과 외증(外證)을 통하여 볼 때, 저자는 누가라는 결론에 도달하게 된다. 최초의 외증은 무라토리 정경(AD 70년경의 것)에 나타나는데 거기에서는 제 3 의 복음서와 사도행전의 저자가 누가임을 밝히고 있다. 그리고 본서에 나타난 '우리'라는 말이 저자를 밝히는 실마리가 될 수 있다(행 16:1-17; 20:5-21:18; 27:1-28:26).

즉, 이는 저자가 바울의 동역자이며 또한 그의 여행 일기를 자료로 삼고 있다는 것을 암시해 준다. 본서의 기록 연대는 대체로 AD 62년에서 2세기 중반까지로 추정되고 있다. 그러나 20세기의 고고학적 발견에 따라 역사가로서의 누가의 충실성과 정밀성이 확인되면서 나아가서 그의 작품이 1세기의 것임이 확증되었다.

누가는 바울이 로마에서 재판을 기다리고 있는 장면에서 끝을 내는데 이 때문에 많은 사람들은 본서가 바울의 재판 전 곧 AD 60년경에 완성된 것으로 믿고 있다. 만약 본서가 바울의 재판 후에 기록되었다면 **누가**가 왜 그 결과에 대한 언급을 하지 않았겠는가? 사도행전에는 네로의 박해(64년), 바울의 죽음(68년), 예루살렘 멸망(70년)에 대해 전혀 언급이 없다.

저자 누가는 데오빌로라는 한 지성인에게 "그 배운 바와 확실함을 알게 하려고"(눅 1:4) 본서와 누가복음을 기록했다. 데오빌로는 기독교로 개종한 이방인인데, 누가는 데오빌로로 대표되는 이방인 그리스도인들에게 그리스도에 관한 보다 성숙한 가르침을 주기 위해 붓을 들었다. 그가 이것을 기록한 주요 목적은 신앙의 후진들에게 교회의 성장 과정을 기술하여 전수하고 나아가 기독교의 역사성을 드러냄으로써 기독교를 이방에 변증하기 위해서였다.

¤ 내용 분해

제 1 부 : 예루살렘에서 증거/1:1-7:60

1. 교회의 시작/1:1-2:47

1) 부활 승천하신 예수 그리스도/1:1-11

(1) 부활하신 예수 그리스도의 역사/1:1-5

① 예수 그리스도의 역사(役事)를 기록 / 1:1-2

② 부활 후 40 일의 행적 / 1:3-5

a) 해(害 ▶ 개정, 고난) 받으신 후 확실한 많은 증거로 친히 사심을 나타내심 / 1:3a

b) 40 동안 12 제자들과 500여 형제에게 보이시며(고전 15:5-8, 게바에

서 바울까지), 하나님 나라의 일을 말씀하심 / 1:3b

c) 예루살렘을 떠나지 말고 내게 들은 하나님 아버지의 약속하신 것을 기다리라 / 1:4

d) 예루살렘을 떠나지 말라 - 성령의 세례 / 1:5

(2) 예수 그리스도의 위임 명령/1:6-11

① 지상 명령의 말씀 / 1:6-8

a) 제자들의 질문 - 주께서 이스라엘 나라를 회복하심이 이때니이까? / 1:6

b) 예수님의 대답 - 때와 기한(期限 ▶ 개정, 시기)은 하나님 아버지께서 자기의 권한에 두셨으니 너희가 알 바가 아니다. / 1:7

c) 제자들에게 세계 선교의 사명을 주심 / 1:8

a. 오직 성령이 너희에게 임하시면 / 1:8a

b. 너희가 권능을 받고 / 1:8b

c. 예루살렘과 온 유대와 사마리아와 땅 끝까지 이르러 / 1:8b

d. 내 증인이 되리라 / 1:8b

② 그리스도의 승천 / 1:9-11

a) 말씀을 마치시고 올라가심 / 1:9-10

b) 예수는 하늘로 가심을 본 그대로 오시리라 / 1:11

2) 주님의 선택/1:12-26

(1) 제자들이 감람원에서 예루살렘으로 돌아옴/1:12-14

(2) 맛디아를 임명/1:15-26

① 미리 말씀하신 성경이 응함 - 다윗의 입을 통하여 가룟 유다에 대한 일 (시 41:9; 요 13:18) / 1:15-20

② 주의 택하심을 기도(제비를 뽑음) - 봉사와 및 사도의 직무를 대신할 자 / 1:21-26

3) 오순절 성령 강림/2:1-47

(1) 성령 충만/2:1-13

① 그들이(120 명 정도) 다 같이 한 곳에 모임 / 2:1

② 오순절에 성령 강림 / 2:2-3

③ 성령의 일하심 / 2:4

a) 성령의 충만함을 받고 / 2:4a

b) 성령이 말하게 하심을 따라 / 2:4b

c) 다른 방언(方言 ▶ 개정, 언어)으로 말하기를 시작함 - 세계 각국 언어 / 2:4b

④ 오순절에 천하 각국의 경건한 유대인들 / 2:5-13

a) 예루살렘에 모여서 이 소리를 들음(디아스포라 - 바벨론 포로 이후 천하 각국에 흩으시어, 예수님의 부활 승천 후 예루살렘에 모이게 하여, 성령의 일하심으로 세계 선교를 준비하심 - 하나님의 원대한 계획) / 2:5-11

b) 조롱하는 사람들 - 술 취(醉)하였다 / 2:12-13

(2) 오순절 설교/2:14-41

① 선지자 요엘로 말씀하신 것이 이루어짐(말세에 내가 내 영으로 모든 육체에게 부어 주리라 - 주의 이름을 부르는 자는 구원을 얻으리라) / 2:14-21

② 나사렛 예수 - 하나님의 정하신 뜻과 미리 말씀하신 대로 내어 준 바 됨 / 2:22-31

③ 주와 그리스도 되심 - 하나님이 오른손으로 예수를 높이시고 그가 약속하신 성령을 아버지께 받아서 너희가 보고 듣는 성령을 부어 주셨다 / 2:32-36

④ 회개하여 각각 예수 그리스도의 이름으로 세례를 받고 죄 사함을 받으라 그리하면 성령을 선물로 받으리라 / 2:37-40

⑤ 제자(개정, 신도)의 수가 삼천이나 더함 - 그 말을 받고 세례를 받음 / 2:41

(3) 초대 교회의 활동/2:42-47

① 사도의 가르침을 받아 - 기도하기를 오로지 힘쓰니라 / 2:42

② 사도들로 인하여(교회의 지도자의 직무) - 기사와 이적이 많이 나타남 / 2:43

③ 믿는 사람이 다 함께 있어 - 각 사람의 필요에 따라 나눠 주고 / 2:44-45

④ 날마다 마음을 같이하여 / 2:46

a) 성전에 모이기를 힘쓰고 / 2:46a

b) 기쁨과 순전한 마음으로 / 2:46b

c) 하나님을 찬미하며 온 백성에게 칭송을 받으니 / 2:46b

⑤ 하나님을 찬미 / 2:47

a) 백성에게 칭송을 받음 / 2:47a

b) 주께서 구원 받는 사람을 날마다 더하게 하심 / 2:47b

2. 교회의 성장/3:1-7:60

1) 앉은뱅이를 고침/3:1-10

2) 베드로의 두 번째 설교/3:11-26

3) 베드로와 요한이 잡힘/4:1-4

4) 베드로가 예루살렘 공회에서 증거/4:5-12

5) 베드로가 증거하지 못하도록 명령/4:13-22

6) 사도들의 기도/4:23-31

7) 믿음의 공동체/4:32-37

8) 아나니아와 삽비라/5:1-11

9) 사도들의 표적(表蹟)과 기사(奇事)/5:12-16

10) 사도들의 박해/5:17-42

(1) 주(主)의 사자(使者)가 옥(獄)에서 끌어냄/5:17-28

(2) 공회에서 선포함/5:29-32

(3) 가말리엘의 충고/5:33-39

(4) 사도들이 매 맞음/5:40-42

11) 열두 사도의 집사 임명/6:1-7

12) 스데반의 순교/6:8-7:60

(1) 은혜와 권능이 충만한 스데반/6:8-15

① 큰 기사와 표적을 민간에 행함 / 6:8-9

② 스데반이 지혜와 성령으로 말함 / 6:10-15

(2) 공회에서의 선포와 죽음/7:1-60

① 스데반의 설교 / 7:1-53

② 스데반의 순교 / 7:54-60

제 2 부 : 유대와 사마리아에서 증거/8:1-12:25

1. 예루살렘 교회의 박해/8:1-40

1) 사울의 박해/8:1-3

2) 빌립의 증거/8:4-40

(1) 빌립이 사마리아 사람에게 증거/8:4-25

(2) 빌립이 에디오피아 내시에게 증거/8:26-40

2. 사울의 회심/9:1-31

1) 주를 만남/9:1-9

2) 성령 충만/9:10-19

3) 다메섹에서 선포/9:20-25

4) 예루살렘에서 증거/9:26-31

3. 베드로의 증거/9:32-11:18

1) 룻다에서 애니아를 고침/9:32-35

2) 욥바에서 도르가를 살림/9:36-43

3) 가이사랴에서 고넬료에게 증거/10:1-11:18

(1) 하나님을 경외하는 고넬료/10:1-8

(2) 베드로가 환상을 봄/10:9-16

(3) 고넬료가 베드로를 초청/10:17-22

(4) 베드로가 이방인에게 선포/10:23-43

(5) 이방인들의 성령 받음/10:44-48

(6) 베드로의 변론/11:1-18

4. 초대 교회의 증거/11:19-12:25

1) 안디옥 교회/11:19-30

2) 헤롯의 박해/12:1-25

(1) 야고보의 죽음/12:1-2

(2) 주의 사자에 의해 구출된 베드로/12:3-11

(3) 마가 요한의 어머니 마리아의 집/12:12-19

(4) 가이사랴에서 헤롯이 죽음/12:20-23

(5) 하나님의 말씀은 흥왕(興旺)/12:24-25

제 3 부 : 땅 끝까지 증거/13:1-28:31

1. 제 1 차 전도 여행/13:1-14:28

1) 안디옥 교회에서 바나바와 사울을 파송/13:1-3

2) 구브로에서 사역/13:4-13

(1) 회당에서 선포/13:4-5

(2) 바예수와의 논쟁/13:6-13

3) 비시디아 안디옥에서의 사역/13:14-50

(1) 첫 번째 맞는 안식일에 선포/13:14-43

(2) 두 번째 맞는 안식일에 선포/13:44-50

4) 이고니온에서의 사역/13:51-14:5

(1) 이고니온으로 감/13:51-52

(2) 유대인의 회당에서 선포/14:1-5

5) 루스드라와 더베에서의 사역/14:6-19

(1) 루스드라와 더베와 그 근방에서 복음 전파/14:6-7

(2) 앉은뱅이를 고침/14:8-10

(3) 바울과 바나바가 옷을 찢음/14:11-18

(4) 유대인들이 돌로 바울을 침/14:19

6) 여행에서 돌아오면서 사역/14:20-25

7) 제 1 차 전도 여행에 대한 보고/14:26-28

2. 예루살렘 공의회/15:1-35

1) 율법에 의한 할례와 구원의 논쟁/15:1-5

2) 베드로가 주 예수의 은혜로 구원 받음을 선포/15:6-11

3) 바울과 바나바의 증언/15:12

4) 이방인 개종자들에 대하여 - 야고보/15:13-21

5) 공의회에서 공문서를 보냄/15:22-29

(1) 인도자인 바사바 유다와 실라/15:22-23

(2) 우상의 제물과 피와 목매어 죽인 것과 음행을 멀리할 것/15:24-29

6) 안디옥에서 보고/15:30-35

(1) 선지자 유다와 실라-여러 말로 형제를 권면/15:30-34

(2) 바울과 바나바-주의 말씀을 가르치며 전파함/15:35

3. 제2차 전도 여행/15:36-18:22

1) 마가로 인한 논쟁/15:36-41

(1) 바울과 바나바의 심한 다툼/15:36-39a

(2) 바나바는 마가를 데리고 구브로로 감/15:39b

(3) 바울은 실라를 택하여 수리아와 길리기아로 다녀감/15:40-41

2) 더베와 루스드라에서/16:1-5

(1) 디모데의 할례/16:1-3

(2) 예루살렘에 있는 사도와 장로들이 작정한 규례/16:4-5

3) 드로아에서/16:6-10

(1) 예수의 영이신 성령의 제지(制止)/16:6-7

(2) 밤에 환상이 보임/16:8-9

(3) 마게도냐에서 복음을 전하기를 원하심/16:10

4) 마게도냐 지경의 첫 성 빌립보에서/16:11-40

(1) 두아디라 자주 장사 루디아의 회심/16:11-15

(2) 귀신을 예수의 이름으로 쫓아냄/16:16-24

(3) 간수와 그 집에 있는 모든 사람의 구원/16:25-34

(4) 바울이 옥에서 석방/16:35-40

① 로마 시민인 바울 / 16:35-39(22:28, 29)

② 루디아의 집 / 16:40

5) 데살로니가에서/17:1-9

(1) 예수가 그리스도이심을 증언/17:1-3
(2) 경건한 헬라인과 귀부인/17:4
(3) 유대인들의 시기(猜忌)/17:5-9

6) 베뢰아에서/17:10-15

(1) 베뢰아 사람과 데살로니가 사람/17:10-13
(2) 바울과 실라와 디모데/17:14-15

7) 아덴에서/17:16-34

(1) 바울이 예수와 몸의 부활을 전함/17:16-18
(2) 아덴 사람들에게 복음을 전함/17:19-31
(3) 몇 사람이 믿음/19:32-34

8) 고린도에서/18:1-17

(1) 아굴라와 그의 아내 브리스길라/18:1-4
(2) 예수는 그리스도라고 증언/18:5-6
(3) 디도 유스도와 회당장 그리스보/18:7-8
(4) 밤에 주께서 환상 가운데 바울에게 말씀하심/18:9-11
(5) 아가야 총독 갈리오와 유대인들/18:12-17

9) 안디옥으로 돌아옴/18:18-22

(1) 브리스길라와 아굴라도 바울과 함께함/18:18a
(2) 겐그리아에서 머리를 깎음/18:18b
(3) 에베소를 떠남/18:19-22

4. 제3차 전도 여행/18:23-21:16

1) 갈라디아와 브로기아에서/18:23
2) 에베소에서/18:24-19:41

(1) 아볼로와 브리스길라와 아굴라/18:24-28

① 학문이 많고 성경에 능한 아볼로 / 18:24-25
② 브리스길라와 아굴라의 성경 강해(講解) / 18:26
③ 예수는 그리스도라고 증언 - 아볼로 / 18:27-28

(2) 요한의 제자들이 성령을 받음/19:1-7
(3) 두란노서원에서 강론(講論)-하나님 나라/19:8-10
(4) 에베소에 사는 유대인과 헬라인들/19:11-20

① 하나님이 바울의 손으로 희한(稀罕)한(개정, 놀라운) 능력을 행하게 하심 / 19:11-12
② 유대의 한 제사장 스게와의 일곱 아들 / 19:13-17
③ 은 오만이나 되는 마술책이 불태워짐 / 19:18-20

(5) 디모데와 에라스도의 파송/19:21-22
(6) 데메드리오라 하는 어떤 은장색(銀匠色)의 소동(騷動)/19:23-41

① 여신 아데미의 영업 / 19:23-28
② 가이오와 아리스다고와 알렉산더 / 19:29-34
③ 서기장(書記長)이 모임을 흩어지게 함 / 19:35-41

3) 마게도냐에서/20:1-5

(1) 마게도냐에서 헬라로/20:1-3
(2) 헬라에서 드로아로/20:4-5

4) 드로아에서/20:6-12

(1) 안식 후 첫날의 강론/20:6-8
(2) 죽은 유두고가 살아남/20:9-12

5) 밀레도에서/20:13-38

(1) 오순절 안에 예루살렘에 이르려고 급히 감/20:13-16
(2) 밀레도에서 에베소의 장로들을 청하여 권면/20:17-38

6) 두로에서/21:1-6

(1) 제자들이 성령의 감동으로 예루살렘에 들어가지 말 것을 권면/21:1-4
(2) 바닷가의 기도/21:5-6

7) 가이사랴에서/21:7-16

(1) 가이사랴의 전도자 빌립의 집/21:7-9

(2) 선지자 아가보의 성령에 의지한 예언/21:10-12

(3) 바울은 죽음을 각오함/21:13-16

5. 로마 여행/21:17-28:31

1) 예루살렘에서 증거/21:17-23:33

(1) 율법에 의한 결례(潔禮)를 하게 함/21:17-26

① 예루살렘에 있는 야고보의 권면 / 21:17-25

② 바울은 결례를 행함 / 21:26

(2) 바울의 체포/21:27-39

(3) 군중 앞에서 바울의 변론/21:40-22:23

(4) 천부장 앞에서 바울의 변론/ 22:24-29

(5) 공회 앞에서 바울의 변론/22:30-23:10

(6) 주께서 바울에게 로마에서도 증거하도록 말씀하심/23:11

(7) 바울을 죽이려는 유대인들의 계획/23:12-22

(8) 안디바드리에서 가이사랴로 가는 바울/23:23-33

2) 가이사랴에서 증거/23:34-26:32

(1) 벨릭스 앞에 선 바울/23:34-24:27

① 바울과 총독 / 23:34-35

② 대제사장 아나니아와 한 변호사 더둘로 / 24:1-9

③ 총독 앞에서의 복음 선포 / 24:10-23

④ 벨릭스와 그의 아내 유대 여자 드루실라 / 24:24-27

(2) 베스도 앞에 선 바울/25:1-22

① 베스도의 바울에 대한 호의 / 25:1-5

② 유대인의 마음을 얻고자 하는 베스도 / 25:6-9

③ 바울은 가이사 앞에 설 것을 호소함 / 25:10-12

④ 베스도와 아그립바 / 25:13-22

(3) 아그립바 앞에 선 바울/25:23-26:32

① 아그립바와 버니게와 베스도 / 25:23-27
② 아그립바 앞에서의 바울의 증언 / 26:1-23
③ 바울과 베스도 / 26:24-26
④ 바울과 아그립바 / 26:27-29
⑤ 아그립바와 베스도 / 26:30-32

3) 로마에서 증거/27:1-28:31

(1) 이달리야로 출발하는 바울/27:1-44
① 아리스다고와 함께 동행 / 27:1-2
② 백부장 율리오의 바울에 대한 친절 / 27:3-8
③ 백부장이 선장과 선주의 말을 바울의 말보다 더 믿음 / 27:9-11
④ 유라굴로라는 광풍에 배가 휩쓸림 / 27:12-20
⑤ 바울이 하나님의 메시지를 말함 / 27:21-26
⑥ 섬에 상륙 / 27:27-44

(2) 멜리데에서의 바울의 증거/28:1-15
① 바울이 독사에게 물렸으나 이상이 없음 / 28:1-6
② 보블리와 그의 아버지의 병을 고침 / 28:7-10
③ 아비오 저자와 삼관(三館 = 세 여관 ▶ 개정, 아비오 광장과 트레이스 타베르네)까지 / 28:11-15

(3) 로마에서의 바울의 증거/28:16-31
① 바울을 지키는 한 군사와 함께 따로 있게 허락함 / 28:16
② 바울과 유대인 중 높은 사람들 / 28:17-22
③ 아침부터 저녁까지 강론하는 바울 / 28:23-28
④ 바울이 온 이태(두 해)를 셋집에 머물음 / 28:30
⑤ 복음을 담대하게 거침없이 전함 / 28:31

로 마 서

¤ 개관

본서의 저자는 사도 바울이며 이 사실을 반대할 만한 근거가 거의 없다. 본서의 어휘, 문체, 논리의 전개 방식 등이 바울의 다른 서신들과 통일성을 이루고 있다. 바울은 이 서신을 자신의 비서 역할을 하던 더디오에게 받아쓰게 했으며 그에게 자신이 원하는 인사말도 써넣을 수 있도록 허락했다(16:22 참조). 본서에는 바울의 생애와 일치하는 역사적인 언급들이 많이 나와 있다.

본서의 교리적인 내용은 바울의 전형적인 것인데, 이것은 그가 쓴 다른 서신들과 비교해 볼 때 더욱 분명해진다. 본서의 기록 연대는 AD 57년 이른 봄으로 추정되고 있다. 바울은 이때 제3차 전도 여행 중이었는데 그는 예루살렘의 가난한 신자들을 위해 이방인 교회들이 모금한 헌금을 예루살렘에 가지고 가려던 중이었다.

롬 15:26에 의하면 바울이 본서를 쓸 때는 이미 마게도냐와 아가야 교회의 헌금을 가지고 고린도에 도착해 있었던 것으로 보인다. 따라서 본서는 바울이 고린도에 3 개월 체류해 있는 기간 동안에 기록되었을 것으로 추정된다.

본서에서 바울 사상의 진면목이 가장 잘 드러나 있다. 그의 사상은 '이신칭의(以信稱義)'이다. 유대인은 물론 이 세상에 사는 모든 사람들도 하나님 아버지와 그 아들 예수 그리스도를 구속주로 믿음으로 말미암아 의롭다 일컬음(여김)을 받고 구원 받는다는 사상을 의미한다. 바울은 이 교의(教義)를 본서에서 아주 명쾌하게 논리적으로 진술하고 있다(1:17; 3:22, 26-29; 4:3, 5, 11, 13; 5:1; 참조▶갈 2:16; 3:24; 엡 2:8). 이 사상은 신앙 원리를 가장 극명하게 보여 주고 있는 것으로서 과거 종교 개혁자들의 모토가 되었다. 이 원리는 유대인이건 이방인이건 모두에게 공통적으로 적용되는 원리이다.

이 '이신칭의(以信稱義)'는 우리가 흔히 생각하는 단편적인 것이 아니라 구원은 물론, 죄책감과 거듭남과 성화와 성도의 견인 교의까지 포함하는 포괄적인 것으로 그 의미하는 바가 크다. 예수 그리스도께서 십자가상에서 이루어 놓으신 의를 믿음으로 받아들임으로써만이 모든 인간은 죄에서 자유로울 수가 있는 것이다.

¤ 내용 분해

제 1 부 : 하나님의 섭리 – 하나님의 의(義)의 선언/1:1-8:39

1. 복음의 선언/1:1-17

1) 주 예수 그리스도와 부르심을 받은 자/1:1-7

(1) 하나님의 복음의 종 사도 바울/1:1

① 예수 그리스도의 종 바울 / 1:1a

② 사도로 부르심을 받음 / 1:1b

③ 하나님의 복음을 위하여 택정(擇定)함을 입음 / 1:1b

(2) 하나님의 아들 주 예수 그리스도/1:2-4

① 선지자들로 성경에 약속하심 / 1:2

② 육신으로는 다윗의 혈통에서 / 1:3

③ 성결의 영으로는 죽은 자 가운데서 부활 / 1:4a

④ 능력으로 하나님의 아들로 인정(認定▶개정, 선포)되심 / 1:4b

(3) 예수 그리스도의 부르심을 입은 로마의 성도/1:5-7

① 은혜와 이방인 사도의 직분을 받음 / 1:5

② 예수 그리스도의 것으로 부르심을 받은 자 / 1:6

③ 하나님의 사랑을 받고 성도로 부르심을 받은 모든 자 / 1:7

2) 복음의 전파/1:8-15

(1) 신령한 은사(spiritual gift)를 나눠 줌/1:8-12

※ 최고의 은사(하나님의 외아들 예수 그리스도▶요 3:16; 롬 8:32) : 성령의 각양 열매를 맺게 하려 함(고전 12:4-11; 엡 4:1-16; 갈 5:22-23)

① 하나님께 감사함 / 1:8-10

② 신령한 은사를 나누어 주어 믿음을 견고하게 함 / 1:11-12

(2) 복음에 빚진 자/1:13-15

① 이방인 중에 열매를 맺게 하려 함 / 1:13
② 모든 자에게 복음의 빚진 자 / 1:14
③ 로마에 복음을 전하기를 원함 / 1:15

3) 복음의 중심/1:16-17

(1) 복음을 부끄러워하지 않음/1:16
① 모든 믿는 자에게 구원을 주시는 하나님의 능력 / 1:16a
② 첫째는 유대인이요 또한 헬라인 / 1:16b

(2) 복음에는 하나님의 의가 나타남/1:17a
① 복음에는 하나님의 의가 나타남 / 1:17a
② 믿음으로 믿음에 이르게 함 / 1:17a

(3) 오직 의인은 믿음으로 살리라(합 2:4)/1:17b
① 오직 의인은 여호와 하나님이 주신 기업(基業▶하나님 나라)으로 살리라 / 1:17b
② 오직 의인은 여호와 하나님이 의롭다 하심으로 살리라 / 1:17b
③ 오직 의인은 여호와 하나님이 인정하심으로 살리라 / 1:17b

2. 의(義)의 심판(요 3:18)-정죄(定罪▶요 3:19-20) : 하나님의 의(義)의 필요성(요 3:16-17, 21-22)/1:18-3:20

1) 이방인의 죄/1:18-32

(1) 정죄(定罪)의 원인 : 무지/1:18-23
(2) 정죄(定罪)의 결과 : 하나님의 유기(遺棄▶24, 26, 28절)/1:24-32

2) 유대인의 죄/2:1-3:8

(1) 진리에 따른 심판/2:1-5
(2) 행위에 따른 심판/2:6-10
(3) 공평한 심판/2:11-16
(4) 율법을 지키지 않음/2:17-29
(5) 약속을 믿지 않음/3:1-8

3) 전(全) 인류의 죄/3:9-20

(1) **유대인이나 헬라인이나 다 죄 아래 있다고 선언/3:9-18**
(2) **율법이 말하는 바-온 세상으로 하나님의 심판 아래 있게 하려 함/3:19**
(3) **율법으로 죄를 깨달음-율법의 행위로 그의 앞에 의롭다 하심을 얻을 육체가 없음/3:20**

∵ 하나님의 복음으로 안전 장치(책임 지심)

☞ 〔약속하신 자손이 오시기까지(갈 3:15-21) - 성경이 모든 것을 죄 아래 가둠(갈 3:22) - 믿음이 오기 전에 율법 아래 매이고 계시될 믿음의 때까지 갇힘(갈 3:23) - 율법은 그리스도로 인도하는 몽학 선생(蒙學先生▶개정, 초등 교사; 갈 3:24-25) - 믿음으로 다 그리스도 예수 안에서 하나 되어서 약속대로 유업을 이을 자가 됨(갈 3:26-28)〕

☞ 〔율법의 요구를 이루어지게 하심(롬 8:3-4) - 그리스도 예수 안에 있는 생명의 성령의 법이 죄와 사망의 법에서 해방(롬 8:2) - 그리스도 예수 안에 있는 자는 결코 정죄함이 없음(롬 8:1)〕

☞ 〔율법의 완성(마 5장) - 예수 그리스도〕+〔율법의 기능(롬 7장) - 사도 바울〕

3. 이신칭의(以信稱義) : 하나님의 의(義)의 전가(轉嫁)/3:21-5:21

1) 믿음으로 말미암은 의 - 십자가 중심의 복음 선언/3:21-31

2) 아브라함으로 의의 예증(例證) - 복음주의를 입증/4:1-25

(1) **행위와 무관함/4:1-8**
(2) **할례와 무관함/4:9-12**
(3) **율법과 무관함/4:13-15**
(4) **믿음에 의함/4:16-25**

3) 구원의 확실성 - 의의 결과/5:1-11

(1) **하나님과 화평/5:1-2**
(2) **환난 중에 기쁨/5:3-8**
(3) **하나님의 진노에서 구원/5:9-11**

4) 그리스도의 속죄의 영구적 효과를 주장

☞ 〔인류의 조상 아담 한 사람의 원죄로 세상에 죄와 사망이 들어와 왕 노릇 한 것같이, 한 분 예수 그리스도의 순종하심으로 많은 사람이 의인이 되고 생명(영생) 안에서 왕 노릇 함〕 / 5:12-21

4. 이신성화(以信聖化 : 믿음으로써 거룩하게 됨) : 하나님의 의가 나타남/6:1-8:39

1) 이신성화와 죄/6:1-23

(1) 그리스도와 하나로 되는 새 생활-죄에 대해 죽음(원리)/6:1-14

(2) 죄에서의 해방-죄에 대해 죽음(실천)/6:15-23

2) 이신성화(以信聖化)와 율법/7:1-25

(1) 율법에 대하여 죽음을 당함(율법에서 벗어남)-예수 그리스도의 몸으로(십자가의 보혈)/7:1-6

(2) 예수 그리스도로 말미암은 하나님의 은혜-육신으로는 하나님의 법을 완전히 행할 수가 없기 때문이다(갈 3:10-14; 5:3; 약 2:8-13)**-하나님의 법인 율법은 거룩하며 의로우며 선하며 신령하다**(롬 7:12-14) 7:7-25

3) 이신성화와 성령/8:1-39

(1) 죄와 사망의 권세에서 해방시키는 성령/8:1-11

① 그리스도 예수 안에서 정죄함이 없음 / 8:1

② 그리스도 예수 안에 있는 생명의 성령의 법이 죄와 사망의 법에서 해방시킴 / 8:2

③ 인간의 육신으로 할 수 없는 속죄를 하나님의 아들이신 예수 그리스도의 육신으로 속죄하심 - 율법의 요구를 이루어지게 하심 / 8:3-4

④ 하나님의 영이신 성령의 생각을 따르는 자 - 생명과 평안(영생) ; 육신의 생각을 따르는 자 - 하나님의 원수가 되므로 영원한 사망의 그늘에 앉아 있게 됨(영벌) / 8:5-11

(2) 양자의 권세를 주시는 성령/8:12-18

① 하나님의 영으로 인도함을 받는 자 - 하나님의 아들이라 칭함 / 8:12-14

② 양자의 영을 받음으로 - 아바(개정, 아빠) 아버지라 부르게 됨 / 8:15

③ 성령이 친히 우리의 영으로 - 하나님의 자녀인 것을 증거 / 8:16

④ 하나님의 후사(後嗣▶개정, 상속자)는 그리스도와 함께 한 후사(後嗣 = 상속자)이다 - 영광을 받기 위하여 고난도 함께 받아야 함(골 1:24-29) / 8:17-18

(3) 장래의 영광을 보증하시는 성령/8:19-30

① 피조물의 고대하는 바 - 하나님의 아들들이 나타나는 것(롬 11:25-27; 계 6:11; 14:15-16; 사 56:1-8; 마 9:37-38; 12:20-21; 눅 21:24; 요 4:34-38) / 8:19-22

② 성령의 간구하심 - 성령이 우리의 연약함을 도우심 / 8:23-27

③ 합력(合力)하여 선을 이룸 - 하나님을 사랑하는 자 곧 그 뜻대로 부르심을 입은 자 / 8:28

④ 하나님의 맏아들 - 예수 그리스도의 형상을 본받게 하기 위하여 / 8:29

⑤ 의롭다 하시고(以信稱義), 영화롭게 하심(以信榮華) - 미리 정하신 자들 / 8:30

(4) 승리를 보증하시는 성령/8:31-39

① 우리를 누가 대적하리요 - 하나님이 우리를 위하시므로 / 8:31-32

② 누가 능히 하나님의 택하신 자를 송사하리요 - 의롭다 하신 이는 하나님이시기 때문이다 / 8:33

③ 누가 정죄하리요 - 하나님의 우편에 계셔서 우리를 위하여 간구하시는 예수 그리스도가 계시기 때문 / 8:34

④ 누가 우리를 그리스도의 사랑에서 끊으리요 - 우리를 사랑하시는 이 곧 우리 주 그리스도 예수 안에 있는 하나님의 사랑으로 말미암아 우리가 넉넉히 이김 / 8:35-39

제 2 부 : 하나님의 경륜 – 하나님의 의에 대한 변론/9:1–11:36

1. 이스라엘의 과거 : 선택/9:1–29

1) 바울의 슬픔/9:1–5

2) 하나님의 주권/9:6–29

(1) 약속의 말씀 – 오직 약속의 자녀가 씨로 여기심을 받는다/9:6–13

(2) 하나님께서 하고자 하시는 자 – 긍휼히 여기는 자와 강퍅(개정, 완악)하게 하는 자/9:14–18

(3) 귀히 쓸 그릇과 천히 쓸 그릇을 만들 권한 – 유대인 중에서 그리고 이방인 중에서 부르신 자/9:19–29

2. 이스라엘의 현재 : 유기(遺棄)/9:30–10:21

1) 행위로 의를 추구함 – 믿음에 의지하지 않고 행위에 의지함/9:30–33

2) 그리스도를 거부함 – 믿음보다는 율법의 행위가 앞서가려고 함/10:1–15

(1) 하나님께 열심은 있으나 말씀의 지식을 따르지 않음/10:1–2

(2) 하나님의 의를 의지하지 않고 자기의 의를 세우려고 함/10:3–4

(3) 믿음으로 말미암는 의로 살지 않고 율법으로 행하는 의로 살려 함/10:5–8

(4) 사람이 마음으로 믿어 의에 이르고 입으로 시인하여 구원에 이름/10:9–11

(5) 누구든지 주의 이름을 부르는 자는 구원을 받으리라/10:12–15

3) 선지자를 거부함/10:16–21

(1) 복음을 순종하지 아니함 – 믿음은 들음에서 나며 들음은 그리스도로 말미암음/10:16–17

(2) 순종하지 아니하고 거슬러 말하는 백성들 – 그 소리가 온 땅에 퍼졌고 그 말씀이 땅 끝까지 이르렀도다/10:18–21

3. 이스라엘의 미래 : 회복/11:1–36

1) 이스라엘의 부분적 유기(遺棄) – 오직 택하심을 입은 자가 (구원을) 얻었고 그 남은 자들은 완악(頑惡 ▸ 개정, 우둔)하여졌다/11:1–10

2) 이스라엘의 잠정적 유기(遺棄)/11:11–32

(1) 유기의 목적/11:11-24

① 그들이 넘어짐으로 구원이 이방인에게 이르러 이스라엘로 시기(猜忌) 나게 함 / 11:11

② 그들의 넘어짐이 이 세상의 부요(富饒▶개정, 풍성)함이 되며 그들의 실패가 이방인의 부요(富饒▶개정, 풍성함)가 됨 / 11:12

③ 그들을 시기 나게 하여 그들 중에서 얼마를 구원하려 함 / 11:13-15

④ 돌감람나무인 이방인이 참감람나무인 유대인에 접붙임이 되어 뿌리의 진액(津液)을 함께 받게 함 - 그들을 접붙이실 능력이 하나님께 있음 / 11:16-24

(2) 이스라엘의 미래-회복의 약속/11:25-32

① 이방인의 충만한 수가 들어오기까지 - 이스라엘의 더러는 완악(頑惡▶개정, 우둔)하게 된 것 / 11:25

② 언약의 백성 - 온 이스라엘이 구원을 받게 됨 / 11:26-27

③ 믿음의 조상으로 말미암아 사랑을 입은 자 - 하나님의 은사와 부르심에는 후회함이 없으심 / 11:28-29

④ 모든 사람에게 긍휼을 베풀려 하심 - 세상을 향한 하나님의 긍휼 / 11:30-32

3) 이스라엘의 회복에 대한 찬양/11:33-36

(1) 하나님의 지혜와 지식의 부요(富饒▶풍성)함과 그의 판단(判斷)에 대하여/11:33

(2) 하나님의 긍휼의 마음과 은혜에 대하여/11:34-35

(3) 하나님의 주권과 영광에 대하여/11:36

제 3 부 : 하나님의 계시 - 하나님의 의의 적용/12:1-16:27

1. 성도의 의무/12:1-13:14

1) 하나님에 대한 의무/12:1-2

(1) 하나님이 기뻐하시는 거룩한 산 제사-하나님께 드릴 영적 예배/12:1

(2) 이 세대를 본받지 말고 오직 마음을 새롭게 함 - 하나님의 뜻을 분별/12:2

2) 교회에 대한 의무/12:3-8

(1) 하나님께서 각 사람에게 나눠 주신 믿음의 분량대로/12:3
(2) 그리스도 안에서 한 몸이 되어 서로 지체가 되었음/12:4-5
(3) 은혜대로, 받은 은사대로 일할 것/12:6-8

3) 사회에 대한 의무/12:9-21

(1) 악을 미워하고 선에 속하라/12:9
(2) 형제자매를 사랑하고 열심을 품고 주를 섬기라/12:10-11
(3) 고난 가운데 소망을 가지며 기도에 항상 힘쓰라/12:12
(4) 성도들과 나그네 대접하기를 힘쓰라/12:13
(5) 악으로 악을 갚지 말고 모든 사람 앞에서 선한 일을 도모하라/12:14-18
(6) 악에게 지지 말고 선으로 악을 이기라/12:19-21

4) 권세에 대한 의무/13:1-7

(1) 모든 권세는 다 하나님의 정하신 바이다-권세는 하나님의 주권/13:1-2
(2) 선을 행하라 그에게 칭찬을 받으리라-관원들에게/13:3-4
(3) 복종하라-다만 양심에 따라서/13:5
(4) 공세(貢稅▶개정, 조세)와 국세(國稅▶개정, 관세)를 바칠 것-존경할 자를 존경하라/13:6-7

5) 이웃에 대한 의무/13:8-14

(1) 피차 사랑의 빚 외에는 아무에게든지 아무 빚도 지지 말라/13:8
(2) 네 이웃을 네 자신과 같이 사랑하라-사랑은 율법의 완성/13:9-10
(3) 어두움의 일을 벗고 빛의 갑옷을 입자-때가 가까웠으므로/13:11-12
(4) 예수 그리스도로 옷 입고-육신의 일을 도모하지 말라/13:13-14

2. 성도의 화목/14:1-15:13

1) 믿음이 연약한 성도에 대하여/14:1-23

(1) 믿음이 연약한 자를 너희가 받되-의심하는 바를 비판하지 말라/14:1-6
(2) 우리가 살아도 주를 위하여 살고 죽어도 주를 위하여 죽자/14:7-9
(3) 서로 판단하지 말자/14:10-13
(4) 하나님 나라는 오직 성령 안에서 의(義)와 평강(平康)과 희락(喜樂)이라/14:14-18

(5) 우리가 화평의 일과 서로 덕을 세우는 일을 힘쓰자/14:19-23

2) 믿음이 강한 자에 대하여/15:1-13

(1) 우리 강한 자가 마땅히 연약한 자의 약점을 담당할 것-자기를 기쁘게 하지 아니할 것/15:1-3

(2) 전에 기록된 것은 우리로 하여금 인내로 또는 성경의 안위로 소망을 가지게 함-우리 주 예수 그리스도의 아버지께 영광을 돌리게 하려 함/15:4-13

3. 맺음말/15:14-16:27

1) 편지를 쓴 목적/15:14-21

(1) 이방인을 제물로 드리는 그것이 성령 안에서 거룩하게 되어 받으심직하게 하려 하심-이방인을 위하여 그리스도 예수의 일꾼이 되어 하나님의 복음의 제사장 직무를 하게 하심/15:14-18

(2) 예루살렘으로부터 두루 행하여 일루리곤까지 그리스도의 복음을 편만하게 전하였노라/15:19-21

2) 여행 계획/15:22-33

(1) 너희에게로 지나 서바나로 가리라-충만한 복음을 가지고/15:22-29

(2) 유대에 순종하지 아니하는 자들에게서 구원을 받게 하고 예루살렘에 대한 나의 섬기는 일을 성도들이 받음직하게 하고-너희에게 가리라/15:30-33

3) 개인적 인사말/16:1-16

(1) 겐그리아 교회의 일꾼-자매 뵈뵈 추천/16:1-2

(2) 브리스가와 아굴라/16:3-4

(3) 에배네도-아시아에서 그리스도께 처음 익은 열매/16:5

(4) 마리아(로마의 여신도)/16:6

(5) 안드로니고와 유니아-함께 갇히고 사도에게 유명히 여김을 받고 나보다 먼저 그리스도 안에 있는 자/16:7

(6) 암블리아, 우르바노, 스다구/16:8-9

(7) 아벨레, 아리스도불로의 권속, 헤로디온, 나깃수의 권속/16:10-11

(8) 드루배나, 드루보사, 버시/16:12

(9) 루포와 그 어머니/16:13
(10) 아순그리도, 블레곤, 허메, 바르로바, 허마/16:14
(11) 빌롤로고, 율리아, 네레오와 그 자매, 올롬바와 그들과 함께 있는 모든 성도/16:15
(12) 그리스도의 모든 교회/16:16

4) 끝맺는 교훈과 축복/16:17-27

(1) 너희가 선한 데 지혜롭고 악한 데 미련하기를 원하노라/16:17-19
(2) 평강의 하나님께서 속히 사탄을 너희 발 아래서 상하게 하시리라/16:20
(3) 디모데, 누기오, 야손, 소시바더/16:21
(4) 편지를 대서(代書▸개정, 기록)하는 더디오/16:22
(5) 온 교회 식주인 가이오, 이 성의 재무 에라스도와 형제 구아도/16:23-24
(6) 나의 복음과 그리스도를 전파함은-하나님의 명령을 따라/16:25-26
(7) 지혜로우신 하나님께 예수 그리스도로 말미암아 영광이 세세무궁(世世無窮)하도록 있을지어다 아멘/16:27

고린도전서

¤ 개관

본 서신의 저자가 바울이라는 것은 본서 자체의 증거에 의해서든지(고전 1:1-2; 16:21), 초대 교회 교부들의 증언에 의해서든지 아무런 무리가 없다. 본서는 바울이 에베소에서 3 년 간 체류할 당시의 말기인 55년경에 기록되었다(고전 16:5-9; 행 20:31 참조). 저자가 이 서신을 기록했을 때 거의 1 년 정도 에베소에 머무려고 했다는 사실은 바울이 오순절까지 에베소에 머무르려 했다는 그 자신의 언급을 보아 분명하다(고전 16:8).

바울이 본 서신을 써 보낸 당시 고린도의 상황은 윤리적으로 매우 어지러웠다. 바울에게 온 사람들 중 몇 사람들이 고린도 교회의 도덕적 타락상에 관해 좋지 않은 소식을 그에게 전해 주었다(고전 5-6장). 그곳의 타락상은 거의 초기부터 고린도 교인들을 괴롭혀 오고 있었다.

고전 5:9-10을 볼 때 바울은 이미 그곳의 도덕적 부패상에 대해 알고 있었음이 분명하다. 바울은 신자들에게 "음행하는 자들과 사귀지 말라."라고 경고했었다. 바울은 바른 교훈을 실생활에 적용시켜 그들에게 가르쳐 주었다. 고린도 교회는 바울의 수고와 노력을 통해 세워졌다.

바울이 이 교회를 세우고 이 지역을 떠나자 그 지역 주변의 타락한 분위기가 곧 교회에 영향을 미쳤다. 이에 사도 바울은 그들의 잘못을 지적하고 그들을 진리의 말씀과 믿음 위에 굳게 세우기 위해 자신의 사도권을 내세워 분쟁, 음행, 소송 사건, 혼인 문제, 성만찬과 은혜의 남용 등의 문제들에 대해 구체적으로 언급하고 있다. 그는 또한 고린도 교인들이 제기한 문제들에 대해서도 논리 정연한 답변을 하고 있다.

¤ 내용 분해

제 1 부 : 교회 분쟁에 대한 권면/1:1-4:21

1. 인사와 감사/1:1-9

1) 문안 인사/1:1-3
2) 감사의 말/1:4-9

2. 교회 분쟁과 십자가 복음/1:10-17

1) 권면 - 같은 마음과 같은 뜻으로 온전히 합하라/1:10
2) 글로에의 집 편 - 너희 가운데 분쟁이 있다는 것/1:11
3) 바울, 아볼로, 게바, 그리스도에게 속한 자라는 것/1:12-13
4) 그리스보와 가이오, 스데바나 집 사람 외에는 세례를 주지 않았음/1:14-16
5) 그리스도께서 나를 보내심은 오직 복음을 전하게 하려 하심 - 그리스도의 십자가가 헛되지 않게 하려 함/1:17

3. 교회 분쟁의 이유/1:18-4:21

1) 복음에 대한 오해/1:18-3:4

(1) 복음은 어리석은 인간의 지혜가 아님/1:18-25

① 십자가의 도 / 1:18

a) 멸망하는 자에게 - 미련한 것 / 1:18a

b) 구원을 얻는 자에게 - 하나님의 능력 / 1:18b

② 하나님의 지혜와 세상의 지혜의 비교 / 1:19-21

③ 우리는 십자가에 못 박히신 그리스도를 전함 / 1:22-25

a) 유대인은 표적을 구하고 헬라인은 지혜를 찾음 / 1:22

b) 유대인에게는 거리끼는 것이요 이방인에게는 미련한 것 / 1:23

c) 오직 부르심을 입은 자에게는 유대인이나 헬라인이나 - 그리스도는 하나님의 능력이요 하나님의 지혜 / 1:24

d) 하나님의 미련 한 것이 사람보다 지혜롭고 하나님의 약하심이 사람보다 강함 / 1:25

(2) 하나님의 택하심/1:26-31

① 세상의 지혜 있고 강한 자들보다 세상의 미련하고 약한 자들을 택하심 / 1:26-27

② 세상의 천한 자들과 멸시 받는 자들과 없는 자들을 택하심 - 세상의 있는 자들을 폐하려 하심 : 이는 아무 육체라도 하나님 앞에서 자랑하지 못하게 하려 하심 / 1:28-29

③ 자랑하는 자는 주 안에서 자랑하라 / 1:30-31

(3) 십자가에 못 박히신 예수 그리스도/2:1-9

① 복음의 증거는 예수 그리스도와 그의 십자가에 못 박히신 것을 전하는 것 / 2:1-2

② 전도는 사람의 지혜로 전하는 것이 아니라 성령의 나타남과 능력으로 함 / 2:3-5

③ 이 세상의 지혜보다 하나님의 지혜를 알았다면 - 영광의 주를 십자가에 못 박지 아니하였을 것임 / 2:6-9

(4) 신령한 자와 육신에 속한 자/2:10-3:4

① 성령은 하나님의 깊은 것이라도 통달 / 2:10

② 하나님의 일도 하나님의 영이신 성령 외에는 알지 못함 / 2:11

③ 세상의 영과 하나님께로 온 영 - 하나님의 은혜로 주신 것들을 알려 함 / 2:12

④ 사람의 지혜로 가르친 것과 성령의 가르치신 것 - 신령한 일은 신령한 것으로 분별 / 2:13

⑤ 육에 속한 자와 신령한 자 / 2:14-16

⑥ 육신에 속한 자 / 3:1-4

a) 그리스도 안에서 어린아이들과 같음 / 3:1

b) 밥으로 먹이지 않고 젖으로 먹임 / 3:2

c) 시기(猜忌)와 분쟁(紛爭)이 있음 / 3:3-4

2) 전파자(傳播者)에 대한 오해/3:5-4:5

(1) 사역자는 하나님의 동역자임/3:5-17

(2) 사역자는 하나님께 대한 책임을 짐/3:18-4:5

3) 바울의 사역에 대한 오해/4:6-21

제 2 부 : 교회 무질서에 대한 권면/5:1-6:20

1. 육신의 정욕에 속한 자에 대하여/5:1-13

1) 음행하는 자들에 대하여/5:1-8

2) 하나님 앞에서 악한 자들에 대하여/5:9-13

2. 신자들 간의 소송에 대하여/6:1-11

1) 성도가 세상을 판단할 것을 너희가 알지 못하느냐/6:1-3

2) 차라리 불의를 당하는 것이 낫지 아니하냐/6:4-7

3) 하나님 나라의 유업을 받을 자 - 주 예수 그리스도의 이름과 우리 하나님의 성령 안에서 씻음과 거룩함과 의롭다 하심을 받음/6:8-11

3. 성도는 그리스도의 지체/6:12-20

(1) 그리스도의 지체와 창기의 지체/6:12-17
(2) 성도의 몸은 하나님께로부터 받은 성령의 전/6:18-19
(3) 너희 몸으로 하나님께 영광을 돌리라/6:20

제 3 부 : 신자(信者) 생활에 대한 권면/7:1-16:24

1. 혼인에 대한 권고 - 너희의 쓴 말에 대하여는/7:1-40

1) 결혼 생활의 원리/7:1-9

(1) 남자가 여자를 가까이하지 않는 것이 좋다는 의견이 있으나/7:1
(2) 음행의 연고로 결혼하라/7:2
(3) 남편과 아내는 의무를 다하라/7:3
(4) 부부 관계의 의무를 다하라/7:4
(5) 서로 분방하지 말라(다만 기도할 틈을 얻기 위해 얼마간만 하되 다시 합할 것)-이는 절제 못함을 인해 사탄으로 시험하지 못하게 하려 함/7:5
(6) 하나님께 받은 은사대로-절제할 수 없거든 결혼하라/7:6-9

2) 결혼한 신자의 생활 - 하나님은 화평 중에 부르셨느니라/7:10-16
3) 소명을 지속시키는 원리 - 각각 부르심을 받은 그대로/7:17-24
4) 독신에 대하여 - 너희가 염려 없기를 원하노라/7:25-38
5) 재혼에 대하여 - 주 안에서만 할 것이니라/7:39-40

2. 우상 제물에 대한 권면- 우상의 제물에 대하여는/8:1-11:1

1) 자유의 원리와 약한 자를 위한 사랑 - 너희의 자유함이 약한 자들에게 거치는 것이 되지 않도록 조심하라/8:1-13
2) 바울의 자유에 대한 본보기/9:1-27

(1) 사도의 권리/9:1-14
(2) 사도의 권리에 대한 한계/9:15-27

3) 방종에 대한 경고/10:1-13
4) 하나님의 영광을 위한 자유 - 내가 그리스도를 본받는 자 된 것같이 너희는 나를 본받으라/10:14-11:1

3. 공공 예배에 대한 권면/11:2-14:40

1) 공공 기도의 원리/11:2-16

2) 무질서한 만찬에 대한 책망/11:17-34

3) 성령의 은사의 활용/12:1-14:40

(1) **성령의 인도**/12:1-3

(2) **은사의 다양성**/12:4-11

(3) **은사의 중요성**/12:12-31

(4) **사랑의 은사**/13:1-13

(5) **예언의 우월성**/14:1-6

(6) **방언의 은사**/14:7-25

(7) **공공 예배에서의 은사**/14:26-40

4. 부활에 대한 교훈/15:1-58

1) 그리스도의 부활의 증거/15:1-11

(1) **성경대로 다시 살아나심**/15:1-4

(2) **게바, 열두 제자에게 보이심**/15:5

(3) **오백여 형제에게 일시에 보이심**/15:6

(4) **야고보와 모든 사도에게 보이심**/15:7

(5) **내(바울)게도 보이셨다는 증거와 더불어 자신에 대한 고백**/15:8-11

① 만삭되지 못하여 난 자 같은 자신에게도 보이심(다메섹 도상에서 ▶ 행 9장) /2:11

② 사도 중에 가장 작은 자 /15:9

③ 나의 나 된 것은 하나님의 은혜 /15:10-11

2) 그리스도의 부활의 중요성/15:12-19

(1) **만일 죽은 자의 부활이 없다면 그리스도도 다시 살지 못하셨을 것임**/15: 12-13

(2) **그리스도께서 만일 다시 살지 못하셨으면 우리의 전파하는 것도 헛것이요 또 너희 믿음도 헛것**/15:14-18

(3) **만일 그리스도 안에서 우리의 바라는 것이 다만 금생(今生▶개정, 이 세상의 삶)뿐이면 모든 사람 가운데 우리가 더욱 불쌍한 자**/15:19

3) 부활의 질서/15:20-28
4) 그리스도의 부활에 대한 도덕적 적용/15:29-34
5) 부활한 육체/15:35-50
6) 변화된 삶/15:51-58

5. 사랑을 실천하는 바울의 신앙적 자세/16:1-24

1) 예루살렘 성도를 위한 헌금/16:1-4
2) 바울의 계획/16:5-12
3) 권면/16:13-20
4) 문안과 축도/16:21-24

고린도후서

¤ 개관

본서에 대한 바울의 저작 사실은 아무런 문제가 없다. 본서 내용 자체가 바울의 저작에 관해 언급하고 있으며(고후 1:1; 10:1), 문체와 사상과 일관성도 바울의 저작에 대해 많은 암시를 던져 주고 있다. 또한 본서는 다른 어떤 서신들보다 바울에 관련된 자서전적 기록을 많이 포함하고 있다. 뿐만 아니라 폴리갑, 터툴리안, 이레내우스 등의 초대 교회 교부들도 본서의 저작자가 바울이라는 사실을 지적하고 있다.

바울은 마게도냐에서 본 서신을 써서 다른 한 형제의 편에 전달하였다(고후 8:16-24). 이 일이 있었던 것은 AD 56년 후반이었으며 이 서신이 기록된 곳은 마게도냐의 한 성읍인 빌립보였던 같다. 그 후 바울은 세 번째로 고린도를 방문했고(고후 12:14; 13:1-2 ; 행 20:1-3), 그곳에서 로마서를 기록했다.

고후 2:4과 7:8에 언급된 '슬픔의 편지'는 고린도전서이지 없어져 버린 서신이 아니라는 견해도 있다. 그러나 이러한 주장은 고후 2:5-11과 고후 2:2의 '근심하게 한 자'가 고전 5장의 '행악자'와 동일인이어야 한다는 전제가 요구

된다.

바울이 본 서신을 기록하게 된 동기는 고린도 교회의 도덕적 부패를 경고하고 책망하는 내용을 담은 고린도전서가 그 교회에 도착된 후에 제기된 사태에 대처하기 위해서였다. 바울의 첫 번째 서신을 받고 대부분의 교인들은 회개했으며 다시금 바울의 가르침을 사모하게 되었다.

그러나 교회 내에 들어온 거짓 교사들이 바울의 사도권(使徒權)에 도전하여 거짓 교리를 퍼뜨림으로 교회는 혼란의 도가니에 빠졌다. 따라서 바울은 이들의 정체를 폭로하고 교인들을 다시 세우기 위해 고린도후서를 집필할 필요성을 느끼게 된 것이다.

¤ 내용 분해

제 1 부 : 바울의 사역과 사명/1:1-7:16

1. 인사와 감사의 찬송/1:1-11

1) 하나님께 대한 감사/1:1-7

(1) 하나님의 뜻/1:1-2
(2) 자비와 위로의 하나님/1:1-3
(3) 그리스도의 고난과 위로/1:4-7

2) 아시아에서의 환난/1:8-11

2. 바울의 전도 계획의 변경/1:12-2:13

1) 바울의 원래 계획/1:12-22
2) 계획의 변경/1:23-24
3) 근심하게 하는 자에 대한 권면/2:1-13

(1) 너희를 근심하게 하려 한 것이 아니요 너희를 향하여 넘치는 사랑이 있음을 너희로 알게 하려 함이라/2:1-4
(2) 근심하게 하는 자에 대한 용서와 위로/2:5-13

3. 바울의 사역 정신/2:14-6:10

1) 그리스도의 향기 - 승리의 기반인 그리스도/2:14-17
2) 그리스도의 편지 - 사역(使役)을 입증하는 변화의 삶/3:1-5
3) 의문(儀文 ▸ 개정, 조문)과 정죄(定罪)의 직분(職分)보다 우월(優越)한 영(靈)과 의(義)의 직분(職分) - 사역의 근거인 새 언약/3:6-18
4) 사역의 중심인 그리스도/4:1-7
5) 사역 중의 많은 시련/4:8-15
6) 사역의 외부적인 면과 내면적인 면/4:16-18
7) 사역의 동기/5:1-21
   (1) 부활의 확신/5:1-8
   (2) 미래의 심판/5:9-10
   (3) 그리스도의 사랑으로 인한 동기/5:11-16
   (4) 그리스도 안에 있으면 새로운 피조물/5:17
   (5) 화목하게 하는 말씀을 우리에게 부탁(付託)/5:18-19
   (6) 화목하게 하는 그리스도의 대사/5:20-21
8) 사역의 실행 - 우리가 하나님과 함께 일하는 자/6:1-10

4. 고린도 교회를 향한 바울의 권고/6:11-7:16

1) 마음을 넓히라는 바울의 호소/6:11-13
2) 믿지 않는 자와 분리할 것/6:14-7:1
3) 디도와의 만남/7:2-7
4) 고린도전서에 대한 고린도인들의 순종의 응답 - 너희를 인하여 범사에 담대한 고로 기뻐하노라/7:8-16

제 2 부 : 성도들을 위한 구제 헌금/8:1-9:15

1. 마게도냐인들의 모범/8:1-6

1) 풍성한 연보/8:1-2
2) 은혜와 성도를 섬기는 일에 참여/8:3-6

2. 고린도인들을 향한 권면/ 8:7-9:15

1) 그리스도의 모범/8:7-9
2) 구제의 목적/8:10-15
3) 구제에 대한 권면/8:16-9:15
(1) 구제 정책과 책임자에 대한 권면/8:16-24
(2) 준비해야 할 헌금/9:1-5
(3) 구제의 원리/9:6-7
(4) 구제에 따른 약속/9:8-15

제 3 부 : 사도직에 대한 바울의 권면/10:1-12:13

1. 사도직에 대한 정당성(正當性)/10:1-18

1) 육체대로 행하는 자에 대하여/10:1-2
2) 주께서 주신 권세에 대하여/10:3-9
3) 주께서 주신 능력의 분량(分量 ▸ 개정, 분수, 범위)에 대하여/10:10-18

2. 사도직에 대한 진정성(眞正性)/11:1-12:13

1) 사도직에 대한 참 진정성/11:1-11
2) 사탄의 일꾼 - 광명의 천사로 가장/11:12-15
3) 바울의 고난과 염려-고난보다는 교회를 위하여 염려하는 것/11:16-33
4) 바울의 계시/12:1-10
(1) 주의 환상과 계시-낙원에 대한 환상/12:1-6
(2) 육체의 가시-내 은혜가 네게 족하다 - 약함이 강함/12:7-10
5) 사도직에 대한 증명/12:11-13

제 4 부 : 3 차 전도 여행의 계획/12:14-13:13

1. 전도 여행의 예비/12:14-21

1) 삼차 전도 여행의 계획/12:14-18
2) 회개의 촉구/12:19-21

2. 전도 여행의 목적/13:1-10

1) 회개의 경고/13:1-7

2) 진리를 구하라/13:8-10

3. 문안 인사/13:11-13

1) 모든 성도 간의 문안/13:11-12

2) 주 예수 그리스도의 은혜와 하나님의 사랑과 성령의 교통하심으로/13:13

갈라디아서

¤ 개관

본서는 초두에서 저자가 바울임을 밝히고 있다(갈 1:1). 갈 5:2에서도 "나 바울은 너희에게 말하노니"라고 밝히고 있다. 그리고 바울은 갈라디아 서신을 쓸 때 다른 서신들과 같이 다른 사람들로 하여금 받아쓰게 하지 않고 자신이 직접 기록하였다(갈 6:11). 그래서 19세기 몇몇 학자들을 제외하고는 아무도 본서에 대해 바울의 저작에 대해 이의를 거는 사람이 없다.

갈라디아 교회는 바울의 전도 사역의 결과이다. 바울은 유대교 개종인들이 개종한 이방인들에게 구원의 필수 조건으로 모세 율법과 할례를 강요한다는 소문을 듣고 크게 고심하였다(갈 1:7; 4:14; 5:10). 그러므로 바울은 이 문제에 직면하여 갈라디아인들에게 보내는 서신에서 유대교화되어 가는 오류를 강하게 피력하였다.

바울은 본서에서 자신의 신학의 중심 과제인 율법과 복음의 문제를 다루고 있다. 바울의 중심 논지는 "그리스도께서 율법의 마침"이라는 것이다. 갈라디아 교인들은 바울의 이러한 교훈에 따라 바른 복음의 빛 안에서 생활을 했다. 그러나 어느 사이에 유대계 그리스도인들이 갈라디아 교회에 들어와 율법을 그대로 지키지 않으면 구원 받지 못한다는 이설(異說)을 퍼뜨렸다.

바울은 이러한 그릇된 교리에 반박하고 구원은 오직 믿음으로 말미암는다는 것을 주지시키기 위해 본서를 썼다. 바울이 본서에서 매우 강한 어조로 거짓 교사들의 주장을 논박하고 도전적인 자세를 취한 것은 그만큼 갈라디아 교인들에 대한 사랑이 많았음을 실증해 준다. 갈라디아 교회 역시 바울이 전도하여 세운 교회였다.

앞에 이미 언급한 대로 바울은 유대파 그리스도인들이 헬라파 그리스도인들에게 모세의 전통인 율법과 할례를 강요한다는 사실을 듣고 크게 고심하였다. 바울은 이 문제를 해결하기 위해 로마서에서 언급한 '이신칭의(以信稱義)'와 의미가 같은 '이신득의(以信得義)'(그리스도를 믿음으로써 의롭다 함을 얻음▶갈 2:16)의 신앙 원리를 다시 한번 강력히 천명하는 본서를 기록하였다. 그래서 본서는 로마서와 함께 칭의(稱義)의 교리(敎理)를 확고히 세우는 데 크게 공헌하였다.

¤ 내용 분해

제 1 부 : 이신 득의(以信得義)에 대한 진정성(眞正性)/1:1-2:21

1. 그리스도 복음의 진정성/1:1-24

1) 사도권의 진정성/1:1-5

(1) 사도 된 바울의 인사/1:1-3

(2) 하나님의 뜻을 행하신 그리스도의 영광/1:4-5

2) 서신의 주제 : 그리스도의 복음/1:6-10

(1) 그리스도의 복음과 다른 복음(이단)/1:6-7

(2) 다른 복음에 대한 저주/1:8-9

(3) 그리스도의 종/1:10

3) 신적 기원(神的起源) : 예수 그리스도의 계시를 통해서 주어짐/1:11-17

(1) 그리스도의 계시/1:11-12

(2) 유대교에 대한 지나친 열심/1:13-14

(3) 어머니의 태에서부터 택정/1:15

(4) 혈육과 의논하지 않음 : 아라비아에서 다메섹으로/1:16-17

4) 예루살렘 방문/1:18-24

(1) 삼 년 만에 게바와 야고보를 만남/1:18-20

(2) 수리아와 길리기아 지방의 복음 사역/1:21-24

2. 바울과 베드로/2:1-21

1) 인정 받은 사도직/2:1-10

(1) 이방 가운데 전하는 계시된 복음/2:1-2

(2) 가만히 들어온 거짓 형제들/2:3-5

(3) 이방인의 사도인 바울과 할례자의 사도 베드로/2:6-10

2) 바울과 베드로/2:11-21

(1) 베드로를 책망하는 바울/2:11-14

(2) 복음의 요약/2:15-21

① 의롭다 함은 오직 그리스도를 믿음으로 / 2:15-18

② 그리스도와 함께 십자가에 못 박힘 / 2:19-20a

③ 나를 위하여 자기 몸을 버리신 하나님의 아들을 믿는 믿음 / 2:20b-21

제 2 부 : 이신득의에 대한 정당성(正當性) / 3:1-4:31

1. 복음과 율법의 정당성(正當性)/3:1-29

1) 복음의 목적/3:1-14

(1) 경험으로부터의 논증/3:1-5

(2) 성경으로부터의 논증/3:6-9

(3) 율법의 저주/3:10-14

2) 율법과 언약/3:15-22

(1) 하나님이 미리 정하신 언약/3:15-18

(2) 율법의 목적/3:19-22

3) 약속의 유업 : 율법보다 우월한 믿음/3:23-29

(1) 계시될 믿음의 때/3:23-24

(2) 그리스도 예수 안에 있는 자/3:25-29

2. 율법으로부터의 자유/4:1-31

1) 하나님으로 말미암은 유업을 이을 자/4:1-11

(1) 어린 유산 상속자의 비유/4:1-7
(2) 율법의 노예 상태 : 초등 학문으로 돌아가지 말 것/4:8-11

2) 개인적인 간증으로부터의 논증 : 바울의 간곡한 호소/4:12-20

(1) 바울의 복음에 대한 뜨거운 애착과 성도에 대한 사랑/4:12-18
(2) 그리스도의 형상이 이루어지기까지/4:19-20

3) 약속의 언약으로부터의 논증/4:21-31

(1) 자유하는 여자의 자녀와 계집종(개정, 여종)의 자녀의 비유-두 언약/4:21-27
(2) 약속의 자녀/4:28-31

제 3 부 : 이신득의의 적용/5:1-6:18

1. 그리스도인의 자유/5:1-26

1) 사랑으로써 역사(役事)하는 믿음/5:1-15

(1) 율법의 무익성/5:1-10
(2) 십자가의 복음/5:11-15

2) 성령의 역사(役事)/5:16-26

(1) 육체의 소욕과 성령의 소욕/5:16-18
(2) 육체의 일/5:19-21
(2) 성령의 열매/5:22-26

2. 성도의 교제/6:1-18

1) 실제적인 권면과 행동 지침/6:1-10

(1) 온유한 심령과 그리스도의 법/6:1-5
(2) 가르침을 받는 자와 말씀을 가르치는 자/6:6-10

2) 행위가 아닌 믿음/6:11-18

(1) 육체의 모양 : 할례의 동기/6:11-13
(2) 그리스도의 십자가의 흔적/6:14-17
(3) 주 예수 그리스도의 은혜의 문안/6:18

에베소서

¤ 개관

바울은 본서 여러 군데에서 자신이 본서의 저자임을 밝히고 있다(엡 1:1; 3:1,7; 4:1 등). 어떤 학자는 바울의 여러 서신들 가운데 나타나는 개인적인 인사가 본서에 결여되어 있다고 해서 바울의 저작 사실에 대한 의심의 근거로 삼고 있다.

그러나 본서는 에베소에 있는 한 교회뿐만 아니라 다른 교회들을 위한 회람 서신들이었을 것이다. 바울은 골로새서와 같은 시기에(즉 AD 60년경) 로마 옥중에 있을 때 본서를 기록했을 것이다. 에베소는 소(小)아시아의 상업 요충지였으며 종교적 중심지이기도 했다. 특히 그곳에 있던 다이아나 신전은 고대 세계의 7대 불가사의 중 하나로 여겨지고 있다.

바울은 3차 전도 여행지 에베소에 약 3 년 간 체류하였다. 그는 이곳을 중심 무대로 삼고 아시아 전역에 하나님 말씀을 전파하였다. 바울은 AD 60-62년 로마 감옥에 갇혀 있는 처음 기간 동안 「옥중 서신」을 기록하였다. 이 서신들은 한결같이 그가 감옥에 갇혀 있는 상태를 언급한다.

본서는 '구원과 교회의 대서사시'라고 일컬어질 만큼 바울의 여러 서신들 가운데서 교리적인 진술이 매우 완벽하고 논리적으로 서술되어 있다. 본문에서 바울은 선택과 화해의 교리를 다루고 있으며, 교회론에 대해서는 다른 어느 서신보다 깊이 있게 다루고 있다

¤ 내용 분해

제 1 부 : 그리스도 안에서 통일(統一)/1:1-3:21

1. 구속에 대한 찬양/1:1-14

1) 인사말/1:1-2

2) 성부에 의한 선택/1:3-6

3) 성자에 의한 구속(救贖 ▸ 개정, 속량)/1:7-12
4) 성령에 의한 인(印) 치심/1:13-14

2. 그리스도께서 교회의 머리/1:15-23

1) 지혜와 계시의 정신(精神 ▸ 개정, 영)을 주심/1:15-19
2) 교회는 그리스도의 몸/1:20-23

3. 하나님에 은혜로 말미암는 구원/2:1-3:6

1) 진노의 자녀와 하나님의 자녀/2:1-10

(1) 본질상 진노의 자녀(공중의 권세 잡은 자를 따름)-옛 생활/2:1-3
(2) 하나님의 자녀(하나님의 선물)-새 생활/2:4-10

2) 하나님의 은혜의 경륜/2:11-3:6

(1) 그리스도 밖의 사람에서 그리스도 안의 사람으로-그리스도의 피로/2:11-18
(2) 하나님의 권속(성령 안에서 하나님의 거하실 처소)-주 안에서 성전/2:19-22
(3) 그리스도 안에서 후사(後嗣 ▸ 개정, 상속자)와 지체(肢體)/3:1-6

4. 하나님의 예정하신 뜻/3:7-21

1) 하나님의 은혜의 선물-이방인에게 그리스도의 풍성(豊盛)을 전(傳)하게 함/3:7-9
2) 하나님의 각종 지혜-교회로 말미암아/3:10-13
3) 지식에 넘치는 그리스도의 사랑-성령 충만/3:14-21

제 2 부 : 만유(萬有)의 삼위일체(三位一體) 하나님/4:1-6:24

1. 만유의 아버지/4:1-16

1) 성령으로 하나 되게 하심-부르심을 받은 자/4:1-4
2) 그리스도의 선물의 분량대로 은혜를 주심/4:5-10
3) 그리스도의 몸을 세우려 하심-교회/4:11-12
4) 그리스도의 장성한 분량이 충만한 데까지-온전한 사람을 이룸/4:13-14
5) 그리스도의 몸을 자라게 함-각 지체의 분량대로 역사/4:15-16

2. 거룩함으로 지으심을 받은 새 사람/4:17-5:21

1) 옛사람을 벗음 - 진리의 말씀으로 - 진리가 예수 안에 있는 것같이/4:17-22
2) 새사람을 입음 - 의(義)와 진리(眞理)로 - 하나님을 따라/4:23-32
3) 사랑을 입은 자녀 - 그리스도와 하나님 나라에서 기업(基業)을 얻음/5:1-5:7
4) 빛의 자녀로 행하라 - 모든 착함과 의로움과 진실함에 있음/5:8-14
5) 지혜 있는 자 - 성령의 충만함을 받으라/5:15-21

3. 그리스도와 교회/5:22-6:9

1) 아내들에 대하여/5:22-24
2) 남편들에 대하여/5:25-33
3) 자녀들에 대하여/6:1-3
4) 부모에 대하여/6:4
5) 그리스도의 종들처럼/6:5-9
 (1) 종들에게/6:5-8
 (2) 상전들에게/6:9

4. 영적 전쟁/6:10-24

1) 하나님의 전신 갑주를 취하라/6:10-17
2) 바울을 위한 간구와 기도 - 복음의 비밀을 담대히 알리게 하기 위하여/6:18-20
3) 주 예수 그리스도를 변함없이 사랑하는 자들에게 - 은혜가 있을지어다/6:21-24

빌립보서

¤ 개관

본서의 저자는 역시 바울이다(빌 1:13). 어떤 학자는 바울이 감옥에 갇힌 해가 53-55년 에베소였다고 하고, 또는 57-59년 가이사랴였다고 주장해 왔다. 그러나 가장 보편적인 증거에 의하면 본서의 기록 장소는 로마이며 기록 시기는 61년경으로 추정된다. 이것은 바울이 어느 가정집에 감금되어 복음을 전했다는 행 28:14-31의 기사와 잘 부합된다.

본문을 살펴보면 바울이 다음과 같은 목적으로 이 서신을 기록하였음을 알 수 있다. 바울은 먼저 빌립보 교인들이 그에게 헌금 보내 준 것에 대해 감사의 뜻을 전하고 싶었다(빌 4:18). 바울은 또한 자신의 갇힌 사실이 결단코 복음의 진보를 가로막는 것이 아니라 오히려 진척시키는 것임을 확신시킬 필요성을 느꼈다.

바울은 빌립보 교회 내에 분열의 위험이 있음을 알고 연합할 것을 권면했으며, 율법주의가 복음에 끼치는 해악들을 상기시켜 줄 필요성을 느꼈다. 본서에서 가장 두드러지게 나타난 주제는 단연 '기쁨'이다. 그는 이 짧은 서신 안에 '기쁨'이란 말을 16 회나 반복적으로 표현하였다. 실로 신자가 그리스도 안에서 누리는 이 기쁨은 무고히 감옥에 갇히는 시련이나 고통, 또는 원수들의 적대 행위 등 어떤 것도 소멸시킬 수 없는 성질의 것이다.

바울은 복음이 전파되고 그리스도의 이름이 알려지기만 한다면 원수들에 의해 당하게 되는 어떤 핍박이나 환난도 오히려 기쁨이 된다고 하였다. 그러므로 바울은 빌립보 교인들에게 자신과 함께 기쁨으로 신앙의 길에 설 것을 권면하고 있다. 본서는 바울 자신의 사랑과 신뢰가 담겨 있는 가장 개인적인 편지이다. 그래서 여기에는 딱딱한 형식이나 교리가 없다.

본서는 바울의 내면적 신앙의 간증, 사랑의 편지, 기쁨의 편지이다. 이 편지는 사도 바울이 순교를 앞두고 있는 고난의 폭풍우 속에서도 잔잔한 기쁨을 간직하고 있었음을 보여 준다. 사실 성도에게 있어서 구원의 확신으로 말미암는 기쁨이야말로 어느 누구도, 어떤 사건도 가로막지 못할 것이다.

¤ 내용 분해

제 1 부 : 그리스도의 마음/1:1-2:30

1. 예수 그리스도의 심장/1:1-11

1) 인사/1:1-2
2) 은혜에 참여한 자/1:3-7
3) 하나님의 영광과 찬송이 되기를/1:8-11

2. 복음의 진보(개정, 복음 전파의 진전)/1:12-30

1) 나의 당한 일/1:12-18
 (1) 하나님의 말씀을 더욱 담대히 전함/1:12-14
 (2) 전파되는 것은 그리스도-무슨 방도(方道)로 하든지/1:15-18
2) 그리스도가 존귀(尊貴)히 되게 하는 것/1:19-30
 (1) 내게 사는 것이 그리스도/1:19-26
 (2) 그리스도 복음에 합당하게 생활-구원의 빙거(憑據▸개정, 증거)와 멸망의 빙거(憑據▸증거)/1:27-30

3. 그리스도의 마음을 품으라/2:1-30

1) 겸손한 마음 - 나의 기쁨을 충만하게 하라/2:1-4
2) 그리스도 예수의 마음 - 자기를 낮추시고 죽기까지 복종하셨으니/2:5-11
3) 너희 안에 행하시는 이는 하나님 - 나도 기뻐하고 나와 함께 기뻐하라/2:12-18
4) 복음을 위해 수고한 디모데/2:19-24
5) 함께 군사 된 에바브로디도/2:25-30

제 2 부 : 그리스도를 아는 지식/3:1-4:23

1. 그리스도를 아는 지식/3:1-21

1) 예수 그리스도를 신뢰하는 자와 할례를 신뢰하는 자/3:1-4
2) 그리스도를 아는 지식이 가장 고상함/3:5-9
3) 부르신 부름의 상/3:10-16

4) 우리의 시민권은 하늘에 있음/3:17-21

2. 주 안에서 항상 기뻐하라/4:1-23

1) 주 안에서 같은 마음을 품으라/4:1-3

2) 평강의 하나님/4:4-9

3) 일체(一切)의 비결(秘訣)-능력 주시는 자 안에서/4:10-13

4) 복음의 시초에 참여한 빌립보 교회/4:14-23

(1) 향기로운 제물-하나님을 기쁘시게 한 것/4:14-20

(2) 주 예수 그리스도의 은혜/4:21-23

골로새서

¤ 개관

본서가 바울의 서신이라는 데 이의를 제기하는 사람은 근세까지 없다. 그러나 19세기에 이르러 어떤 학자들은 골 2장에서 경고된 이단이 주후 2세기의 영지주의라고 생각하였다. 하지만 골 2장에 언급된 이단을 잘 분석해 보면 주후 2, 3세기의 영지주의보다는 아직 덜 발달된 초보적인 영지주의였음을 알 수 있다.

본서는 바울이 제 1 차 투옥 시에 로마 감옥에서 기록되었던 것이다. 그래서 본서의 저작 연대는 AD 61-63년으로 추정되며, 또한 이것은 옥중에서 기록되었다 해서 에베소서, 빌립보서, 빌레몬서와 함께 「옥중 서신」이라고 불린다.

바울은 에바브로디도의 방문을 받고 그로부터 골로새의 정황을 보고 받자 본 서신을 기록하지 않을 수 없었다. 당시 골로새 교회는 이단의 도전을 항상 받고 있었으나 아직 이단에 굴복하지는 않았다. 문제의 이단은 헬라주의와 유대주의와 동양의 신비주의적 요소를 혼합한 종교적 체계였음이 분명하다.

이 이단은 인간 육체와 가시적인 자연을 무시하였다. 이들은 할례, 금식,

의식적인 금기 사항을 지켰고, 금욕주의, 중개자로서의 천사 숭배, 영계에 들어가는 것으로서의 신비적인 체험을 강조했다. 만일 그리스도를 그들의 사상 체계에 맞추려 한다면 이는 그리스도께서 행하신 사역을 욕되게 하는 것이 될 것이다.

본 서신의 전개 방식은 다른 서신들과 마찬가지로 교리를 설명한 후에 행동의 권면이 이어지는 방식을 취하고 있다. 그리스도는 신성이 충만하신 분이시며 교회의 머리가 되시고 하나님과 인간 사이의 중보자가 되신다. 그는 하나님과 원수 된 우리를 위하여 화목제물이 되셨다. 그는 완전한 신성과 완전한 인성을 입으심으로 완전한 구원자가 되신 분이시다.

¤ 내용 분해

제 1 부 : 하나님의 비밀이신 그리스도/1:1-2:23

1. 하나님의 뜻/1:1-14

1) 인사/1:1-2
2) 복음 진리의 말씀/1:3-8
3) 구속(救贖 ▸ 개정, 속량) 곧 죄 사함/1:9-14

2. 근본이신 그리스도/1:15-23

1) 보이지 아니하시는 하나님의 형상/1:15-18
2) 십자가의 피로 화평을 이루심/1:19-21
3) 복음의 일꾼/1:22-23

3. 영광의 소망이신 그리스도/1:24-2:5

1) 그리스도의 남은 고난/1:24-25
2) 그리스도 안에서 완전한 자/1:26-29
3) 지혜와 지식의 모든 보화이신 그리스도/2:1-5

4. 교회의 머리이신 그리스도/2:6-23

1) 그리스도의 할례인 세례/2:6-12

(1) 믿음에 굳게 서서 감사함을 넘치게 하라/2:6-7
(2) 그리스도를 따름이 아닌 것들/2:8
(3) 그리스도의 할례/2:9-12

2) 십자가로 승리/2:13-15
3) 장래 일의 그림자이나 몸은 그리스도의 것/2:16-19
4) 세상의 초등 학문에서 그리스도와 함께 죽었음/2:20-23

제 2 부 : 생명이신 그리스도/3:1-4:18

1. 위엣(개정, 위의) 것과 땅엣(개정, 땅의) 것/3:1-4

1) 그리스도와 함께 다시 살리심/3:1-2
2) 우리의 생명이신 그리스도/3:3-4

2. 그리스도와 함께하는 새사람/3:5-4:6

1) 땅에 있는 지체를 죽이라 - 하나님의 진노가 임함/3:5-8
2) 서로 거짓말을 하지 말라 - 자기를 창조하신 하나님의 형상을 따라/3:9-11
3) 하나님의 택하신 거룩하고 사랑하신 자/3:12-14
4) 그리스도의 평강/3:15-17
5) 가정에서/3:18-21
6) 사회에서/3:22-4:6

3. 바울의 동역자들/4:7-18

1) 두기고와 오네시모/4:7-9
2) 갇힌 바울의 동역자들(아리스다고와 마가와 유스도)의 문안/4:10-11
3) 에바브라의 문안/4:12-13
4) 누가와 데마와의 문안/4:14
5) 라오디게아에 있는 형제자매들과 교회와 라오디게아인의 교회/4:15-16
6) 아킵보의 직분/4:17
7) 바울의 친필/4:18

데살로니가전서

¤ 개관

본서의 저자에 관해서는 140년경에 저술 활동을 한 마르키온을 비롯한 초대 교회 저술가들이 한결같이 바울이 저자라고 주장했으며 보다 중요한 것은 본서 자체가 바울의 저작성에 대해 시인하고 있다는 점이다(살전 3:1-2). 그런데 19세기 비평가들은 본서에 바울의 특징이 없다는 점을 들어 바울의 저작성에 회의를 품기 시작했다. 그러나 이들의 주장에는 타당성이 전혀 없다. 왜냐하면, 바울의 가르침은 각 서신마다 그 특징을 달리하고 있기 때문이다.

누가의 상세한 연대 기록 덕분에 우리는 본 서신의 기록 연대를 비교적 확실하게 알 수 있다. 바울이 고린도에 머무는 동안(행 18:12) 갈리오를 만났다는 누가의 기록은 델피에서 발견된 비문을 통해 확인되는데, 거기에는 갈리오가 글라우디오 황제 재위 기간 중 총독의 직을 맡았다고 기록되어 있다. 갈리오는 51년 여름에 취임했고 누가는 이 갈리오가 취임하기 전에 바울이 고린도에 머물러 있었다고 기록하고 있다. 따라서 본서는 50년경에 고린도에서 기록되었다.

데살로니가 교회는 바울이 전도하여 세운 교회이다(행 17:1-9). 빌립보에서 석방된 바울과 실라와 디모데는 곧 바로 마게도냐의 수도이며 상업 도시인 데살로니가로 향한다. 그들은 거기서 온갖 박해를 당하면서도 유럽 지역의 두 번째 교회를 세웠다.

그러나 유대인들은 교묘한 방해 공작과 박해로 인하여(행 17:10-15) 바울은 아덴으로 가야 했고, 그는 그곳에서 디모데를 데살로니가 교회로 파송하여 환난에 대비하게 했다. 바울은 거기 교인들을 격려하고 더욱 믿음에 정진하도록 하기 위해 본서를 기록한 것이다.

¤ 내용 분해

제 1 부 : 하나님의 복음/1:1-3:13

1. 바울의 기쁨/1:1-10

1) 인사/1:1-2
2) 우리 주 예수 그리스도에 대한 소망의 인내/1:3-5
3) 성령의 기쁨 - 마게도냐와 아가야의 모든 믿는 자의 본/1:6-10

2. 그리스도의 사도/2:1-16

1) 복음을 위탁 받음/2:1-4
2) 그리스도의 사도/2:5-12
3) 믿는 자 속에서 역사(役事)하시는 말씀/2:13-16

3. 복음의 일꾼/2:17-3:13

1) 사탄이 우리를 막았도다/2:17-20
2) 복음의 일꾼인 디모데/3:1-5
3) 믿음과 사랑의 기쁜 소식/3:6-10
4) 바울이 그들을 방문할 것을 원함/3:11-13

제 2 부 : 하나님의 뜻/4:1-5:28

1. 하나님의 뜻/4:1-12

1) 거룩함/4:1-6
2) 하나님의 부르심은 우리를 거룩하게 하심/4:7-8
3) 형제자매의 사랑/4:9-12

2. 강림하시는 그리스도/4:13-5:11

1) 예수 안에서 자는 자들/4:13-14
2) 하늘에서 오시는 그리스도/4:15-18
3) 때와 시기에 관하여/5:1-6
4) 깨어 근신하라/5:7-11

3. 너희를 향하신 하나님의 뜻/5:12-28

1) 사랑 안에서 화목하라/5:12-13
2) 항상 선을 따르라/5:14-15
3) 그리스도 예수 안에서 너희를 향하신 하나님의 뜻/5:16-18
4) 성령을 소멸하지 말라/5:19-22
5) 평강의 하나님/5:20-24
6) 기도와 문안과 은혜/5:25-28

데살로니가후서

¤ 개관

본서의 저자가 바울이라는 사실은 내증(內證)과 외증(外證)에 의해 데살로니가전서의 경우보다 오히려 더 확실하다. 그럼에도 불구하고 근대 비평가들은 바울의 저작 사실에 대해 상당한 의문을 제시한다. 즉, 그들은 바울이 데살로니가전서를 기록한 지 최소한 수 개월이 지났을 것인데도 이 두 서신은 비슷한 문장이 너무 많다는 것이다. 그러나 문제시되지 않는다. 교부들의 증언이나 본서 자체의 증언(살후 1:1; 3:17)은 더 이상 이론의 여지를 허용하지 않는다.

본서는 데살로니가전서를 기록한 지 얼마 되지 않아 새로운 상황에 대처하기 위해 쓰여졌다. 바울이 두 번째 기록한 이유는 그리스도의 재림에 관한 그의 가르침을 잘못 이해한 자들이 데살로니가 교회 내에 있었기 때문이다. 이 같은 중요 교리에 대한 혼란은 실생활에서 적잖은 문제를 일으켰는데, 그로 말미암아 어떤 이들은 세상에 종말이 임했다고 생각하여 일하기를 멈추는 등 난처한 상황을 만들어 냈다(살후 3:6, 11).

그래서 바울은 이들을 꾸짖고 바르게 세워 주기 위해 본서를 기록했다. 바울은 본서를 통해 교회 내에 거짓 교리를 퍼뜨리는 자들을 제거하고 진리를 심는 작업을 하고 있다. 그는 교인들에게 박해와 환난 가운데서도 신실하라는 말로 시작하여 오늘의 고난이 내일의 영광으로 변할 것이므로 박해 중에서도 더 큰 소망을 지니라고 격려한다. 바울은 곧 이어 거짓 교사들이 심어놓은 재림에 대한 잘못된 견해를 시정한다.

바울은 그리스도의 재림이 유대인만을 위한 것이 아니라 모든 믿는 자들을 위함이라고 하였으며, 재림에 대한 강한 기대 속에서 살되, 주어진 현실 속에서 사역을 착실히 수행할 것을 명하고 있다.

¤ 내용 분해

제 1 부 : 하나님의 공의/1:1-2:12

1. 하나님의 공의로운 심판/1:1-12

1) 인사/1:1-2
2) 하나님 나라에 합당한 자/1:3-5
3) 영원한 멸망의 형벌/1:6-10
4) 부르심에 합당한 자/1:11-12

2. 예수 그리스도의 강림/2:1-12

1) 대적하는 자/2:1-4
2) 불법의 비밀/2:5-8
3) 악한 자와 멸망하는 자들/2:9-10
4) 유혹과 심판/2:11-12

제 2 부 : 하나님께 감사/2:13-3:18

1. 주 예수 그리스도의 영광/2:13-17

1) 가르침을 받은 말씀에 굳게 서라/2:13-15
2) 영원한 위로와 소망/2:16-17

2. 하나님의 사랑과 그리스도의 인내/3:1-18

1) 인내함으로 그리스도를 기다리라/3:1-5

2) 모든 악을 떠나라/3:6-15

3) 주 예수 그리스도의 은혜/3:16-18

디모데전서

¤ 개관

본서가 바울의 저작이라는 사실은 고대의 전승이나 목회 서신의 인사말을 통해 볼 때 의심의 여지가 없다. 그러나 근래 비평학자들은 비(非)바울적인 용어와 문체에 근거하여 본서에 대한 바울의 저작 사실을 의심하고 있다. 그런데 그들이 주장하는 근거는 너무 빈약하다. 그들은 본서의 특징적인 면을 간과하고 있기 때문이다.

본 서신과 디도서는 바울이 1차로 감옥에 갇혔다가 풀려 난 후 다시 투옥될 때까지의 기간 중에 씌어진 것으로 보인다. 본 서신의 기록 연대는 주후 61년에서 63년 사이로 추정된다. 바울의 순교 연대는 65-67년으로 생각되는데, 죽기 직전에 남긴 말들은 디모데후서로 나와 있다(딤후 4:6-8).

본서의 구조는 권면 - 찬양 - 권면의 형태를 취하고 있다. 다시 말하면 산문 - 시 - 산문 형식으로 구성되어 있다. 바울이 이러한 형식을 취한 목적은 그의 권면을 보다 효과적으로 전달하고 또 그의 권면을 들은 교인들이 바쁘고 고난이 많은 현세 가운데서도 잊어버리지 않고 기억함으로 믿음 가운데 굳게 설 수 있도록 하기 위함이다.

바울은 3차 전도 여행 기간 동안에 자신은 마게도냐로 가면서 디모데에게 에베소 교회를 돌아보도록 명했다(행 19:21-22). 그는 가까운 장래에 에베소로 돌아오지 못할 것을 알고서(딤전 3:14-15) 디모데전서를 기록하여 디모데에게 보냈다. 이 서신의 목적은 젊은 동역자인 디모데를 위해서(딤전 1:3, 18) 거짓 교리를 배격하기 위해서(1:3-7; 4:1-8), 성장하고 있는 에베소 교회의 제반 업무를 잘 감독하게 하기 위함이었다.

바울은 에베소 교회를 제자 디모데에게 맡기고 그로 하여금 능력 있게 목회할 수 있도록 하기 위하여 본서를 기록하였다. 바울은 자신의 젊은 동역자가 다른 사람의 모범이 되어 영적인 은사를 드러내고 '믿음의 선한 싸움'을 싸울 수 있도록 격려하고 권면한다. 지도자는 무엇보다도 타의 모범이 되어야 한다는 것이다

¤ 내용 분해

제 1 부 : 하나님의 경륜/1:1-3:16

1. 경계(警戒 ▸ 개정, 교훈)의 목적 : 디모데를 향한 그리스도의 권고/1:1-11

1) 인사/1:1-2

2) 에베소 사역/1:3-4

3) 교훈 - 복 되신 하나님의 영광의 복음을 따름/1:5-11

2. 죄인의 괴수/1:12-20

1) 바울을 능하게 하신 그리스도 예수/1:12-17

2) 디모데에게 주는 바울의 경계(警戒 ▸ 개정, 교훈)/1:18-20

3. 성도에 대한 교훈/2:1-15

1) 네 가지 기도/2:1-7

(1) 간구(懇求)와 기도(祈禱)와 도고(禱告)와 감사(感謝)/2:1-4

① 믿는 모든 사람에 권면 / 2:1

② 평안한 생활 / 2:2

③ 하나님의 원하심 / 2:3-4

(2) 하나님과 사람 사이의 중보자(仲保者)/2:5-7

① 사람이신 그리스도 / 2:5

② 모든 사람을 위하여 자기를 속전(贖錢 ▸ 개정, 대속물)으로 주심 / 2:6

③ 믿음과 진리 안에서 이방인의 스승 / 2:7

2) 남자와 여자에 대한 교훈/2:8-15

(1) 하나님을 공경한다는 자들에 대한 교훈/2:8-10

① 거룩한 손을 들어 기도 - 남자 / 2:8

② 선행으로 함 - 여자 / 2:9-10

(2) 여자들에 대한 교훈/2:11-15

① 아담과 이와(하와)에 대한 비유 / 2:11-14

② 정절(貞節)로써 믿음과 사랑과 거룩함에 거(居)함 / 2:15

4. 직분자에 대한 교훈/3:1-16

1) 감독(장로)의 자격/3:1-7

2) 집사의 자격/3:8-13

3) 하나님의 집에서의 행함/3:14-16

제 2 부 : 하나님의 말씀과 기도/4:1-6:21

1. 거짓 교사에 관한 교훈/4:1-16

1) 거짓 교사/4:1-5

2) 그리스도 예수의 선한 일꾼/4:6-11

3) 말과 행실과 사랑과 믿음과 정절에 대하여/4:12-16

4) 은사의 활용/4:11-16

2. 교회 질서에 관한 교훈/5:1-25

1) 늙은이와 젊은 이에 대하여/5:1-2

2) 과부들에 대하여/5:3-16

3) 장로들에 대하여/5:17-20

4) 영과 육의 강건함/5:21-25

3. 교훈과 경건에 대하여/6:1-21

1) 종들과 상전(上典)들에 대하여/6:1-2

2) 말씀과 경건에 관한 교훈/6:3-8

3) 부(富)하려 하는 자들에 대하여/6:9-10

디모데후서

¤ 개관

바울은 AD 62-63년(행 28장)에 제 1 차로 투옥되었던 로마 감방에서 풀려난 후 디모데전서와 디도서를 기록하였고, 네로 황제 시대에 다시 투옥되었는데 바로 이때에 디모데후서를 기록하였다. 그는 1차 투옥 때 자비로 빌린 셋집에서 비교적 자유로웠던 것과는 대조적으로 2차 투옥 때는 일반 죄수처럼 사슬에 묶여 지내야 했다. 따라서 바울은 자신의 사역이 곧 끝나 감을 직감하였고 이를 그의 서신에 기록하고 있다(딤후 4:6-8).

바울은 다음의 세 가지 이유로 본서를 기록했다.

① 그는 외로웠다. 그는 함께 지내던 사람들이 다 그를 떠나가고 오직 누가만 그와 함께하였다(딤후 1:15; 4:1-12). 그는 디모데가 자신에게 와 주기를 학수고대하였다.

② 그는 네로의 박해로 인해 교회의 안녕에 대해 염려했다. 그리하여 디모데에게 복음을 파수하고 이것을 힘써 전하라고 하였다(딤후 1:4; 3:14; 4:2).

③ 그는 디모데에게 보낸 이 편지가 에베소 교회에 공적으로 반포되기를 원했다.

바울은 자신의 순교의 순간이 서서히 다가옴을 깨닫고서 이 마지막 서신을 통해 에베소에서 어렵게 목회하고 있는 디모데를 위로하고 그에게 새로운 힘과 용기를 주고자 하였다. 본서에서 바울은 디모데에게 소심한 성격과 연약한 육체를 걱정하면서 그에게 맡겨진 사명을 인내로써 감당할 것을 간곡하게 촉구한다.

바울은 디모데를 '예수의 좋은 군사'(딤후 2:3)라고 부름으로써 그의 목회 사역 자체가 하나의 영적 전투임을 상기시키며 이 전투에서 승리하기 위해 하나님의 말씀과 진리의 복음 위에 굳게 서야 함을 역설한다.

¤ 내용 분해

제 1 부 : 하나님께서 주신 은사/1:1-2:26

1. 하나님의 거룩하신 소명(召命)/1:1-10

1) 인사/1:1-2
2) 간구하는 기도/1:3-5
3) 능력과 사랑과 근신하는 마음/1:6-8
4) 하나님의 뜻과 그리스도 예수 안의 은혜/1:9-10

2. 복음의 사명자/1:11-18

1) 반포자(頒布者 ▸ 개정, 선포자)와 사도와 교사/1:11-14
2) 아시아에 있는 모든 사람 - 그중 부겔로와 허모게네/1:15
3) 오네시보로의 집 - 긍휼을 베푸소서/1:16 - 18

3. 그리스도 예수께 충성된 사람들/2:1-26

1) 하나님의 택하신 자/2:1-6

(1) 그리스도 예수께 충성된 사람들/2:1-2
(2) 그리스도 예수의 좋은 군사/2:3-4
(3) 경기하는 자/2:5
(4) 수고하는 농부/2:6

2) 진리의 말씀/2:7-20

(1) 하나님의 말씀은 매이지 않음/2:7-10
(2) 모든 것을 참음/2:11-13
(3) 진리의 말씀/2:14-19

① 인정된 자 / 2:14-15

② 불의한 자 - 그 중에 후메내오와 빌레도 / 2:16-19

(4) 귀(貴)히 쓰는 그릇과 천(賤)히 쓰는 그릇/2:20-21

(5) 청년의 정욕/2:22

(6) 참된 주의 종/2:23-26

제 2 부 : 하나님과 산 자와 죽은 자를 심판하실 예수 그리스도/3:1-4:22

1. 말세에 고통하는 때/3:1-17

1) 이 같은 자들에게서 네가 돌아서라/3:1-5

2) 진리를 대적/3:6-9

3) 그리스도 예수 안에서 경건하게 살고자 하는 자/3:10-13

4) 하나님의 감동으로 된 모든 성경의 능력/3:14-17

(1) 구원에 이르게 하는 지혜가 있게 한다/3:14-15

(2) 하나님의 사람과 선한 일 행하기에 온전하게 함/3:16-17

2. 선한 싸움과 의의 면류관/4:1-22

1) 말씀을 전파하라 - 때를 얻든지 못 얻든지/4:1-2

2) 때가 이르면/4:3-4

(1) 바른 교훈을 받지 않음/4:3

(2) 진리에서 돌이킴/4:4

3) 주의 나타나심을 사모하는 모든 자들에게/4:5-8

(1) 네 직무를 다하라/4:5

(2) 떠날 기약이 가까웠도다/4:6

(3) 선한 싸움과 달려갈 길과 믿음을 지킴/4:7

(4) 의의 면류관이 예비/4:8

4) 충성된 자와 세상을 사랑하는 자/4:9-22

(1) 디모데/4:9

(2) 세상을 사랑한 데마/4:10a

(3) 그레스게와 디도/4:10b
(4) 누가/4:11
(5) 두기고/4:12
(6) 드로아 가보의 집/4:13
(7) 바울에게 해를 보인 구리 장색 알렉산더/4:14-16
(8) 이방인으로 듣게 하심/4:17-18
(9) 브리스길라와 아굴라 및 오네시보로의 집/4:19
(10) 에라스도와 드로비모/4:20
(11) 으불로와 부데와 리노와 글라우디아와 모든 형제의 문안/4:21-22

디 도 서

¤ 개관

사도행전에는 디도에 대한 언급이 전혀 나오지 않지만 바울 서신에는 13번이나 언급된다. 이로 보아, 우리는 디도가 바울의 가장 신임 받는 동역자였음을 알 수 있다. 바울의 전도를 받고 회심한 디도는 수리아 안디옥 출신이라고 추정된다(행 11:26 참조). 바울은 전도 여행 시 디도를 훈련시킨 후 그를 그레데에 남겨 두어 일을 시켰다.

바울은 디도를 가리켜 '형제'(고후 2:13), '동무요 동역자'(고후 8:23), 심지어는 '아들'(딛 1:4)이라고까지 불렀다. 지중해에 위치한 그레데는 거기서 네 번째 큰 섬인데 디도는 여기서 사역을 감당하였다. 1세기 말 이곳은 거짓과 부도덕으로 악명 높았다(딛 1:12-13). 그래서 거짓말 잘하는 사람을 두고 '그레데 사람처럼 거짓말하는 자'란 관용구가 생겨날 정도였다.

바울은 이렇게 어려운 곳에 들어가서 복음을 전했고 자신이 이곳을 직접 맡아서 가르칠 수 없게 되자 디도를 그곳에 파송하여 그가 못다 한 사역을 감당하게 했다(딛 1:5). 그런데 사람들의 부도덕성과 무절제함으로 인해 디도를 통해서 생활의 의(義)를 강조할 필요가 있었다.

본서는 디모데 전후서와 함께 목회 서신이라 불리는데, 이는 바울이 이 서신들에서 그의 사랑하던 두 제자 디모데와 디도에게 목회 현장에서 야기되는 문제들에 대한 요긴한 지침들을 제시해 주고 있기 때문이다. 이를테면 바울은 멀리 떨어져 있는 이들에게 교리, 교회 조직과 행정, 일반 신자들의 경건생활 등에 대해 구체적인 지침을 제시해 주고 있다.

바울이 자신의 유명한 동역자인 디도에게 보낸 목회 서신인 본서는 그 내용이 목회 서신 중 가장 신학적이고 논리적이다. 본서는 그레데 사람들의 부도덕성에 대한 지적과 함께 디도에게 신앙적, 윤리적으로 모범을 보일 것을 당부하고 있는 바, 목회자와 성도 모두에게 요긴한 서신이다.

¤ 내용 분해

제 1 부 : 전도로 나타내신 하나님의 말씀 - 교회 행정에 대한 권면/1:1-16

1. 장로들의 임명/1:1-9

1) 인사/1:1-4
2) 장로의 자격과 필요성/1:5-9

2. 불순종하고 속이는 자/1:10-16

1) 복음에 순종하지 않은 자/1:10-11
2) 그레데인들의 성품/1:12-13
3) 말씀에 순종하는 자와 불순종하는 자/1:14-16

제 2 부 : 양육으로 나타내신 하나님의 말씀 : 교회 각층에 대한 권면/2:1-3:15

1. 바른 교훈/2:1-15

1) 바른 교훈의 적용/2:1-10
2) 바른 교훈의 권면/2:11-15

2. 기독교인의 자세 : 디도의 효과적 목회 사역을 위한 권면(사회생활에 대한 권면)/3:1-15

1) 세상 준법(遵法)에 대한 자세/3:1-2

(1) 세상 정부에 대한 순종/3:1
(2) 그리스도교인의 관용/3:2

2) 순종(順從)에 대한 이유/3:3-9

(1) 첫 번째 이유 : 그리스도교인 이전의 삶/3:3
(2) 두 번째 이유 : 그리스도교의 구원의 내용/3:4-7
(3) 바른 교훈에 대한 선포/3:8-9

3) 이단에 대한 자세/3:10-11

4) 동역자(同役者)에 대한 자세/3:12-15

(1) 바울의 동역자들에 대한 배려/3:12-14
(2) 문안 인사/3:15

빌레몬서

¤ 개관

본서의 저자에 관해서는 몬 1:1에서 바울이라고 확언해 주고 있다. 이와 같은 바울의 저작성은 4세기까지 전혀 의심을 받지 않았는데, 그 이후 본서에 교리적인 내용이 없다는 이유로 바울의 저작성에 대해 의심하는 자들이 생겨나기 시작하였다. 그러나 전통적인 전승이나 본서 자체의 증거로 미루어 볼 때 바울의 저작성에 대해서는 하등 문제가 없다.

본문의 오네시모라는 한 노예는 주인 빌레몬에게 어떤 잘못을 저지르고 도망쳤던 것 같다. 이러한 때 오네시모는 바울을 만나게 되었고 복음을 전해 받게 되었던 것이다. 오네시모는 바울에게 도움이 되었지만 기독교인으로서 주인에게 돌아가 섬겨야 할 의무감을 느꼈다(골 4:7-9; 몬1:12).

본서는 당시 사회의 가장 미천한 계급인 노예를 사랑하는 형제로 받아들인다는 기독교인의 가장 실천적인 사랑을 증거해 보이고 있다. 그리스도인이 이와 같이 할 수 있는 근거는 그리스도께서 먼저 우리를 사랑하시고 은혜를 주셨기 때문에 가능하다. 우리의 삶의 원리로 구체적인 삶의 현장 가운데 그대로 나타내 보일 수 있어야 한다.

바울이 본서를 기록할 당시 바울은 죄수의 신분이었다. 그는 복음을 자유롭게 증거할 수 있도록 하기 위해 놓임 받기를 원했다. 본서의 기록 장소는 바울이 로마 옥중에 있을 때였기 때문에 그곳으로 보고 있다. 본서를 「옥중서신」이라고 하는 이유가 바로 여기에 있다. 본서가 기록된 때는 바울이 첫 번째 감금 생활을 하던 AD 60-62년경이라고 추정된다.

¤ 내용 분해

제 1 부 : 그리스도 예수를 위하여 갇힌 자/1:1-7

1. 빌레몬 권속을 위한 인사/1:1-3

1) 바울과 디모데의 인사/1:1a

(1) 그리스도 예수를 위하여 갇힌 자 된 바울/1:a
(2) 형제 디모데/1:a

2) 빌레몬 권속에 대한 인사/1:1b-3

(1) 동역자 빌레몬/1:1b
(2) 자매 압비아/1:2a
(3) 함께 군사된 아킵보/1:2b
(4) 빌레몬 집에 있는 교회/1:2b
(5) 은혜와 평강/1:3

2. 믿음의 교제/1:4-7

1) 빌레몬의 사랑과 믿음/1:4-6

(1) 하나님께 대한 감사와 기도/1:4
(2) 주 예수와 모든 성도에 대한 사랑과 믿음/1:5

(3) 믿음의 교제/1:6

2) 기쁨과 위로/1:7

(1) 성도들의 마음의 평안 : 빌레몬에 의해/1:7a

(2) 바울의 기쁨과 위로/1:7b

제 2 부 : 갇힌 중 낳은 아들 오네시모/1:8-25

1. 바울의 심복(心腹) 오네시모/1:8-22

1) 오네시모를 돌려보냄/1:8-14

(1) 사랑의 간청/1:8-10

(2) 돌려보내는 사연/1:11-14

2) 오네시모를 위한 부탁/1:15-22

(1) 부탁의 이유에 대하여/1:15-17

(2) 부채의 변상에 대하여/1:18-20

(3) 순종에 대한 확신에 대하여/1:21-22

2. 동역자들의 문안 인사/1:23-25

1) 그리스도 예수 안에서 갇힌 동역자들의 문안/1:23-24

2) 주 예수 그리스도의 은혜/1:25

히브리서

¤ 개관

본서의 저자에 관해서는 자신이 누구인지를 밝히고 있지 않으나 그는 최초의 수신자들에게는 잘 알려진 인물임에 틀림없다. 본서는 '히브리인에게 보내는 바울의 서신'으로 보통 알려졌으나 1, 2세기에도 본서의 저작 사실에 대한 확실한 증명이 세워져 있지 않았다. 그러므로 본서의 저자가 바울이라고 하는 것은 단순히 추측일 뿐 확실한 근거가 없다.

초대 교회의 교부 오리게네스의 말처럼 "히브리서의 저자는 하나님만이 아신다."라고 말하는 것이 현재로서는 가장 합당하다. 본서는 AD 70년 예루살렘 성전이 파괴되기 이전에 기록되었다고 보여진다. 만일 본서가 70년 이후에 기록되었다면, 저자는 분명 예루살렘 멸망에 대해 그리고 유대인 제사 제도의 종말에 관해 언급되었을 것이다. 본서가 기록될 당시 아직 디모데가 생존해 있었고 박해가 절정에 달하여 있었으며 낡은 유대주의는 곧 없어질 기미를 보이고 있었다(히 13:23; 12:26, 27).

본서의 기록 목적은 초대 교회의 신앙이 아직 자리를 잡지 못하고 있음을 파악한 데서 기인된다. 당시의 상황으로는 기독교 초기의 열정적인 시기가 지나갔고 그래서 어떤 자들은 공적인 예배에조차 참여하지 않았으며(히 10:25, 39) 참다운 교육이 이루어지지 않았다. 더욱 심각한 것은 믿는 자들 중에 어떤 이들은 주위의 환경으로 인해 그리스도의 복음에서 떠나 배교할 위험에 처해 있었다(히 6:4-6 참조)는 것이다.

본서의 저자는 이러한 어려운 정황에 빠져 있는 성도들의 신앙을 견고하게 해 줄 필요성을 느꼈다. 여기서 가장 강조하고 있는 바는 그리스도의 우월성과 믿음의 위대함을 부각시키는 것이다

¤ 내용 분해

제 1 부 : 그리스도의 본성의 우월성/1:1-2:16

1. 선지자들보다 우월하심/1:1-3

1) 아들을 통한 하나님의 계시/1:1-2

(1) 선지자들에게 말씀하신 하나님/1:1

(2) 만유(萬有)의 후사(後嗣▸개정, 상속자)/1:2

2) 하나님의 본체의 형상/1:3

(1) 하나님의 영광의 광채/1:3a

(2) 하나님의 본체의 형상/1:3b

(3) 그리스도의 사역/1:3b

2. 천사보다 우월하심/1:4-2:16

1) 그리스도의 본성/1:4-6

(1) **아름다운 이름을 기업으로 얻으심**/1:4-5

(2) **하나님의 맏아들**/1:6

2) 그리스도의 지위/1:7-14

(1) **천사들의 역할에 대하여**/ 1:7

(2) **그리스도의 기름 부으심에 대하여**/1:8-9

(3) **하나님의 영원하심에 대하여**/1:10-12

(4) **그리스도의 부리는 영에 대하여**/1:13-14

3) 그리스도의 사역/2:1-16

(1) **큰 구원과 불순종에 대한 경고**/2:1-4

(2) **그리스도의 수난과 성육신(成肉身)의 뜻**/2:5-16

① 그리스도의 낮아지심과 영광 / 2:5-9

② 거룩하게 하시는 이와 거룩하게 함을 입은 자들 / 2:10-13

③ 그리스도 성육신의 목적 / 2:14-16

a) 사망의 권세를 잡은 마귀를 멸망시키심 / 2:14

b) 죽음의 권세에 사로잡힌 자들을 해방시키심 / 2:15

c) 아브라함의 자손인 성도의 이끄심 / 2:16

제 2 부 : 그리스도의 제사장직의 우월성/2:17-10:39

1. 자비하고 충성된 대제사장 그리스도/2:17-3:6

1) 시험 받으신 그리스도와 시험 받는 자들/2:17-18

(1) **자비하고 충성된 대제사장**/2:17

(2) **고난당하신 그리스도의 능력**/2:18

2) 모세보다 우월하신 그리스도/3:1-6

(1) **믿는 도리의 사도(使徒)시며 대제사장이신 예수**/3:1

(2) **예수님과 모세**/3:2-6

① 공통점은 충성 / 3:2

② 집을 지은 자와 집 / 3:3-4

③ 사환으로서의 충성된 모세 / 3:5

④ 집을 맡은 아들로서 충성된 예수 / 3:6

2. 하나님의 안식/3:7-4:13

1) 말씀을 거역한 자들에 대한 경고 : 안식에 들어오지 못함/3:7-11

(1) 성령의 음성을 들으라는 경고/3:7

(2) 마음을 완고하게 하지 말라는 경고/3:8-9

(3) 항상 마음이 불순종에 미혹됨을 경고/3:10-11

2) 말씀에 순종하는 자와 불순종하는 자/3:12-18

(1) 회개에 대한 권면/3:12-14

① 살아 계신 하나님에게서 떨어질까를 염려 / 3:12

② 죄의 유혹으로 완고하지 않게 하라 / 3:13

③ 그리스도와 함께 참여한 자가 되라 / 3:14

(2) 하나님을 격노하게 하던 자/3:15-18

① 광야에 엎드러진 자 / 3:15-17

② 순종하지 아니하던 자 : 안식에 들어오지 못함 / 3:18

3) 안식에 들어갈 약속/3:19-4:2

(1) 믿는 자 : 안식에 들어감/3:19-4:3a

(2) 믿지 아니하는 자 : 안식에 들어가지 못함/4:3b-7

① 세상을 창조할 때부터 그 일이 이루어짐 / 4:3b

② 제칠 일의 안식에 대하여 재확인 / 4:4-5

③ 순종하지 않는 복음 전함을 먼저 받은 자들 / 4:6

④ 마음을 완고하게 하는 자 / 4:7

4) 안식에 들어가는 자/4:8-11

(1) 남아 있는 하나님의 안식/4:8-9

① 여호수아가 주는 안식의 한계 / 4:8

② 하나님의 백성의 기회 / 4:9

(2) 하나님의 안식에 들어가는 자/4:10-11

① 하나님의 쉬심 같이 자기 일을 쉼 / 4:10

② 안식에 들어가기를 힘쓰라는 권면 / 4:11a

③ 불순종의 본(本)에 빠지지 말라는 권면 / 4:11b

5) 하나님의 말씀/4:12-13

(1) 하나님의 말씀의 능력/4:12

① 살아 있음 / 4:12a

② 운동력(運動力 ▸ 개정, 활력)이 있음 / 4:12b

③ 좌우에 날선 어떤 검보다 예리(銳利)함 / 4:12b

④ 혼(魂)과 영(靈)과 및 관절(關節)과 골수(骨髓)를 찔러 쪼개기까지 함 / 4:12b

⑤ 마음의 생각과 뜻을 감찰(鑑察 ▸ 개정, 판단)하심 / 4:12b

(2) 하나님의 말씀의 권세/4:13

① 천지 만물의 복종 / 4:13a

② 천지 만물의 심판 / 4:13b

3. 대제사장이신 예수 그리스도/4:14-7:28

1) 대제사장의 반차(班次)/4:14-5:14

(1) 승천하신 자 곧 하나님의 아들 예수/4:14-16

(2) 연약한 아론의 반차/5:1-4

(3) 멜기세덱의 반차를 따르는 대제사장/5:5-10

(4) 믿음의 진보에 대한 호소/5:11-14

① 진리에 대한 무지와 영적 게으름을 의미 / 5:11

② 젖이나 먹는 자 : 의의 말씀을 경험하지 못한 자 / 5:12-13

③ 단단한 식물을 소화하는 장성한 자 : 의의 말씀을 깨닫는 자 / 5:14

2) 하나님의 약속/6:1-20

(1) 믿음이 타락한 자들에 대한 징계/6:1-8

(2) 약속들을 기업으로 받은 자들/6:9-15

(3) 하나님의 맹세의 보증이신 예수/6:16-20

3) 더 좋은 언약의 보증이신 예수/7:1-28

(1) 평강의 왕 멜기세덱/7:1-3

(2) 멜기세덱과 아브라함/7:4-10

(3) 아론의 반차와 멜기세덱의 반차의 차이/7:11-12

① 레위 계통의 제사 직분 / 7:11

② 제사 직분도 바꾸어지므로 율법도 바꾸어짐 / 7:12

(4) 유다 지파이신 예수/7:13-17

① 제사장 직분과 상관없는 유다 지파의 출신이신 예수 / 7:13-15

② 제사장은 아론의 후손이어야 한다고 규정하는 율법의 조항을 따르지 않음 / 7:13-16a

③ 자신을 믿는 자에게 생명을 주시는 제사장이신 예수 / 7:16b-17

4. 새 언약의 중보자이신 그리스도/8:1-13

1) 더 좋은 언약의 중보자/8:1-6

(1) 대제사장이신 그리스도의 위대하심/8:1-2

(2) 더 좋은 약속으로 세우신 더 좋은 언약의 중보자/8:3-6

① 모형(模型)과 그림자 / 8:3-5

② 더 아름다운 직분 / 8:6

2) 옛 언약과 새 언약/8:7-13

(1) 첫 언약인 율법은 그리스도에게로 인도하는 몽학 선생(蒙學先生▶개정, 초등 교사 - 갈 3:24)/8:7-12

(2) 낡아지고 쇠하여지는 옛 언약과 새로 세워지는 새 언약(요 3:30)/8:13

5. 그리스도의 보혈을 통한 영원한 속죄/9:1-10:39

1) 제사와 희생/9:1-28

(1) 구약의 제사와 불완전한 희생 : 불완전함과 연약성/9:1-10

① 섬기는 예법과 예비한 첫 장막 / 9:1-5
② 첫 장막의 제사장과 둘째 장막의 제사장 / 9:6-7
③ 옛 언약에 집착한 자는 새 언약에 들어갈 수 없음의 비유 / 9:8-9
④ 불완전하고 잠정적인 육체의 예법에서 완전한 예법으로 대체되어야 하는 필요성 / 9:10

(2) 신약의 제사와 완전한 희생/9:11-14

① 장래 좋은 일의 대제사장이신 그리스도 / 9:11
② 자기의 피로 영원한 속죄를 이루신 그리스도 / 9:12
③ 구약의 제사의 피와 그리스도의 피 / 9:13-14

(3) 그리스도의 죽음의 필요성/9:15-22

① 부르신 자에 대한 영원한 기업의 약속을 얻게 하심 / 9:15
② 그리스도 유언의 성취 / 9:16
③ 하나님의 명하신 언약의 피 / 9:17-20
④ 피 흘림이 없으면 사함도 없음 / 9:21-22

(4) 그리스도의 완전한 희생/9:23-28

① 해마다 반복되는 구약의 제사와 단 한 번에 드려진 신약의 제사 / 9:23-26
② 구원의 길을 열어 주신 초림과 심판을 통한 구원의 완성인 재림 / 9:27-28

2) 새 언약의 중보자이신 예수 그리스도/10:1-39

(1) 완전하고 영원한 새 언약/10:1-18

① 장차 오는 좋은 일의 그림자인 율법 / 10:1-4
② 하나님의 뜻을 행하러 오신 그리스도 / 10:5-14
③ 성령의 증거(證據 ▶ 개정, 증언) / 10:15-18

(2) 온전한 신앙에의 권면 : 진리를 깨달음/ 10:19-39

① 휘장 가운데로 열어 놓으신 새롭고 산 길이신 예수 / 10:19-20
② 하나님의 집 다스리는 큰 제사장이신 예수 / 10:21-25

③ 배교자들에 대한 경고 / 10:26-31
④ 신앙의 인내가 필요함을 역설 / 10:32-36
⑤ 영혼을 구원함에 이르는 믿음을 가진 자 / 10:37-39

제 3 부 : 그리스도의 능력의 우월성/11:1-13:25

1. 믿음의 선진들의 증거/11:1-40

1) 믿음의 본질에 대하여/11:1-3

(1) 믿음의 확신 : 하나님께서 은혜로 주신 선물(엡 2:8)/11:1-2
(2) 믿음의 실체 : 천지 만물의 창조/11:3

2) 믿음의 선진들에 대하여/11:4-40

(1) 아벨에 대하여/11:4
(2) 에녹에 대하여/11:5-6
(3) 노아에 대하여/11:7
(4) 아브라함에 대하여/11:8-10
(5) 사라에 대하여/11:11-12
(6) 아브라함과 사라에 대하여/11:13-16
(7) 아브라함에 대하여/11:17-19
(8) 이삭에 대하여/11:20
(9) 야곱에 대하여/11:21
(10) 요셉에 대하여/11:22
(11) 모세에 대하여/11:23-28
(12) 이스라엘 백성에 대하여/11:29
(13) 여호수아에 대하여/11:30
(14) 기생 라합에 대하여/11:31
(15) 기드온, 바락, 삼손, 입다, 다윗, 사무엘과 및 선지자들에 대하여/11:32-34
(16) 여자들에 대하여 : 엘리야와 엘리사에 의해서 아들이 살아난 사르밧과 수넴의 과부들을 의미/11:35a
(17) 어떤 이들에 대하여/11:35b-38
(18) 구약의 성도들 : 믿음으로 증거를 받았으나 약속을 받지 못함/11:39

(19) 신약의 성도들 : 그리스도를 통한 구속의 성취(구약의 성도들이 이 구원에 참여)/11:40

2. 믿음의 주이시며 온전하게 하시는 이인 예수/12:1-29

1) 최선의 효과적인 신앙의 경주를 위하여 신자들에게 요청되는 태도를 권면/12:1-3

(1) 인내로써 믿음의 경주를 할 것을 권면/12:1-2
(2) 예수님의 고난의 십자가를 바라보자는 권면/12:3

2) 인내의 믿음으로 요동하지 말라는 권면/12:4-29

(1) 참 아들의 징계에 대한 권면 : 징계를 통해 나타나는 하나님 아버지의 사랑/12:4-8
(2) 징계를 통한 하나님의 거룩하심에 참여:새 언약 아래 있는 그리스도인의 행실/12:9-13
(3) 모든 사람과 더불어 화평함과 거룩함에 따르라 : 에서의 실례를 통하여/12:14-17
(4) 옛 언약과 새 언약이 세워진 시내 산과 시온 산의 대비 : 신약의 우월성/12:18-24
(5) 우월한 조건을 가진 신약의 성도들에 대한 믿음의 열심을 권면/12:25-29

3. 예수 그리스도께 나아가자/13:1-25

1) 신자로서 합당한 선을 이행해야 할 신앙적 책임을 권면/13:1-9

(1) 사회 생활에 영향을 미치는 권면 : 공동체적인 그리스도교/13:1-3
(2) 개인 생활에 영향을 미치는 권면 : 신자의 거룩성과 자족성/13:4-6
(3) 종교 생활에 영향을 미치는 권면 : 훌륭한 영적 지도자상이신 예수 그리스도와 그를 따랐던 제자들/13:7-9

2) 그리스도인의 새 제단/13:10-25

(1) 유대교의 형식주의와 그리스도의 완전한 속죄 사역 : 그리스도의 영원한 희생 제사에 나아가자/13:10-14
(2) 그리스도의 이름을 증거하는 입술의 열매인 산 제사(찬송)를 드리자/13:15-16
(3) 초대 교회 당시의 영적 지도자들의 모습과 신자들의 합당한 태도/13:17-21

(4) 본서의 수신자(受信者)들에 대한 마지막 권면/13:22-25

① 권면의 말을 용납할 것을 / 13:22

② 형제 디모데의 석방에 대한 소식 / 13:23

③ 인도하는 자와 모든 성도에 대한 문안 / 13:24a

④ 이달리야에서 온 자들의 문안 / 13:24b

⑤ 은혜의 문안 / 13:25

야고보서

¤ 개관

본서의 저자는 자신을 야고보라고 밝히고 있다(약 1:1). 그는 예수님의 동생이며 예루살렘 총회 회장까지 맡았던 유능한 지도층 인사였다. 그는 처음에는 예수님을 믿지 않았고 오히려 도전까지 했었다. 하지만 예수님이 부활하신 후 그는 예수님을 형님으로서가 아니라 주님으로 믿고 하늘나라 사역을 위해 일생을 헌신하였다.

본서는 '흩어져 있는 열두 지파' 즉, '디아스포라' 유대인들에게 보내는 회람 서신이었다(약 1:1). 야고보서 1:19과 2:1,7에 보면 팔레스타인 밖에 있는 히브리 그리스도인들에게 보내는 서신이었다는 점이 분명히 드러난다. 이들 유대인 신자들은 팔레스타인과 멀리 떨어져 살았기 때문에 생활의 고초가 많았을 것이며 그들의 믿음은 시험을 당하고 있었다.

야고보는 예루살렘에서 거주하고 있던 교회 지도자였지만 로마 각지에서 몰려드는 수많은 유대인 그리스도인들과 빈번한 접촉을 가졌을 것이다. 그래서 그는 신앙을 위해 쟁투하는 자들을 권면하고 그들에게 위로와 용기를 북돋아 주기 위해서 회람 서신을 기록해야 할 필요성을 느꼈던 것이다.

본서의 정경성 문제는 고금을 통해 심심찮게 대두되어 왔다. 특히 루터는 본서를 정경에서 빼 버려야 한다고 주장하였다. 그는 이신득의(以信得義)를 기치로 종교 개혁을 주도한 자였기 때문에 행함을 강조하는 본서를 심지어 '지푸라기 복음'이라고 혹평하였다.

그러나 본서는 선행과 믿음을 동시에 강조하고 있는 것이다. 즉, 참 믿음이 있다면 이에 부응하는 행위가 삶의 현장에서 나타나야 한다는 것이다. 이것은 오늘날 교인들의 신앙과 삶의 유리된 현상을 잘 반영해 주며, 또한 중요한 교훈을 주고 있는 것이다.

¤ 내용 분해

제 1 부 : 믿음의 시련/1:1-18

1. 시험 속에 내포되어 있는 하나님의 복/1:1-12

1) 시험에 대하여/1:1-8

(1) 열두 지파에 대한 문안 인사/1:1
(2) 시험에 대처할 자세를 가르침/1:2-4
(3) 시험을 만났을 때 요청해야 할 간구/1:5-8

2) 가난과 부(富)에 대하여/1:9-11

(1) 가난한 자의 삶의 태도/1:9
(2) 부(富)한 자의 삶의 태도/1:10-11

3) 인내의 삶을 영위해야 하는 성도/1:12

(1) 시험을 참는 자는 복이 있음/1:12a
(2) 시험을 통하여 하나님의 인정을 받아야 함/1:12b
(3) 약속하신 생명의 면류관을 얻음/1:2b

2. 시험의 원인/1:13-18

1) 시험은 인간의 욕심에서 발생/1:13-16

(1) 하나님의 품성 : 거룩하시며 선하시며 공의로우시며 사랑이 풍성하심/1:13
(2) 자기의 욕심에 끌려 미혹됨/1:14
(3) 욕심에서 죄로, 죄에서 사망으로 가는 세 가지 악의 단계/1:15-16

2) 성도는 진리의 말씀으로 거듭남/1:17-18

(1) 하나님의 온전하심/1:17

(2) 하나님의 뜻하심/1:18

제 2 부 : 믿음의 특성/1:19-4:17

1. 마음에 심긴 도(道▸개정, 마음에 심어진 말씀)/1:19-27

1) 말씀을 듣고 행할 것/1:19-25

(1) 인간의 열정을 억제할 것/1:19-21

(2) 복음의 말씀을 듣고 행하지 않는 자의 미련함/1:22-24

(3) 복음의 말씀을 듣고 행하는 자의 현명함/1:25

2) 경건에 대하여/1:26-27

(1) 거짓 경건은 자기 위선에 매인 것/1:26

(2) 참된 경건은 인식이 아니라 행동하는 것/1:27

2. 믿음과 행함/2:1-26

1) 사랑으로 입증되는 믿음 : 믿음과 사랑과의 관계/2:1-13

(1) 외모에 대한 판단의 양면성을 지적/2:1-4

(2) 하나님의 시각에서 본 가난한 자와 부유한 자의 실상을 설명/2:5-7

(3) 기독교인의 대사회적인 인간관계를 제시 : 요점은 사랑/2:8-11

(4) 사랑의 원리에 입각하여 행함을 권유/2:12-13

2) 행함으로 입증되는 믿음 : 믿음과 행위와의 관계/2:14-26

(1) 믿음은 생활의 열매로 나타남/2:14

(2) 행동이 없는 믿음의 허위성의 실례/2:15-16

(3) 교리적인 믿음의 위험성을 지적/2:17-20

(4) 행함이 없는 믿음이 구원을 이루는가의 문제 : 아브라함과 라합의 실례/2:21-26

① 아브라함의 구원은 '행함으로 구체화된 믿음으로' 말미암음 / 2:21-24

② 라합의 구원은 인식보다 앞선 행위의 결과로 말미암음 / 2:25

③ 믿음과 행위와의 관계를 단정하는 최종 결론 / 2:26

3. 참된 지혜/3:1-18

1) 혀의 위험성/3:1-12

(1) 선생 되려는 자의 막중한 책임/3:1-2

① 함부로 선생이 되지 말아야 하는 이유 / 3:1

② 선생의 막중한 책임 / 3:2

(2) 방향을 결정하는 혀의 큰 힘/3:3-6

① 사람의 행위의 통제는 언어에 달림 / 3:3-4

② 엄청난 파괴력을 지닌 혀 - 많은 나무를 태우는 불 같은 불의의 세계 / 3:5-6

(3) 언어의 불통제성 때문에 일어나는 사악함과 이중성을 적나라하게 고발/3:7-12

① 인간 혀의 독성에 대하여 / 3:7-8

② 인간 언어의 이중성을 통탄함 / 3:9-12

2) 참 지혜와 거짓 지혜/3:13-18

(1) 지혜와 총명이 있는 자/3:13

(2) 진리를 거스르는 자/3:14

(3) 세상적인 지혜/3:15-16

(4) 참된 지혜/3:17-18

4. 참된 겸손/4:1-17

1) 성도가 경계해야 할 것/4:1-5

(1) 육체의 정욕/4:1

(2) 향락을 위한 부의 축적/4:2

(3) 정욕을 위한 부의 축적/4:3

(4) 신앙의 지조를 파는 행위/4:4

(5) 성령이 시기하는 대상은 인간의 타락한 본성인 정욕/4:5

2) 인생 문제에 대한 근원적인 지혜/4:6-10

(1) 겸손해지는 것/4:6

(2) 마귀를 대적하는 것/4:7

(3) 마음을 성결하게 하는 것/4:8
(4) 세속적 향락주의에서 돌이키는 것/4:9
(5) 하나님의 관점에서 자기를 살피는 것/4:10

3) 교만의 열매/4:11-12

(1) 비방과 판단/4:11
(2) 율법의 준행자인 인간과 율법의 입법자요 재판자이신 하나님/4:12

4) 하나님의 계획을 무시한 정욕적인 삶의 허무성과 비참한 결국 : 자기 확신에 찬 장사꾼의 실례/4:13-17

(1) 교만한 생활의 경계/4:13
(2) 인생의 짧고 허무한 상태를 비유/4:14
(3) 계속적인 삶으로 신앙을 나타내어야 할 성도의 자세/4:15-17

제 3 부 : 믿음의 승리/5:1-20

1. 주의 재림을 기다리는 인내/5:1-11

1) 부자들에 대한 경고/5:1-6

(1) 다가올 심판의 고통에 대한 예언적 선포/5:1
(2) 부자들의 탐욕과 이기주의/5:2-3
(3) 청지기로서의 자신의 사명과 인간의 존엄성을 망각한 비인간적인 행동/5:4-6

2) 말세에 성도들이 인내해야 할 당위성/5:7-11

(1) 주의 강림을 바라본 인내/5:7-8
(2) 마음으로부터의 모든 문제를 주님께 맡기라는 요청/5:9
(3) 본을 보인 선지자들의 인내/5:10-11

2. 미래를 준비하는 성도의 현실적인 삶/5:12-20

1) 맹세에 대하여/5:12

(1) 함부로 맹세하지 말 것/5:12a
(2) 맹세에 대한 신실성이 있어야 할 것/5:12b

2) 믿음의 기도에 대하여/5:13-18

(1) 기도와 찬송의 정진성(精進性)에 대하여/5:13

(2) 교회의 물질적인 봉사 활동의 필요성/5:14

(3) 하나님의 주권적인 뜻에 순복(順服)하는 기도/5:15-16a

(4) 의인의 간구의 힘/5:16b-18

3) 말세에 성도가 힘써야 할 본질적인 봉사의 내용/5:19-20

(1) 죄를 회개하게 하고 참 신앙으로 회복하게 하는 행위 : 회복의 증거는 실제 행동에서 나옴/5:19

(2) 이 일은 영혼에 대한 간절한 사랑으로 이루어짐 : 그 죄를 용서해 주고 기억하지 않는 것/5:20

베드로전서

¤ 개관

본서의 저작자에 대해서는 별로 이의가 없이 사도 베드로라는 데 의견을 같이해 왔다. 우선 본서 벧전 1:1에서 저자는 자신을 베드로라고 하였으며, 본서의 전반적인 내용과 특성이 베드로의 저작 사실을 한층 더 지지해 주고 있다. 그리고 본서의 주제와 개념에는 주님의 지상 사역과 사도 시대의 베드로의 경험과 협력적 사역이 잘 반영되어 있다.

베드로가 그의 서신들과 바울에 대해 익히 알고 있다는 사실은 벧후 3:15; 갈 1:18; 2:1-21 등을 통해 볼 때 분명히 알 수 있다. 따라서 본서의 사상과 표현 등이 바울 서신들의 그것들과 일치한다고 해서 그리 놀랄 만한 일은 아니다.

본서의 기록 장소와 연대는 베드로의 저작설과 밀접한 관련이 있다 벧전 5:13에 의하면 본 서신은 바벨론에서 씌어진 것으로 나타난다. 당시 애굽에는 현재의 카이로가 위치해 있는 바벨론이라는 지명의 앗수르 피난민 거주지가 있었다. 그러나 1세기경 이곳은 군사적 요충지였으며 베드로가 머물렀다는 어떤 기록도 없다.

유브라데의 바벨론은 유대인들이 많이 살고 있던 곳이었다. 하지만 이곳도 아니다. 베드로는 말년을 로마에서 보냈다. 그러므로 본서에 '바벨론'이라 적혀 있는 곳은 당시 핍박과 검문이 많던 시대의 로마에 대한 은유적 표현일 가능성이 있다.

저자는 다가올 대(大)환난의 시대, 곧 네로에 의한 본격적인 기독교 박해를 예견하고 여러 지역에 흩어져 사는 성도들에게 믿음과 그리스도에 대한 소망을 굳게 붙잡음으로써 임박한 핍박을 이겨 내라고 고무시킨다. 그리스도인들을 가혹한 '불 시험'을 이겨 낼 때 비로소 진정한 영적 성숙과 믿음의 진보를 가져올 수 있기 때문이다. 본서는 우리에게 참된 위로와 평강의 근원은 오직 하나님뿐임을 명백히 제시한다.

¤ 내용 분해

제 1 부 : 성도의 구원/1:1-2:10

1. 성도의 믿음/1:1-12

1) 문안 인사/1:1-2

(1) 택하심을 입은 자들/1:1-2a

(2) 은혜와 평강/1:2b

2) 시련과 구원의 소망/1:3-12

(1) 산 소망을 주신 하나님을 찬양/1:3-4

(2) 말세에 나타내기로 예비하신 구원/1:5-9

(3) 임할 은혜를 예언하던 선지자들의 연구(硏究)와 통찰(洞察)/1:10-12

2. 성도(聖徒)의 성화(聖化)/1:13-2:10

1) 거룩한 생활을 권고/1:13-16

(1) 근신하는 마음과 은혜를 사모하는 마음/1:13

(2) 성별된 삶을 위해서는 완전한 하나님을 표준으로 살아가야 할 것을 권고/1:14-16

2) 하나님을 경외할 것과 그 이유/1:17-25

(1) 하나님을 경외할 이유/1:17

(2) 하나님을 경외해야 할 최고의 동기/1:18-21

(3) 구속 받은 신자들의 삶/1:22-25

3) 개인에게 요구되는 삶/2:1-10

(1) 거룩의 소극적인 면과 적극적인 면/2:1-3

① 거룩의 소극적인 면 / 2:1

② 거룩의 적극적인 면 / 2:2

③ 신자가 영의 양식을 사모해야 할 이유 / 2:3

(2) 거룩한 공동체인 교회에의 참여/2:4-10

① 산 돌이신 예수에게로 나옴 / 2:4

② 산돌같이 신령한 집으로 세워짐 / 2:5a

③ 신령한 제사를 드릴 거룩한 제사장이 됨 / 2:5b

④ 보배롭고 요긴한 모퉁잇돌이신 예수 : 믿는 자 / 2:6-7a

⑤ 부딪히는 돌과 거치는 반석 : 믿지 아니하는 자 / 2:7b-8

⑥ 택하신 족속, 왕 같은 제사장, 거룩한 나라, 하나님의 소유된 백성 / 2:9-10

제 2 부 : 성도의 복종/2:11-3:12

1. 순복(順服▸개정, 순종)에 대하여/2:11-18

1) 세상에 속하지 않고 하나님 나라에 속한 성도 : 이방인에 대한 성도의 태도/ 2:11-12

(1) 나그네와 행인/2:11

(2) 하나님께 영광/2:12

2) 인간의 제도에 순종/2:13-18

(1) 국가와 치리자에 대한 그리스도인들의 태도/2:13-15

(2) 하나님의 종같이 이웃에 대한 공경과 사랑/2:16-17

(3) 상전에 대한 그리스도인들의 태도/2:18

2. 하나님의 부르심에 합당한 삶/2:19-3:12

1) 성도의 부르심/2:19-20

(1) 고난 중에도 하나님을 생각하는 것이 아름다움/2:19
(2) 선을 행하는 것이 하나님에 앞에 아름다움/2:20

2) 그리스도의 수난과 인내를 제시/2:21-25

(1) 그리스도의 고난의 본보기/2:21
(2) 그리스도의 구원 사역/2:22-25

3) 성도의 자세/3:1-12

(1) 아내와 남편들의 자세/3:1-7
① 아내들에 대한 권면 / 3:1-6
② 남편들에 대한 권면 / 3:7

(2) 그리스도인들 간의 자세 : 사람들과의 인간관계의 권면/3:8-12
① 마음을 같이하여 체휼(體恤▸개정, 동정)하며 / 3:8a
② 사랑하며 / 3:8b
③ 불쌍히 여기며 / 3:8b
④ 겸손하며 / 3:8b
⑤ 악을 악으로, 욕을 욕으로 갚지 말고 도리어 복을 빌라 / 3:9a
⑥ 이를 위하여 부르심을 입음 / 3:9b-12

제 3 부 : 그리스도의 고난/3:13-5:14

1. 성도의 고난/3:13-22

1) 고난 당하는 자가 핍박자에 대하여 취해야 할 합당한 태도/3:13-17

(1) 열심으로 선을 행함/3:13
(2) 의를 위하여 고난을 받음/3:14
(3) 온유와 두려움으로 함/3:15
(4) 선한 양심을 가지라/3:16
(5) 선을 행함으로 고난 받는 것이 하나님의 뜻임/3:17

2) 예수 그리스도의 구원 행위/3:18-20

(1) 예수 그리스도의 죽음과 부활하심으로 성도를 하나님 앞으로 인도하심/3:18

(2) 그리스도의 부활, 승천 자체가 지옥에 있는 영들에게 예수께서 심판주이신 그리스도 되심의 사실을 선포하는 의미/3:19-20

3) 세례의 참뜻/3:21-22

(1) 세례는 구원의 표 : 노아의 홍수를 물세례의 예표로 봄/3:21

(2) 구속자이신 예수 그리스도/3:22

2. 고난의 영적 의미/4:1-6

1) 그리스도의 고난을 본받음/4:1-2

(1) 육체의 고난을 받은 자가 죄를 그침/4:1

(2) 하나님의 뜻을 따라 육체의 남은 때를 살게 하려 함/4:2

2) 복음과 심판/4:3-6

(1) 이방인의 삶에 대하여/4:3

(2) 복음을 받아들인 자에 대한 비방/4:4

(3) 복음을 받아들인 자의 축복과 복음을 받아들이지 아니한 자의 심판/4:5-6

3. 고난에 임하는 태도/4:7-19

1) 고난에 대처하고 있는 신자들의 자세/4:7-11

(1) 근신하여 기도하라/4:7

(2) 열심으로 서로 사랑하라/4:8

(3) 서로 대접하기를 원망 없이 하라/4:9

(4) 선한 청지기같이 서로 봉사하라/4:10

(5) 무슨 일을 하든지 하나님의 영광을 위해서 하라/4:11

2) 고난의 필연성과 시험 가운데서도 하나님을 의지하며 살아갈 것을 권면/4:12-19

(1) 성도의 시련은 성도의 연단의 기회/4:12-13

(2) 시련을 통해 성도들은 구체적으로 그리스도의 고난에 참여하게 됨/4:14-16

(3) 고난을 통해 어려움 가운데 있는 형제자매들에게 참된 관심과 사랑을 갖게 됨/4:17-19

4. 고난 중의 사역/5:1-14

1) 극심한 핍박기(逼迫期)에 교회의 지도자인 장로들이 취해야 할 자세/5:1-7

(1) 그리스도의 고난의 증인과 나타날 영광에 참여할 자/5:1
(2) 하나님의 뜻을 따라 자원하는 마음으로 하나님의 양 무리를 침/5:2
(3) 주장하는 자세가 아니라 양 무리의 본이 되라/5:3-4
(4) 서로 겸손하라/5:5-6
(5) 너희 염려를 주께 맡기라/5:7

2) 극심한 핍박기(逼迫期)에 성도들이 취해야 할 자세/5:8-11

(1) 근신하여 깨어라/5:8
(2) 믿음을 굳게 하여 마귀를 대적하라/5:9
(3) 온전하게 하시는 은혜의 하나님을 생각하라/5:10-11

3) 문안 인사/5:12-14

(1) 실루아노(실라)의 대서(代書)/5:12
(2) 바벨론(로마)에 있는 교회와 마가의 문안/5:13
(3) 평강(平康)의 인사/5:14

베드로후서

¤ 개관

저자는 자신을 시몬 베드로라고 밝히고 있다(벧후 1:1). 그는 자신을 가리키는 구절들에서 1인칭 단수 명사를 사용하고 있으며 자신이 예수님의 변화산상의 목격자임을 밝히고 있다(벧후 1:16-18; 마 17:1-5 참조). 그는 독자들에게 본서가 그의 두 번째 편지임을 말하고 있으며(벧후 3:1), 바울을 "사랑하는 형제"(벧후 3:15)라고 언급하고 있다.

저자는 벧후 3:1-4에서 자신의 저술 목적을 밝힌다. 즉, 그는 그리스도의 재림에 대해 비웃거나 조롱을 일삼는 자들이 나타나서 신자들을 미혹하기 때문에 그들에게 예언자들의 말씀과 사도들의 가르침을 상기시켜 재림에 대한 확신을 심어 주기 위해 이 글을 쓴 것이다.

베드로는 이와 같은 목적 의식에 따라 죽음을 앞둔 자의 유언 형식으로 주님의 재림이 확실히 있을 것이라고 강조한다. 본서는 재림에 대한 그릇된 견해를 시정하기 위한 목적 외에도 이단자들에게 미혹되지 말 것을 권면함과 동시에 그들에 대한 심판을 예고하기 위한 목적으로도 집필된 것이다(벧후 2:1-22).

본서는 무엇보다 종말에 대한 확실성에 대해 지적하고 있다. 노아 때 사람들은 홍수 심판이 있을 것이라는 말에 조소를 금치 못하다가 심판을 당했다. 주님의 재림으로 종말이 임하는데 이 때는 지연되고 있지만 확실히 언젠가 이 역사의 지평선 위에 임하고야 말 것이며, 그때 조소하던 사람들은 심판을 받고야 말 것이다.

¤ 내용 분해

제 1 부 : 신(神)의 성품에 참여하는 자/1:1-2:22

1. 예수 그리스도의 성품/1:1-21

1) 성령으로 말미암아 예수 그리스도를 아는 영적 지식/1:1-11

(1) 구원의 교리에 대한 상기/1:1-4

① 인사 / 1:1

② 구원 받은 성도들의 생활 목표 제시 / 1:2-4

a) 은혜와 평강의 소유 / 1:2

b) 그리스도인에게 주어진 신령한 특권 : 신의 성품에 참여하게 하심 / 3-4

(2) 구원 받은 성도가 해야 할 일 : 신령한 은혜를 받은 신자들이 영적 성숙을 위해 해야 할 일곱 가지/1:5-11

① 믿음에 덕(德)을 / 1:5a

② 덕에 지식(知識)을 / 1:5b

③ 지식에 절제(節制)를 / 1:6a

④ 절제에 인내(忍耐)를 / 1:6b
⑤ 인내에 경건(敬虔)을 / 1:6b
⑥ 경건에 형제(兄弟) 우애(友愛)를 / 1:7a
⑦ 형제 우애에 사랑을 공급(供給)하라 / 1:7b
⑧ 부르심과 택하심에 굳게 함 / 1:8-10
⑨ 구주 예수 그리스도의 영원한 나라에 들어감 / 1:11

2) 그리스도 재림의 임박/1:12-21

(1) 저작 동기/1:12-15
(2) 믿음의 역사성/1:16-18
(3) 성경의 권위/1:19-21

2. 거짓 교사들에 대한 경고/2:1-22

1) 거짓 교사들의 속성/2:1-3

(1) 거짓 선생에 대한 첫 번째 속성 : 살아 계신 주(主)를 부인(否認/2:1
(2) 거짓 선생에 대한 두 번째 속성 : 호색(好色)과 탐심(貪心)/2:2-3

2) 옛적에 하나님의 심판이 불법한 자들에게 임했던 실례/2:4-11

(1) 범죄한 천사에 대하여/2:4
(2) 의를 전파하는 노아와 그 일곱 식구의 보존/2:5a
(3) 경건하지 않는 자들의 심판의 본/2:5b-6
(4) 경건한 한 자의 보호와 악한 자의 심판/7-11

3) 거짓 선생에 대한 세 번째 속성 : 도덕적 부패성/2:12-16

(1) 이성(理性) 없는 짐승과 같음/2:12
(2) 연락(宴樂)을 기쁘게 여기는 자들/2:13
(3) 음심(淫心)이 가득한 눈을 가짐/2:14
(4) 바른 길을 떠나 미혹(迷惑)됨/2:15
(5) 불의(不義)의 삯을 사랑함/2:16

4) 거짓 교사들에 대한 직접적인 비판/2:17-22

(1) 거짓 교사들의 실상에 대한 고발/2:17-19
(2) 거짓 교사들의 미혹에 넘어간 자들에 대한 경고/2:20-22

제 2 부 : 그리스도 재림에 대한 확신/3:1-18

1. 거룩한 선지자와 기롱(譏弄▸조롱)하는 자들/3:1-7

1) 재림에 대한 선지자들과 사도들의 가르침/3:1-2

(1) 둘째 편지/3:1
(2) 예언의 말씀과 사도들의 가르침을 기억/3:2

2) 심판과 멸망의 날/3:3-7

(1) 자기 정욕을 따라 행하는 자들은 주의 강림(降臨)을 부인(否認)/3:3-5
(2) 경건하지 않는 자들의 심판과 멸망의 날까지 보존/3:6-7

2. 주의 날을 사모하라/3:8-18

1) 주님의 재림이 연기되는 이유/3:8-9

(1) 사람의 시각(時刻)과 하나님의 시각(時刻)/3:8
(2) 아무도 멸망하지 않고 다 회개하기를 원하심/3:9

2) 성경적인 역사관/3:10-13

(1) 주의 재림이 예고 없이 온다는 사실/3:10
(2) 세상 풍조를 추종하지 않는 성도의 삶/3:11
(3) 하나님의 의만 있는 새 하늘과 새 땅의 하나님의 나라/3:12-13

3) 베드로의 마지막 훈계/3:14-18

(1) 거룩한 삶을 목표로 살아야 함/3:14
(2) 베드로는 바울 서신을 성경으로 분명히 인정함/3:15-16
(3) 복음의 진리를 정확히 깨우치는 자들에 대한 교훈/3:17-18

요 한 일 서

¤ 개관

본서의 기록자는 요한복음과 요한계시록의 저자인 세베대의 아들 사도 요한이다. 그는 어부였고 예수님의 핵심적인 세 제자들(야고보와 베드로와 함께) 중의 하나였으며(어떤 학자는 그를 예수님의 이종사촌이라고 추정함), 특히 그는 "예수께서 사랑하시던 그 제자"(요 13:2)였다.

그런데 대부분의 신약 서신들과 달리 요한일서에는 그 저자가 언급되어 있지 않다. 하지만 본서 자체의 문체와 내용 그리고 사상들이 요한의 서신임을 명백히 입증해 주며, 초대 교회 교부인 이레내우스, 클레멘트, 터툴리안 그리고 오리겐이 모두 본서의 저자를 사도 요한으로 인정하고 있다.

본서의 기록 연대를 파악하기는 상당히 난해하다. 그래서 우리는 초대 교회 교부들의 증언을 통해 어느 정도 그 시기를 짐작만 할 뿐이다. 저자는 나이가 많아서 죽었다. 그래서 본서에는 그러한 표현이 많이 나타나 있다. 저자는 기존의 4복음서들을 토대로 하여(요일 2:7-11), 본 서신을 기록하였음이 분명하므로 85년에 기록된 요한복음서 기록 후인 85-95년 사이라고 봄이 어느 정도 타당한 결론이다.

본서는 참된 지식 곧 참 그노시스(gnosis)와 거짓 그노시스를 날카롭게 구별하고 있다. 그리고 거짓 그노시스를 배격하고 참된 그노시스를 가질 것을 요구하고 있다(요일 4:13; 5:20). 이단 그노시스가 허위인 것은 그들이 윤리적인 생활을 하지 않고 형제들을 사랑하는 것으로 나타나 있다.

요한은 바로 이 점을 공격하고 있다. 참된 그노시스와 신앙은 상반되지 않고 오히려 상합하는 것이라고 말한다(요일 4:1-6). 그런데 요한은 이 편지에서 구약을 한 번도 논하지 않았다. 그는 이 서신이 구약을 모르는 모든 이방인에게도 전달되어 읽혀지고 깨달아지기를 원했던 것이다.

교회에 가만히 들어온 영지주의 이단들을 공격하고 교회가 진리의 터 위에 굳게 설 것을 권면하고 있는 저자 요한은 신앙과 생활이 이원화되어 있는 자들을 책망하고서 하나님에 대한 사랑과 형제에 대한 사랑의 불가분리성을 지적하고 있다. 그런데 요한은 여기서 구약을 한 번도 인용하지 않으면서도 유대인들에게 전하고 있는데 이 점이 의미심장하다.

¤ 내용 분해

제 1 부 : 삼위일체 하나님과의 교제/1:1-2:27

1. 성도의 사귐 : 교제의 조건/1:1-4

1) 생명의 말씀 : 전체의 서론으로 인사말과 본서의 저작 목적/1:1-2

(1) 태초로부터 있는 생명의 말씀/1:1

① 우리가 들은 바요 / 1:1a

② 눈으로 본 바요 / 1:1b

③ 주목(注目)하고(개정, 자세히 보고) 우리 손으로 만진 바라 / 1:1b

(2) 영원한 생명/1:2

① 우리가 보았고 / 1:2a

② 증거하여 전함 / 1:2b

③ 하나님 아버지와 함께 계시다가 / 1:2b

④ 우리에게 나타나신 이 / 12b

2) 본 서신을 기록하는 목적 두 가지/1:3-4

(1) 공동체인 교회에서의 사귐/1:3

(2) 성도들의 참된 교제/1:4

2. 신앙 기준의 첫 번째 적용 : 교제의 행위/1:5-2:2

1) 빛 가운데 행하는가 : 도덕적 기준/1:5-7

(1) 하나님은 빛이심/1:5

(2) 어두운 데 행하면 거짓말을 하고 진리를 행하지 아니함/1:6

(3) 빛 가운데 행하면 사귐이 있음/1:7

2) 예수를 세상의 구주로 믿는가 : 교리적 기준/1:8-2:2

(1) 죄 없다 하면 스스로 속이고 진리가 있지 않음/1:8

(2) 죄를 자백하면 죄를 사하시며 모든 불의에서 깨끗하게 하심/1:9
(3) 범죄하지 아니하였다 하면 하나님을 거짓말하는 자로 만들며 그의 말씀이 우리 속에 있지 않음/1:10
(4) 대언자(代言者)와 화목제물(和睦祭物) 되신 예수 그리스도/2:1-2

3. 신앙 기준의 두 번째 적용 : 교제의 행위/2:3-27

1) 하나님의 말씀인 계명을 따르는가/2:3-6

(1) 계명을 지키는 자/2:3
(2) 계명을 지키지 아니하는 자/2:4
(3) 하나님의 뜻대로 사는 자/2:5-6

2) 사랑의 시험 첫 번째 기준/2:7-17

(1) 서로 사랑하는가 : 도덕적 기준/2:7-11
① 사랑하라는 계명은 옛 계명인 동시에 새 계명이다 / 2:7-8
② 빛과 어두움의 비유를 통해 사랑과 미움의 특징을 규정 / 2:9-11

(2) 예수께서 그리스도이심을 믿는가 : 교리적 기준/2:12-17
① 신앙의 세 계층에 대한 권면 / 2:12-14
a) 자녀들아 / 2:12
b) 청년들아 / 2:13
c) 아비들아 / 2:14
② 세상을 사랑하지 말아야 하는 두 가지 이유 / 2:15-17
a) 세상을 사랑함과 하나님 아버지를 사랑함은 양립할 수 없기 때문임 / 2:15
b) 하나님 안에 있는 것은 영원하지만 세상의 것은 일시적이기 때문임 / 2:16-17

3) 성도의 영적 분별/2:18-27

(1) 적(敵)그리스도의 그리스도에 대한 대적 행위가 극에 달하는 때/2:18
(2) 교회의 사귐에서 떠나는 것이 이단의 큰 특징/2:19
(3) 탁월한 지식을 가졌다고 주장하는 이단과 성령의 가르침이신 성경 말

씀을 통해서 진리를 아는 모든 그리스도인/2:20-21

(4) 아버지와 아들을 시인(是認)하는 자와 부인(否認)하는 자/2:22-24
(5) 영원한 생명의 약속/2:25
(6) 미혹하게 하는 자들의 가르침에 대한 경계/2:26
(7) 하나님의 말씀을 바로 이해하고 깨달을 뿐만 아니라 내재하시는 성령의 인도와 내적 증거를 받아야 함/2:27

제 2 부 : 삼위일체 하나님을 사랑하는 자/2:28-5:21

1. 하나님의 계명을 지키는 자/2:28-3:24

1) 하나님의 자녀가 의롭게 살아야 하는 첫 번째 이유/2:28-3:3

(1) 의롭게 살 것/2:28-29
(2) 주님의 재림에 소망을 가질 것/3:1-2
(3) 거룩한 생활을 할 것/3:3

2) 하나님의 자녀가 의롭게 살아야 하는 두 번째 이유/3:4-9

(1) 죄를 짓는 자마다 불법을 행하는 자이기 때문에/3:4-6
(2) 하나님의 아들이 나타나신 것은 마귀를 멸하려 하시기 때문에/3:7-8
(3) 하나님께로 난 자는 하나님의 씨인 말씀이 그 속에 있기 때문에/3:9

3) 빛의 자녀와 어둠의 자녀 : 사랑의 시험 두 번째 기준/3:10-24

(1) 하나님의 자녀와 마귀의 자녀로 양분 : 가인의 실례/3:10-12
(2) 사랑의 중요성을 거듭 강조/3:13-24

2. 예수 그리스도께서 육체로 오신 것을 시인하는 영 : 교제의 주의점/4:1-12

1) 하나님의 자녀 : 교리적 기준/4:1-6

(1) 진리의 영과 거짓의 영의 비교 시험/4:1-4
(2) 참된 교사의 메시지와 성도 사이의 신비로운 일체성을 설명/4:5-6

2) 사랑의 시험 세 번째 기준/4:7-12

(1) 하나님은 사랑이시기 때문에/4:7-8
(2) 하나님이 먼저 우리를 사랑하셨기 때문에/4:9-11

(3) 우리가 서로 사랑할 때 하나님의 사랑이 우리 안에 완전하여지기 때문에/4:12

3. 성령의 내주와 사랑의 완성/4:13-21

1) 성령의 내주/4:13-15

(1) 하나님의 성령을 주심/4:13
(2) 예수 그리스도를 세상의 구주로 증거/4:14
(3) 예수를 하나님의 아들이라 시인(是認)/4:15

2) 사랑의 완성/4:16-21

(1) 하나님이 우리를 사랑하심을 믿음/4:16
(2) 심판 날에 담대함을 가지게 하려 함/4:17
(3) 온전한 사랑이 두려움을 쫓아냄/4:18
(4) 하나님이 먼저 우리를 사랑하심/4:19
(5) 형제자매를 사랑한 자만이 하나님을 사랑함/4:20
(6) 사랑의 계명을 받음/4:21

4. 예수께서 그리스도이심을 믿는 자/5:1-21

1) 사랑과 순종의 당위성/5:1-3

(1) 하나님께로 났음을 보여 주는 두 가지 증거/5:1
① 예수께서 그리스도이심을 믿음 / 5:1a
② 예수를 이 땅에 보낸 분이 하나님이심을 믿음 / 5:1b

(2) 하나님의 계명을 지키는 자/5:2-3
① 하나님의 계명을 지킬 때 : 하나님의 자녀를 사랑함 / 5:2
② 하나님의 계명을 지킬 때 : 하나님을 사랑함 / 5:3

2) 교제의 근거/5:4-21

(1) 세상에 대한 승리 : 우리의 믿음/5:4-5
(2) 예수 그리스도에 대한 증거 : 구원의 확신/5:6-13
(3) 담대한 기도/5:14-15
(4) 사망에 이르지 않는 자에 대한 도고(禱告)/5:16-17
(5) 하나님께서 지각(知覺)을 주셔서 예수 그리스도 안에 있게 됨/5:18-21

요한이서

¤ 개관

요한이서와 요한삼서의 저자 역시 사도 요한이다. 하지만 그는 자신의 이름 대신 '장로'라는 이름을 사용했다. 이 때문에 사도 요한과 다른 이름인 장로 요한이 본서를 기록했다는 견해가 오래전부터 거론되어 왔다(파피아스, 오리게네스, 유세비우스). 그러나 본서에서 사용된 '장로'는 엄밀한 의미에서 직책을 나타낸다기보다는 '연장자'라는 뜻을 가지고 있는 것이다.

최초로 복음이 증거되기 시작하였던 2세기 동안에 순회 선교사들의 역할은 막대하였다. 신자들은 의례히 이 전도자들을 자기 집에 맞아들이고 그들이 떠날 때에는 필요한 물품과 노자까지 마련해 주었다. 그런데 일부 신자들은 영지주의 교사들에게까지 이러한 환대를 베풀었기 때문에(요삼 1:5), 요한은 순회 선교사들을 지원함에 있어서 이러한 무분별한 행위를 경계하기 위해 본서를 기록했다. 그렇지 않으면 어떤 신자들은 본의 아니게 진리가 아닌 이단을 전파하는 일에 기여할 수도 있기 때문이다

이 짧은 서신의 근본되는 주제는 "처음부터 들은"(요이 1:6) 사도의 교훈을 순수하게 지키며 실천하라는 것이다. 그래서 서로 사랑하라고 하는 하나님의 계명에 따라 살 것을 강조하고 있다. 물론 본래의 목적은 예수 그리스도에 관한 진리를 받아들이지 않는 거짓 교사들에게 동조하거나 사귀지 말라는 것이다(요이 1:7-11). 하여간, 예수 그리스도께서 육체로 오신 성육신 사건을 부인하는 거짓 교사들의 주장은 기독교 전체를 부인하려는 음모로 인한 것이다.

본서의 내용은 요한일서의 내용과 거의 비슷하다. 요한은 형제끼리 서로 사랑할 것을 권하는 동시에 예수께서 육체를 입고 오셨음을 부인하는 이단자들을 경계하고 있다. 그들은 영육(靈肉) 이원론(二元論)에 근거하여 선하신 하나님의 영이 악한 육체에 들어올 수 없다고 하였다. 그들은 또 육체는 무가치한 것이기에 아무렇게나 다루어도, 심지어 방탕으로 나아가도 상관없다고 하였다.

¤ 내용 분해

제 1 부 : 하나님의 계명대로 진리 안에서 거하는 자/1-6

1. 진리를 아는 모든 자/1:1-3

1) 인사/1:1a

(1) 택하심을 입은 부녀/1:1a
(2) 그의 자녀/1:1a

2) 영원히 우리와 함께할 진리/1:1b-3

(1) 참으로 사랑하는 자/1:1b
(2) 진리를 아는 모든 자/1:1b
(3) 영원히 우리와 함께할 진리/1:2
(4) 은혜와 평강과 긍휼/1:3a
(5) 진리와 사랑 가운데서 우리와 함께 있으리라/1:3b

2. 진리에 행하는 자/1:4-6

1) 하나님께 받은 계명에 순종해 진리를 실천하는 삶을 살라고 명령/1:4

(1) 진리에 행하는 자를 봄/1:4a
(2) 심히 기쁨/1:4b

2) 하나님의 계명은 '서로 사랑하자'이다/1:5-6

(1) 하나님의 명령/1:5
(2) 성도들의 응답/1:6

제 2 부 : 그리스도 교훈 안에 거하지 아니하는 자/1:7-13

1. 미혹하는 자와 함께하지 말라/1:7-11

1) 진리의 시험/1:7-9

(1) 미혹하는 자가 많이 세상에 나왔음/1:7a
(2) 예수 그리스도께서 육체로 임하심을 부인하는 자/1:7b
(3) 이들이 미혹하는 자요 적(敵)그리스도/1:8a
(4) 스스로 삼가하여 우리가 일한 것을 잃지 말라/1:8b

(5) **오직 온전한 상을 얻으라/1:8b**
(6) **지나치게 앞질러서 그리스도 교훈 안에 거하지 아니한 자는 하나님을 모시지 못함/1:19a**
(7) **교훈 안에 거하는 사람은 아버지와 아들을 모심/1:9b**

2) 진리의 방어/1:10-11

(1) **누구든지 그리스도 교훈을 가지지 않는 자는 집에 들이지도 말고 인사도 하지 말라/1:10**
(2) **그리스도 교훈을 가지지 않는 자에게 인사하는 자는 그 악한 일에 참여하는 자임/1:11**

2. 수신인들을 방문할 예정/1:12-13

1) 기쁨을 충만하게 하려 함/1:12

(1) **쓸 것이 많으나 직접 대면하여 말하려 함/1:12a**
(2) **기쁨을 충만하게 하려 함/1:12b**

2) 택하심을 입은 자매의 자녀가 문안/1:13

요 한 삼 서

¤ 개관

본서의 저자에 대해서는 본서가 요한이서와 비슷한 상황에서 다루어져 있기 때문에 함께 생각되고 있다. 요한 2, 3서의 저자가 요한이라는 외적인 증거는 부족하지만 이들 모두의 저자가 사도 요한이라는 데 큰 이의를 달지 않는다.

요한은 이들 두 서신에서 자신을 '장로'라고 소개한다. 요한은 이들 두 서신에서 "진리 안에서 행하라"(각각 1:1), "진리 안에서 행함"(각각 1:4)이란 표현을 사용하고 있다. 요한 2, 3서의 유사성은 두 서신이 거의 같은 때에 씌어졌음을 암시한다(AD 90년).

초기 기독교 저자들은 한결같이 요한의 후기 전도 사역의 근거지가 로마령 아시아의 중심 도시인 에베소였음을 증거하고 있다. 분명히 요한은 많은 전도자들을 파견하여 복음을 전파하고, 아시아 교회가 견고해지도록 지원하였다. 성도들은 전도자들을 집으로 맞아들여 여러 가지 도움을 제공했다.

본서에 수신자로 나오는 가이오라는 이름은 로마 시대에는 흔했으며 이 이름을 가진 사람은 신약 성경에도 여기 외에 세 사람이나 더 나온다.

① 바울과 동행한 마게도냐 사람 가이오(행 19:29)

② 아시아까지 바울과 동행한 더베 사람 가이오(행 20:4)

③ 고린도에서 전도할 때 호의를 베푼 사람이며 바울에게 세례를 받은 가이오(롬 16:23; 고전 1:14).

그러나 본서에 언급된 가이오는 아시아에서 살았던 것이 분명하므로 이 세 사람과는 구별해야 한다.

본서는 거짓 교사들을 배척하라는 교훈을 하고 있다. 아시아 지방의 교회에서 한 독단적인 디오드레베는 요한이 보낸 순회 전도자를 배척하고 심지어는, 요한이 보낸 전도자들을 대접했던 교인들마저 교회에서 쫓아내어 버렸다. 그리하여 요한은 가이오에게 순회 전도자들에 대해서는 지원해 주고 디오드레베에 대해서는 경고하게 하기 위해 본서를 썼다.

¤ 내용 분해

제 1 부 : 사랑하는 자 가이오/1:1-8

1. 가이오에 대한 칭찬/1:1-4

1) 참으로 사랑하는 자/1:1

(1) 장로/1:1a

(2) 사랑하는 가이오/1:1b

2) 가이오에 대한 개인적인 인사/1:2-4

(1) 가이오에 대한 간구/1:2

① 네 영혼이 잘됨 / 1:2a
② 네가 범사에 잘되고 / 1:2b
③ 강건하기를 / 1:2b

(2) 가이오의 경건함/1:3-4

① 형제들이 증거 / 1:3a
② 진리 안에서 행함 / 1:3b
③ 심히 기뻐함 / 1:3b
④ 자녀들이 진리 안에서 행한다 함을 듣는 것보다 더 즐거움이 없도다 / 1:4

2. 진리를 위하여 수고하는 자 : 가이오의 행함/1:5-8

1) 순회 전도자들에 대한 행함/1:5-6

(1) 나그네 된 자들에게 행함이 신실한 일/1:5
(2) 교회 앞에서 너의 사랑을 증거/1:6a
(3) 하나님께 합당하게 전송 : 여행에 필요한 음식과 의복 및 돈을 제공할 것을 권고/1:6b

2) 순회 전도자들을 대접하는 이유/1:7-8

(1) 순회 전도자들은 주의 이름을 위하여 이방인들에게 아무것도 받지 않음/1:7
(2) 진리를 위하여 함께 수고하는 자이기 때문에/1:8

제 2 부 : 악한 디오드레베와 선한 데메드리오/1:9-15

1. 으뜸되기를 좋아하는 디오드레베 : 책망/1:9-10

1) 디오드레베의 교만/1:9

(1) 으뜸되기를 좋아하는 디오드레베/1:9a
(2) 신실한 순회 전도자들을 대접하지 않음/1:9b

2) 디오드레베의 이기심/1:10

(1) 악(惡)한 말로 망령(妄靈)되이 폄론(貶論▸개정, 비방)하고/1:10a
(2) 형제들을 대접하지 않고/1:10b

(3) 신실한 순회 전도자들을 대접하고자 하는 자를 교회에서 내쫓음/1:10b

2. 선을 행하는 디오드레베 : 칭찬/1:11-15

1) 선을 행하는 자와 악을 행하는 자/1:11

(1) 악한 것을 본받지 말고 선한 것을 본받으라/1:11a

(2) 선을 행하는 자는 하나님께 속함/1:11b

(3) 악을 행하는 자는 하나님을 뵈옵지 못함/1:11b

2) 데메드리오을 증거함/1:12

(1) 뭇사람에게도, 진리에게서도 증거를 받음/1:12a

(2) 우리도 증거하노니 우리의 증거가 참됨/1:12b

3) 수신인들을 방문할 예정/1:13-15

(1) 속히 보기를 원함/1:13

(2) 여러 친구가 문안/1:14-15

유다서

¤ 개관

공동 서신의 마지막 부분인 본서는 예수 그리스도의 종이며 야고보의 형제인 유다에 의해 씌여진 것으로 밝혀지고 있다. 유다는 고전 9:5에 의하면 복음 전도자로 활약했었다. 따라서 주의 형제 유다가 복음 전도자로서 서신을 통하여 지역 교회를 격려하고 권면하려는 목적에서 본서를 집필했다고 할 수 있다.

본서의 기록 목적은 전체 그리스도인들을 대상으로 영지주의와 이원론적 사상 체계의 잘못된 점을 지적해 주기 위한 것이다. 그 잘못된 사고는 성경에서 말하는 창조론과 예수 그리스도의 성육신 사건을 부정하는 것이다. 이들은 그리스도의 몸은 실제가 아닌 외형뿐이라고 주장한다.

왜냐하면 만일 그리스도께서 실제 육신을 가지셨다면 이는 악한 것이기 때문이라는 것이다. 그러나 이러한 견해는 성경과 분명히 위배된다. 여기서 유다는 논쟁적인 어조를 사용하고 있는데 이는 주의 식탁을 더럽히고 굳건하지 못한 신자들을 미혹하게 하는 거짓 교사들을 꾸짖기 위해서이다.

유다는 어떤 특정한 수신인에 대하여 말하는 것이 아니며 지역적으로 한정시키는 것도 아니다. 그러나 그는 거짓 교사들로 인하여 고통당하고 있는 특정 지역을 염두에 두고 있었을 것이다. 이 편지를 통해서는 수신인이 유대 그리스도인지 이방 그리스도인인지 확실히 알 수 없다.

유다는 서두를 서간문 형식의 인사말로 시작하고 있으나 끝에는 인사말 대신 전례적(典禮的)인 송영으로 끝내고 있다. 또한 수신인도 구체적으로 지적하지 않고 막연한 대상들을 향하여 권면하고 있다. 그래서 본서를 모든 교회에 보낸 일반 서간으로 보는 견해도 있으나, 내용면에서 이단에 관한 구체적인 문제를 다루고 있는 점으로 미루어 저자는 자신이 개인적으로 알고 있는 자들에게 전한 것이라고 볼 수 도 있다.

¤ 내용 분해

제 1 부 : 주 예수 그리스도를 부인하는 자/1:1-16

1. 편지를 쓰게 된 목적/1:1-3

1) 야고보의 형제 유다/1:1-2

(1) 예수 그리스도의 종이요 야고보의 형제인 유다 : 발신인/1:1a
(2) 부르심을 입은 자 : 수신인/1:1b

2) 사랑하는 자들에게 권고/1:3

(1) 편지를 쓰게 된 목적 : 하나님께서 모든 인류에게 차별 없이 베푸시는 구원의 복음을 변질시키려는 거짓 교사들에 대한 경계/1:3a
(2) 편지를 쓰게 된 동기 : 하나님을 두려워하지 않는 거짓 교사들의 방탕한 생활에 교인들이 대항할 것을 권고/1:3b

2. 주 예수 그리스도를 부인하는 자/1:4-16

1) 역사적 하나님의 심판/1:4-7

(1) 교회에 침투해 들어온 거짓 교사들의 특징/1:4
(2) 출애굽 당시 불신앙으로 인해 광야에서 멸망당한 이스라엘 백성을 대조적으로 설명/1:5
(3) 태초에 천사들의 일부가 교만해져서 하나님의 보좌를 넘보다가 하나님의 심판을 받음/1:6
(4) 불경건한 자들에 대한 하나님의 심판과 성경의 교훈/1:7

2) 불경건한 자들의 타락상/1:8-13

(1) 입신(入神)의 경지(境地)에 올랐다는 자들/1:8
(2) 천사장 미가엘도 마귀의 심판권을 하나님께 겸손하게 드림/1:9
(3) 지극히 육체적 본능에 충실한 거짓 교사들의 멸망/1:10
(4) 실례를 든 불경건한 자들의 멸망/1:11
(5) 거룩한 애찬식을 자기의 배로 채운 거짓 교사들의 파멸/1:12
(6) 거짓 교사들의 더러운 행위에 대한 심판/1:13

3) 심판의 필연성/1:14-16

(1) 주의 재림에 대한 에녹서의 인용/1:14
(2) 불경건한 자들에 대한 정죄와 심판/1:15
(3) 불경한 자들의 모습/1:16
① 원망하는 자 / 1:16a
② 불만을 토(吐)하는 자 / 1:16b
③ 정욕대로 행하는 자 / 1:16b
④ 입으로 자랑하는 자 / 1:16b
⑤ 이(利▶개정, 이익)를 위하여 아첨(阿諂)하는 자 / 1:16b

제 2 부 : 사랑하는 성도들에게 보내는 권면/1:17-25

1. 믿음 안에서 굳세게 행할 것을 권면/1:17-19

1) 주 예수 그리스도의 사도들이 미리 한 말을 기억하라 : 편지가 쓰여진 시기를 알 수 있음/1:17
2) 거짓 교사들의 여러 특징/1:18-19

(1) 자기의 경건하지 않는 정욕대로 행함/1:18a

(2) 복음을 기롱(譏弄▶개정, 조롱)하는 자들/1:18b

(3) 당(黨)을 짓는 자(개정, 분열을 일으키는 자)/1:19a

(4) 육(肉)에 속한 자/1:19b

(5) 성령(聖靈)은 없는 자/1:19b

2. 신자가 취해야 할 영적 자세/1:20-25

1) 신자가 자신을 위해 취해야 할 영적 자세/1:20-21

(1) 지극히 거룩한 믿음 위에 자기를 건축/1:20a

(2) 성령으로 기도하며/1:20b

(3) 하나님의 사랑 안에서 자기를 지키며/1:21a

(4) 영생에 이르도록 우리 주 예수 그리스도의 긍휼을 기다리라/1:21b

2) 거짓 선지자들에 의해 미혹된 자들을 구출/1:22-23

(1) 의심하는 자들을 긍휼히 여기라/1:22

(2) 신실한 성도들은 미혹된 자들에 대하여 책망하며 바로 잡아 주어야 함/1:23

3) 하나님께 영광/1:24-25

(1) 능히 너희를 보호하사 거침이 없게 하시고/1:24a

(2) 너희로 영광 앞에 흠이 없이 즐거움으로 서게 하실 자/1:24b

(3) 우리 구주 홀로 하나이신 하나님께/1:25a

(4) 우리 주 예수 그리스도로 말미암아/1:25b

(5) 영광(榮光)과 위엄(威嚴)과 권력(權力)과 권세(權勢)가 만고(萬古▶개정, 영원) 전(前)부터 이제와 세세(世世)에(개정, 영원토록) 있을지어다/1:25b

요한계시록

¤ 개관

창세기가 시작의 책이라면 본서는 종결의 책이다. 본서의 헬라 어 표제어 [The Revelation to John (The apocalypse or revelation of St. John)]는 '아포칼뤼프시스 요아누'(요한 계시록)라는 것이다. '아포칼뤼프시스'는 '벗겨 낸다', '계시한다'의 뜻으로 하나님의 모든 계획을 하나님의 감동으로 말미암아 밝혀 드러낸 책을 말한다. 이로 보건대 더 적합한 제목은 계 1:1에 언급된 대로 '예수 그리스도의 계시'이다.

본서의 저자는 자신을 네 번에 걸쳐 요한이라고 소개한다(계 1:1, 4, 9; 22:8). 일찍이 2세기의 순교자 저스틴 이후로 이 요한 세베대의 아들이며 사도였던 요한을 가리킨다고 인정되어 왔다. 그러나 3세기에 디오니시우스라는 아프리카의 한 감독은 본 계시록의 문체, 용어, 사상을 요한의 다른 문서들과 비교해 보고서 본서에 대한 사도 요한의 저작성에 회의를 품기 시작하였다. 그의 이러한 주장으로 많은 사람이 이 견해를 따랐지만 사실 여기에는 더 많은 문제점이 상존해 있다.

당시 로마 제국은 황제 숭배를 강요하기 시작했기 때문에 가이사가 아닌 그리스도를 주님으로 간주한 그리스도인들은 점점 더 적대감에 직면하게 되었다. 서머나 교회는 다가오는 박해에 대해 경고를 받았으며(계 2:10), 빌라델비아 교회는 온 세상에 핍박의 시간이 다가오고 있다고 경고를 받고 있다(계 3:10).

요한은 이러한 어려운 핍박의 시대를 앞두고 신자들에게 영광스런 미래를 제시함으로 위로와 용기를 얻게 하고 있다. 본서는 신자의 황제 숭배를 단호히 배격해야 함을 가리키고 있다. 저자는 독자들에게 하나님과 사탄과의 최후의 결전이 임박했음을 알리고 있다. 사탄은 종말에 이를수록 자기 때가 얼마 남지 않은 줄 알고 극단적으로 발악하겠지만, 신자들은 이런 때일수록 정신 차리고 믿음 위에 굳게 서야 한다.

¤ 내용 분해

제 1 부 : 예수 그리스도의 계시 - 과거/1:1-20

1. 예수 그리스도의 계시/1:1-8

1) 반드시 속히 될 일/1:1-3

(1) 하나님이 주심/1:1

① 반드시 속히 될 일 / 1:1a

② 하나님의 종들에게 보이시려고 / 1:1b

③ 하나님이 천사를 그 종 요한에게 보내어 지시하신 것 / 1:1b

(2) 요한의 증거/1:2

① 하나님의 말씀 / 1:2a

② 예수 그리스도의 증거 / 1:2b

③ 자기의 본 것 / 1:2b

(3) 이 예언의 말씀/ 1:3

① 읽는 자 / 1:3a

② 듣는 자들 / 1:3b

③ 기록한 것을 지키는 자들이 복이 있음 / 1:3b

④ 때가 가까움 / 1:3b

2) 아시아에 있는 일곱 교회에 편지/1:4-8

(1) 삼위일체의 하나님의 이름으로 수신자들에게 인사/1:4-6

① 아시아에 있는 일곱 교회에 편지 / 1:4a

② 삼위일체 하나님의 역사(役事)하심 / 1:4b-5b

a) 이제도 계시고 전에도 계시고 장차 오실 이 : 성부(聖父) / 1:4b

※ 성부께서는 성자의 이름으로 심판하러 오시되 지극히 영광스런 왕국을 가지고 오심 - 렌스키 주석 참조.

b) 하나님의 보좌 앞에 일곱 영 : 성령(聖靈) / 1:4b

c) 충성된 증인으로 죽은 자들 가운데서 먼저 나시고 땅의 임금들의 머

리가 되신 예수 그리스도 : 성자(聖子) / 1:5a

③ 은혜와 평강이 너희에게 있기를 원하노라 / 1:5b

(2) 주 예수 그리스도/1:5b-7

① 예수 그리스도의 공로 / 1:5b, 6

a) 우리를 사랑하사 / 1:5b

b) 그의 피로 / 1:5b

c) 우리 죄에서 우리를 해방하시고 / 1:5b

d) 그 아버지 하나님을 위하여 / 1:6a

e) 우리를 나라와 제사장으로 삼으신 / 1:6b

f) 그에게 영광과 능력이 세세토록 있기를 원하노라 / 1:6b

② 재림주로 오실 예수 그리스도의 모습 / 1:7

a) 믿는 자들에게는 영생과 영광 및 참된 기쁨 / 1:7a

b) 불신자들에게는 심판과 영원한 형벌과 공포를 의미 / 1:7b

(3) 알파와 오메가의 하나님/1:8

① 주 하나님이 이르시되 / 1:8a

② 나는 알파와 오메가라 / 1:8b

③ 이제도 계시고 전에도 있었고 장차 올 자요 / 1:8b

④ 전능한 자라 하시더라 / 1:8b

2. 일곱 교회에 보내라는 큰 음성/1:9-11

1) 밧모 섬에 있는 요한/1:9

(1) 요한의 자기 소개/1:9a

① 너희 형제 / 1:9a

② 예수의 환난과 나라와 참음에 동참하는 자 / 1:9a

(2) 밧모 섬에 있는 이유/1:9b

① 하나님의 말씀과 예수의 증거로 말미암아 / 1:9b

② 밧모라 하는 섬에 있음 / 1:9b

2) 일곱 교회에 보내라는 큰 음성/1:10-11

(1) 성령에 감동/1:10

① 주의 날에 성령에 감동 / 1:10a

② 내 뒤에서 나는 나팔 소리 같은 큰 음성을 들음 / 1:10b

(2) 일곱 교회/1:11

① 너 보는 것을 책에 써라 / 1:11a

② 일곱 교회에 보내라 / 1:11b

3. 촛대 사이의 인자 같은 이/1:12-20

1) 예수 그리스도의 모습/1:12-16

(1) 요한의 동작/1:12

① 몸들 돌이켜 나더라 말한 음성을 알아보려고 / 1:12a

② 돌이킬 때에 일곱 금 촛대를 봄 / 1:12b

(2) 심판주로서 재림하실 영광스러운 모습/1:13-16

① 인자 같은 이 / 1:13a

② 발에 끌리는 옷을 입음 / 1:13b

③ 가슴에 금띠를 띰 / 1:13b

④ 머리와 털의 희기가 흰 양털 같고 눈 같음 / 1:14a

⑤ 눈은 불꽃 같음 / 1:14b

⑥ 발은 풀무에 단련한 빛난 주석 같음 / 1:15a

⑦ 음성은 많은 물소리와 같음 / 1:15b

⑧ 오른손에 일곱 별이 있음 / 1:16a

⑨ 입에서 좌우에 날선 검이 나옴 / 1:16b

⑩ 얼굴은 해가 힘 있게 비취는 것 같음 / 1:16b

2) 인자의 위엄과 영광/1:17-20

(1) 요한과 예수 그리스도/1:17a

① 내가 볼 때에 그 발 앞에 엎드러져 죽은 자같이 됨 / 1:17a

② 그가 오른손을 내게 얹고 / 1:17b

(2) 예수 그리스도 자신의 소개/1:17b-20

① 요한에게 / 1:17b-18

a) 두려워 말라 / 17b

b) 나는 처음이요 마지막이니 곧 살아 있는 자라 / 1:17b-18a

c) 내가 전에 죽었노라 / 1:18b

d) 이제 세세토록 살아 있어 / 1:18b

e) 사망과 음부의 열쇠를 가졌노라 / 1:18d

② 기록하라 / 1:19

a) 네 본 것 / 1:19a

b) 지금 있는 일 / :19b

c) 장차 될 일 / 1:19b

③ 네 본 것 / 1:20

a) 내 오른손의 일곱 별의 비밀 / 1:20a

b) 일곱 금 촛대 / 1:20b

c) 일곱 별은 일곱 교회의 사자(使者) / 1:20b

d) 일곱 촛대는 일곱 교회 / 1:20b

제 2 부 : 일곱 교회에 보내는 편지 : 이제 있는 일(현재)/2:1-3:22

※ 본 항목에 대해서는 뒤의 「**부록**」의 도표(　　쪽)를 참조

1. 에베소 교회에 대하여/2:1-7

1) 수신자 : 에베소 교회의 사자에게/2:1a

2) 발신자(그리스도) : 오른손에 일곱 별을 붙잡고 일곱 금 촛대 사이에 다니시는 이/2:1b

3) 충성된 일/2:2-3

(1) 행위와 수고와 인내/2:2a

(2) 악한 자를 용납하지 아니한 것/2:2b

(3) 자칭 사도라 하되 아닌 자들을 시험하여 그 거짓된 것을 드러낸 것/2:3a

(4) 참음/2:3b
(5) 예수의 이름을 위하여 견딘 것/2:3b
(6) 게으르지 아니한 것/2:3b

4) 책망/2:4-5

(1) 너희 처음 사랑을 버렸느니라/2:4
(2) 어디서 떨어졌는가를 생각하고/2:5a
(3) 회개하여 처음 행위를 가지라/2:5b
(4) 그리하지 아니하고 회개하지 아니하면/2:5b
(5) 내가 네게 임하여 네 촛대를 그 자리에서 옮기리라 : 결과/2:5b

5) 권면/니골라 당의 행위를 미워하는도다 나도 이것을 미워하노라/2:6
6) 귀 있는 자 : 성령이 교회에게 하시는 말씀을 들을지어다/2:7a
7) 이기는 자 : 내가 하나님의 낙원에 있는 생명나무의 과실을 주어 먹게 하리라/2:7b

2. 서머나 교회에 대하여/2:8-11

1) 수신자 : 서머나 교회의 사자에게/2:8a
2) 발신자(그리스도) : 처음이요 나중이요 죽었다가 살아나신 이/2:8b
3) 충성된 일/2:9

(1) 환난과 궁핍 가운데 인내/2:9a
(2) 변하지 않는 영적 풍요함을 간직함/2:9b
(3) 자칭 유대인이라 하는 자들의 훼방(毁謗▸개정, 비방)에도 굴하지 않음/2:9b

4) 책망 : 없음
5) 권면/2:10

(1) 장차 받을 고난을 두려워하지 말라/2:10a
(2) 마귀가 장차 너희 가운데서 몇 사람을 옥에 던져 시험을 받게 하리니/2:10b
(3) 너희가 십 일 동안 환난을 받으리라/2:10b
(4) 네가 죽도록 충성하라/2:10b
(5) 내가 생명의 면류관을 주리라/2:10b

6) 귀 있는 자 : 성령이 교회들에게 하시는 말씀을 들을지어다/2:11a

7) 이기는 자 : 둘째 사망들의 해(害)를 받지 아니하리라/2:11b

3. 버가모 교회에 대하여/2:12-17

1) 수신자 : 버가모 교회의 사자에게/2:12a

2) 발신자(그리스도) : 좌우에 날선 검을 가진 이/2:12b

3) 충성된 일/2:13

(1) 사탄의 위(位▶개정, 권자)가 있는 곳에서도 예수의 이름을 굳게 잡음/2:13a

(2) 충성된 증인 안디바가 너희 가운데 곧 사탄의 사는 곳에서 죽임을 당할 때에도 믿는 믿음을 저버리지 않음/2:13b

4) 책망/2:14-15

(1) 발람의 교훈〔우상(偶像)의 제물(祭物)을 먹고 행음(行淫)하는 것〕을 지키는 자들이 있음/2:14

(2) 니골라당의 교훈〔우상의 제물을 먹고 행음을 하여도 영(靈)만이 선하므로 육신으로는 무슨 일을 하든 무관하다는 그릇된 사상〕을 지키는 자들이 있음/2:15

5) 권면/2:16

(1) 회개하라/2:16a

(2) 그리하지 아니하면 내가 네게 속히 임하여 내 입의 검으로 그들과 싸우리라/2:16b

6) 귀 있는 자 : 성령이 교회들에게 하시는 말씀을 들을지어다/2:17a

7) 이기는 자/2:17b

(1) 감추었던 만나를 주심/2:17b

(2) 흰 돌을 주심/2:17b

(3) 그 돌 위에 새 이름을 기록한 것이 있나니 받은 자밖에는 그 이름을 알 사람이 없음/2:17b

4. 두아디라 교회에 대하여/2:18-29

1) 수신자 : 두아디라 교회의 사자에게/2:18a

2) 발신자(그리스도) : 눈이 불꽃 같고 그 발이 빛난 주석과 같은 하나님의 아들/2:18b

3) 충성된 일/2:19

(1) 네 사업과 사랑과 믿음과 섬김과 인내/2:19a
(2) 네 나중 행위가 처음 것보다 많도다/2:19b

4) 책망/2:20-23

(1) 자칭 선지자라 하는 여자 이세벨을 네가 용납함/2:20a
(2) 내 종들을 가르쳐 꾀어 행음하게 하고/2:20b
(3) 우상의 제물을 먹음/2:20b
(4) 회개할 기회를 주었으되 그 음행을 회개하지 않음/2:21
(5) 내가 그를 침상에 던질 것임/2:22a
(6) 그로 더불어 간음하는 자들도 그의 행위를 회개하지 아니하면 큰 환난에 던지심/2:22b
(7) 사망으로 그의 자녀를 죽임/2:23a
(8) 모든 교회가 나는 사람의 뜻과 마음을 살피는 자인 줄 알지라/2:23b
(9) 내가 너희 각 사람의 행위대로 갚아 주리라/2:23b

5) 권면/2:24-25

(1) 두아디라에 남아 있어 이 교훈을 받지 아니한 자들/2:24a
(2) 사탄의 깊은 것을 알지 못하는 자들/2:24b
(3) 다른 짐으로 너희에게 지울 것이 없도다/2:25a
(4) 너희에게 있는 것을 내가 올 때까지 굳게 잡으라/2:25b

6) 이기는 자/2:26-28

(1) 끝까지 내 일을 지키는 자/2:26a
(2) 만국을 다스리는 권세를 주심/2:26b
(3) 하나님 아버지에게 철장을 받은 나와 같이 너희도 철장을 가지고 그들을 다스려 질그릇 깨드리는 것과 같이 하리라/2:27
(4) 새벽별을 주리라/2:28

7) 귀 있는 자 : 성령이 교회들에게 하시는 말씀을 들을지어다/2:29

5. 사데 교회에 대하여/3:1-6

1) 수신자 : 사데 교회의 사자에게/3:1a

2) 발신자(그리스도) : 하나님의 일곱 영과 일곱 별을 가진 이/3:1b

3) 충성된 일 : 없음

4) 책망/3:1b-2

(1) 내가 네 행위를 아노니 네가 살았다 하는 이름을 가졌으나 죽은 자로다/3:1b

(2) 너는 일깨어 그 남은 바 죽게 된 것을 굳게 하라/3:2a

(3) 내 하나님 앞에 네 행위의 온전한 것을 찾지 못하였음/3:2b

5) 권면/3:3-4

(1) 네가 어떻게 받았으며 어떻게 들었는지 생각하고/3:3a

(2) 지키어 회개하라/3:3b

(3) 만일 일깨지 아니하면 내가 도적(盜賊▸개정, 도둑)같이 이르리니/3:3b

(4) 어느 시에 네게 임할는지 네가 알지 못하리라/3:3b

(5) 사데에 그 옷을 더럽히지 아니한 자 몇 명이 있음/3:4a

(6) 흰옷을 입고 나와 함께 다니리니/3:4b

(7) 그들은 합당(合當)한 자(者)인 연고(緣故)라/3:4b

6) 이기는 자/3:5

(1) 흰 옷을 입을 것이요/3:5a

(2) 그 이름을 생명책에서 흐리지 아니하고/3:5b

(3) 그 이름을 내 아버지 앞과 그 천사들 앞에서 시인(是認)하리라/3:5b

7) 귀 있는 자 : 성령이 교회들에게 하시는 말씀을 들을지어다/3:6

6. 빌라델비아 교회에 대하여/3:7-13

1) 수신자 : 빌라델비아 교회의 사자에게/3:7a

2) 발신자(그리스도) : 거룩하고 진실하사 다윗의 열쇠를 가지신 이 곧 열면 닫을 사람이 없고 닫으면 열 사람이 없는 그이/3:7b

3) 충성된 일/3:8

(1) 내가 네 앞에 열린 문을 두었으되 능히 닫을 사람이 없으리라/3:8a

(2) 네가 적은 능력을 가지고도/3:8b

(3) 내 말을 지키며/3:8b

(4) 내 이름을 배반하지 아니하였도다/3:8b

4) 책망 : 없음

5) 권면/3:9-11

(1) 사탄의 회(會▶개정, 회당) 곧 유대인인의 거짓말하는 자들 중 몇을 네게 주어 그들로 와서 네 발 앞에 절하게 하고/3:9a

(2) 내가 너를 사랑하는 줄을 알게 하리라/3:9b

(3) 네가 나의 인내의 말씀을 지켰은즉/3:10a

(4) 내가 너를 지키어 시험의 때를 면하게 하리라/3:10b

(5) 이는 장차 온 세상에 임하여 땅에 거하는 자들을 시험할 때라/3:10b

(6) 내가 속히 임하리니/3:11a

(7) 네가 가진 것을 굳게 잡아/3:11b

(8) 아무나 네 면류관(冕旒冠)을 빼앗지 못하게 하라/3:11b

6) 이기는 자/3:12

(1) 내 하나님 성전에 기둥이 되게 하리니/3:12a

(2) 그가 결코 나가지 아니하리라/3:12b

(3) 하나님의 이름/3:12b

(4) 하나님의 성 곧 하늘에서 내 하나님께로부터 내려오는 새 예루살렘의 이름/3:12b

(5) 나의 새 이름/3:12b

(6) 그이 위에 기록하리라/3:12b

7) 귀 있는 자 : 성령이 교회들에게 하시는 말씀을 들을지어다/3:13

7. 라오디게아 교회에 대하여/3:14-22

1) 수신자 : 라오디게아 교회의 사자에게/3:14a

2) 발신자(그리스도) : 아멘이시요 충성되고 참된 증인이시여 하나님의 창조의 근본이신 이/3:14b

3) 충성된 일 : 없음

4) 책망/3:15-19a

(1) 내가 네 행위를 아노니/3:15a

(2) 네가 차지도 아니하고 더웁지도 아니하도다/3:15b

(3) 네가 차든지 더웁든지 하기를 원하노라/3:15b

(4) 네가 이같이 미지근하여 더웁지도 아니하고 차지도 아니하니/3:16a
(5) 내 입에서 너를 토(吐)하여 내치리라/3:16b
(6) 나는 부자(富者)라 부요(富饒)하여 부족(不足)한 것이 없다/3:17a
(7) 네 곤고한 것과 가련한 것과 가난한 것과 눈먼 것과 벌거벗은 것을 알지 못하노라/3:17b
(8) 흰옷을 사서 입어 벌거벗은 수치를 보이지 않게 하고/3:18a
(9) 안약을 사서 눈에 발라 보게 하라/3:18b
(10) 내가 사랑하는 자를 책망하여 징계하노니/3:19a

5) 권면/3:19b-20

(1) 열심을 내어 회개하라/3:19b
(2) 내가 문밖에 서서 문을 두드리노니/ 3:20a
(3) 누구든지 내 음성을 듣고 문을 열면/3:20b
(4) 내가 그에게로 들어가/3:20b
(5) 그로 더불어 먹고/3:20b
(6) 그는 나로 더불어 먹으리라/3:20b

6) 이기는 자/3:21

(1) 내가 내 보좌에 함께 앉게 하여 주기를 내가 이기고/3:21a
(2) 아버지 보좌에 함께 앉은 것과 같이 하리라/3:21b

7) 귀 있는 자 : 성령이 교회들에게 하시는 말씀을 들을지어다/3:22

제 3 부 : 장차 될 일 : 미래/4:1-22:21

I. 대환난/4:1-18:24

1. 보좌 위에 앉으신 하나님과 어린양/4:1-5:14

1) 하나님의 보좌/4:1-11

(1) 마땅히 될 일/4:1

① 하늘의 열린 문 / 4:1a
② 나팔 소리 같은 음성 / 4:1b
③ 이리로 올라오라 / 4:1b

④ 이 후에 마땅히 될 일을 네게 보이리라 / 4:1b

(2) 하나님의 보좌와 그 주위/4:2-6

① 성령에 감동 / 4:2a

② 하늘에 보좌를 베풀었고 / 4:2b

③ 그 보좌 위에 앉으신 이 / 4:2b

④ 앉으신 이의 모양(模樣) / 4:3

a) 벽옥(碧玉)과 홍보석(紅寶石) 같고 / 4:3a

b) 무지개가 있어 보좌에 둘렀는데 그 모양이 녹보석 같더라 / 4:3b

⑤ 보좌에 둘려 이십사 보좌들 / 4:4

a) 보좌들 위에 이십사 장로들 / 4:4a

b) 흰옷을 입고 / 4:4b

c) 머리에 금 면류관(冕旒冠▶개정, 관)을 쓰고 앉았더라 / 4:4b

⑥ 보좌로부터 번개와 음성과 뇌성이 나고 / 4:5a

⑦ 보좌 앞에 일곱 등불 켠 것이 있으니 이는 하나님의 일곱 영 / 4:5b

⑧ 보좌 앞에 수정과 같은 유리 바다가 있고 / 4:6a

⑨ 보좌 가운데와 보좌 주위에 네 생물이 있는데 앞뒤에 눈이 가득하더라 / 4:6b

(3) 보좌 주위의 네 생물의 찬양/4:7-9

① 네 생물의 모습 / 4:7

a) 첫째 생물은 사자 같고 / 4:7a

b) 둘째 생물은 송아지 같고 / 4:7b

c) 셋째 생물은 얼굴이 사람 같고 / 4:7b

d) 넷째 생물은 날아가는 독수리 같고 / 4:7b

② 네 생물의 공통점 / 4:8a

a) 각각 여섯 날개가 있고 / 4:8a

b) 그 안과 주위에 눈이 가득하더라 / 4:8a

③ 그들이 밤낮 쉬지 않고 찬양 / 4:8b

④ 그 생물들이 영광과 존귀와 감사를 보좌에 앉으사 세세토록 사시는 이에게 돌림 / 4:9

(4) 이십사 장로의 찬양/4:10-11

① 보좌에 앉으신 이 앞에 엎드려 / 4:10a

② 세세토록 사시는 이에게 경배하고 / 4:10b

③ 자기의 면류관을 보좌 앞에 던지며(개정, 드리며) 찬양 / 4:10b-11

2) 일곱 인(印)으로 봉(封)한 책(冊 ▸ 개정, 두루마리)과 어린양/5:1-14

(1) 일곱 인으로 봉한 두루마리/5:1-5

① 보좌에 앉으신 이의 오른손에 두루마리가 있음 / 5:1a

② 안팎으로 썼고 일곱 인으로 봉함 / 5:1b

③ 힘 있는 천사가 큰 음성으로 외침 / 5:2

a) 누가 두루마리를 펴며 / 5:2a

b) 그 인을 떼기에 합당하냐 / 5:2b

④ 합당한 자 / 5:3-4

a) 하늘 위에나 땅 위에나 땅 아래에 / 5:3a

b) 능히 두루마리를 펴거나 보거나 할 이가 없음 / 5:3b

c) 이 두루마리를 펴거나 하기에 합당한 자가 보이지 않음 / 5:4a

d) 내가 크게 울었더니 / 5:4b

⑤ 장로 중 하나가 내게 말하되 / 5:5

a) 유대 지파(支派)의 사자(獅子) 다윗의 뿌리가 이겼으니 / 5:5a

b) 이 두루마리와 그 일곱 인을 떼시리라 / 5:5b

(2) 어린양에 대한 찬양/5:6-14

① 어린양 / 5:6a

a) 보좌와 네 생물과 장로들 사이에 있음 / 5:6a

b) 일찍 죽임을 당한 것 같음 / 5:6a

c) 일곱 뿔과 일곱 눈이 있음 : 그리스도의 전능과 전지성을 상징 / 5:6a

② 이 눈은 온 땅에 보내심을 입은 하나님의 일곱 영(성령) / 5:6b
③ 어린양이 나아와서 보좌에 앉으신 이의 오른손에서 두루마리를 취함 / 5:7
④ 네 생물과 이십사 장로들의 찬양 / 5:8-10
a) 이 어린양 앞에 엎드림 / 5:8a
b) 각각 거문고와 향이 가득한 금대접을 가졌음 / 5:8b
c) 이 향(香)은 성도(聖徒)의 기도(祈禱)들이라 / 5:8b
d) 새 노래로 찬양 / 5:9-10
⑤ 천사의 찬양 / 5:11-12
a) 보좌와 생물들과 장로들을 둘러선 많은 천사의 음성이 있음 / 5:11a
b) 그 수(數)가 만만(萬萬)이요 천천(千千)이라 / 5:11b
c) 큰 음성으로 찬양 / 5:12
⑥ 모든 만물의 찬양 / 5:13
a) 하늘 위에와 땅 위에와 땅 아래와 바다 위에 / 5:13a
b) 그 가운데 모든 만물이 찬양 / 5:13b
⑦ 네 생물이 이르되 아멘 하고 장로들은 엎드려 경배 / 5:14

2. 심판에 관한 계시/6:1-16:21

1) 심판의 일곱 인(印)/6:1-8:5

(1) 첫째 인(印)/6:1-2

① 어린양이 일곱 인 중에 하나를 떼실 때 / 6:1a
② 네 생물 중 하나가 우뢰(雨雷 ▶ 개정, 우렛)소리같이 말함 : 오라 / 6:1b
③ 흰말이 나옴 / 6:2
a) 그 탄 자가 활을 가졌고 / 6:2a
b) 면류관을 받고 나가서 / 6:2b
c) 이기고 또 이기려고 하더라 / 6:2b

(2) 둘째 인(印)/6:3-4

① 둘째 인을 떼실 때 / 6:3a
② 둘째 생물이 말함 : 오라 / 6:3b
③ 붉은 말이 나옴 / 6:4
a) 그 탄 자가 허락을 받아 / 6:4a
b) 땅에서 화평(和平)을 제(除)하여 버리며 / 6:4b
c) 서로 죽이게 하며 / 6:4b
d) 큰 칼을 받았더라 / 6:4b

(3) 셋째 인(印)/6:5-6

① 셋째 인을 떼실 때 / 6:5a
② 셋째 생물이 말함 : 오라 / 6:5b
③ 검은 말이 나옴 / 6:5b-6
a) 그 탄 자가 손에 저울을 가졌음 / 6:5b
b) 네 생물 사이로서 나는 듯하는 음성을 들음 / 6:6
a. 한 데나리온에 밀 한 되요 / 6:6a
b. 한 데나리온에 보리 석 되로다 / 6:6b
c. 감람유와 포도주는 해하지 말라 / 6:6b

(4) 넷째 인(印)/6:7-8

① 넷째 인을 떼실 때 / 6:7a
② 넷째 생물의 음성 : 오라 / 6:7b
③ 청황색(靑黃色) 말이 나옴 / 6:8
a) 그 탄 자의 이름은 사망(死亡) / 6:8a
b) 음부(陰府)가 그 뒤를 따르더라 / 6:8b
c) 그들이 땅 사분의 일 권세를 얻어 / 6:8b
d) 검(劍)과 흉년(凶年)과 사망(死亡)과 땅의 짐승으로써 죽이더라 / 6:8b

(5) 다섯째 인(印)/6:9-11

① 다섯째 인을 떼실 때 / 6:9a

② 하나님의 말씀과 그들이 가진 증거로 말미암아 죽임을 당한 영혼들이 제단 아래 있음 / 6:9b

③ 큰 소리로 불러 이름 / 6:10

a) 거룩하고 참되신 대주재(大主宰)여 / 6:10a

b) 땅에 거하는 자들을 심판하여 / 6:10b

c) 우리 피를 신원(伸寃)하여(개정, 갚아) 주지 아니하시기를 어느 때까지 하시려나이까 / 6:10b

④ 하나님의 말씀 / 6:11

a) 각각 그들에게 흰 두루마기를 주시며 / 6:11a

b) 말씀하시기를 / 6:11b

a. 아직 잠시 동안 쉬되 / 6:11b

b. 그들 동무 종들과 형제들도 자기처럼 죽임을 받아 / 6:11b

c. 그 수가 차기까지 하라 / 6:11b

(6) 여섯째 인(印)/6:12-17

① 여섯째 인을 떼실 때 / 6:12a

② 큰 지진이 나며 / 6:12b

③ 해가 총담(驄毯)같이(개정, 검은 털로 짠 상복같이) 검어지고 / 6:12b

④ 온 달이 피같이 되며 / 6:12b

⑤ 하늘의 별들이 무화과나무가 대풍에 흔들려 선 과실(果實)이(개정, 설익은 열매가) 떨어지는 것같이 땅에 떨어지며 / 6:13

⑥ 하늘은 종이 축(軸)이(개정, 두루마리가) 말리는 것같이 떠나가고 / 6:14a

⑦ 각 산과 섬이 제자리에서 옮겨졌음 / 6:14b

⑧ 땅의 임금들과 왕족들과 장군들과 부자들과 강한 자들과 각 종과 자주자(自主者)가(개정, 자유인이) 굴과 산 바위 틈에 숨어 / 6:15

⑨ 산과 바위에게 이르되 / 6:16-17

a) 우리 위에 떨어져 / 6:16a

b) 보좌에 앉으신 이의 낯에서와 어린양의 진노에서 우리를 가리우라 / 6:16b

c) 그들의 진노의 큰 날이 이르렀으니 누가 능히 서리요 / 6:17

(6)-1 인(印) 맞은 십사만사천 명 / 7:1-8

① 네 천사 / 7:1

a) 땅 모퉁이에 선 것을 봄 / 7:1a

b) 땅의 사방의 바람을 붙잡아 / 7:1b

c) 바람으로 하여금 땅에나 바다에나 각종 나무에 불지 못하게 함 / 7:1b

② 다른 천사 / 7:2-3

a) 살아 계신 하나님의 인(印)을 가지고 / 7:2a

b) 해 돋는 데로부터 올라와서 / 7:2b

c) 땅과 바다를 해롭게 할 권세를 얻은 네 천사를 향하여 / 7:2b-3

a. 큰 소리로 외쳐 이르되 / 7:2b

b. 우리가 우리 하나님의 종들의 이마에 인(印) 치기까지 / 7:3a

c. 땅이나 바다나 나무를 해(害)하지 말라 / 7:3b

③ 인(印) 맞은 십사만사천 명 / 7:4-8

a) 이스라엘 자손의 각 지파 중에서 / 7:4a

b) 인(印) 맞은 자들이 /7 :4b-8

a. 십사만사천 명 / 7:4b

b. 유다 지파 중에서 인 맞은 자가 일만 이천 / 7:5a

c. 르우벤 지파 중에서 인 맞은 자가 일만 이천 / 7:5b

d. 갓 지파 중에서 인 맞은 자가 일만 이천 / 7:5b

e. 아셀 지파 중에서 인 맞은 자가 일만 이천 / 7:6a

f. 납달리 지파 중에서 인 맞은 자가 일만이천 / 7:6b

g. 므낫세 지파 중에서 인 맞은 자가 일만이천 / 7:6b
h. 시므온 지파 중에서 인 맞은 자가 일만이천 / 7:7a
I. 레위 지파 중에서 인 맞은 자가 일만이천 / 7:7b
j. 잇사갈 지파 중에서 인 맞은 자가 일만이천 / 7:7b
k. 스불론 지파 중에서 인 맞은 자가 일만이천 / 7:8a
l. 요셉 지파 중에서 인 맞은 자가 일만이천 / 7:8b
m. 베냐민 지파 중에서 인 맞은 자가 일만이천 / 7:8b

(6)-2 흰옷 입은 큰 무리 / 7:9-17

① 이 일 후에 내가 보니 / 7:9a
② 각 나라와 족속과 백성과 방언에서 / 7:9b-10
a) 아무라도 능히 셀 수 없는 큰 무리가 / 7:9b
b) 흰옷을 입고 / 7:9b
c) 손에 종려 가지를 들고 / 7:9b
d) 보좌 앞과 어린양 앞에 서서 / 7:9b
e) 큰 소리로 외쳐 찬양 / 7:10
③ 보좌와 장로들과 네 생물 주위에 서 있는 모든 천사 / 7:11-12
a) 보좌 앞에 엎드려 얼굴을 대고 / 7:11a
b) 하나님께 경배 / 7:11b-12
④ 장로 중에 하나와 요한 / 7:13-17
a) 장로의 질문 / 7:13
a. 이 흰옷 입은 자들이 누구며 / 7:13a
b. 또 어디서 왔느냐 / 7:13b
b) 요한의 대답 : 내 주여 당신이 알리이다 / 7:14a
c) 장로의 대답 / 7:14b-17
a. 큰 환난에서 나오는 자들인데 / 7:14b
b. 어린양의 피에 그 옷을 씻어 희게 하였느니라 / 7:14b

c. 그러므로 그들이 하나님의 보좌 앞에 있고 / 7:15a
d. 또 그의 성전에서 밤낮 하나님을 섬기매 / 7:15b
e. 보좌에 앉으신 이가 그들 위에 장막을 치시리니 / 7:15b
f. 그들이 다시 주리지도 아니하며 / 7:16a
g. 목마르지도 아니하고 / 7:16b
h. 해나 아무 뜨거운 기운에 상하지 아니하고 / 7:16b
I. 이는 보좌 가운데 계신 어린양이 그들의 목자가 되시어 / 7:17a
j. 생명수 샘으로 인도하시고 / 7:17b
k. 하나님께서 그들의 눈에서 모든 눈물을 씻어 주실 것임이러라 / 7:17b

(7) 일곱째 인/8:1-5

① 일곱째 인을 떼실 때 / 8:1a
② 하늘이 반 시간쯤 고요하더니 / 8:1b
③ 일곱 천사 / 8:2
a) 하나님 앞에 시위(侍衛)한 일곱 천사가(개정, 일곱 천사가 서) 있어 / 8:2a
b) 일곱 나팔을 받았더라 / 8:2b
④ 또 다른 천사 / 8:3
a) 제단 곁에 서서 / 8:3a
b) 금 향로를 가지고 / 8:3b
c) 많은 향을 받았으니 / 8:3b
d) 이는 모든 성도들의 기도들과 합하여 / 8:3b
e) 보좌 앞 금단(金壇)에 드리고자 함이라 / 8:3b
⑤ 향연(香煙)이 성도의 기도와 함께 / 8:4a
⑥ 천사의 손으로부터 / 8:4b
⑦ 하나님 앞에 올라가는지라 / 8:4b
⑧ 천사가 향로를 가지고 / 8:5a

⑨ 단 위의 불을 담아다가 / 8:5b
⑩ 땅에 쏟으매 / 8:5b
⑪ 뇌성과 음성과 번개와 지진이 나더라 / 8:5b

2) 일곱 나팔 가진 일곱 천사 - 나팔 불기를 예비함/8:6

2)-1 심판의 일곱 나팔 / 8:7-11:19

(1) 첫째 나팔/8:7
① 첫째 천사가 나팔을 부니 / 8:7a
② 피 섞인 우박과 불이 나서 땅에 쏟아지매 / 8:7b
a) 땅의 삼분의 일이 타서 사위고(개정, 일도 타 버리고) / 8:7b
b) 수목의 삼분의 일도 타 버리고 / 8:7b
c) 각종 푸른 풀도 타 버리더라 / 8:b

(2) 둘째 나팔/8:8-9
① 둘째 천사가 나팔을 부니 / 8:8a
② 불붙는 큰 산과 같은 것이 바다에 던지우매 / 8:8b-9
a) 바다의 삼분의 일이 피가 되고 / 8:8b
b) 바다 가운데 생명 가진 피조물들의 삼분의 일이 죽고 / 8:9a
c) 배들의 삼분의 일이 깨어지더라 / 8:9b

(3) 셋째 나팔/8:10-11
① 셋째 천사가 나팔을 부니 / 8:10a
② 횃불같이 타는 큰 별이 하늘에서 떨어져 / 8:10b-11
a) 강들의 삼분의 일과 여러 물샘에 떨어지니 / 8:10b
b) 이 별 이름은 쑥이라 / 8:11
a. 물들의 삼분의 일이 쑥이 되매 / 8:11a
b. 그 물들이 쓰게 됨으로 말미암아 / 8:11b
c. 많은 사람이 죽더라 / 8:11b

(4) 넷째 나팔/8:12

① 넷째 천사가 나팔을 부니 / 8:12a

② 해 삼분의 일 / 8:12b

③ 달 삼분의 일 / 8:12b

④ 별들의 삼분의 일 / 8:12b

⑤ 침을(개정, 타격을) 받아 / 8:12b

⑥ 그 삼분의 일이 어두워지니 / 8:12b

⑦ 낮 삼분의 일은 비췸이 없고 밤도 그러하도다 / 8:12b

(4) -1 공중에 날아가는 독수리 / 8:13

① 내가 보고 또 들으니 / 8:13a

② 공중에 날아가는 독수리가 큰 소리로 이르되 / 8:13b

a) 땅에 거하는 자들에게 / 8:13b

b) 화(禍), 화(禍), 화(禍)가 있으리로다 / 8:13b

③ 이 외에도 세 천사의 불어야 할 나팔 소리가 남아 있음이로다 / 8:13b

(5) 다섯째 나팔/9:1-11

① 다섯째 천사가 나팔을 불매 / 9:1a

② 하늘에서 떨어진 별 하나가 있는데 / 9:1b-11

a) 그가 무저갱(無底坑)의 열쇠를 받았더라 / 9:1b

b) 그가 무저갱을 여니 / 9:2

a. 그 구멍에서 큰 풀무(개정, 화덕)의 연기 같은 연기가 올라오매 / 9:2a

b. 해와 공기가 그 구멍의 연기로 말미암아 어두워지며 / 9:2b

c) 또 황충이 연기 가운데로부터 / 9:3

a. 땅 위에 나오매 / 9:3a

b. 그들이 땅 위에 있는 전갈의 권세와 같은 권세를 받았더라 / 9:3b

d) 그들에게 이르시되 / 9:4-6

a. 땅의 풀이나 푸른 것이나 각종(各種) 수목(樹木)은 해(害)하지 말고 / 9:4a
b. 오직 이마에 인(印) 맞지 아니한 사람들만 해(害)하라 / 9:4b
c. 그러나 그들을 죽이지는 못하게 하시고 / 9:5a
d. 다섯 달 동안 괴롭게만 하게 하시는데 / 9:5b
e. 그 괴롭게 함은 전갈이 사람을 쏠 때에 괴롭게 함과 같더라 / 9:5b
f. 그날에는 사람들이 죽기를 원하여도 얻지 못하고 / 9:6a
g. 죽고 싶으나 죽음이 그들을 피(避)하리도다 / 9:6b

e) 황충(蝗蟲)의 모양(模樣) / 9:7-11

a. 전쟁을 위하여 예비한 말들 같고 / 9:7a
b. 그 머리에 금 같은 면류관(冕旒冠▶개정, 관) 비슷한 것을 썼으며 / 9:7b
c. 그 얼굴은 사람의 얼굴 같고 / 9:7b
d. 여자의 머리털 같은 머리털이 있고 / 9:8a
e. 그 이는 사자(獅子)의 이 같으며 / 9:8b
f. 철흉갑(鐵胸甲▶개정, 철호심경) 같은 흉갑(胸甲▶호심경)이 있고 / 9:9:a
g. 그 날개들의 소리는 병거와 많은 말들이 전장으로 달려 들어가는 소리 같으며 / 9:9:b
h. 전갈과 같은 꼬리와 쏘는 살이 있으며 / 9:10a
I. 그 꼬리에는 다섯 달 동안 사람들을 해(害)하는 권세가 있더라 / 9:10b
j. 그들에게 임금이 있으니 무저갱의 사자(使者)라 / 9:11a
k. 히브리 어로는 그 이름이 아바돈이요 헬라 어로는 그 이름이 아볼루온이더라 / 9:11b

(5) -1 첫째 화(禍)는 지나갔으나 - 아직도 이 후에 화(禍) 둘이 이르리로다 / 9:12

(6) 여섯째 나팔/9:13-19

① 여섯째 천사가 나팔을 부니 / 9:13a

② 하나님 앞 금단(金壇) 네 뿔에서 / 9:13b-19

a) 한 음성이 나서 / 9:13b

b) 나팔 가진 여섯째 천사에게 말하기를 / 9:14a

c) 큰 강 유브라데에 결박한 네 천사 / 9:14b-15

a. 놓아 주라 하매 / 9:14b

b. 네 천사가 놓였으니 / 9:15a

c. 그들은 그 연(年) 월(月) 일(日) 시(時)에 이르러 / 9:15b

d. 사람 삼분의 일을 죽이기로 준비된 자들이더라 / 9:15b

d) 마병대(馬兵隊)의 수(數)는 이만만(二萬萬)이니 / 9:16a

e) 내가 그들의 수를 들었노라 / 9:16b

f) 이같이 이상한 가운데 그 말들과 그 탄 자들을 보니 / 9:17-19

a. 불빛과 자주빛과 유황빛 흉갑(胸甲 ▶ 개정, 호심경)이 있고 / 9:17a

b. 말들의 머리는 사자 머리 같고 / 9:17b

c. 그 입에서는 불과 연기와 유황이 나오더라 / 9:17b

d. 이 세 재앙 곧 그들의 입에서 나오는 불과 연기와 유황으로 말미암아 / 9:18a

e. 사람 삼분의 일이 죽임을 당하니라 / 9:18b

f. 이 말들의 힘은 그 입과 그 꼬리에 있으니 / 9:19a

g. 그 꼬리는 뱀 같고 또 꼬리에 머리가 있어 이것으로 해(害)하더라 / 9:19b

(6)-1 여섯째 재앙 / 9:20-21

① 이 재앙에 죽지 않고 남은 사람들 / 9:20a

② 그 손으로 행하는 일을 회개하지 아니하고 / 9:20b

③ 오히려 여러 귀신과 또는 보거나 듣거나 다니거나 하지 못하는 / 9:20b

④ 금(金), 은(銀), 동(銅)과 목(木), 석(石)의 우상(偶像)에게 절하고 / 9:20b

⑤ 또 그 살인(殺人)과 복술(卜術), 음행(淫行)과 도적(盜賊 ▶ 개정, 도둑)질을 회개(悔改)하지 아니하더라 / 9:21

(6)-2 작은 두루마리책 / 10:1-11

① 힘센 다른 천사 / 10:1-4

a) 구름을 입고 / 10:1a

b) 하늘에서 내려오는데 / 10:1b

c) 그 머리 위에 무지개가 있고 / 10:1b

d) 그 얼굴은 해 같고 / 10:1b

e) 그 발은 불기둥 같으며 / 10:1b

f) 그 손에 펴놓인 작은 책(冊 ▶ 개정, 두루마리)을 들고 / 10:2a

g) 그 오른발은 바다를 밟고 / 10:2b

h) 왼발은 땅을 밟고 / 10:2b

I) 사자의 부르짖는 것같이 큰 소리로 외치니 / 10:3a

j) 외칠 때에 일곱 우뢰(雨雷 ▶ 개정, 우레)가 그 소리를 발(發)하더라(개정, 그 소리를 내어 말하더라) / 10:3b

② 일곱 우뢰(雨雷 ▶ 개정, 우레)가 말을 할 때에 / 10:4a

③ 내가 기록하려고 하다가 곧 들으니 / 10:4b

④ 하늘에서 소리가 나서 말하기를 / 10:4b

a) 일곱 우뢰(雨雷 ▶ 개정, 우레)가 말한 것을 인봉하고 / 10:4b

b) 기록하지 말라 / 10:4b

⑤ 바다와 땅을 밟고 섰는 천사가 / 10:5a

⑥ 하늘을 향하여 오른손을 들고 / 10:5b

⑦ 세세토록 살아 계신 자 / 10:6a

⑧ 곧 하늘과 그 가운데 있는 물건이며 / 10:6b

⑨ 땅과 그 가운에 있는 물건이며 / 10:6b

⑩ 바다와 그 가운데 있는 물건을 창조하신 이를 가리켜 / 10:6b
⑪ 맹세하여 이르되 / 10:6b-7
a) 지체하지 아니하리니 / 10:6b
b) 일곱째 천사가 소리 내는 날 그 나팔을 불게 될 때에 / 10:7a
c) 하나님의 비밀이 / 10:7b
d) 그 종 선지자들에게 전하신 복음과 같이 이루리라 / 10:7b
⑫ 하늘에서 나서 내게 들리던 음성이 또 내게 말하되 / 10:8
a) 네가 가서 바다와 땅을 밟고 섰는 천사의 손에 / 10:8a
b) 펴놓은 책(冊▶개정, 두루마리)을 가지라 / 10:8b
⑬ 내가 천사에게 나아가 작은 책(冊▶개정, 두루마리)을 달라 한즉 / 10:9-11
a) 천사가 이르되 / 10:9a
b) 갖다 먹어 버리라 / 10:9b
c) 네 배에는 쓰나 네 입에는 꿀같이 달리라 / 10:9b
d) 내가 천사의 손에서 작은 두루마리를 갖다 먹어 버리니 / 10:10a
e) 내 입에는 꿀같이 다나 먹은 후에 내 배에서는 쓰게 되더라 / 10:10b
f) 그가 내게 말하기를 / 10:11a
g) 네가 많은 백성과 나라와 방언과 임금에게 / 1:11b
h) 다시 예언하여야 하리라 / 10:11b

(6)-3 두 증인 / 11:1-13

① 또 내게 지팡이 같은 갈대를 주며 말하기를 / 11:1-2
a) 하나님의 성전과 제단과 그 안에서 경배하는 자들을 척량(尺量▶개정, 측량)하되 / 11:1
b) 성전 밖 마당은 측량하지 말고 그냥 두라 / 11:2a
c) 이것을 이방인에게 주었은즉 / 11:2b
d) 그들이 거룩한 성을 마흔두 달 동안 짓밟으리라 / 11:2b

② 내가 나의 두 증인에게 권세를 주리니 / 11:3-6

a) 그들이 굵은 베옷을 입고 / 11:3a

b) 일천이백육십일을 예언하리라 / 11:3b

c) 이는 이 땅의 주 앞에 섰는 두 감람나무와 두 촛대니 / 11:4

d) 만일 누구든지 그들을 해하고자 한즉 / 11:5

a. 그들 입에서 불이 나서 그 원수를 소멸(燒滅)할지니(개정, 삼켜 버릴 것이요) / 11:5a

b. 누구든지 해하려 하면 반드시 이와 같이 죽임을 당하리라 / 11:5b

e) 그들이 권세를 가지고 / 11:6a

a. 하늘을 닫아 / 11:6a

b. 그 예언을 하는 날 동안 비 오지 못하게 하고 / 11:6a

f) 또 권세(權勢 ▶ 개정, 권능)를 가지고 / 11:6b

a. 물을 피로 변하게 하고 / 11:6b

b. 아무 때든지 원하는 대로 여러 가지 재앙으로 땅을 치리로다 / 11:6b

g) 그들이 그 증거(證據 ▶ 개정, 증언)를 마칠 때에 / 11:7-8

a. 무저갱(無底坑)으로부터 올라오는 짐승이 / 11:7a

b. 그들로 더불어 전쟁을 일으켜 / 11:7b

c. 그들을 이기고 그들을 죽일 터인즉 / 11:7b

d. 그들의 시체가 큰 성 길에 있으리니 / 11:8a

e. 그 성은 영적으로 하면 소돔이라고도 하고 애굽이라고도 하니 / 11:8b

f. 곧 그들의 주께서 십자가에 못 박히신 곳이라 / 11:8b

h) 백성들과 족속과 방언과 나라 중에서 / 11:9-10

a. 사람들이 그 시체를 사흘 반 동안을 목도하며 / 11:9a

b. 무덤에 장사하지 못하게 하리로다 / 11:9b

c. 이 두 선지자가 땅에 거하는 자들을 괴롭게 한 고로 / 11:10a

d. 땅에 거하는 자들이 그들의 죽음을 즐거워하며 / 11:10b

e. 기뻐하며 서로 예물을 보내리라 하더라 / 11:10b

I) 삼 일 반 후에 하나님께로부터 생기가 그들 속에 들어가매 / 11:11

a. 그들이 발로 일어서니 / 11:11a

b. 구경하는 자들이 크게 두려워하더라 / 11:11b

j) 하늘로부터 큰 음성이 있어 / 11:12

a. 이리로 올라 오라 함을 그들이 듣고 / 11:12a

b. 구름을 타고 올라가니 / 11:12b

c. 그들의 원수들도 구경하더라 / 11:12b

k) 그 시에 지진이 나서 / 11:13

a. 성 십분의 일이 무너지고 / 11:13a

b. 지진에 죽은 사람이 칠천이라 / 11:13b

c. 그 남은 자들이 두려워하여 / 11:13b

d. 영광을 하늘의 하나님께 돌리더라 / 11:13b

(6)-4 둘째 화는 지나갔으나 - 보라 셋째 화가 속히 이르는도다 / 11:14

(7) 일곱째 나팔/11:15-18

① 일곱째 천사가 나팔을 불매 / 11:15a

② 하늘에 큰 음성들이 나서 찬양 / 11:15b

③ 하나님 앞에 자기 보좌에 앉은 이십사 장로들이 / 11:16-18

a) 엎드려 얼굴을 대고 / 11:16a

b) 하나님께 경배하여 찬양 / 11:16b-18

(7-1) 하나님의 언약궤(言約櫃) / 11:19

① 이에 하늘에 있는 하나님의 성전(聖殿)이 열리니 / 11:19a

② 성전 안에 하나님의 언약궤가 보이며 / 11:19b

③ 또 번개와 음성(音聲)들과 뇌성(雷聲)과 지진(地震)과 큰 우박(雨雹)이

있더라 / 11:19b

3) 영적 전쟁의 예언적 계시/12:1-14:20

(1) 태양을 입은 한 여자/12:1-6

① 해를 입은 한 여자 / 12:1-2

a) 하늘에 큰 이적이 보이니 / 12:1a

b) 해를 입은 한 여자가 있는데 / 12:1b

a. 그 발 아래는 달이 있고 / 12:1b

b. 그 머리에는 열두 별의 면류관을 썼더라 / 12:1b

c) 이 여자가 아이를 배어 / 12:2

a. 해산하게 되매 / 12:2a

b. 아파서 애써 부르짖더라 / 12:2b

② 한 큰 붉은 용 / 12:3-4a

a) 하늘에 또 다른 이적이 보이니 / 12:3a

b) 보라 한 큰 붉은 용이 있어 / 12:3b-4a

a. 머리가 일곱이요 / 12:3b

b. 뿔이 열이라 / 12:3b

c. 그 여러 머리에 일곱 면류관(冕旒冠 ▸ 개정, 왕관)이 있는데 / 12:3b

d. 그 꼬리가 하늘 별 삼분의 일을 끌어다가 땅에 던지더라 / 12:4a

③ 철장(鐵杖)으로 만국(萬國)을 다스릴 남자 / 12:4b-5

a) 용이 해산하려는 여자 앞에서 / 12:4b

b) 그가 해산하면 / 12:4b

c) 그 아이를 삼키고자 하더니 / 12:4b

d) 여자가 아들을 낳으니 / 12:5

a. 이는 장차 철장으로 만국을 다스릴 남자라 / 12:5a

b. 그 아이를 하나님 앞과 그 보좌 앞으로 올려가더라 / 12:5b

④ 하나님의 예비하신 곳 / 12:6

a) 그 여자가 광야로 도망하매 / 12:6a

b) 거기서 일천이백육십 일 동안 / 12:6b

c) 그를 양육하기 위하여 / 12:6b

d) 하나님의 예비하신 곳이 있더라 / 12:6b

(2) 하늘에서의 전쟁/12:7-12

① 하늘에 전쟁이 있으니 / 12:7-8

a) 미가엘과 그의 사자(使者)들이 / 12:7a

b) 용으로 더불어 싸울새 / 12:7b

c) 용과 그의 사자들도 싸우나 이기지 못하여 / 12:8a

d) 다시 하늘에서 그들이 있을 곳을 얻지 못한지라 / 12:8b

② 큰 용이 내어 쫓기니 / 12:9

a) 옛 뱀 곧 마귀라고도 하고 사탄이라고도 하는 온 천하를 꾀는 자라 / 12:9a

b) 땅으로 내어 쫓기니 그의 사자들도 그와 함께 내쫓기니라 / 12:9b

③ 하늘에 큰 음성 / 12:10-12

a) 이제 우리 하나님의 구원과 능력과 나라와 / 12:10a

b) 또 그의 그리스도의 권세가 이루었으니 / 12:10b

c) 우리 형제들을 참소하던 자 곧 하나님 앞에서 참소(讒訴)하던 자가 쫓겨났고 / 12:10b

d) 또 여러 형제가 어린양의 피와 자기의 증거하는 말로 인하여(개정, 자기들이 증언하는 말씀으로써) / 12:11a

e) 그를 이기었으니 / 12:11b

f) 그들은 죽기까지 자기 생명을 아끼지 아니하였도다 / 12:11b

g) 그러므로 하늘과 그 가운데 거하는 자들은 즐거워하라 / 12:12a

h) 그러나 땅과 바다는 화(禍) 있을진저 / 12:12b

I) 이는 마귀가 자기의 때가 얼마 못 된 줄 알므로 크게 분내어 / 12:12b

j) 너희에게 내려갔음이라 / 12:12b

(3) 땅 위의 전쟁/ 12:13-17

① 용이 자기가 땅으로 내쫓긴 것을 보고 / 12:13a

② 남자를 낳은 여자를 핍박(逼迫 ▶ 개정, 박해)하는지라 / 12:13b

③ 그 여자가 큰 독수리의 날개를 받아 광야 자기 곳으로 날아가 / 12:14a

④ 거기서 그 뱀의 낯을 피하여 / 12:14b

⑤ 한 때와 반(半) 때를 양육(養育) 받으매 / 12:14b

⑥ 여자의 뒤에서 뱀이 그 입으로 물을 강같이 토하여 / 12:15a

⑦ 여자를 물에 떠내려가게 하려 하되 / 12:15b

⑧ 땅이 여자를 도와 그 입을 벌려 / 12:16a

⑨ 용의 입에서 토한 강물을 삼키니 / 12:16b

⑩ 용이 여자에게 분노하여 돌아가서 / 12:17

a) 그 여자의 남은 자손 곧 하나님의 계명을 지키며 / 12:17a

b) 예수의 증거를 가진 자들로 / 12:17b

c) 더불어 싸우려고 바다 모래 위에 섰더라 / 12:17b

(4) 바다에서 나온 짐승/13:1-10

① 바다의 한 짐승 / 13:1-3

a) 바다에서 한 짐승이 나오는데 / 13:1a

b) 뿔이 열이요 / 13:1b

c) 머리가 일곱이라 / 13:1b

d) 그 뿔에는 열 면류관(冕旒冠 ▶ 개정, 왕관)이 있고 / 13:1b

e) 그 머리들에는 참람(僭濫)된(개정, 신성 모독하는) 이름들이 있더라 / 13:1b

f) 내가 본 짐승은 표범과 비슷하고 / 13:2a

g) 그 발은 곰의 발 같고 / 13:2b

h) 그 입은 사자(獅子)의 입 같은데 / 13:2b

I) 용이 자기의 능력과 보좌와 큰 권세를 그에게 주었더라 / 13:2b

j) 그의 머리 하나가 상하여 죽게 된 것 같더니 / 13:3a

k) 그 죽게 되었던 상처가 나으매 / 13:3b

l) 온 땅이 이상히 여겨 짐승을 따르고 / 13:3b

② 용이 짐승에게 주는 권세 / 13:4-8

a) 용이 짐승에게 권세를 주므로 / 13:4a

b) 용에게 경배하며 짐승에게 경배하여 이르되 / 13:4b

a. 누가 이 짐승과 같으냐 / 13:4b

b. 누가 능히 이로 더불어 싸우리요 하더라 / 13:4b

c) 또 짐승이 큰 말과 참람(僭濫)된(개정, 과장되고 신성 모독을) 말하는 입을 받고 / 13:5a

d) 또 마흔두 달 일할 권세를 받으니라 / 13:5b

e) 짐승이 입을 벌려 하나님을 향하여 훼방(譭謗 ▶ 개정, 비방)하되 /13:6a

※ 여기의 '훼방'은 말로써 헐뜯는 의미이므로 일반 사전에서 '毁謗'이라고 한 것과는 달리 개역 간이한문 성경에 표기된 '譭謗'이 타당하다고 생각됨.

f) 그의 이름과 그의 장막 곧 하늘에 거하는 자들을 훼방(譭謗 ▶ 개정, 비방)하더라 / 13:6b

g) 또 권세를 받아 성도들과 싸워 이기게 되고 / 13:7a

h) 각 족속과 백성과 방언과 나라를 다스리는 권세를 받으니 /13:7b

I) 죽임을 당한 어린양의 생명책에 / 13:8a

j) 창세 이후로 녹명(錄名 ▶ 개정, 기록)되지 못하고 이 땅에 사는 자들은 / 13:8b

k) 다 짐승에게 경배하리라 / 13:8b

③ 성도들의 인내와 믿음 / 13:9-10

a) 누구든지 귀가 있거든 들을지어다 / 13:9

b) 사로잡는 자는 사로잡힐 것이요 / 13:10a

c) 칼로 죽이는 자는 자기도 마땅히 칼로 죽으리니 / 13:10b

d) 성도들의 인내와 믿음이 여기 있느니라 / 13:10b

(5) 땅에서 나온 짐승/13:11-18

① 내가 보매 또 다른 짐승이 땅에서 올라오니 / 13:11

a) 새끼 양같이 두 뿔이 있고 / 13:11a

b) 용처럼 말하더라 / 13:11b

② 그가 먼저 나온 짐승의 모든 권세를 그 앞에서 행하고 / 13:12a

③ 땅과 땅에 거하는 자들로 처음 짐승에게 경배하게 하니 / 13:12b

④ 곧 죽게 되었던 상처가 나은 자니라 / 13:12b

⑤ 큰 이적을 행하되 심지어 사람들 앞에서 / 13:13a

⑥ 불이 하늘로부터 땅에 내려오게 하고 / 13:13b

⑦ 짐승 앞에서 받은 바 이적을 행함으로 / 13:14a

⑧ 땅에 거하는 자들을 미혹하며 / 13:14b

⑨ 땅에 거하는 자들에게 이르기를 / 13:14b

a) 칼에 상하였다가 살아난 짐승을 위하여 / 13:14b

b) 우상을 만들라 하더라 / 13:14b

⑩ 그가 권세를 받아 그 짐승의 우상에게 생기를 주어 / 13:15

a) 그 짐승의 우상으로 말하게 하고 / 13:15a

b) 또 짐승의 우상에게 경배하지 아니하는 자는 몇이든지 다 죽이게 하더라 / 13:15b

⑪ 그가 모든 자 곧 작은 자나 큰 자나 부자나 궁핍한 자나 자유한 자나 종들로 / 13:16a

⑫ 그 오른손에나 이마에 표를 받게 하고 / 13:16b

⑬ 누구든지 이 표를 가진 자 외에는 매매를 하지 못하게 하니 / 13:17a

⑭ 이 표는 곧 짐승의 이름이나 그 이름의 수라 / 13:17b

⑮ 지혜가 여기 있으니 / 13:18

a) 총명 있는 자는 그 짐승이 수를 세어 보아라 / 13:18a

b) 그 수는 사람의 수니 육백육십육이니라 / 13:18b

(6) 구원 받은 십사만사천/14:1-5

① 어린양이 시온 산에 섰고 / 14:1a

② 그와 함께 십사만사천이 섰는데 / 14:1b

③ 그 이마에 어린양의 이름과 그 아버지의 이름을 쓴 것이 있도다 / 14:1b

④ 내가 하늘에서 나는 소리를 들으니 / 14:2

a) 많은 물소리도 같고 큰 뇌성도 같은데 / 14:2a

b) 내게 들리는 소리는 / 14:2b

c) 거문고 타는 자들의 그 거문고 타는 것 같더라 / 14:2b

⑤ 그들이 보좌와 네 생물들과 장로들 앞에서 새 노래를 부르니 / 14:3a

⑥ 땅에서 구속함을 얻은 십사만사천인(千人)(개정, 천)밖에는 /14:3b

⑦ 능히 이 노래를 배울 자가 없더라 / 14:3b

⑧ 이 사람들은 여자로 더불어 더럽히지 아니하고 / 14:4a

⑨ 정절이 있는 자라 / 14:4b

⑩ 어린양이 어디로 인도하든지 따라가는 자며 / 14:4b

⑪ 사람 가운데 구속 받아 처음 익은 열매로 / 14:4b

⑫ 하나님과 어린양에게 / 14:4b-5

a) 속(屬)한 자들이니 / 14:4b

b) 그 입에는 거짓말이 없고 / 14:5a

c) 흠이 없는 자들이더라 / 14:5b

(7) 세 천사가 전(傳)하는 복음/14:6-12

① 다른 천사 / 14:6-7

a) 또 보니 다른 천사가 공중에 날아가는데 / 14:6a

b) 땅에 거하는 자들 곧 여러 나라와 족속과 방언과 백성에게 / 14:6b

c) 전할 영원한 복음을 가졌더라 / 14:6b

d) 그가 큰 음성으로 이르되 / 14:7

a. 하나님을 두려워하며 / 14:7a

b. 그에게 영광을 돌리라 / 14:7b

c. 이는 그의 심판하실 시간이 이르렀음이니 / 14:7b

d. 하늘과 땅과 바다와 물들의 근원을 만드신 이를 경배하라 하더라 / 14:7b

② 다른 천사 / 14:8

a) 또 다른 천사 곧 둘째가 그 뒤를 따라 말하되 / 14:8a

b) 무너졌도다 무너졌도다 큰 성 바벨론이여 / 14:8b

c) 모든 나라를 그 음행으로 말미암아 / 14:8b

d) 진노의 포도주를 먹이던 자로다 하더라 / 14:8b

③ 다른 천사 / 14:9-12

a) 또 다른 천사 곧 셋째가 그 뒤를 따라 큰 음성으로 이르되 / 14:9-11

a. 만일 누구든지 짐승과 그의 우상에게 경배하고 / 14:9a

b. 이마에나 손에 표를 받으면 / 14:9b

c. 그도 하나님의 진노의 포도주를 마시리니 / 14:10a

d. 그 진노의 잔에 섞인 것이 없이 부은 포도주라 / 14:10b

e. 거룩한 천사들 앞과 어린양 앞에서 / 14:10b

f. 불과 유황으로 고난을 받으리니 / 14:10b

g. 그 고난의 연기가 세세토록 올라가리로다 / 14:11a

h. 짐승과 우상에게 경배하고 / 14:11b

I. 그 이름의 표를 받은 자는 / 14:11b

j. 누구든지 밤낮 쉼을 얻지 못하리라 하더라 / 14:11b

b) 성도들의 인내가 여기 있나니 / 14:12

a. 그들은 하나님의 계명과 / 14:12a

b. 예수에 대한 믿음을 지키는 자니라 / 14:12b

(7-1) 성령이 이르시되 / 14:13

① 또 내가 들으니 하늘에서 음성이 나서 이르되 / 14:13a

② 기록하라 / 14:13b

③ 자금(自今 ▶ 개정, 지금) 이후로 주 안에서 죽는 자들은 복이 있도다 하시매 / 14:13b

④ 성령이 이르시되 / 14:13b

a) 그러하다 / 14:13b

b) 그들의 수고를 그치고 쉬리니 / 14:13b

c) 이는 그들의 행한 일이 따름이라 하더라 / 14:13b

(8) 추수 때의 계시/14:14-20

① 사람의 아들 같은 이와 다른 천사 / 14:14-16

a) 또 내가 보니 흰 구름이 있고 / 14:14

a. 구름 위에 사람의 아들과 같은 이가 앉았는데 / 14:14a

b. 그 머리에는 금면류관이 있고 / 14:14b

c. 그 손에는 이(利▶개정, 예리)한 낫을 가졌더라 / 14:14b

b) 또 다른 천사가 성전으로부터 나와 / 14:15

a. 구름 위에 앉은 이를 향하여 큰 음성으로 이르되 / 14:15a

b. 네 낫을 휘둘러 거두라 / 14:15b

c. 거둘 때가 이르러 땅에 곡식이 다 익었음이로다 / 14:15b

c) 구름 위에 앉으신 이가 / 14:16

a. 낫을 땅에 휘두르매 / 14:16a

b. 곡식이 거두어지니라 / 14:16b

② 다른 천사와 불을 다스리는 천사 / 14:17-20

a) 또 다른 천사가 / 14:17a

a. 하늘에 있는 성전에서 나오는데 / 14:17b

b. 또한 이(利▶개정, 예리)한 낫을 가졌더라 / 14:17b

b) 또 불을 다스리는 다른 천사가 / 14:18a

a. 제단으로부터 나와 / 14:18a

b. 이(利▶개정, 예리)한 낫을 가진 자를 향하여 큰 음성으로 불러 이르되 / 14:18b

c. 네 이(利▶예리)한 낫을 휘둘러 땅의 포도 송이를 거두라 / 14:18b

d. 그 포도가 익었느니라 / 14:18b

c) 천사가 / 14:19-20

a. 낫을 땅에 휘둘러 땅의 포도를 거두어 / 14:19a

b. 하나님의 진노의 큰 포도주 틀에 던지매 / 14:19b

c. 성 밖에서 그 틀이 밟히니 / 14:20a

d. 틀에서 피가 나서 말 굴레에까지 닿았고 / 14:20b

e. 일천육백 스다디온에 퍼졌더라 / 14:20b

4) 일곱 대접의 심판을 위한 준비/15:1-16:1

(1) 마지막 재앙/15:1

① 또 하늘에 크고 이상한 다른 이적을 보매 / 15:1a

② 일곱 천사가 일곱 재앙을 가졌으니 / 15:1b

③ 곧 마지막 재앙이라 / 15:1b

④ 하나님의 진노가 이것으로 마치리로다 / 15:1b

(2) 하나님의 종 모세의 노래, 어린양의 노래/15:2-4

① 또 내가 보니 불이 섞인 유리(琉璃) 바다 같은 것이 있고 / 15:2a

② 짐승과 그의 우상과 그의 이름의 수를 이기고 벗어난 자들이 / 15:2b

③ 유리 바닷가에 서서 / 15:2b

④ 하나님의 거문고를 가지고 / 15:2b

⑤ 하나님의 종 모세의 노래, 어린양의 노래를 부름 / 15:3-4

(3) 일곱 천사의 일곱 재앙/15:5-8

① 하늘에 증거 장막의 성전이 열리며 / 15:5

② 일곱 재앙을 가진 일곱 천사가 / 15:6

a) 성전으로부터 나와 / 15:6a

b) 맑고 빛난 세마포 옷을 입고 / 15:6b

c) 가슴에 금띠를 띠고 / 15:6b

③ 네 생물 중의 하나가 / 15:7-8

a) 세세(世世)에(개정 ▸ 영원토록 살아) 계신 하나님의 진노를 가득 담은 금대접 일곱을 / 15:7a

b) 그 일곱 천사에게 주니 / 15:7b

c) 하나님의 영광과 능력으로 말미암아 / 15:8a

d) 성전에 연기가 차게 되매 / 15:8b

e) 일곱 천사의 일곱 재앙이 마치기까지 / 15:8b

f) 성전에 능히 들어갈 자가 없더라 / 15:8b

(4) 하나님의 진노의 일곱 대접/16:1

① 또 내가 들으니 성전에서 큰 음성이 나서 / 16:1a

② 일곱 천사에게 말하되 / 16:1b

③ 너희는 가서 하나님의 진노의 일곱 대접을 / 16:1b

④ 땅에 쏟으라 하더라 / 16:1b

(4)-1 일곱 대접의 심판/16:2-21

(1) 첫째 대접/16:2

① 첫째가 가서 그 대접을 / 16:2a

② 땅에 쏟으매 / 16:2b

③ 악(惡)하고 독한 헌데(개정, 종기)가 / 16:2b

a) 짐승의 표를 받은 사람들과 / 16:2b

b) 그 우상에게 경배하는 자들에게 나더라 / 16:2b

(2) 둘째 대접/16:3

① 둘째가 그 대접을 / 16:3a

② 바다에 쏟으매 / 16:3b

③ 바다가 / 16:3b

a) 곧 죽은 자의 피같이 되매/ 16:3b

b) 모든 생물이 죽더라 / 16:3b

(3) 셋째 대접/16:4-7

① 셋째가 그 대접을 / 16:4a

② 강과 물 근원에 쏟으매 / 16:4b

③ 피가 되더라 / 16:4b

④ 물을 차지한 천사가 이르되 / 16:5-6
a) 전(前)에도 계셨고 시방(時方 ▶ 개정, 지금)도 계신 거룩하신 이여 / 15:5a
b) 이렇게 심판하시니 의로우시도다 / 15:5b
c) 그들이 성도들과 선지자들의 피를 흘렸으므로 / 16:6a
d) 그들로 피를 마시게 하신 것이 합당하니이다 하더라 / 16:6b
⑤ 제단(祭壇)이 말하기를 / 16:7
a) 그러하다 주 하나님 곧 전능하신 이여 / 16:7a
b) 심판하시는 것이 참되고 의로우시도다 하더라 / 16:7b

(4) 넷째 대접/16:8-9

① 넷째가 그 대접을 / 16:8a
② 해에 쏟으매 / 16:8b
③ 해가 권세를 받아 16:8b-9a
a) 불로 사람을 태우니 / 16:8b
b) 사람들이 크게 태움에 태워진지라 / 16:9a
④ 이 재앙들을 행하는 권세를 가지신 하나님의 이름 / 16:9b
a) 훼방(毁謗 ▶ 개정, 비방)하며 / 16:9b
b) 또 회개하여 영광을 주께 돌리지 아니하더라 / 16:9b

(5) 다섯째 대접/16:10-11

① 또 다섯째가 그 대접을 / 16:10a
② 짐승의 보좌에 쏟으니 / 16:10b-11
a) 그 나라가 곧 어두워지며 / 16:10b
b) 사람들이 아파서 자기 혀를 깨물고 / 16:11a
c) 아픈 것과 종기로 말미암아 하늘의 하나님을 훼방(毁謗 ▶ 개정, 비방) 하고 / 16:11b
d) 그들의 행위를 회개하지 아니하더라 / 16:11b

(6) 여섯째 대접/16:12-16

① 또 여섯째가 그 대접을 / 16:12a

② 큰 강 유브라데에 쏟으매 / 16:12b

a) 강물이 말라서 / 16:12b

b) 동방에서 오는 왕들의 길이 예비되었더라 / 16:12b

③ 또 내가 보매 개구리 같은 세 더러운 영(靈)이 / 16:13-14

a) 용의 입과 / 16:13a

b) 짐승의 입과 / 16:13b

c) 거짓 선지자의 입에서 나오니 / 16:13b

d) 그들은 귀신의 영이라 / 16:14a

e) 이적을 행하여 온 천하 임금들에게 가서 / 16:14b

f) 하나님 곧 전능하신 이의 큰 날에 / 16:14b

g) 전쟁을 위하여 그들을 모으더라 / 16:14b

④ 보라 내가 도적(盜賊▶개정, 도둑)같이 오리니 / 16:15

a) 누구든지 깨어 / 16:15a

b) 자기 옷을 지켜 벌거벗고 다니지 아니하며 / 16:15b

c) 자기의 부끄러움을 보이지 아니하는 자가 복이 있도다 /16:15b

⑤ 세 영이 / 16:16

a) 히브리 어로 아마겟돈이라 하는 곳으로 / 16:16a

b) 왕들을 모으더라 / 16:16b

(7) 일곱째 대접/16:17-21

① 일곱째가 그 대접을 / 16:17a

② 공기 가운데 쏟으매 / 16:17b

③ 큰 음성이 성전에서 보좌로부터 나서 이르되 / 16:17b-18

a) 되었다 하니 / 16:17b

b) 번개와 음성들과 뇌성이 있고 / 16:18a

c) 또 큰 지진이 있어 / 16:18b

d) 어찌 큰지 사람이 땅에 있어 옴으로(개정, 온 이래로) 이같이 큰 지진 이 없더라 / 16:18b

⑤ 큰 성 / 16:19-20

a) 세 갈래로 갈라지고 / 16:19a

b) 만국의 성들도 무너지니 / 16:19b

c) 큰 성 바벨론이 하나님 앞에 기억하신 바 되어 / 16:19b

d) 그의 맹렬한 진노의 포도주 잔을 받으매 / 16:19b

e) 각 섬도 없어지고 산악도 간데 없더라 / 16:20

⑥ 또 중수(重數 ▶ 개정, 무게)가 한 달란트나 되는 큰 우박이 / 16:21

a) 하늘로부터 사람에게 내리니 / 16:21a

b) 사람들이 그 우박으로 말미암아 하나님을 훼방하니 / 16:21b

c) 그 재앙이 심히 큼이라 /16:21b

3. 큰 음녀 바벨론의 멸망/17:1-18:24

1) 큰 음녀의 받을 심판/17:1-18

(1) 일곱 대접을 가진 일곱 천사 중 하나/17:1-5

① 또 일곱 대접을 가진 일곱 천사 중 하나가 와서 내게 말하되 / 17:1-2

a) 이리 오라 / 17:1a

b) 많은 물 위에 앉은 큰 음녀의 받을 심판을 네게 보이리라 / 17:1b

c) 땅의 임금들도 그로 더불어 음행하였고 / 17:2a

d) 땅에 거하는 자들도 그 음행의 포도주에 취했다고 하고 / 17:2b

② 곧 성령으로 나를 데리고 / 17:3

a) 광야로 가니라 / 17:3a

b) 내가 보니 여자가 붉은 빛 짐승을 탔는데 / 17:3b

c) 그 짐승의 몸에 / 17:3b

a. 참람(僭濫)된(개정, 하나님을 모독하는) 이름들이 가득했고 / 17:3b

b. 일곱 머리와 열 뿔이 있으며 / 17:3b

d) 그 여자는 / 17:4-15

a. 자주 빛과 붉은 빛 옷을 입고 / 17:4a

b. 금과 보석과 진주로 꾸미고 / 17:4b

c. 손에 금잔을 가졌는데 / 17:4b

d. 가증한 물건과 그의 음행의 더러운 것들이 가득하더라 / 17:4b

e. 그 이마에 이름이 기록되었으니 / 17:5a

f. 비밀이라 / 17:5b

g. 큰 바벨론이라, 땅의 음녀들과 가증한 것들의 어미라 하였더라 / 17:5b

(2) 여자와 그의 탄 바 일곱 머리와 열 뿔 가진 짐승의 비밀/17:6-14

① 또 내가 보매 이 여자가 / 17:6

a) 성도들의 피와 예수의 증인들의 피에 취한지라 / 17:6a

b) 내가 그 여자를 보고 기이히 여기고 크게 기이히 여기니 / 17:6b

② 천사가 이르되 / 17:7-8

a) 왜 기이히 여기느냐 / 17:7a

b) 내가 여자와 그의 탄 바 일곱 머리와 열 뿔 가진 짐승의 비밀을 네게 이르리라 / 17:7b

c) 네가 본 짐승은 전에 있었다가 시방(時方▶개정, 지금) 없으나 / 17:8a

d) 장차 무저갱(無底坑)으로부터 올라와 멸망으로 들어갈 자니 / 17:8b

e) 땅에 거하는 자들로서 / 17:8b

f) 창세 이후로 생명책에 녹명(錄名▶개정, 기록)되지 못한 자들이 / 17:8b

g) 이전에 있었다가 시방 있으나 장차 나올 짐승을 보고 기이히 여기리라 / 17:8b

③ 지혜 있는 뜻이 여기 있으니 / 17:9-13

a) 그 일곱 머리는 여자가 앉은 일곱 산이요 또 일곱 왕이라 / 17:9

b) 다섯은 망하였고 / 17:10

a. 다른 이는 아직 이르지 아니하였으나 / 17:10a

b. 이르면 반드시 잠깐 동안 계속하리라(개정, 잠시 동안 머므리라) / 17:10b

c) 전(前)에 있었다가 시방(時方 ▶ 개정, 지금) 없어진 짐승은 여덟째 왕이니 / 17:11

a. 일곱째 중에 속한 자라 / 17:11a

b. 그가 멸망으로 들어가리라 / 17:11b

d) 네가 보던 열 뿔은 열 왕이니 / 17:12-13

a. 아직 나라를 얻지 못하였으나 / 17:12a

b. 다만 짐승으로 더불어 / 17:12b

c. 임금처럼 권세를 일시 동안 받으리라 / 17:12b

e) 그들이 한 뜻을 가지고 자기의 능력과 권세를 짐승에게 주더라 / 17:13

④ 짐승과 어린양 / 17:14

a) 그들이 어린양으로 더불어 싸우려니와 / 17:14a

b) 어린양은 만왕의 왕이시요 만왕의 왕이시므로 / 17:14b

c) 그들을 이기실 터이요 / 17:14b

d) 또 그와 함께 있는 자들 곧 부르심을 입고 빼내심을 얻고 진실한 자들은 / 17:14b

e) 이기리로다 / 17:14b

(3) 여자는 땅의 임금들을 다스리는 큰 성/17:15-18

① 또 천사가 내게 말하되 / 17:15

a) 음녀의 앉은 물은 / 17:15a

b) 백성과 무리와 열국의 방언들이니라 / 17:15b

② 네가 본 바 이 열 뿔과 짐승이 / 17:16

a) 음녀를 미워하여 망하게 하고 벌거벗게 하고 / 17:16a

b) 그 살을 먹고 불로 아주 사르리라 / 17:16b

③ 하나님께서 / 17:17

a) 자기 뜻대로 할 맘을 그들에게 주사 / 17:17a

b) 한 뜻을 이루게 하시고 / 17:17b

c) 그들의 나라를 그 짐승에게 주게 하시되 / 17:17b

d) 하나님 말씀이 응하기까지 하심이라 / 17:17b

④ 또 네가 본 바 여자는 / 17:18

a) 땅의 임금들을 다스리는 / 17:18a

b) 큰 성이라 하더라 / 17:18b

2) 큰 성 바벨론이여/18:1-24

(1) 다른 천사/18:1-3

① 이 일 후에 다른 천사가 / 18:1

a) 하늘에서 내려오는 것을 보니 /18:1a

b) 큰 권세를 가졌는데 / 18:1b

c) 그의 영광으로 땅이 환하여지더라 / 18:1b

② 힘센 음성으로 외쳐 이르되 / 18:2-3

a) 무너졌도다 무너졌도다 큰 성 바벨론이여 / 18:2a

b) 귀신의 처소와 각종 더러운 영의 모이는 곳과 / 18:2b

c) 각종 더럽고 가증한 새의 모이는 곳이 되었도다 / 18:2b

d) 그 음행의 진노의 포도주로 말미암아 / 18:3a

e) 만국이 무너졌으며 / 18:3b

f) 또 땅의 왕들이 그로 더불어 음행하였으며 / 18:3b

g) 땅의 상고들도 그 사치의 세력으로 말미암아 치부하였도다 하더라 / 18:3b

(2) 하늘로서 다른 음성/18:4-20

① 또 내가 들으니 하늘로서 다른 음성이 나서 이르되 / 18:4-8

a) 내 백성아, 거기서 나와 그의 죄에 참여하지 말고 / 18:4a

b) 그의 받을 재앙들을 받지 말라 / 18:4b

c) 그 죄는 하늘에 사무쳤으며 / 18:5a

d) 하나님이 그의 불의한 일을 기억하신지라 / 18:5b

e) 그가 준 대로 그에게 주고 / 18:6-7a

a. 그 행위대로 갑절로 갚아 주고 / 18:6a

b. 그의 섞인 잔에도 갑절이나 섞어 그에게 주라 / 18:6b

c. 그가 어떻게 자기를 영화롭게 하였으며 / 18:7a

d. 사치(奢侈)하였든지 그만큼 고난과 애통으로 갚아 주라 / 18:7b

f) 그가 마음에 말하기를 / 18:7b-8

a. 나는 여황(女皇▶개정, 여왕)으로 앉은 자요 / 18:7b

b. 과부가 아니라 / 18:7b

c. 결단코 애통을 당하지 아니하리라 하니 / 18:7b

d. 그러므로 하루 동안에 그 재앙들이 이르리니 / 18:8a

e. 곧 사망과 애통과 흉년이라 / 18:8b

f. 그가 또한 불에 살라지리니 / 18:8b

g. 그를 심판하신 주 하나님은 강하신 자이심이니라 / 18:8b

② 그와 함께 음행하고 사치하던 땅의 왕들이 / 18:9-10

a) 그 불붙는 연기를 보고 / 18:9a

b) 위하여 울고 가슴을 치며 / 18:9b

c) 그 고난을 무서워하여 멀리 서서 이르되 / 18:10

a. 화(禍) 있도다, 화(禍) 있도다 큰 성 바벨론이여 / 18:10a

b. 일시간(개정, 한 시간)에 네 심판이 이르렀다 하리로다 / 18:10b

d) 땅의 상고(商賈▶개정, 상인)들이 / 18:11

a. 그를 위하여 / 18:11a

b. 울고 애통하는 것은 다시 그 상품을 사는 자가 없음이라 / 18:11b

③ 그 상품은 / 18:12-13

a) 금과 은과 보석과 진주와 / 18:12a

b) 자주 옷감과 비단과 붉은 옷감이요 / 18:12b

c) 각종 향목(香木)과 각종 상아(象牙) 기명(器皿 ▶ 개정, 그릇)이요 / 18:12b

d) 값진 나무와 진유(眞鍮 ▶ 개정, 구리)와 철과 옥석(玉石; 개정, 대리석)으로 만든 각종 기명(器皿 ▶ 개정, 그릇)이요 / 18:12b

e) 계피(桂皮)와 향료(香料)와 향(香)과 향유(香油)와 유향(乳香)과 / 18:13a

f) 포도주와 감람유와 / 18:13b

g) 고운 밀가루와 밀과 / 18:13b

h) 소와 양과 수레와 / 18:13b

I) 종들과 사람의 영혼(靈魂)들이라 / 18:13b

④ 바벨론아 / 18:14-19

a) 네 영혼의 탐하던 과실이 네게서 떠났으며 / 18:14a

b) 맛 있는 것들과 빛난 것들이 다 없어졌으니 / 18:14b

c) 사람들이 결코 이것들을 다시 보지 못하리로다 / 18:14b

d) 바벨론으로 말미암아 치부한 이 상품의 상고들이 / 18:15a

e) 그 고난을 무서워하여 멀리 서서 / 18:15b-17

a. 울고 애통하여 이르되 / 18:15b

b. 화 있도다 화 있도다 큰 성이여 / 18:16a

c. 세마포와 자주와 붉은 옷을 입고 / 18:16b

d. 금과 보석과 진주로 꾸민 것인데 / 18:16b

e. 그러한 부가 일시간(개정, 한 시간)에 망하였도다 / 18:17a

f) 각 선장과 각처를 다니는 선객들과 선인들과 바다에서 일하는 자들 / 18:17b-19

a. 멀리 서서 / 18:17b

b. 그 불붙는 연기를 보고 외쳐 이르되 / 18:18a

c. 이 큰 성과 같은 성이 어디 있느뇨 하며 / 18:18b

d. 티끌을 자기 머리에 뿌리고 / 18:19a

e. 울고 애통하여 외쳐 이로되 / 18:19b

f. 화 있도다 화 있도다 이 큰 성이여 / 18:19b

g. 바다에서 배 부리는 모든 자들이 / 18:19b

h. 너의 보배로운 상품을 인하여 치부하였더니 / 18:19b

I. 일시간에 망하였도다 / 18:19b

⑤ 하늘과 성도들과 사도들과 선지자들아 / 19:20

a) 그로 말미암아 즐거워하라 / 19:20a

b) 하나님께서 / 19:20b

c) 너희를 신원(伸冤)하시는 심판을 그에게 하셨음이라(개정, 너희를 위하여 그에게 심판을 행하셨음이라) 하더라 / 19:20b

(3) 한 힘센 천사/18:21-24

① 이에 한 힘센 천사가 / 18:21a

② 큰 맷돌 같은 돌을 들어 바다에 던져 이르되 / 18:21b-24

a) 큰 성 바벨론이 이같이 몹시 떨어져(개정, 비참하게 던져져) / 18:21b

b) 결코 다시 보이지 아니하리로다 / 18:21b

c) 또 거문고 타는 자와 풍류하는 자와 퉁소 부는 자와 나팔 부는 자들의 소리가 / 18:22a

d) 결코 다시 네 가운데서 들리지 아니하고 / 18:22b

e) 물론 어떠한 세공업자든지 결코 다시 네 가운데서 보이지 아니하고 / 18:22b

f) 또 맷돌 소리가 결코 다시 네 가운데서 들리지 아니하고 / 18:22b

g) 등불 빛이 결코 다시 네 가운데서 비취지 아니하고 / 18:23a

h) 신랑과 신부의 음성이 결코 다시 네 가운데서 들리지 아니하리로다 / 18:23b

I) 너의 상고(商賈▶개정, 상인)들은 땅의 왕족들이라 / 18:23b

j) 네 복술(卜術)로 말미암아 만국이 미혹되었도다 / 18:23b

k) 선지자들과 성도들과 및 땅 위에서 죽임을 당한 모든 자의 피가 / 18:24a

l) 이 성중에서 보였느니라 하더라 / 18:24b

Ⅱ. 그리스도의 재림과 심판/19:1-20:25

1. 그리스도의 재림에 관한 계시/19:1-21

1) 어린양의 혼인 잔치/19:1-10

(1) 첫 번째 음성:하늘에 허다한 무리의 큰 음성/19:1-2

① 이 일 후에 내가 들으니 하늘에 허다한 무리의 큰 음성 같은 것이 있어 이르되 / 19:1a

② 첫 번째 할렐루야 찬양 / 19:1b-2

(2) 두 번째 음성 : 하늘에 허다한 무리의 큰 음성/19:3

① 두 번째 이르되 / 19:3a

② 두 번째 할렐루야 찬양 / 19:3b

③ 그 연기가 세세토록 올라가더라 / 19:3b

(3) 세 번째 음성/19:4-5

① 이십사 장로와 네 생물이 엎드려 / 19:4a

② 보좌에 앉으신 하나님께 경배하여 이르되 / 19:4b

③ 세 번째 할렐루야 찬양 : 아멘 할렐루야 / 19:4b

④ 보좌에서 음성이 나서 이르되 / 19:5

a) 하나님의 종들 곧 그를 경외하는 너희들아 / 19:5a

b) 무론 대소(無論大小)하고(개정, 큰 자나 작은 자나) 다 우리 하나님께 찬송하라 하더라 / 19:5b

(4) 네 번째 음성/19:6-8

① 또 내가 들으니 허다한 무리의 음성과도 같고 많은 물소리와도 같고 큰 뇌성(雷聲)도 같아서(개정, 큰 우렛소리와도 같은 소리로) 이르되 / 19:6a

② 네 번째 할렐루야 찬양 / 19:6b-8

(5) 기록하라/19:9-10

① 천사가 내게 말하기를 / 19:9

a) 기록하라 / 19:9a

b) 어린양의 혼인 잔치에 청함을 입은 자들이 복이 있도다 하고 / 19:9b

c) 또 내게 말하되 / 19:9b

d) 이것은 하나님의 참되신 말씀이라 하기로 / 19:9b

② 내가 그 발 앞에 엎드려 경배하려 하니 / 19:10a

③ 그가 나더러 말하기를 / 19:10b

a) 나는 너와 및 예수의 증거(證據 ▸ 개정, 증언)를 받은 네 형제들과 같이 된 종이니 / 19:10b

b) 삼가 그리하지 말고 / 19:1b

c) 오직 하나님께 경배하라 / 19:10b

d) 예수의 증거(證據 ▸ 개정, 증언)는 대언(代言 ▸ 개정, 예언)의 영(靈)이라 하더라 / 19:10b

2) 그리스도의 재림/19:11-21

(1) 만왕의 왕, 만주의 주/19:11-16

① 또 내가 하늘이 열린 것을 보니 / 19:11a

② 백마와 탄 자가 있으니 / 19:11b-13

a) 그 이름은 충신(忠信)과 진실(眞實)이라 / 19:11b

b) 그가 공의(公義)로 심판하며 싸우더라 / 19:11b

c) 그 눈이 불꽃 같고 / 19:12a

d) 그 머리에 많은 면류관(冕旒冠 ▸ 개정, 관)이 있고 / 19:12b

e) 또 이름 쓴 것이 하나가 있으니 자기밖에 아는 자가 없고 / 19:12b
f) 또 그가 피 뿌린 옷을 입었는데 / 19:13a
g) 그 이름은 하나님의 말씀이라 칭하더라 / 19:13b
③ 하늘에 있는 군대들이 / 19:14
a) 희고 깨끗한 세마포를 입고 / 19:14a
b) 백마를 타고 그를 따르더라 /19:14b
④ 그의 입에서 이(利▶개정, 예리)한 검이 나오니 / 19:15-16
a) 그것으로 만국을 치겠고 / 19:15a
b) 친히 그들을 철장(鐵杖)으로 다스리며 / 19:15b
c) 또 친히 하나님 곧 전능하신 이의 맹렬한 진노의 포도주 틀을 밟겠고 / 19:15b
d) 그 옷과 그 다리에 이름 쓴 것이 있으니 / 19:16a
e) 만왕(萬王)의 왕(王)이요 만주(萬主)의 주(主)라 하였더라 / 19:16b

(2) 한 천사/19:17-18

① 또 내가 보니 한 천사가 해에 서서 / 19:17a
② 공중에 나는 모든 새를 향하여 큰 음성으로 외쳐 이르되 / 19:17b-18
a) 와서 하나님의 큰 잔치에 모여 / 19:17b
b) 왕들의 고기와 장군들의 고기와 장사들의 고기와 말들과 그 탄 자들의 고기와 자유한 자들이나 종들이나 무론 대소(無論大小)하고(개정, 큰 자나 작은 자나) 모든 자의 고기를 먹으라 하더라 / 19:18

(3) 짐승과 땅의 임금들과 그 군대들/19:19-21

① 또 내가 보매 그 짐승과 땅의 임금들과 그 군대들이 모여 / 19:19a
② 그 말 탄 자와 그의 군대로 더불어 전쟁을 일으키다가 / 19:19b
③ 짐승이 잡히고 / 19:20a
④ 그 앞에서 이적을 행하던 거짓 선지자도 함께 잡혔으니 / 19:20b
⑤ 이는 짐승의 표를 받고 / 19:20b
⑥ 그의 우상에게 경배하던 자들을 이적으로 미혹하던 자라 / 19:20b

⑦ 이 둘을 산 채로 유황(硫黃) 불 붙는 못에 던지우고(개정, 던져지고) / 19:20b

⑧ 그 나머지는 말 탄 자의 입으로 나오는 검(劍)에 죽으매 / 19:21a

⑨ 모든 새가 그 고기로 배불리우더라(개정, 배불리더라) / 19:21b

2. 천 년 왕국에 관한 계시/20:1-15

1) 무저갱(無底坑)에 갇힌 사탄/20:1-3

(1) 천사/20:1-2a

① 또 내가 보매 천사가 / 20:1a

② 무저갱(無底坑) 열쇠와 큰 사슬(개정, 큰 쇠사슬)을 그 손에 가지고 / 20:1b

③ 하늘에서 내려와서 / 20:1b

④ 용을 잡으니 곧 옛 뱀이요 마귀요 사탄이라 / 20:2a

(2) 무저갱에 결박(結縛)/20:2b-3

① 잡아서 일천년 동안 결박(結縛)하여 / 20:2b

② 무저갱(無底坑)에 던져 잠그고 / 20:3a

③ 그 위에 인봉(印封)하여 / 20:3b

④ 천 년이 차도록 다시는 만국을 미혹하지 못하게 하였다가 / 20:3b

⑤ 그 후에 잠깐 놓이리라 / 20:3b

2) 성도의 부활과 천 년 왕국/20:4-6

(1) 첫째 부활/20:4-5

① 또 내가 보좌들을 보니 / 20:4a

② 거기 앉은 자들이 있어 심판하는 권세를 받았더라 / 20:4b

③ 또 내가 보니 예수의 증거와 하나님의 말씀을 인하여(개정, 예수를 증언함과 하나님의 말씀 때문에) / 20:4b

④ 목 베임을 받은 자의 영혼들과 / 20:4b

⑤ 또 짐승과 그의 우상에게 경배하지도 아니하고 / 20:4b

⑥ 이마와 손에 그의 표를 받지도 아니한 자들이 / 20:4b

⑦ 그리스도와 더불어 천 년 동안 왕 노릇 하니 / 20:4b

⑧ 그 나머지 죽은 자들은 그 천 년이 차기까지 살지 못하더라 / 20:5a

⑨ 이는 첫째 부활이라 / 20:5b

(2) 천 년 왕국/20:6

① 이 첫째 부활에 참여하는 자들은 / 20:6a

a) 복이 있고 거룩하도다 / 20:6b

b) 둘째 사망이 그들을 다스리는 권세가 없고 / 20:6a

c) 도리어 그들이 하나님과 그리스도의 제사장이 되어 / 20:6b

② 천 년 동안 / 20:6b

a) 그리스도와 더불어 / 20:6b

b) 왕 노릇 하리라 / 20:6b

3) 사탄의 최후 발악과 영원한 멸망/20:7-10

(1) 곡과 마곡의 최후 전쟁/20:7-9

① 천 년이 차매 / 20:7a

② 사탄이 그 옥에서 놓여 / 20:7b

③ 나와서 땅의 사방 백성 곧 곡과 마곡을 미혹하고 모아 싸움을 붙이리니 / 20:8a

④ 그 수가 바다 모래 같으리라 / 20:8b

⑤ 그들이 지면에 널리 퍼져 / 20:9a

⑥ 성도들의 진과 사랑하시는 성을 두르매 / 20:9b

⑦ 하늘에서 불이 내려와 그들을 소멸하고 / 20:9b

(2) 영원한 멸망/20:10

① 또 그들을 미혹하는 마귀가 / 20:10a

② 불과 유황 못에 던져지니 / 20:10b

③ 거기는 그 짐승과 거짓 선지자도 있어 / 20:10b

④ 세세토록 밤낮 괴로움을 받으리라 / 20:10b

4) 하나님의 보좌에 의한 최후 심판/20:11-15

(1) 흰 보좌에의 심판/20:11-12

① 또 내가 크고 흰 보좌와 그 위에 앉으신 자를 보니 / 20:11a

② 땅과 하늘이 그 앞에서 피하여 간데없더라 / 20:11b

③ 또 내가 보니 죽은 자들이 무론 대소(無論大小)하고(개정, 큰 자나 작은 자나) / 20:12

a) 그 보좌 앞에 섰는데 / 20:12a

b) 책들이 펴 있고 / 20:12b

c) 또 다른 책들이 펴졌으니 곧 생명책이라 / 20:12b

d) 죽은 자들이 자기 행위를 따라 / 20:12b

e) 책들에 기록한대로 심판을 받으니 / 20:12b

(2) 최후 심판의 결과 : 둘째 부활과 둘째 사망/20:13-15

① 바다가 그 가운데서 죽은 자들을 내어 주고 / 20:13a

② 또 사망(死亡)과 음부(陰府)가(개정, 음부도) 그 가운데서 죽은 자들을 내어 주매 / 20:13b

③ 각 사람이 자기의 행위대로 심판을 받고 / 20:13b

④ 사망과 음부도 불못에 던져지니 / 20:14a

⑤ 이것은 둘째 사망 곧 불못이라 / 20:14b

⑥ 누구든지 생명책에 기록되지 못한 자는 / 20:15a

⑦ 불못에 던져지더라 / 20:15b

Ⅲ. 새 하늘과 새 땅의 도래/21:1-22:21

1. 하나님 나라에 관한 계시/21:1-22:5

1) 새 하늘과 새 땅/21:1-8

(1) 새 하늘과 새 땅/21:1

① 또 내가 새 하늘과 새 땅을 보니 / 21:1a

② 처음 하늘과 처음 땅이 없어졌고 바다도 다시 있지 않더라 / 21:1b

(2) 하나님의 장막/21:2-4

① 거룩한 성 새 예루살렘 / 21:2

a) 또 내가 보매 거룩한 성 새 예루살렘이 / 21:2a

b) 하나님께로부터 하늘에서 내려오니 / 21:2b

c) 그 예비한 것이 신부가 남편을 위하여 단장한 것 같더라 /21:2b

② 하나님의 장막 / 21:3-4

a) 내가 들으니 보좌에서 큰 음성이 나서 이르되 / 21:3a

b) 보라 하나님의 장막이 사람들과 함께 있으매 / 21:3b

c) 하나님이 그들과 함께 거(居)하시리니(개정, 계시리니) / 21:3b

d) 그들은 하나님의 백성이 되고 / 21:3b

e) 하나님은 친히 / 21:3b-4

a. 그들과 함께 계셔서 / 21:3b

b. 모든 눈물을 그 눈에서 씻기시매 / 21:4a

c. 다시 사망(死亡)이 없고 / 21:4b

d. 애통(哀痛)하는 것이나 / 21:4b

e. 곡(哭)하는 것이나 / 21:4b

f. 아픈 것이 다시 있지 아니하리니 / 21:4b

g. 처음 것들이 다 지나갔음이러라 / 21:4b

(3) 이루었도다/21:5-8

① 보좌에 앉으신 이가 이르시되 / 21:5a

② 보라 내가 만물을 새롭게 하노라 하시고 / 21:5b

③ 또 이르시되 / 21:5b

④ 이 말은 신실하고 참되니 기록하라 하시고 / 21:5b

⑤ 또 내게 말씀하시되 / 21:6a

⑥ 이루었도다 / 21:6b

⑦ 나는 알파요 오메가요 처음과 나중이라 / 21:6b

⑧ 내가 생명수 샘물로 목마른 자에게 값 없이 주리니 / 21:6b

⑨ 이기는 자는 / 21:7

a) 이것들을 유업(遺業▶개정, 상속)으로 얻으리라 / 21:7a

b) 나는 그들의 하나님이 되고 / 21:7b

c) 그는 내 아들이 되리라 / 21:7b

⑩ 둘째 사망에 참여하는 자들 / 21:8

a) 그러나 두려워하는 자들과 / 21:8a

b) 믿지 아니하는 자들과 / 21:8b

c) 흉악(凶惡)한 자들과 / 21:8b

d) 살인자(殺人者)들과 / 21:8b

e) 행음자(行淫者)들과 / 21:8b

f) 술객(術客▶개정, 점술가)들과 / 21:8b

g) 우상 숭배자들과 / 21:8b

h) 모든 거짓말하는 자들은 / 21:8b

I) 불과 유황으로 타는 못에 참여하리니 / 21:8b

j) 이것이 둘째 사망(死亡)이라 / 21:8b

2) 새 예루살렘 성과 하나님의 영광/21:9-22:5

(1) 거룩한 성 예루살렘 - 천사의 첫 번째 계시/21:9-11

① 일곱 대접을 가지고 마지막 일곱 재앙을 담은 일곱 천사 중 하나가 나아와서 내게 말하되 / 21:9

a) 이리 오라 / 21:9a

b) 내가 신부 곧 어린양의 아내를 내게 보이리라 하고 / 21:9b

② 성령으로 나를 데리고 / 21:10-11

a) 크고 높은 산으로 올라가 / 21:10a

b) 하나님께로부터 하늘에서 내려오는 / 21:10b

c) 거룩한 성 예루살렘을 보이니 / 21:10b

d) 하나님의 영광이 있으매 / 21:11a

e) 그 성의 빛이 지극히 귀한 보석 같고 벽옥과 수정같이 맑더라 / 21:11b

(2) 성곽과 열두 문/21:12-13

① 크고 높은 성곽(城郭)이 있고 / 21:12a

② 열두 문이 있는데 / 21:12b-13

a) 문에 열두 천사가 있고 / 21:12b

b) 그 문들 위에 이름을 썼으니 / 21:12b

c) 이스라엘 자손 열두 지파의 이름들이라 / 21:12b

d) 동편(東便▶개정, 동쪽)에 세 문 / 21:13a

e) 북편(北便▶개정, 북쪽)에 세 문 / 21:13b

f) 남편(南便▶개정, 남쪽)에 세 문 / 21:13b

g) 서편(西便▶개정, 서쪽)에 세 문이니 / 21:13b

(3) 열두 기초석/21:14-20

① 그 성(城)은 열두 기초석(基礎石)이 있고 / 21:14a

② 그 위에 어린양의 십이 사도의 열두 이름이 있더라 / 21:14b

③ 내게 말하는 자가 / 21:15-18

a) 그 성(城)과 그 문(門)들과 성곽(城郭)을 척량(尺量▶개정, 측량)하려고 / 21:15a

b) 금(金) 갈대를 가졌더라 / 21:15b

c) 그 성은 네모가 반듯하여 장광(長廣)이(개정, 길이와 너비가) 같은지라 / 21:16a

d) 그 갈대로 그 성을 척량(尺量; 개정, 측량)하니 / 21:16b

e) 일만이천 스다디온이요 / 21:16b

f) 장(長)과 광(廣)과 고(高)가(개정, 길이와 너비와 높이가) 같더라 / 21:16b

g) 그 성곽을 척량(尺量▶개정, 측량)하매 일백사십사 규빗이니 / 21:17a

h) 사람의 척량(尺量▶개정, 측량) 곧 천사(天使)의 척량(尺量▶개정, 측량)이라 / 21:17b

I) 그 성곽(城郭)은 벽옥(碧玉)으로 쌓였고 / 21:18a

j) 그 성(城)은 정금(精金)인데 맑은 유리(琉璃) 같더라 / 21:18b

④ 그 성곽(城郭)의 기초석(基礎石)은 각색(各色) 보석(寶石)으로 꾸몄는데 / 21:19-20

a) 첫째 기초석은 벽옥(碧玉)이요 / 21:19a

b) 둘째는 남보석(藍寶石)이요 / 21:19b

c) 셋째는 옥수(玉髓)요 / 21:19b

d) 넷째는 녹보석(祿寶石)이요 / 21:19b

e) 다섯째는 홍마노(紅馬瑙)요 / 21:20a

f) 여섯째는 홍보석(紅寶石)이요 / 21:20b

g) 일곱째는 황옥(黃玉)이요 / 21:20b

h) 여덟째는 녹옥(綠玉)이요 / 21:20b

I) 아홉째는 담황옥(淡黃玉)이요 / 21:20b

j) 열째는 비취옥(翡翠玉)이요 / 21:20b

k) 열한째는 청옥(靑玉)이요 / 21:20b

l) 열둘째는 자정(紫晶▶개정, 자수정)이라 / 21:20b

(4) 주 하나님과 어린양이 그 성전/21:21-27

① 열두 문과 성의 길 / 21:21

a) 열두 진주니 문마다 한 진주요 / 21:21a

b) 성의 길은 맑은 유리 같은 정금이더라 21:21b

② 성전을 내가 보지 못하였으니 / 21:22

a) 이는 주 하나님 곧 전능하신 이와 및 / 21:22a

b) 어린양이 그 성전이심이라 / 21:22b

③ 그 성은 해나 달의 비췸이 쓸데없으니 / 21:23

a) 이는 하나님의 영광이 비취고 / 21:23a

b) 어린양이 그 등이 되심이라/ 21:23b

④ 만국이 / 21:24-25

a) 그 빛 가운데로 다니고 / 21:24a

b) 땅의 왕들이 자기 영광을 가지고 그리로 들어오리라 / 21:24b

c) 성문들을 낮에 도무지 닫지 아니하리니 / 21:25a

d) 거기는 밤이 없음이라 / 21:25b

⑤ 사람들이 / 21:26-27

a) 만국의 영광과 존귀를 가지고 그리로 들어오겠고 / 21:26

b) 무엇이든지 속된 것이나 가증한 일 또는 거짓말하는 자는 / 21:27a

c) 결코 그리로 들어오지 못하되 / 21:27b

d) 오직 어린양의 생명책에 기록된 자들뿐이라 / 21:27b

(5) 하나님과 어린양의 보좌/22:1-5

① 또 그가 수정(水晶)같이 맑은 생명수(生命水)의 강(江)을 내게 보이니 / 22:1-2a

a) 하나님과 및 어린양의 보좌(寶座)로부터 나서/22:1

b) 길 가운데로 흐르더라 / 22:2a

② 강(江) 좌우(左右)에 생명(生命)나무가 있어 / 22:2b

a) 열두 가지 실과(實果▶개정, 열매)를 맺히되 / 22:2b

b) 달마다 그 실과(實果▶개정, 열매)를 맺히고 / 22:2b

c) 그 나무 잎사귀들은 만국(萬國)을 소성(蘇醒▶개정, 치료)하기 위하여 있더라/ 22:2b

③ 다시 저주(詛呪)가 없으며 / 22:3a

④ 하나님과 그 어린양의 보좌(寶座)가 그 가운데 있으리니 / 22:3b-4

a) 그의 종들이 그를 섬기며 / 22:3b

b) 그의 얼굴을 볼 터이요 / 22:4a

c) 그의 이름도 저희 이마에 있으리라 / 22:4b

⑤ 다시 밤이 없겠고 등불과 햇빛이 쓸데없으니 / 22:5

a) 이는 주 하나님이 저희에게 비취심이라 / 22:5a

b) 저희가 세세토록 왕 노릇 하리로다 / 22:5b

2. 속(速)히 오리라/22:6-21

1) 이 책의 예언의 말씀/22:6-16

(1) 천사의 두 번째 계시/22:6-7

① 또 그가 내게 말하기를 / 22:6

a) 이 말은 신실(信實)하고 참된지라 / 22:6a

b) 주(主) 곧 선지자(先知者)들의 영(靈)의 하나님이 / 22:6b

c) 그의 종들에게 결코 속히 될(개정, 반드시 되어질) 일을 보이시려고 / 22:6b

d) 그의 천사를 보내셨도다 / 22:6b

② 보라 내가 속히 오리니 / 22:7

a) 이 책의 예언(豫言)의 말씀을 지키는 자가 / 22:7a

b) 복이 있으리라 하더라 / 22:7b

(2) 천사의 세 번째 계시/22:8-9

① 이것들을 보고 들은 자는 나 요한이니 / 22:8a

② 내가 듣고 볼 때에 / 22:8b

③ 이 일을 내게 보이던 천사의 발 앞에 경배하려고 엎드렸더니 / 22:8b

④ 그가 내게 말하기를 / 22:9

a) 나는 너와 네 형제 선지자들과 / 22:9a

b) 또 이 책(册▶개정, 두루마리)의 말을 지키는 자들과 함께 된 종이니 / 22:9b

ⓒ 그리하지 말고 오직 하나님께 경배하라 하더라 / 22:9b

(3) 천사의 네 번째 계시/22:10-15

① 또 내게 말하되 / 22:10-11

a) 이 책의 예언의 말씀을 인봉(印封)하지 말라 / 22:10a

b) 때가 가까우니라 / 22:10b

c) 불의(不義)를 하는 자는 그대로 불의를 하고 / 22:11a

d) 더러운 자는 그대로 더럽고 / 22:11b

e) 의로운 자는 그대로 의(義)를 행하고 / 22:11b

f) 거룩한 자는 그대로 거룩되게 하라 / 22:11b

② 보라 내가 속히 오리니 / 22:12-13

a) 내가 줄 상(賞)이 내게 있어 / 22:12a

b) 각 사람에게 그의 일한 대로 갚아 주리라 / 22:12b

c) 나는 알파와 오메가요 처음과 나중이요 / 22:13a

d) 시작(始作)과 끝(개정, 마침)이라 / 22:13b

③ 그 두루마기를 빠는 자들은 복(福)이 있으니 / 22:14

a) 이는 그들이 생명(生命)나무에 나아가며 / 22:14a

b) 문(門)들을 통하여 성(城)에 들어갈 권세(權勢)를 얻으려(개정, 받으려) 함이로다 / 22:14b

④ 새 예루살렘 성밖에 있을 자들 / 22:15

a) 개들과 / 22:15a

b) 술객(術客 ▸ 개정, 점술가)들과 / 22:15b

c) 행음자(行淫者)들과 / 22:15b

d) 살인자(殺人者)들과 / 22:15b

e) 우상(偶像) 숭배자(崇拜者)들과 및 / 22:15b

f) 거짓말을 좋아하며 지어내는 자마다 / 22:15b

g) 성(城) 밖에 있으리라 / 22:15b

2) 증거(證據)의 계시/22:16-21

(1) 광명한 새벽별/22:16

① 나 예수는 / 22:16a

a) 교회(敎會)들을 위하여 / 22:16a

b) 내 사자(使者)를 보내어 / 22:16a

c) 이것들을 너희에게 증거(證據 ▶ 개정, 증언)하게 하였노라 / 22:16a

② 나는 / 22:16b

㉠ 다윗의 뿌리요 자손(子孫)이니 / 22:16b

㉡ 곧 광명(光明)한 새벽별이라 하시더라 / 22:16b

(2) 성령과 신부/22:17

① 성령(聖靈)과 신부(新婦)가 말씀하시기를 오라 하시는도다 / 22:17a

② 듣는 자도 오라 할 것이요 / 22:17b

③ 목마른 자도 올 것이요 / 22:17b

④ 또 원(願)하는 자는 / 22:17b

a) 값 없이 / 22:17b

b) 생명수를 받으라 하시더라 / 22:17b

(3) 이 책의 예언의 말씀을 듣는 각인/22:18-19

① 내가 이 책의 예언의 말씀을 듣는 각인(各人 ▶ 개정, 듣는 모든 사람)에게 증거(證據 ▶ 개정, 증언)하노니 / 22:18

a) 만일 누구든지 이것들 외(外)에 더하면 / 22:18a

b) 하나님이 이 책(冊 ▶ 개정, 두루마리)에 기록(記錄)된 재앙(災殃)들을 그에게 더하실 것이요 / 22:18b

② 만일 누구든지 / 22:19

a) 이 책(冊 ▶ 개정, 두루마리)의 예언의 말씀에서 제(除)하여 버리면 / 22:19a

b) 하나님이 이 책(冊 ▶ 개정, 두루마리)에 기록된 생명(生命)나무와 및 / 22:19b

c) 거룩한 성(城)에 참여(參與)함을 제(除)하여 버리시리라 / 22:19b

(4) 마라나타(marana tha, Our Lord, Come!)/22:20-21

① 이것들을 증거(證據 ▶ 개정, 증언)하신 이가 이르시되 / 22:20

a) 내가 진실(眞實)로 속(速)히 오리라 하시거늘 / 22:20a

b) 아멘 주(主) 예수여 오시옵소서 / 22:20b

② 주 예수의 은혜(恩惠)가 / 22:21

a) 모든 자들에게 있을지어다 / 22:21a

b) 아멘 / 22:21b

부록 차례

부 록

성경 연구를 위한 자료

I. 아브라함과 다윗의 자손 예수 그리스도의 계보를 통한 성경 관찰

1. 아브라함

1) 창조에서 아브람(아브라함 개명 전 이름)까지(창 1장-11장)

(1) 여호와 하나님이 천지 만물 창조(창 1장)

(2) 동방의 에덴에 동산을 창설하심과 에덴 동산에서의 추방(창 2-3장)

(3) 가인의 후예와 노아의 방주(창 4-9장)

(4) 노아의 후예와 셈의 후예(창 10-11장)

2) 아브라함에서 야곱까지(창 12-50장/욥기 1-42장)

(1) 믿음의 조상 아브라함(창 12-24장)

(2) 순종의 조상 이삭(창 25-27장)

(3) 12 지파의 조상 야곱(창 28-38장)

(4) 여호와께서 함께하는 요셉(창 39-50장)

3) 애굽에서 시내 산까지(출 1-18장)

(1) 모세와 아론을 부르시는 여호와 하나님(출 1-6장)

(2) 출애굽하는 이스라엘 자손(출 7-18장)

4) 성막에서 제사까지(출 19 - 레 27장)

(1) 시내 산에서의 십계명과 율법 수여와 두 돌판(출 19-24장)

(2) 성막의 식양과 기구의 식양(출 25-40장)

(3) 성막의 제사와 성결(레 1-27장)

5) 시내 광야 회막에서 여리고 맞은편 비스가 산 꼭대기까지 (민 1 - 신 34장)

(1) 출애굽 세대의 계수(민 1-25장)
(2) 가나안 진군 세대의 계수(민 26-36장)
(3) 모세의 요단 저편 모압 땅에서 율법 설명과 모세의 죽음(신 1-34장)

6) 요단 강을 건너는 여호수아에서부터 나오미의 아들 오벳까지 (수 1 - 룻 4장)

(1) 12 지파의 가나안 기업의 땅 분배와 여호수아와 엘르아살의 죽음 (수 1-24장)
(2) 12 사사를 세우시는 여호와 하나님(삿 1-21장)
(3) 베레스에서 다윗까지(룻 1-4장)

7) 사무엘에서 사울 왕의 죽음까지(삼상 1-31장)

(1) 여호와의 명령으로 사울에게 기름을 부으는 사무엘(삼상 1-11장)
(2) 불순종의 사울 왕과 그 아들들의 죽음(삼상 12-31장)
〔아담에서 사울 왕의 죽음까지(대상 1-10장)〕

2. 다윗

1) 다윗 왕부터 솔로몬의 출생까지(삼하 1장-24장/대상 11-29장/시편 1-150편)

2) 솔로몬 왕부터(솔로몬의 성전 건축과 우상 숭배) 르호보암까지(왕상 1-11장/대하 1-9장)

※ 솔로몬의 저작 : 아가 1-8장 / 잠언 1-31장 / 전도서 1-12장

3) 르호보암 왕부터 시드기야 왕까지(왕상 12 - 왕하 25장/대하 10-36장)

(1) 이스라엘의 분열 왕국(왕상 12-16장 / 대하 10-28장)
(2) 북이스라엘의 멸망과 남유다의 멸망(왕하 17-25장 / 대하 29-36장)

4) 바벨론 포로에서 예루살렘의 귀환까지/1차, 2차, 3차 바벨론 포로의 귀환과 유대인의 구원(스 1 - 에 10장)

※ 겔 1-48장 / 단 1-12장 / 학 1-2장 / 슥 1-14장 / 말 1-4장

3. 예수 그리스도

1) 예수 그리스도의 임마누엘부터 부활 승천까지(마 1장 - 요 21장)

(1) 임마누엘로 오신 예수 그리스도(마 1-28장)

(2) 복음으로 오신 예수 그리스도(막 1-16장)

(3) 인자로 오신 예수 그리스도(눅 1-24장)

(4) 말씀으로 오신 예수 그리스도(요 1-21장)

2) 예수 그리스도의 증인으로부터 주님의 몸된 성전인 교회까지(행 1-유 1장)

(1) 예수 그리스도의 증인과 예루살렘에서 로마까지(행 1-28장)

(2) 성도와 교회를 향한 이방인의 사도인 바울의 서신(롬 1 - 몬 1장)

(3) 성도와 교회를 향한 사도들의 공동 서신(히 1 - 유 1장)

3) 예수 그리스도의 계시를 받는 교회에서부터 새 예루살렘 성까지(계 1장-22장)

(1) 예수 그리스도의 계시와 일곱 교회(계 1-3장)

(2) 하늘의 보좌에 앉으신 이와 어린양의 백보좌 심판(계 4-20장)

(3) 새 창조와 새 예루살렘 성(계 21-22장)

II. 오경 개관

1) 창조에서부터 인류가 온 세상에 흩어지기까지(창 1:1-11:9)

2) 히브리 백성을 세운 조상들(창 11:10-50:26)

3) 히브리 백성들의 출애굽(출 1-15장)

4) 홍해에서 시내 산까지(출 16-민 10:10)

5) 시내 산에서 모압 평지까지(민 10:11-21:35)

6) 모압 평지에서 진을 친 이스라엘(민 22:1-36:13)

7) 모세가 이스라엘 백성에게 전하는 하나님의 행하심과 하나님의 율법(신 1-33장)

8) 모세의 죽음(신 34장)

Ⅲ. 메시야에 대한 구약의 예언과 신약의 성취

※ 많은 사항 중 발췌

1) 여자의 후손(창 3:15 / 갈 4:4-5)
2) 아브라함의 자손(창 12:3 / 마 1:1)
3) 이삭의 자손(창 17:19 / 눅 3:34)
4) 야곱의 자손(민 24:17 / 마 1:2)
5) 유다 지파로부터 오심(창 49:10 / 눅 3:33)
6) 다윗의 위를 상속함(사 9:7 / 눅 1:32)
7) 베들레헴에서의 탄생(미 5:2 / 마 2:1)
8) 탄생의 때(단 9:25 / 눅 2:1-2)
9) 동정녀 탄생(사 7:14 / 눅 1:27)
10) 헤롯 왕의 유아 학살(렘 31:15 / 마 2:16-18)
11) 애굽으로 피난함(호 11:1 / 마 2:14-15)
12) 주의 길을 예비하는 세례 요한(사 40:3-5 / 눅 3:3-6)
13) 하나님의 아들(시 2:7 / 마 3:17)
14) 갈릴리 전도(사 9:1 / 마 4:13-16)
15) 구원의 우물(생수 = 예수)이 되심 / 사 12:2, 3 / 요 4:10-14)
16) 비유로 가르치심(시 78:2-4 / 마 13:34)
17) 선지자(신 18:15 / 마 13:57; 21:11, 46 / 막 6:15 / 눅 7:16; 9:8, 19; 24:29 / 요 4:19, 43; 6:14; 7:40; 9:17 / 행 3:20, 22)
18) 가난한 자에게 복음을 전파함(사 61:1-2 / 눅 4:18-19)
19) 유대인들에 의해 배척당함(사 53:3 / 요 1:11)
20) 멜기세덱의 반차를 좇는 제사장(시 110:4 / 히 5:6)
21) 승리의 입성(슥 9:9 / 마 21:1-11)
22) 가까운 친구에 의해 배반당함 / 시 41:9(눅 22:47-48)
23) 은 삼십에 팔림(슥 11:12 / 마 26:15)
24) 거짓 증인들에 의해 고소됨(시 35:11 / 막 14:57)
25) 고소하는 자들 앞에서 침묵함(사 53:7 / 막 15:4-5)
26) 매 맞음과 침 뱉음과 빰을 맞음(사 50:6; 미 5:1 / 마 26:67)
27) 이유 없이 미움을 받음(창 37:4-5 / 요 15:42)
28) 대신 고난을 받음(사 53:5 / 롬 5:6, 8)
29) 죄인들과 함께 못 박히심(사 53:12 / 막 15:27)

30) 수족이 찔림(시 22:16 / 요 20:27)
31) 조롱과 모욕을 당함(시 22:7-8 / 눅 23:35)
32) 쓸개 탄 포도주를 마심(시 69:21 / 마 27:34)
33) 원수들을 위해 기도함(시 109:4 / 눅 23:34)
34) 옷을 제비 뽑음(시 22:17-18 / 마 27:35)
35) 하나님께 버림을 당함(시 22:1 / 마 27:46)
36) 뼈가 꺾이지 않음(시 34:20 / 요 19:32-33, 36)
37) 옆구리가 찔림(슥 12:10 / 요 19:34)
38) 부자의 무덤에 장사됨(사 53:9 / 마 27:57-60)
39) 부활(시 16:10; 시 49:15 / 막 16:6-7)
40) 승천(시 68:18 / 막 16:19; 고전 15:4)

Ⅳ. 예수님의 생애

1. 어린 시절

1) 예수님의 탄생 BC 4년경 - 베들레헴(마 1:18-25; 눅 2:1-7)
2) 목자들의 방문 - 베들레헴(눅 2:8-20)
3) 성전에서 예수님을 하나님께 바침 - 예루살렘(눅 2:21-40)
4) 동방 박사들의 방문 - 베들레헴(마 2:1-12)
5) 이집트로의 피신 - 나일 강 델타 지역(마 2:13-18)
6) 나사렛으로 돌아옴 - 갈릴리 하부 지역(마 2:19-23)
7) 소년으로 성전을 방문함 - AD 7-8년경, 예루살렘(눅 2:41-52)

2. 공생애(성역 = 聖役) 시작

※ 예수님의 이름이 온 이스라엘에 알려짐, 유대 지도자들의 적대가 시작됨

1) 세례를 받으심 - AD 26년경, 요단 강(막 1:9-11; 눅 3:21-23; 요 1:29-39)
2) 사탄으로부터 시험 받으심 - 사막 지대(마 4:1-11; 막 1:12-13; 눅 4:1-13)
3) 첫 번째 이적을 행하심 - 가나(요 2:1-11)

4) 4 명의 어부들이 예수님을 따름 - AD 27년경, 가버나움의 갈릴리 호수 / 마 4:18-22; 막 1:16-20; 눅 5:1-11
5) 베드로의 장모를 낫게 하심 - 가버나움(마 8:14-17; 막 1:29-34; 눅 4:38-41)

3. 공생애의 초기

1) 성전을 청결케 하심 - AD 27년경(요 2:14-22)
2) 예수님과 니고데모의 대화 - AD 27년경, 예루살렘(요 3:1-21)
3) 예수님과 사마리아 여인과의 대화 - 사마리아(요 4:5-42)
4) 왕의 신하의 아들을 고치심 - 가나(요 4:46-54)
5) 고향 사람들이 예수님을 죽이려 함 - 나사렛(눅 4:16-31)

4. 공생애의 중간기

1) 갈릴리 지역에서 첫 번째 전도 여행을 하심(마 4:23-25; 막 1:35-39; 눅 4:42-44)
2) 마태가 예수님을 따름 - 가버나움(마 9:9-13; 막 2:13-17; 눅 5:27-32)
3) 열두 제자를 선택하여 세우심 - AD 28년경(막 3:13-19; 눅 6:12-15)
4) "산상 수훈"을 설교하심(마 5:7-29; 눅 6:20-49)
5) 어떤 여인이 예수님께 향유를 부음 - 가버나움(눅 7:36-50)
6) 예수님이 다시 갈릴리 지역을 여행하심(눅 8:1-3)
7) 하나님 나라에 대한 비유들을 말씀하심(마 13:1-52; 막 4:1-34; 눅 8:4-18)
8) 풍랑을 잔잔케 하심 - 갈릴리 호수(마 8:23-27; 막 4:35-41; 눅 8:22-25)
9) 죽은 야이로의 딸을 살리심 - 가버나움(마 9:18-26; 막 5:21-43; 눅 8:40:56)
10) 열두 제자들을 파송하심(마 9:35-11; 막 6:6-13; 눅 9:1-6)

5. 유대인들의 적대감 고조 시기

※ 이 시기에는 이적을 많이 행하심 - 이적 전체에 대한 항목은 445쪽의 것 참조.

1) 세례 요한이 헤롯에게 죽임을 당함 - AD 28년경(마 14:1-12; 막 6:14-29; 눅 9:7-9)
2) 오천 명을 먹이심 - AD 29년 봄, 벳새다 근처(마 14:13-21; 막 6:3-44; 눅 9:10-17; 요 6:1-44)
3) 물 위로 걸어오심(마 14:22-23; 막 6:45-52; 요 6:16-21)
4) 두로와 시돈 지방으로 물러가심(마 15:21-28; 막 7:24-30)
5) 사천 명을 먹이심(마 15:32-39; 막 8:1-9)
6) 예수님이 하나님의 아들이시라는 시몬 베드로의 고백을 들으시고 그의 이름을 '베드로'라 명명하심(마 16:13-20; 막 8:27-30; 눅 9:18-21)
7) 예수님이 임박한 죽음을 예고함(마 16:21-26; 막 8:31-37; 눅 9:22-25)
8) 변화산 사건(마 17:1-13; 막 9:2-13; 눅 9:28-36)
9) 성전세를 내게 하심 - AD 29년 말엽, 가버나움(마 17:24-27)
10) 초막절에 참석하심 - AD 29년 10월, 예루살렘(요 9:1-41)
11) 날 때부터 눈먼 사람을 고침 - 예루살렘(요 9:1-41)
12) 마리아와 마르다의 집을 방문하심 - 베다니(눅 10:38-42)
13) 죽은 나사로를 살리심 - AD 29년, 겨울 베다니(요 11:1-44)

6. 공생애의 후기

1) 예수님의 예루살렘 마지막 방문 - AD 30년경(눅 17:11)
2) 어린아이들을 축복해 주심 - 요단 건너편(마 19:13-15; 막 10:13-16; 눅 18:18-30)
3) 한 부자 청년과의 대화 - 요단 건너편(마 19:16-30; 막 10:17-31; 눅 18:18-30)
4) 자신의 죽음과 부활에 대해 다시 예고하심 - 요단 근처(마 20:17-19; 막 10:32-34; 눅 18:31-34)
5) 맹인 바디메오를 고치심 - 여리고(마 20:29-34; 막 10:46-52; 눅 18:35-43)
6) 삭개오에게 말씀하심 - 여리고(눅 19:1-10)

7) 베다니로 돌아와 마리아와 마르다의 집을 방문하심 - 베다니(요 11:55-12:1)

7. 공생에 마지막 한 주간

1) 승리의 입성 - 예루살렘, 일요일(마 21:1-11; 막 11:1-10; 눅 19:29-44; 요 12:12-19)
2) 무화과나무를 마르게 하심 - 월요일(마 21:18-19; 막 11:12-14)
3) 두 번째 성전 청결 사건 - 월요일(마 21:12-13; 막 11:15-18)
4) 예수님의 권위에 대한 유대 지도자들의 질문, 화요일(마 21:23-27; 막 11:27-33; 눅 20:1-8)
5) 성전에서 가르치심 - 화요일(마 21:28-23:39; 막 12:1-44; 눅 20:9-21:4)
6) 마리아가 예수님께 향유를 부음 - 베다니, 화요일(마 26:6-13; 막 14:3-9; 요 12:2-11)
7) 예수님을 죽이려고 공모함 - 수요일(마 26:14-16; 막 14:10-11; 눅 22:3-6)
8) 최후의 만찬 - 목요일(마 26:17-19; 막 14:12-25; 눅 22:7-20; 요 13:1-38)
9) 제자들을 위로하심 - 목요일(요 14:1-16:33)
10) 겟세마네 동산의 기도 - 목요일(마 26:36-46; 막 14:32-42; 눅 22:40-46)
11) 예수님이 붙잡혀 심문 받으심 - 목요일 밤에서 금요일 오전까지(마 26:47-27:26; 막 14:43-15:15; 눅 22:47-23:25; 요 18:2-19:16)
12) 십자가에 달리심과 죽으심 - 골고다, 금요일(마 27:47-56; 막 15:16-41; 눅 23:26-49; 요 19:17-30)
13) 무덤에 안치됨(아리마대 요셉의 무덤) - 금요일(마 27:57-66; 막 15:42-47; 눅 23:50-56; 요 19:31-42)

8. 부활 이후의 사건들 : 부활의 증거

1) 빈 무덤 예루살렘 - 안식 후 첫날 : 일요일(마 28:1-10; 막 16:1-8; 눅 24:1- 12; 요 20:1-10)
2) 여인들(막달라 마리아, 야고보 어머니 마리아, 살로메)이 예수님의 무덤

을 방문함(마 28:1; 막 16:1)

3) 여인들이 예수의 무덤을 방문함(일요일)(마 28:1; 막 16:1)

4) 지진, 천사들이 돌을 굴려 냄 - 로마 파수꾼들이 두려워함(마 28:2-4)

5) 예수님의 무덤을 방문한 여인들에게 빈 무덤에 관한 천사들의 메시지(마 28:5-6; 막 16:2-8; 눅 24:1-8; 요 20:1)

6) 막달라 마리아와 다른 여인들이 제자들에게 알림 - 베드로와 요한이 빈 무덤에 감(눅 24:9-12; 요 20:2-10)

7) 예수께서 막달라 마리아에게 나타나심과 마리아가 주를 보았다고 제자들에게 소식을 전함(막 16:9-11; 요 20:11-18)

8) 예수께서 다른 여인들에게도 나타나심(마 28:9-10)

9) 파수꾼들 중 몇 사람이 유대인 관원들에게 보고함(마 28:11-15)

10) 엠마오로 가는 두 제자들(글로바와 다른 제자)에게 나타나심 일요일(막 16:12-13; 눅 24:13-35)

11) 10 명(도마는 부재)의 제자들에게 나타나심과 사명을 주심 - 도마는 부인함) - 예루살렘, 일요일(막 16:14; 눅 24:36-43; 요 20:19-25)

12) 11 명의 제자들에게 나타나심(이때에 도마도 믿음) - 예루살렘, 한 주일 이후에(요 20:26-31)

※ 고전 15:5에는 '열두 제자'로 되어 있는데 이 '열둘'은 이미 제자들에 대한 고유 명사로 취급한 표현임.

13) 7 명의 제자들에게 나타나 말씀하심 - 기적적으로 많은 고기를 잡음(갈릴리 호수, 한 주일 이후에(요 21:1-25)

14) 오백여 형제에게 나타나사 사명을 주심(갈릴리에 있는 약속한 한 산)(마 28:16-20; 막 16:15-18; 고전 15:6)

15) 예수의 형제인 야고보에게 나타나심(고전 15:7)

16) 모든 제자들에게 나타나셔서 또 다른 사명을 주심(눅 24:44-49; 행 1:3-8)

17) 마지막 나타나심과 승천하심 - 감람산 - 40 일 이후에(마 28:16-20; 막 16:19-20; 눅 24:44-53; 행 1:9-12)

V. 예수님의 비유

※ 가급적 성경 순서대로 발췌

1) 세상의 빛(마 5:14-16)
2) 반석 위의 집과 모래 위의 집(마 7:24-27)
3) 씨 뿌리는 비유(마 13:3-23; 막 4:3-20; 눅 8:4-15)
4) 가라지 비유(마 13:24-30; 36-43; 막 4:26-29)
5) 겨자씨 비유(마 13:31, 32; 막 4:30-32; 눅 13:18, 19)
6) 누룩 비유(마 13:33; 눅 13:20, 21)
7) 밭에 감추인 보화(마 13:44)
8) 값진 진주(마 13:45, 46)
9) 그물 비유(마 13:47-50)
10) 새것과 옛것(마 13:51, 52)
11) 잃은 양(마 18:12-14; 눅 15:3-7)
12) 열 드라크마(눅 15:8-11)
13) 포도원의 품꾼들(마 20:1-16)
14) 불의한 농부(마 21:33-44; 막 12;1-12; 눅 20:9-19)
15) 두 아들(마 21:28-32)
16) 왕의 아들의 혼인 잔치(마 22:2-14; 눅 14:15-24)
17) 열 처녀 비유(마 25:1-13)
18) 달란트 비유(마 25:14-30)
19) 열 므나 비유(달란트 비유와 비슷 / 눅 19:12-27)
20) 양과 염소(마 25:31-36)
21) 맹인이 맹인을 인도(눅 6:39-42)
22) 두 빚진 자(눅 7:41-43)
23) 선한 목자(요 10:11-15)
24) 선한 사마리아 사람(눅 10:25-37)
25) 열매 없는 무화과나무(눅 13:6-9)
26) 망대를 짓는 사람(눅 14:28-30)
27) 싸우러 나가는 임금(눅 14:31,32)
28) 방탕한 아들 : 탕자 비유(눅 15:11-32)
29) 불의한 청지기(눅 16:1-13)
30) 부자와 나사로(눅 16:19-31)

※ 부자와 나사로의 이야기를 비유로만 보는 이들도 있으나 교부 터툴리안이나 칼빈은 역사적 사실에 근거한 실재 인물이라고 주장함.

31) 과부와 재판장(눅 18:1-8)
32) 바리새인과 세리(눅 18:9-14)
33) 참포도나무(요 15:1-8)

VI. 예수님의 이적들

1. 난치병 치유의 이적들

※ 맹인 치유 4 건

1) 가버나움의 두 맹인들을 고치심(마 9:27-34)
2) 벳새다의 맹인을 고치심(막 8:22-26)
3) 여리고에서 두 맹인들(바디매오 등)을 보게 하심(마 20:29-34; 막 10:46-52; 눅 18:35-43)
4) 선천성 맹인을 고치심(요 9:1-41)

※ 축귀(逐鬼) 이적 6 건

5) 회당에서 귀신 들린 자를 고치심(막 1:21-26; 눅 4:33-35)
6) 두 거라사인을 치유 - 군대 귀신을 쫓아내심(눅 8:28-34; 막 5:1-15; 눅 8:27-35)
7) 귀신 들려 간질하는 아이를 고치심(마 17:14-18; 막 9:17-29; 눅 9:38-43)
8) 귀신 들려 말 못하는 자를 고치심(마 9:32, 33)
9) 귀신 들려 눈멀고 말 못하는 자를 고치심(마 12:22; 눅 11:14)
10) 귀신 들린 수로보니게(가나안의) 여자의 어린 딸을 고치심(마 15:21-28; 막 7:24-30)
11) 귀먹고 말 더듬는 자를 고치심(막 7:31-35)
12) 10 명의 나병자를 낫게 하심(눅 17:11-19)
13) 한 나병자를 낫게 하심(마 8:2, 3; 막 1:40-42; 눅 5:12, 13)
14) 왕의 신하의 아들을 낫게 하심(요 5:1-9)
15) 백부장의 종의 중풍병을 고치심(마 8:5-13; 눅 7:1-10)
16) 가버나움에서 한 중풍병자를 고치심(마 9:2-8; 막 2:1-12; 눅 5:18-25)
17) 꼬부라져 펴지 못하는 여인을 고치심(눅 13:11-13)
18) 베데스다 못가의 38 년 된 지체 부자유자를 고치심(요 5:1-9)
19) 손 마른 이를 고치심(마 12:9-14; 막 3:1-6; 눅 6:6-11)
20) 말고의 잘려진 귀를 낫게 하심(눅 22:50, 51)
21) 베드로의 장모의 열병을 낫게 하심(마 8:14, 15; 막 1:30, 31; 눅 4:38, 39)
22) 혈루증을 앓는 여자를 낫게 하심(마 9:20-22; 막 5:25-29; 눅 8:43-48)
23) 수종병자(水腫病者)를 낫게 하

심(눅 14:1-4)

※ 개역에는 '고창병'이라 함(몸이 붓는 병)

2. 자연계를 통치하시는 이적들

24) 물을 포도주로 바꾸심 - 가장 먼저 행하신 첫 번째 이적(요 2:1-11)

25) 풍랑을 잔잔케 하심(마 8:23-27; 막 4:37-41; 눅 8:22-25)

26) 바다 위로 걸어오심(마 14:25; 막 6:48-51; 요 6:19-21)

27) 5천 명을 먹이심 - 오병이어의 기적(마 14:13-21; 막 6:35-44; 눅 9:12- 17; 요 6:5-13)

28) 4천 명을 먹이심 - 칠병이어의 기적(마 15:32-38; 막 8:1-9)

29) 물고기 입속에서 돈을 꺼내게 하심(마 17:24-27)

30) 열매 없는 무화과를 마르게 하심(마 21:18, 19; 막 11:12-14, 20-26)

31) 많은 물고기들을 잡게 하심 - 그물이 찢어질 정도로(눅 5:4-11)

32) 부활 이후 많은 물고기들을 잡게 하심 - 153 마리(요 21:5-11)

33) 눈에 보이지 않게 군중 사이를 지나가심(눅 4:28-30)

3. 죽음을 이기신 이적들

34) 나인 성 과부의 외아들을 살리심(눅 7:11-17)

35) 회당장 야이로의 딸을 살리심(마 9:18, 19, 23, 25; 막 5:22-24, 38, 42; 눅 8:41, 42, 49-56)

36) 죽은 지 나흘이나 된 나사로를 살리심(요 11:1-44)

Ⅶ. 계시록의 분류별 연구

1. 그리스도의 형상의 의미(계 1:12-16)

신체 부위	형 상	상징적 의미
몸	발에 끌리는 옷(13절)	영광과 위엄
가슴	금 띠를 두름(13)	위엄과 신성한 권위
머리	흰 양털과 같음(14)	신성과 순결
털	눈(雪)(14)	존귀와 지혜
눈	불꽃(14)	깊은 통찰력과 격렬한 진노
발	빛난 주석(朱錫)(15)	하나님의 임재와 강력한 심판
음성	많은 물소리(15)	영광과 위엄
오른손	일곱 별(16)	권능과 보호
입	좌우에 날선 검(16)	신실한 증거와 심판
얼굴	밝은 태양(16)	승리의 탁월성 영광

2. 소아시아의 일곱 교회에 보내는 메시지

※ 7 교회명 순서 머리글자로 쉽게 외우는 연상 기억법 - 편집자 제공

에베소 · **서**머나 · **버**가모 · **두**아디라 · **사** 데 · **빌**라 델 비 아 · **라**오디게아
↓ ↓ ↓ ↓ ↓ ↓ ↓
애를 **써**서 **벌**었어 **도** **사**치하면 **빌**어먹게 되느니**라**

순번	교회 구분	선행(칭찬)	악행(책망)	권 면	승리에 대한 상급
1	**에베소** 정통적인 교회(2:1-7)	선한 행동, 인내와 수고, 악을 미워하여 드러냄. 교리에 굳게 섬 (2:2-3)	처음 사랑을 버림(2:4)	회개하고 처음 행위를 가지라 (2:5)	낙원(樂園)에 있는 생명나무의 열매 (2:7)
2	**서머나** 궁핍하지만 부요한 교회(2:8-11)	핍박 가운데 인내함. 변하지 않는 영적 풍요함을 간직함(2:9)	없음	장차 받을 고난을 두려워 말라 죽도록 충성하라(2:10)	생명의 면류관. 둘째 사망을 면하게 함(2:10-11)

3	**버가모** 주위 환경이 나쁜 교회 (2:12-17)	핍박 가운데 믿음을 굳게 지킴	니골라당의 교훈을 좇아 우상 숭배와 행음하는 자들이 있음 (2:14-15)	회개하라(2:16)	감추인 만나, 새 이름을 기록함. 흰돌(2:17)
4	**두아디라** 악한 여선지자가 활동한 교회 (1:18-29)	주를 위한 사업과사랑, 믿음, 섬김, 인내가 처음보다 좋아짐 (2:13)	우상 숭배와 행음에 빠져 회개하지 않는 자들이 있음(2:20)	회개하라. 처음 있는 것을 끝까지 굳게 잡아라 (2:25)	악한 자 : 큰 환난, 사망. 선한 자 : 만국을다스리는 권세, 새벽별(2:22, 26, 27)
5	**사 데** 살았으나 죽은무생명한 교회(3:1-6)	소수의 순결을 지킨 자에 대해서 칭찬함(3:4)	믿음과 행위에 있어서 죽은자와 같음. 극도의 형식주의(3:1-2)	죽게 된 것을 굳게 하라 받고 들은 것을 생각하고 지켜 회개하라(3:2-3)	이기는 자는 흰옷, 생명책에 그 이름을 기록함(3:5)
6	**빌라델비아** 연약하나 충성된 교회(3:7-13)	말씀을 지켜 배반하지 않음. 인내함(3:8, 10)	없음	가진 것을 굳게 잡아 면류관을 지켜라(3:2-3)	시험을 면하게 하고성전 기둥이 되게 함. 새 예루살렘과 주의 이름을 기록함(3:12)
7	**라오디게아** 부요한 것처럼 보이나 가난한 교회 (3:14-22)	없음	미지근한 믿음, 영적인 교만. 세상을 자랑함 (3:15-19)	차든지 덥든지 하라 회개하고 열심을 내라 (3:15-19)	주의 보좌에 앉게 하며 주와 동거함 (3:20-21)

3. 인(印) · 나팔 · 대접 - 각각 일곱 재앙들의 비교

계시록 6-16장에는 일곱 인, 일곱 나팔, 일곱 대접의 재앙이 언급되어 가는데 이것은 하나님의 진노의 심판으로 이 세상과 짐승을 경배하는 악한 자들이 그 심판 대상이다.

한편 이 세 그룹 재앙들은 관련성을 가지고 있는데 그것은 일곱째 **인**에서(재앙 시행은 없고) 일곱 나팔의 재앙이 시작(준비)되며, 일곱째 **나팔**에서(재앙 시행은 없고) 일곱 **대접**의 재앙이 출발되어진다는 점이다. 이를 통해 우리는 이 재앙들이 같은 사건의 반복적인 표현이 아니라 시간상 연속되는 사건들로, 그 순서가 일곱 **인** → 일곱 **나팔** → 일곱 **대접**의 재앙임을 알 수 있다.

1) 일곱 인(印)의 재앙

1	**흰말** : 세계적인 전쟁이 일어남 - 적그리스도의 세력에 속한 세상 정복자(6:1-2)
2	**붉은 말** : 치열한 전쟁과 살육 - 빈번한 내란으로 사람이 죽고 화평이 사라짐(6:3-4)
3	**검은 말** : 폐허와 기근 - 대규모 인플레로 인한 경제적 빈곤과 기아(6:5-6)
4	**청황색 말** : 전쟁과 기근 - 배고픔과 칼에 많은 사람이 죽음(6:7-8)
5	**성도들의 고난과 순교자들** : 증거를 인하여 죽임당한 영혼들의 탄원(6:9-11)
6	**지진과 하늘의 징조** : 땅에 속한 자들이 두려워 숨음(6:12-17)
7	**하늘이 반 시간쯤 침묵 : 재앙 시행은 없고 일곱 천사가 각기 나팔을 받고 나팔 불기를 준비(8:1, 2)**

2) 일곱 나팔의 재앙

1	피 섞인 우박과 불로 땅과 수목의 1/3이 불타고 각종 푸른 풀도 타 버림(8:7)
2	불붙은 큰 산과 같은 것이 바다에 던져져 바다의 1/3이 피로 변하고 바다 생물과 배의 1/3이 소멸됨(8:8-9)
3	큰 별(쑥)이 강들 1/3에 떨어져 물이 쓰게 되어 많은 사람이 죽음(8:10, 11)
4	천체의 1/3이 어두워짐(8:12)
5	황충으로 인해 다섯 달 동안 전갈이 쏠 때와 같은 고통을 당함(9:1-10)
6	네 천사와 마병대가 사람들의 1/3을 죽임(9:13-21)
7	**재앙 시행은 없고, 하늘에 큰 음성이 나고 하나님의 영광의 보좌와 성전이 열림(11:15-19)**

3) 일곱 대접의 재앙

1	불신자들에게 독한 종기가 생겨 고통을 당함(11:15-19; 16:2)
2	바다가 피로 변해 그 가운데 있는 생물이 모두 죽음(16:3)
3	강과 샘물이 피로 변해 성도들과 선지자들의 피를 흘린 보복으로 불신자들이 피를 마시게 됨(16:4-7)
4	태양이 뜨거워져 사람들이 타 죽음(16:8-9)
5	흑암과 육체적 질병으로 혹심한 고통을 당함(16:10-11)
6	귀신들의 영들이 하나님과의 최후 전쟁을 위해 사람들을 모음(16:12-16)
7	번개, 지진, 우박 등으로 큰 성 바벨론이 파괴됨(16:17-21)

4. 복음서에 나오는 재앙의 내용과 일곱 인의 재앙을 비교

마태복음 (마 24:1-35)	마가복음 (막 13:1-37)	누가복음 (눅 21:5-33)	일곱 인의 재앙 (계 6:1-17)
① 난리	난리	난리와 소란	세계적인 정복(흰말)
② 세계 대전	세계 대전	세계 대전	전쟁과 내란(붉은 말)
③ 흉년과 배고픔	큰 지진	대지진	흉년과 기근(검은 말)
④ 지진	기근	기근	배고픔과 죽음(청황색 말)
⑤ 거짓 선지자와 불법에 의한 성도의 고난	적그리스도에 의한 성도들의 고난	온역	성도들의 고난과 순교자들의 탄원
⑥ 하늘의 징조	하늘의 징조	성도들의 고난(무서운 일)	지진
			하늘의 징조
⑦		하늘의 징조	일곱 나팔의 재앙

※ 상기한 재앙들의 공통점 : ① 그리스도의 재림 직전에 있을 대환난 때 성취 될 종말적인 사건들 ② 오직 하나님의 섭리에만 속함 ③ 재앙의 대상이 이 땅 위에 모든 것과 그 영역이 전 세계에 미치게 됨.

5. 황충 모양의 상징적 묘사

신체 부위	형 상	상징적인 의미	관련 성구
몸	전쟁을 위하여 예비한 말	빠른 속력과 힘, 공격력	욥 39:22-25; 렘 4:13
머리	금 같은 면류관 비슷한 것	사탄의 권세와 능력, 승리하는 기세 및 지위	사 28:1-3
얼굴	사람의 얼굴	악한 지혜, 사탄의 일을 수행할 인간 대행자	고후 11:3; 계 12:9
머리털	여자의 머리털	사탄의 매혹적인 유혹	잠 7:6-23
이	사자의 이	엄청난 파괴력과 탐욕성	욜 1:6
흉갑	철흉갑	사탄의 강한 방어력과 힘	계 13:4-8
날개 소리	병거와 많은 말들이 전장으로 달리는 소리	사탄 군대의 많음과 공격의 신속성	욜 2:4
꼬리	전갈과 같은 꼬리와 쏘는 살	사탄의 치명적 영향력	사 9:15; 엡 6:16

6. 계시록에 나타난 숫자의 상징적 의미

계시록에는 많은 숫자들이 언급되고 있으며 그 대부분은 상징적인 의미로 사용되었다. 이러한 숫자의 상징적인 의미를 규명하는 것은 본서의 계시 내용을 분명히 파악하게 해주며, 그 깊은 뜻을 깨닫게 한다. 계시록에 나오는 숫자들의 상징적인 의미를 도표화하면 아래와 같다.

수의 내용	참조 성구	관련 성구
1 절대 수, 영원 수, 시작을 나타냄	1:8(이하 모두 계시록)	창 1:5; 아 6:9
2 증인의 수	11:3; 13:11	신 17:6; 마 18:19
3 삼위일체, 하나님의 수, 하늘의 수, 그리스도의 세 직분(왕·	7:4; 8:7-12; 9:15	사 6:3; 막 9:31; 14:58

제사장 · 선지자)		
4 하나님의 수, 승리의 완전한 수, 안식의 수	4:6; 5:8; 7:4	창 2:10; 사 11:2; 겔 7:2
6 불완전의 수, 인간의 수, 사탄의 세력을 상징하는 악한 수	4:8; 13:18	수 6:3; 욥 5:19
7 지상의 수, 동서남북, 세상에 존재하는 모든 것	1:11; 6:1; 8:2	창 2:3; 레 25:8; 사 30:26
10 만수(滿數), 세상적인 측면에서의 완전 수	12:3; 13:1; 17:3, 12	창 18:32; 단 1:20; 눅 19:13
12 완전 수, 하나님의 계획과 섭리의 성취를 나타냄	21:12, 14; 22:2	창 49:28; 겔 43:16

Ⅷ. 기타 특기 사항들(편집자 삽입)

성경은 어떤 책인가?

성경은 하나님의 생각과 인간의 형편과 구원의 방법과 죄인의 운명과 신자(信者)의 행복을 내용으로 한다. 성경의 교리는 거룩하고, 그 교훈은 감화력이 크고, 그 역사는 참되고, 그 결정엔 변함없다.

성경을 읽어 현명하게 되고, 이를 믿어서 안정하게 되고, 이를 실천해서 거룩하게 된다. 성경은 사람을 인도하는 빛이요, 길러 주는 양식이며, 기쁨과 위안이 된다. 성경은 여행자의 안내자요, 순례자의 지팡이요, 조정사의 나침반이요, 군인의 검이요, 그리스도인의 헌장(憲章)이다. 성경에서 낙원을 되찾게 되고 천국은 열리고 지옥문은 드러나게 된다.

그리스도는 성경의 큰 주제(主題)이다. 인간의 행복이 성경의 계획이고 하나님의 영광이 성경의 목적이다.

성경이 우리의 기억을 채워야 하고, 우리의 마음을 지배해야 하고, 우리의 발길을 인도해야 한다. 성경을 때때로 천천히 기도하는 심정으로 읽어 보라. 성경은 부광(富鑛)이고 영원의 낙이요 기쁨의 원천(源泉)이다. 성경은 이생(今生)에선 주어진 책이요, 심판 날엔 펼쳐질 책이고, 그리고 영원토록 기억하게 될 책이다. 성경은 인간의 최고의 책임을 말해 주고, 최대의 수고를 갚아 주고, 그리고 그의 거룩한 내용을 가볍게 다루는 모든 사람들을 정죄(定罪)하는 책이다. - 필자 미상 -

* 성경의 3대 산맥 : 창조 · 타락 · 구속
* 성경의 계시 2大별 : ① 사건 계시 ② 실명 계시

* 은혜는 하나님의 손, 믿음은 하나님의 손을 붙잡는 사람의 손
* 성경을 점으로 보지 말고 선(線)으로 보아야 한다(즉, 점으로 따로따로 떨어진 내용으로 보지 말고 다 관련된 통일성을 가진 것으로 보아야 참되고 바른 이해를 할 수 있다).
* 하나님은 세상 속에 교회를 세워 나가시는데 마귀는 교회 속에서 세상을 세워 나간다(교회의 분쟁, 부도덕을 통해).
* 교회를 어머니로 모시지 아니한 자는 하나님을 아버지로 모실 수 없다(카르타고의 감독 키프리안).
* 그리스도의 초림에 대한 예언 : 유대인들이 구약 성경을 상고하여 발표.
  오경 ▶ 75 회 ; 선지자 ▶ 24 회 ; 성문서 ▶ 138 회 = 총 456 회
* 오경 중 지킬 율법 : 613 가지(하라 : 248, 하지 말라 : 365)
*'은혜'란 말의 횟수 : 신구약 총 153 회(바울 사도가 언급한 횟수만 100여 회, 로마서에만 25 회)
*'기도' : 308 회(구약 : 166 회, 신약 : 142 회)
*"여호와께서 말씀하시기를(가라사대)" : 5,300 회
*성경의 인명 수 : 2,930 명
*성경의 지명(地名) 수 : 1,551개
*성경 중의 기도 편수 : 650 편

❖한국 교회 초기 성경의 다독 기록 보유자들

김익두 목사 : 수세 전 신구약 100 독

길선주 목사 : 신구약 수백 독, 계시록 1만 독

최원초 목사 : 빌립보서 3천 독, 계시록 1만 독

요점 속독 성경

2013년 2월 05일 초판 1쇄 인쇄
2013년 2월 15일 초판 1쇄 발행

지은이 : 박 도 준
펴낸이 : 최 석 진

펴낸곳 : 개혁주의출판사

출판등록 : 2011. 1. 20. 제 311-2011-9호

주소 : 122-834 서울 은평구 녹번동 157-35

전화 : 353-1752·9607

팩스 : 353-1754

ISBN 978-89-965875-6-9 93230
은행계좌 : 국민 879637-01-001507(개혁주의)